HISTOIRE

DU

CONSEIL D'ÉTAT

DEPUIS SON ORIGINE JUSQU'A CE JOUR

CONTENANT

SA COMPOSITION, SON ORGANISATION INTÉRIEURE,
SES ATTRIBUTIONS, ETC.

AVEC DES NOTICES BIOGRAPHIQUES

ET ORNÉE DE COSTUMES ET D'AUTOGRAPHES

PAR

A. REGNAULT

BIBLIOTHÉCAIRE DU CONSEIL D'ÉTAT

DEUXIÈME ÉDITION

augmentée d'un appendice.

PARIS

COTILLON, ÉDITEUR, LIBRAIRE DU CONSEIL D'ÉTAT

RUE DES GRÈS, 16.

1853

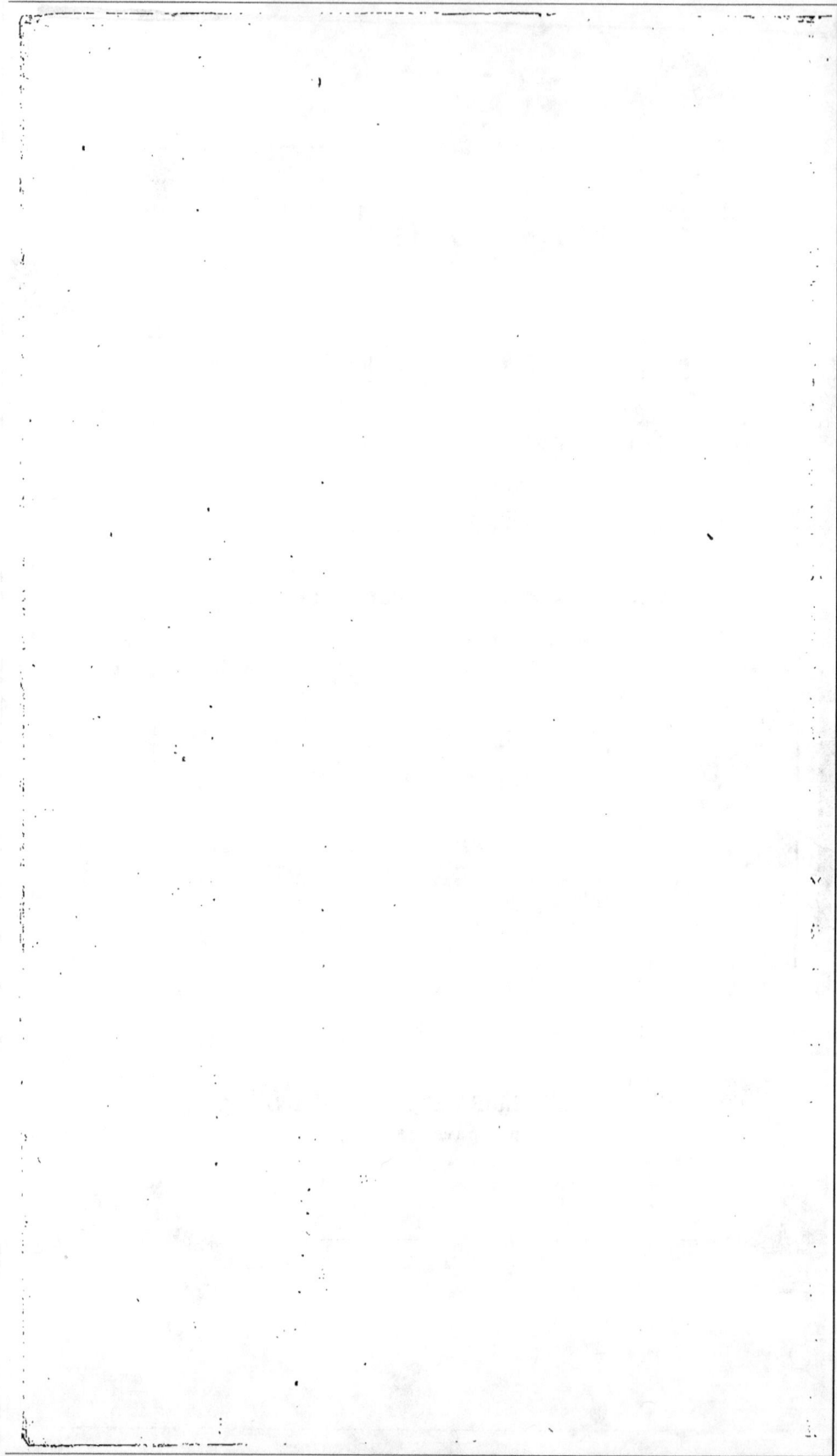

HISTOIRE

DU

CONSEIL D'ÉTAT

Paris. — Imprimé par E. Thunot et Cᵉ, rue Racine, 26, près de l'Odéon.

HISTOIRE

DU

CONSEIL D'ÉTAT

DEPUIS SON ORIGINE JUSQU'A CE JOUR

CONTENANT

SA COMPOSITION, SON ORGANISATION INTÉRIEURE,
SES ATTRIBUTIONS, ETC.

AVEC DES NOTICES BIOGRAPHIQUES

ET ORNÉE DE COSTUMES ET D'AUTOGRAPHES

PAR

A. REGNAULT

BIBLIOTHÉCAIRE DU CONSEIL D'ÉTAT

—·+❉+·—

DEUXIÈME ÉDITION
augmentée d'un appendice.

—·+❉+·—

PARIS

.COTILLON, ÉDITEUR, LIBRAIRE DU CONSEIL D'ÉTAT

RUE DES GRÈS, 16.

—

1853

AVANT-PROPOS.

De hautes et graves autorités ont parlé du Conseil d'État avec une supériorité de lumières à laquelle je suis loin de prétendre ; mais j'ai eu le bonheur de puiser à la source des précieux documents qu'il renferme ; j'ai été en contact journalier avec les notabilités de ce corps illustre ; plusieurs hommes excellents qu'il regrette m'ont honoré même de leur amitié particulière. J'ai donc cru devoir consigner ici quelques détails qui me paraissent utiles, et rattacher ainsi les souvenirs du passé aux légitimes espérances de l'avenir.

Fondé sur l'ordre et sur la liberté, le Conseil d'État a toujours traversé avec une noble indépendance et une autorité salutaire les phases diverses, les plus grandes crises de notre régime politique, et toujours, j'en ai la conviction, il sera pour la France une sauvegarde précieuse contre l'absolutisme et contre l'anarchie.

En parcourant les annales de l'ancien Conseil, de celui de l'Empire et des Conseils d'État postérieurs, j'ai recueilli mes notes éparses sur ce que j'ai trouvé de curieux dans le premier, d'imposant et de grandiose dans le second, et sur ce que j'ai observé moi-même dans les autres. J'ai essayé, en suivant la série des faits qui les enchaînent, d'en tracer une esquisse rapide jusqu'au Conseil d'État moderne, où je m'arrête.

A. R.

HISTOIRE

DU

CONSEIL D'ÉTAT

Il est question de former un Conseil qui.... puisse
maintenir l'État en paix, y rétablir la police et y faire
fleurir la justice et le commerce. Ce Conseil doit être
composé d'hommes à qui l'expérience du passé ait appris
à prévoir l'avenir ; qui aient un caractère propre à concilier la sympathie au dedans, l'estime et la confiance au
dehors ; qui connaissent la constitution de l'État et
qui, sur le modèle éternel du ciel, fassent mouvoir tous
les ressorts du corps politique sans embarras et sans
confusion (H. DE PANSEY, *Assemblée Nationale*).

1

ORIGINE DU CONSEIL.

Le Conseil d'État est contemporain du berceau de
la monarchie. Formé de sujets privilégiés à qui les rois
communiquaient leurs secrets d'État, c'étaient primitivement des officiers attachés au souverain par leurs
fonctions et que la familiarité royale admettait dans
sa confiance intime. C'était l'élite du clergé et de la
noblesse.

Occupés, l'un, des affaires ecclésiastiques, l'autre,

des intérêts purement temporels, ils se réunissaient
pour statuer sur les questions mixtes.

Ce Conseil, pendant de longues années mobile et
nomade, fut l'acolyte des princes qu'il suivait dans
leurs courses et dans leurs chevauchées[1].

L'amour de la justice a pu sans doute aussi contri-
buer à la formation du Conseil des rois. Plusieurs la
rendaient eux-mêmes ou la faisaient rendre par leurs
délégués.

Charlemagne, le premier législateur et civilisateur
de la France qu'il devançait de plusieurs siècles, n'a-
vait suivi d'autres inspirations que les siennes. Son
Conseil, en quelque sorte, avait été lui-même. Créateur, il avait rédigé les Capitulaires, dont la source
avait été les conciles mêmes et les assemblées tenues
par l'empereur avec les évêques et ses autres conseillers. On y traitait des affaires de la religion ainsi que
de la police civile.

C'était lui qui jugeait aussi en personne les difficultés qui s'élevaient entre les comtes, les évêques,
les abbés et toutes les personnes que les Capitulaires
rangent dans la classe des *potentiores*. Quelquefois

---

[1] Le grand Conseil, ou du moins une partie de ses membres,
suivait les rois dans leurs voyages, ainsi qu'il appert des lettres ou
règlements dans lesquels on lit : « Le grand Conseil du roi étant avec
lui en Bourgogne. » « Le Conseil du roi tenu à Nîmes. » « L'honorable
Conseil du roi étant avec lui à Avignon, » et même le roi Jean,
pendant sa prison en Angleterre, avait avec lui une partie de son
Conseil (*Ordonnances du Louvre*. Henrion de Pansey, *Autorité judiciaire*).

pourtant, il les renvoyait suivant leur nature au comte du palais ou à l'archichapelain, deux des grands officiers de la couronne.

S'il s'agissait de contestations d'un intérêt public et national, elles étaient vidées par les assemblées générales de la nation.

L'on trouvait encore des juges subalternes, les *centeniers*[1], officiers qui n'exerçaient leur juridiction que dans les campagnes, et les scabins, *scabini*, assesseurs des comtes dont ils composaient le tribunal au nombre de sept.

L'empereur tenait ces tribunaux sous sa surveillance par ses envoyés *missi dominici*, que Pasquier définit ainsi : « L'estat de ces messagers estait de vacquer partout leur ressort à cognoistre si les comtes faisaient bonne et loyale justice[2]. »

Ces *missi* envoyés quatre fois par an dans les provinces instruisaient les empereurs de l'état des peuples, aussi bien que le firent ensuite les postes et le télégraphe[3]. Ils étaient surtout dirigés contre la puissance croissante des comtes; mais ayant été annulés plus tard par le régime féodal, ils avaient disparu avec la royauté. Saint Louis voulut les faire revivre par la création de magistrats qu'il nomma enquesteurs, et qui, à l'instar des *missi dominici*, devaient s'enquérir

---

[1] Centenarii, qui centenis præerant, judices minores qui per centenas jus dicebant et comiti suberant.

[2] Livre II, chapitre XIII.

[3] Beugnot. *Institutions de saint Louis.*

des injustices commises par les baillis, prévôts et autres juges, avec pouvoir de les destituer. Mais ce
prince, non plus que Charlemagne, ne s'adjoignit de
Conseil proprement dit, pour l'aider à gouverner, et,
s'il en eut un, ce fut la bouche d'une mère, Blanche
de Castille. La mort ne laissa pas au roi croisé, qui
d'ailleurs a tant fait pour la France, le temps de couronner ses *établissements*, si éminemment utiles. A
sa voix l'on vit s'élever dans son royaume les monuments, les temples consacrés à la religion ; les lois ré-
girent la cité ; les asiles s'ouvrirent au malheur et les
secours descendirent sur l'indigence comme la rosée
du ciel ; les routes furent purgées des brigands et des
crimes qui les infestaient. Paris surtout, jusqu'au
temps de saint Louis ville ordinaire ou cloaque impur,
dont il organisa la police, lui doit l'honneur d'être devenu la reine de la France, et plus tard la capitale de
la société européenne ; ces travaux glorieux immor-
talisent et font bénir le royal fondateur des *établissements*. Ils sont bien loin de nous ; mais semblables à
ces astres bienfaisants dont nous jouissons avec une
ingrate insouciance, avec une dédaigneuse apathie,
ils exercent encore, après six siècles et plus, leur
douce et salutaire influence.

La nécessité d'un Conseil organisé s'était révélée
aux rois dès l'origine, dans leur insuffisance à faire
contrôler par leurs envoyés les comtes et par ceux-ci
les centeniers. Confondues, placées sur la même ligne,
ces juridictions s'entrechoquaient et ne s'accordaient

que par le pouvoir monstrueux qu'elles avaient les unes et les autres de prononcer sur des peines capitales et de liberté individuelle. Cependant elles prévalurent encore pendant de longs siècles, et ce ne fut qu'à la fin du treizième que l'on vit éclore et poindre un Conseil avec une organisation assez précise et régulière.

C'est Philippe le Bel qui, marchant sur les traces de son pieux aïeul, inaugure en 1288 le Conseil d'État.

II

COMPOSITION DU CONSEIL.

Les Conseils des rois des première et deuxième races, encore informes et dans leur berceau, offraient pourtant une assemblée d'hommes, sinon éclairés au point de vue actuel, du moins vertueux et purs, qui de loin ont une attitude sévère et un caractère patriarcal.

L'on aime à relire sans cesse la lettre si connue et cependant jamais assez lue de Hincmar à Louis le Bègue, le plus beau précepte de la magistrature :

« On prenait pour conseillers, autant qu'il était
« possible, des hommes qui, soit laïques, soit ecclé-
« siastiques, craignissent Dieu, chacun selon sa qua-
« lité ou ses fonctions ; ensuite qui fussent si fidèles
« que, hors la vie éternelle, ils ne préférassent rien au
« roi et au royaume ; des hommes qui ne fussent ni
« amis, ni ennemis, ni donneurs de présents, ni flat-
« teurs, ni emportés, ni remplis de cette sagesse hy-
« pocrite et trompeuse qui est celle du siècle et n'est
« pas aimée de Dieu ; mais pourvus de cette sagesse et
« de cette intelligence qui sert à réprimer et même à
« ruiner entièrement par la justice et la raison ceux
« qui se confient en cette sagesse humaine dont j'ai

« parlé. Les conseillers élus tenaient pour principe
« que tout ce qu'ils disaient familièrement entre eux
« tant sur l'État que sur les individus, personne, sans
« le consentement de tous, ne pourrait le confier dans
« sa famille ni à d'autres, parce qu'il était possible
« que la chose dût être cachée soit un jour, soit deux,
« soit plus, ou même une année entière, ou même à
« perpétuité. »

Étaient-ce des officiers du palais, des courtisans,
des hommes publics que ces conseillers qui, sous la
direction tutélaire de Charlemagne, se faisaient dis-
pensateurs de ses bienfaits et de ses grâces, les con-
solateurs des affligés et les protecteurs du faible et
de l'orphelin contre la misère et l'oppression ? Un
tel Conseil, composé de ces missionnaires de l'humanité, n'était-il pas plutôt une assemblée d'anges
célestes ?

Dans cet âge d'or de la justice, l'Église et la magistrature se donnaient la main. La loi, les tribunaux et
la milice sacrée avaient le même temple, le même
sanctuaire. Les fonctions de l'homme de Dieu et du
magistrat étaient un sacerdoce. Prêtres de la justice
comme du christianisme, ils mettaient l'un et l'autre
toute leur gloire à demeurer fermes et inébranlables
dans le poste que le pays leur avait confié ; contents
de lui obéir, ils étaient la phalange militante des
choses divines et humaines. Tels sont les lointains
mais lumineux modèles proposés aux enfants de la
jeune république, qui vient de leur assigner une place,

dans laquelle elle veut recevoir leurs services, et qu'ils sauront remplir dignement.

Fidèles à ces traditions, les règnes suivants n'ont pas dégénéré.

Nous trouvons plus tard, dans les Conseils de Philippe-Auguste, Jean Guérin, depuis chancelier de France, qui devint conseiller spécial du roi par son insigne prudence et l'incomparable vertu de ses conseils, « *propter prudentiam et incomparabilem consilii* « *virtutem et alias animi dotes,* etc. »

La charge des conseillers devint donc par la suite la plus haute et la plus éminente magistrature du royaume. Ils n'eurent au-dessus d'eux que le chancelier et le garde des sceaux, qui lui-même fut souvent conseiller d'État et partageait avec les ducs et pairs le privilége de ne pouvoir être poursuivi criminellement qu'au parlement de Paris. Ces prérogatives sont justifiées par les paroles mêmes des souverains qui ne cessaient de répéter « qu'ils entendaient que « les conseillers d'État leur fussent entièrement atta- « chés, leur défendant de servir aucun autre prince ; « qu'ils accompagnassent Leurs Majestés lorsqu'elles « sortiraient en public; qu'ils *ne fussent revêtus d'au-* « *cun office de magistrature.* »

On est heureux de voir dès l'origine dans nos annales un sentiment d'équité faire éclore la grande question des *incompatibilités,* et la justice poser la pierre fondamentale du Conseil d'État.

Ses membres, d'ailleurs, y étaient si intimement

liés, que souvent les plus anciens ont eu l'honneur de le présider en cas d'absence ou de légitime empêchement du chancelier ou du garde des sceaux.

Ils jouissaient même à un si haut degré de la confiance royale, qu'ils avaient chacun une clef de la propre chambre du roi pour y entrer quand il lui plaisait de les appeler. Aussi s'adressait-il à eux en ces termes : *Au conseiller en notre privé Conseil.*

Mais s'ils avaient le droit de se glorifier d'une si noble intimité, qui les approchait de l'oreille des princes, il s'en fallait néanmoins que leur institution remontât aussi haut que celle des maîtres des requêtes ; l'on voit ces derniers figurer longtemps avant eux avec honneur et distinction aux côtés des rois, dont ils furent les premiers confidents et comme les génies familiers.

Il est difficile de fixer la date de la création des maîtres des requêtes [1]. Elle précéda le règne de saint Louis à qui déjà deux maîtres des requêtes chargés des suppliques des sujets rapportaient toutes les affaires sommaires. Le sire de Joinville raconte que

---

[1] Cette expression maîtres ou *magistri*, par laquelle on a traduit celle de *dominus*, annonce des professions honorables. Les mots *dominus* ou *domini*, qui avaient remplacé ceux de *senatus* ou de *senatòres* hors d'usage, exprimaient la plus grande puissance (Lescalopier. *Origine du Conseil*).

La dénomination de requêtes est expliquée ainsi par Henrion de Pansey : « Les fonctions des maîtres des requêtes de l'hôtel étaient de recevoir les placets présentés au roi, de les examiner, de rejeter les demandes déraisonnables, et, quant à celles qui leur paraissaient justes, de faire dresser les lettres nécessaires. Ces lettres étaient ter-

« Pierre de Fontaine et Geoffroi Vilette, maîtres des
« requêtes de saint Louis, lui en faisaient le rapport
« aux jours marqués, et quand elles étaient pressées,
« le roi avait la bonté de les écouter pendant qu'il al-
« lait à la messe, et à Vincennes, où il rendait la jus-
« tice, il était assisté de ces deux officiers, assis au
« pied d'un chêne, » tribunal auguste et majestueux
dans sa simplicité, où le prince s'inspirait à la face du
ciel qui lui dictait ses jugements.

Attachés à la cour d'où ils ne s'éloignaient jamais,
officiers de justice, c'étaient les maîtres des requêtes
qui étaient les juges uniques et par excellence des contestations qui s'élevaient dans l'hôtel du roi. Aussi
étaient-ils ses commensaux et appelés les *magistri
hospitii*. On les nommait encore *poursuivants* ou *suivants,* parce qu'ils suivaient la cour, « faisant cha-
« que jour le service à heure fixe et déterminée en
« lieu commun pour voir les requêtes qui faites leur
« étaient. »

Leurs fonctions et dénominations sont d'ailleurs assez clairement expliquées par l'ordonnance du 16 novembre 1318, art. 4. « Nous ordonnons que nous
« aurons toujours avec nous deux poursuivants, un
« clerc et un lai, lesquels, quand parlement ne sera,
« auront et délivreront les requestes de justice, et

---

minées par cette formule : *In requestis hospitii* ou *ès requêtes de l'hôtel.*
Elles étaient ensuite portées au Conseil du roi où, après une nouvelle
discussion, elles étaient définitivement rejetées ou admises (*De l'Autorité judiciaire*).

« quand parlement sera, ils ne les délivreront mie,
« mais les recevront au parlement. »

Tels furent les éléments du Conseil. Telle fut la
base sur laquelle Philippe le Bel, son premier régulateur, établit cet édifice près du trône, dont il fut souvent l'ornement et l'appui.

La principale ordonnance de 1288, créatrice du
Conseil, est une mesure répressive des incompatibilités.
Elle portait qu'il n'y serait admis aucun sénéchal ou
aucun bailli, tandis qu'il vaquerait aux soins de sa
préfecture.

« Et si avant il cût été de notre Conseil, ne voulons
« que pendant son office il s'en mêle en rien. *Nolu-*
« *mus quòd aliquis senescallus vel ballivus de nostro sit*
« *concilio quamdiù præerit præfecturæ, et si anteà recep-*
« *tus fuerit de nostro concilio, nolumus quòd suo du-*
« *rante officio se de eo aliquatenus intromittat* [1]. »

Louis le Hutin, stationnaire, transmet la couronne
à Philippe le Long, son frère, qui ajoute à l'œuvre
ébauchée de l'administration de la justice deux ordonnances, l'une du 1ᵉʳ juillet 1318, datée de Pon-
toise, l'autre du 10 juillet 1319, signée de Lon-
champ, dont la formule finale nomme plusieurs membres du Conseil du prince. Il était composé :

Des princes du sang;

Des comtes de Valois qu'attendait le trône et qui
s'éteignirent en la personne de Henri III;

[1] Lescalopier.

Des comtes d'Évreux et de la Marche;

De Louis et Jean de Clermont, enfants de Béatrix de Bourgogne, et de Robert de France, comte de Clermont;

Du comte d'Artois, comme le dernier prince du sang;

Des comtes de Saint-Paul et de Savoie;

Du dauphin de Vienne;

Des comtes de Boulogne et de Forès;

Du sire de Mercevil, du connétable de France;

Des sieurs de Noyers et de Sully, de maître de Joinville;

Des deux maréchaux de France;

Du chancelier;

De l'archevêque de Rouen, de l'évêque de Saint-Malo;

Et de plusieurs autres personnages éminents qui attestent de quelle source pure et glorieuse est sorti le Conseil du roi.

En effet, l'on y voit assemblés les princes du sang, alors seuls pairs du royaume, les grands officiers de la couronne, des évêques chargés du soin de traiter les affaires religieuses.

On y admettait encore les chefs des deux tribunaux pour délibérer tous ensemble sur les questions y déférées par les baillis et sénéchaux des provinces de la Langue d'oil et de la Langue d'oc.

Philippe de Valois, cousin de Philippe le Long, affermi sur son trône debout depuis treize ans, fixe par une ordonnance, en date du 8 avril 1343, son Conseil, sa cour de parlement et sa chambre des comptes :

ART. XV. Nous ne ferons doresnavant aucuns maistres des requestes de notre dit hostel, jusqu'à ce qu'ils soient venus au nombre de six, c'est assavoir *(sic)* trois clercs et trois lais, et des dits maistres des requestes qui à présent soient, il n'y aura que quatre, c'est assavoir deux clercs et deux lais, qui prennent aucune chose en notre dit hostel, fors la vie seulement, en la manière que les maistres des requestes de notre dit hostel voulaient et ont accoutumé de prendre anciennement.

ART. XVI. Que aucuns sénéchaux, gouverneurs ou baillifs ne seront doresnavant maistres des requestes de notre hostel, ni de notre dit parlement, ni ne séant en notre dit parlement comme maistres.

Le même prince avance l'œuvre de Philippe le Bel et compose en 1344 le parlement séant à Paris de cent deux juges, savoir :

Les douze pairs du royaume;

Les huit maîtres des requêtes;

Et quatre-vingt-deux autres personnages.

Les rois admettaient donc suivant les circonstances un nombre irrégulier de sujets dans les deux tribunaux de justice et même dans leur Conseil.

Jean, fils et successeur de Philippe de Valois en 1350, maintint et confirma l'ordonnance réglementaire de la composition du Conseil, dirigée contre les incompatibilités.

Malgré la vigilance assidue qui fermait le Conseil aux indignes et s'efforçait d'en purifier le choix, il fut envahi par des étrangers et en fut surtout infesté sous la régence du dauphin et à l'époque de la captivité de Jean le Bon. Des factieux, abusant de la douceur de cette régence, suscitèrent dans Paris des troubles que fomenta le prévôt des marchands, offensé de n'avoir pas été appelé aux affaires. Il provoqua plusieurs assemblées illégales, et bouleversa les tribunaux et le Conseil qu'il dirigea lui-même à sa fantaisie durant cette orageuse minorité.

Mais Charles, secouant enfin le joug, y rétablit le calme et l'ordre, et arrêta par son ordonnance du 27 janvier 1359 le nombre des officiers de son Conseil qu'il désignait par leurs noms :

Art. II. En l'office des requestes seront à présent et doresnavant quatre clercs et quatre lais tant seulement.

L'ordonnance de 1365 et le règlement de 1366 attestent les soins et la scrupuleuse attention de Charles V dans l'épuration de son Conseil, qui reçoit dès lors les trois professions de l'Église, de l'épée et de la robe.

Il paraîtrait que la composition en était d'ailleurs arbitraire, et que le roi le formait et le convoquait à son choix, que les évêques y étaient plus nombreux que les comtes et les barons, et que les gens de robe longue, plus instruits que ceux de robe courte, partageaient avec l'Église l'administration de la justice et de la France.

Cependant Charles V, soucieux de l'avenir, s'appliqua d'avance à remettre aux mains de son fils le gouvernement qu'il avait régularisé par une sage et habile administration. Mais le jeune prince, vainement formé à cette lourde et périlleuse tâche, trompant la sollicitude paternelle et la prévoyance royale, ne put tenir et laissa échapper les rênes de l'État de ses débiles et languissantes mains.

Toutefois, le premier pas de Charles VI sur les marches du trône fut marqué par une mesure répressive des abus renaissants dans la composition du Conseil. Le 16 juin 1386, il rend cette ordonnance :

« Nous avons entendu par *le grand clameur et*
« *complainte* de plusieurs prélats, barons et autres
« personnes notables, qui pour la grande inutilité de
« conseillers, chambellans, maîtres des requestes....
« Avons.... par délibération de notre Conseil, or-
« donné et ordonnons par ces présentes que quelque
« officier que nous ayons fait conseiller, chambellan,
« maître des requestes, s'il n'est du vrai nombre et
« ordonnance et de ceux retenus à gages ordinaires,
« ne jouira dorénavant d'aucun privilége, liberté et
« franchise qui appartienne à son office. »

En 1407, le malheureux prince, au sortir d'une attaque violente de sa fatale maladie, reprend avec une lueur de raison la conduite de l'administration et son autorité compromise pendant un de ses assoupissements par la reine et ses dignes courtisans. Il réprime par le frein d'une sévère ordonnance une multitude

2

parasite d'intrus et de créatures qui infestaient le
Conseil. Il en exclut tous ceux que l'unanimité des
suffrages n'y avait pas appelés, prélats, chevaliers ou
militaires, prud'hommes ou gens de robe longue, et
repousse les autres officiers tant de justice que de finance, détournés pour entrer au Conseil de leurs
fonctions spéciales et de leurs travaux ordinaires.

« Quant à nos amés et féaux les maîtres des requêtes; »

Il appert déjà des lettres de 1400 que le roi n'entend pas qu'ils soient plus qu'ils n'avaient été jusqu'a-
lors. « Nous voulons qu'ils soient réduits et ramenés
« au nombre ancien, c'est à savoir de quatre clercs et
« de quatre lais; » il retient aussi treize secrétaires
pour servir ès-conseils, et entre autres il nomme Garnier de Scepeaux, de l'illustre famille qui, dans le
quinzième siècle, donna un premier président au parlement de Paris et, dans le seizième, un maréchal de
France en la personne du célèbre Vieilleville [1].

Mais le désordre anarchique où la guerre étrangère
et les discordes civiles plongèrent la France dans les
dernières années de cet infortuné monarque, bouleversa les tribunaux, que Charles VII put à peine rétablir. Ils restèrent comme nuls et paralysés sous deux
rois ses successeurs : Louis XI, impatient du double
frein d'un parlement et d'un Conseil, et Charles VIII
qui vécut trop peu pour les réorganiser.

---

[1] C'est ce même personnage dont Schiller a écrit la vie.

Néanmoins, pendant la minorité de ce prince, sous la dame de Beaujeu, le Conseil sort un moment de cette léthargie, aux états généraux tenus à Tours en 1483. L'importance du choix et de la composition est attestée par la ferme volonté d'y parvenir, ainsi exprimée dans cette déclaration :

« Il est question, et c'est encore un des motifs de « cette assemblée, de former au roi un Conseil qui « puisse le seconder dans le dessein qu'il a formé de « maintenir le royaume en paix, d'y rétablir la police « et d'y faire fleurir la justice et le commerce. Ce Con- « seil doit être composé d'hommes à qui l'expérience « du passé ait appris à prévoir l'avenir, qui aient un « caractère propre à concilier au roi l'amour de ses « sujets, l'estime et la confiance de ses voisins; qui « connaissent la constitution de l'État, et qui, sur le « modèle éternel du ciel, fassent mouvoir tous les res- « sorts du corps politique, sans embarras et sans con- « fusion. Si les vœux du roi sont remplis, la justice « siégera sur le trône et dictera des lois. Celui qui of- « fensera la justice offensera le roi, et quiconque « voudra prouver qu'il aime le roi commencera par « observer la justice. »

Les tribunaux se relevèrent sous Louis XII, leur régénérateur et créateur du grand Conseil.

Le type en fut conservé par ses successeurs qui le façonnèrent par des modifications sensibles.

On y voit figurer, sous Henri III, les premiers personnages : « le cardinal de Bourbon, le duc de Mont-

« pensier, le cardinal de Birague, le chancelier de
« France, les ducs de Joyeuse et d'Épernon, le garde
« des sceaux, le sieur de Chiverni, le duc de Retz,
« maréchal de France, les sieurs de Villeroi et de Bel-
« lièvre, et nul autre personnage [1].

Plus tard, en 1614, le tiers état, dans ses remon-
trances à Louis XIII, s'exprime ainsi :

« Il plaise à Votre Majesté que dorénavant, de dix
« en dix ans, il soit fait assemblée générale de votre
« royaume. »

« Que, pour rétablir en son ancienne splendeur
« votre Conseil d'État et privé, il vous plaise réduire
« à certain nombre modéré les conseillers d'icelui, y
« appeler personnes d'âge et suffisance requises et
« recommandées par leurs longs services, charges et
« commissions honorables, tant dedans que dehors le
« royaume, et à ce qu'à l'avenir il puisse être plus
« utilement pourvu au bien de vos provinces, et Votre
« Majesté mieux instruite des affaires d'icelles. Elle
« est très humblement suppliée d'admettre en son
« Conseil un de chacun des douze gouvernements de
« son royaume, sans toutefois obtenir aucun brevet
« de ladite charge ni pension [2]. »

Il est curieux de remarquer en passant que le titre
de conseiller du roi fut pris, jusqu'en 1793, par les
notaires eux-mêmes, dont les actes commençaient par
cette formule :

[1] Lescalopier.
[2] Henrion de Pansey. *Assemblées nationales.*

« Par devant les conseillers du roi, notaires au Châ-
« telet de Paris. »

C'était d'ailleurs un titre sans fonctions [1].

Depuis, le Conseil d'État, issu de sang et d'origine
royale, dans ses éléments de formation compta, toujours sous les rois, comme par le passé, au milieu de
ses rangs aristocratiques, des princes et des seigneurs,
et les premières capacités de l'État.

Renversé plus tard avec tout l'échafaudage politique
et le vieux corps social, il fut ensuite reconstruit avec
l'édifice dont il fut la base, la pierre angulaire et la
glorieuse colonne, et se vit à la fin ériger en Cour sou-
veraine, en solennel aréopage.

Il fut procédé, le 3 nivôse an VIII (24 décembre 1799),
à la recomposition du Conseil par le premier consul et
par MM. Cambacérès et Lebrun, consuls entrants, en
remplacement de MM. Sieyès et Roger-Ducos, consuls
sortants. Ils se rendirent au Luxembourg et nommèrent la moitié plus un des membres du sénat chargée
de composer les grands corps délibérants, le lendemain 4 nivôse.

Le Conseil d'État ayant été divisé en cinq sections :
les finances, la législation civile et criminelle, la
guerre, la marine et l'intérieur, les principaux membres furent :

A la section des finances, MM. Defermon, Duchâtel,
Dufresne ;

[1] Massé. *Le Parfait Notaire.*

A la section de la justice, MM. Boulay (de la Meur-the), Berlier, Réal ;

A la section de la guerre, MM. Lacuée, Brune et Marmont ;

A la section de la marine, MM. de Champagny, Gantheaume, Fleurieu ;

A la section de l'intérieur, MM. Rœderer, Cretet, Chaptal, Regnaud (de Saint-Jean-d'Angély).

MM. Defermon, Boulay (de la Meurthe), Brune, Gantheaume et Rœderer furent les présidents de ce corps illustre, où le premier consul appela des mérites éprouvés, sans acception d'opinion et de parti.

Le Conseil d'État, sortant de la révolution française si féconde en grands hommes, composé de noms aussi distingués, de talents aussi réels et aussi divers, monta rapidement avec son glorieux protecteur et fleurit enfin sous le patronage d'un président impérial, dont il fut, lui présent, l'aide et comme le bras droit, et, en son absence, le substitut ou le vicaire ; mais, par un retour subit, descendant de cet apogée, on le vit pâlir avec le soleil couchant, et n'être plus qu'une ombre de sa grandeur passée ; néanmoins, après ce choc, toujours vivace et sans s'éteindre jamais, il a traversé les vicissitudes et les révolutions des tour-billons politiques, et est demeuré un tribunal d'élite composé jusqu'ici des intelligences émérites, spéciale-ment administratives.

Le Conseil d'État, qui vient d'être réformé par la constitution de 1848, et la loi organique du

3 mars 1849, est appelé à de nouvelles destinées. Comme corps administratif il est éprouvé, et les Vivien, les Macarel, les Cormenin, ces hommes de la haute administration, et les autres lumières qui leur ont été associées assurent sa marche et son action fermes et régulières. Comme corps politique, son rôle est plus délicat. Mais il a reçu dans son sein, outre les notabilités indispensables que je viens de citer, des sujets capables, éclairés, étrangers surtout à l'esprit d'intrigue, indépendants par caractère, et résolus à prêter au gouvernement et au pays le concours loyal de leurs talents et de leur dévouement patriotique.

Vingt membres de l'ancien Conseil ont été appelés au nouveau par les suffrages de l'Assemblée nationale. Vingt autres initiés sont adjoints à ces guides sûrs et expérimentés.

TABLEAU DES CONSEILS DU ROI

A DIVERSES ÉPOQUES.

SOUS PHILIPPE LE LONG (1319).

Nombre illimité.

Les princes du sang.

Les comtes DE VALOIS dont le dernier fut Henri III.

Les comtes D'ÉVREUX et DE LA MARCHE.

Louis et JEAN DE CLERMONT, fils de Béatrix de France, mariée à Robert de France, comte de Clermont, fils puîné de saint Louis, auteur des Bourbons.

Le comte D'ARTOIS, dernier prince du sang.

Le comte DE SAINT-PAUL et DE SAVOIE.

Le dauphin DE VIENNE.

Les comtes DE BOULOGNE et DE FORÈS.

Le sire DE MERCEVIL.

Le connétable de France.

Les sieurs DE NOYERS et DE SULLY.

Les deux maréchaux de France.

Le chancelier.

L'archevêque de Rouen.

L'évêque de Saint-Malo.

Et plusieurs autres personnes de la plus haute distinction.

SOUS PHILIPPE DE VALOIS (1344).

GUILLAUME FLOTTE, seigneur de Revel, chancelier.

MATHIEU DE FRIE, seigneur du Moncy.

PIERRE DE BAUTRU, conseiller.

ANGUERRAND DU PETIT CELLIER et BERNARD FERMÉ, trésoriers.

SOUS HENRI II (1551).

(30 membres)

Princes du sang.

Grands officiers de la couronne.

Connétable.

Maréchal DE SCEPEAUX DE VIEILLEVILLE.

Évêques.

Autres personnages avec brevets de conseillers qui prêtaient serment et de maîtres des requêtes.

Après que le maréchal eut opiné, les évêques et maîtres des requêtes au nombre de seize furent de son avis, et quatorze seulement de celui du connétable.

SOUS HENRI II (PRÉSIDANT UNE SÉANCE).

(25 ou 30 membres)

Princes.	Chancelier.
Cardinaux.	Évêques.
Gouverneurs de provinces.	Maîtres des requêtes et autres.

Le roi Henri prononça par *sa propre bouche* l'arrêt étant en son Conseil d'État et privé, appelé alors l'étroit Conseil, et après *ses paroles*, il s'en alla et avec lui les évêques, présidents et maîtres des requêtes, qui l'attendaient suivant la coutume.

SOUS CHARLES IX (1560).

Monseigneur frère du roi, duc D'ANJOU

MM. DE MONTPENSIER père et fils.

MM. les Cardinaux de Bourbon et de Lorraine.
MM. de Guise et de Nevers.
Les quatre maréchaux de France.
Chancelier.
Cinq ou six maîtres des requêtes.
Sept ou huit chevaliers de l'ordre.

N'y étant la reine-mère à cause de la maladie.

SOUS HENRI III (4 mai 1584).

Janvier.	Février.
Mars.	Avril.
Septembre. Octobre.	Mai. Juin.
Novembre. Décembre.	Juillet. Août.

ROBE LONGUE.
Clercs.

De Lenoncour.	De Chatelliers.
L'évêque d'Auxerre.	De Foix.
L'évêque de Nantes.	De Pibrac.
De Faucon.	L'archevêque de Vienne.
L'évêque de Paris.	L'évêque de Langres.
De Bellièvre.	Miron.
L'archevêque de Lyon.	

ROBE COURTE.
Lais.

De Chavigny.	De Schomberg.
De la Vauguion.	De Cerni.
D'Estrée.	Depui-Gaillard.
De Combault.	Debons.
De Rambouillet.	De Maintenon.
D'Abram.	Des Cars.
De la Chapelle-aux-Ursins.	De Beaufort.
De la Malicorne.	De Saint-Jouart.
De la Motte-Fénelon.	

SOUS LOUIS XIV (1665)[1].

Lors du projet de réformation de la justice en 1665, on vit des noms célèbres associés à la plus glorieuse entreprise qui fut jamais conçue par le grand roi.

Les matières ecclésiastiques furent distribuées entre

DE MACHAUT, maître des requêtes.
D'ESTAMPES, *idem.*

POMOT, maître des requêtes.
CHAMILLARD, *idem.*

Les matières concernant la noblesse furent réservées à

DE MORANGIS, maître des requêtes.

BOUCHERAT, maître des req.
LA REYNIE, *idem.*

La justice à subdiviser en civile, criminelle et de police, fut assignée à

DE VERTAMONT, maître des requêtes.
COLBERT, *idem.*

PUSSORT, maître des requêtes.
CAUMARTIN, *idem.*
LE PELLETIER, *idem.*

Les maîtres des requêtes désignés pour être envoyés dans les parlements furent

ROUILLÉ, Toulouse.
MOLÉ, Provence.
LE BOULANGER - D'ACQUE-VILLE, Grenoble.
VOISIN DE LA NORACE, Rouen.

BONCHU, Dijon.
D'AGUESSEAU, Metz.
COURTIN, Bretagne.
BIGNON, Pau.

[1] *Revue rétrospective*, deuxième série.

SOUS LOUIS XIV (1700).

CONSEIL DU ROI ET DE CHANCELLERIE.

Liste de MM. les Conseillers d'État ordinaires et semestres suivant leurs séances au Conseil.

Monseigneur l'archevêque duc DE REIMS, ordinaire.

L'évêque comte DE NOYON, ordinaire.

COURTIN, ordinaire, doyen.

BENARD DE REZÉ, ordinaire.

DE POMMEREU, ordinaire, conseiller au Conseil royal.

DE LA REYNIE, ordinaire.

DE MARILLAC, ordinaire.

Le marquis DE VILLARS, ordinaire.

LE PELLETIER LE SOUZY, ordinaire, intendant des finances.

D'AGUESSEAU, ordinaire, conseiller au Conseil royal.

DE RIBEYRE, ordinaire.

M. le comte D'AVAUX, ordinaire.

DE BRETÉUIL, ordinaire, intendant des finances.

DE LAMOIGNON DE BASVILLE, intendant en Languedoc.

BAZIN DE BEZONS, ordinaire, intendant en Guyenne.

DE HARLAY DE BONNEUIL, semestre de juillet.

DUGUÉ DE BAGNOLS, semestre de janvier.

DE HEUDEBERT DUBUISSON, ordinaire, intendant des finances.

LE FÈVRE DE CAUMARTIN, semestre de janvier, intendant des finances.

CHAMILLART, conseiller ordinaire et au Conseil royal.

FLEURIEU DARMENONVILLE, ordinaire, intendant des finances.

DE FOURCY, semestre de juillet.

CHAUVELIN, semestre de juillet, intendant de Paris.

VOISIN DE LA NORAY, semestre de janvier.

Dargouges de Rannes, semestre de janvier.

Amelot de Gournay, semestre de janvier.

Le marquis de Dangeau, ordinaire.

Jubert de Bouville, semestre de janvier.

De Harlay de Beaumont, semestre de juillet.

Évêque de Meaux, ordinaire.

Bignon, semestre de juillet.

Bignon, sieur de Blanzy, conseiller d'État ordinaire, intendant des finances.

MM. les maîtres des requêtes selon l'ordre de leur réception.

Amelot, sieur de Chaillon, doyen des doyens du quartier de janvier.

Gérard, sieur de la cour des Bois, doyen du quartier d'octobre.

Molé.

L'advocat, doyen du quartier d'avril.

Turgot de Saint-Clair, et autres au nombre de 83.

MM. les secrétaires et greffiers du Conseil.

Goujon, secrétaire des finances.

De Mons, secrétaire et greffier du Conseil privé.

Blouin, commis.

De la Noye, greffier, garde des sacs.

Siflet, greffier, garde des sacs.

Hersent, secrétaire et seul garde des anciennes minutes des Conseils des finances et commissions extraordinaires du Conseil.

Huissiers ordinaires du Conseil d'État et privé du roi.

Duvaux, doyen.	De Seignerolle.
Baranjon.	Boivin.
Sallé.	De la Ruelle.

1704.

—

LISTE DE NOS SEIGNEURS DU GRAND CONSEIL
(Semestre d'hiver).

—

DE VERTAMONT, premier président.

MM. les présidents des mois d'octobre, novembre et décembre.

DU TILLET DE LA BUSSIÈRE.

BAILLY DE SAINT-MARCS.

PINON.

DURET.

MM. les présidents des mois de janvier, février et mars.

LE BOULANGER.

TARTEBON DE MONTIERS.

DAQUIN DE CHATEAU-RENARD.

BENOIT DE SAINT-PORT, avocat général.

JOLY DE BAISY.

Le semestre d'été se compose à peu près des mêmes présidents et conseillers.

Courrier du grand Conseil au sceau.

M. BOULLAY.

Liste des conseillers d'État qui existaient à la mort de Louis XIV (1715).

DE MARILLAC, doyen.

LE PELLETIER.

D'AGUESSEAU.

DE LAMOIGNON DE BASVILLE.

LE FEBVRE DE CAUMARTIN, intendant des finances.

FLEURIEU DARMENONVILLE, devenu doyen, depuis garde des sceaux, avec le décanat.

DARGOUGES DE RANNES.

AMELOT.

Le marquis DE DANGEAU.

JUBERT DE BOUVILLE.

DE HARLAY.

BIGNON DE BLANZY.

DE CHAMEL DE NOINTEL.

L'abbé BIGNON.

LE PELLETIER DES FORTS, intendant des finances.

ROUILLÉ DU COUDRAI.

BOUCHU.

DES MARETS, contrôl. gén.

FOUCAULT.

L'archevêque de Sens.

GUIET, intend. des finances.

Le marquis DE PUIZIEUX.

LE PELLETIER DE LA HOUSSAIE.

D'ARGENSON, depuis garde des sceaux.

DES MARETS DE VAUBOURG.

MELON DE BERCY, intendant des finances.

POULETIER (le seul qui ait survécu à cette liste, vivant en 1765).

TRUDAINE.

L'abbé DE POMPONNE.

DE LA BOURDONNAIE.

FAGON, intend. des finances.

DE LA BERCHÈRE DE LA RO-CHEPOT.

SOUS LOUIS XVI (1784).

Messire DE MAUPEOU, chevalier, chancelier, commandeur des ordres du roi, hôtel de la chancellerie, place Vendôme.

Messire HUE DE MIROMESNIL, chevalier, garde des sceaux, rue de Richelieu.

Conseillers d'État ordinaires et semestrés, suivant leur séance au Conseil.

Maréchal D'AUBETERRE, ordinaire.

Maréchal DE CASTRIES, ministre et secrétaire d'État.

Maréchal DE SÉGUR, ministre et secrétaire d'État.

Comte DE VERGENNES, ordinaire, ministre et secrétaire d'État et chef du Conseil d'État des finances.

D'AGUESSEAU, doyen du Conseil ordinaire au Conseil des dépêches et au Conseil royal du commerce, commandeur des ordres du roi, maître des requêtes, honoraire.

FEYDEAU DU MARVILLE, ordinaire, maître des requêtes, honoraire.

LE PELETIER DE BEAUPRÉ, ordinaire, maître des requêtes, honoraire.

MOREAU DE BEAUMONT, ordinaire, maître des requêtes, honoraire.

DE LA PORTE, ordinaire.

BERTIER DE SAUVIGNY, ordinaire, maître des requêtes, honoraire.

DE BOULLONGNE, ordinaire, maître des requêtes, honoraire.

JOLY DE FLEURY, ordinaire, maître des requêtes, honoraire.

L'abbé BERTIN.

GUIGNARD DE SAINT-PRIEST, ordinaire, maître des requêtes, honoraire.

LESCALOPIER, ordinaire, maître des requêtes, honoraire.

BOUTIN, semestre de janvier et ordinaire au Conseil royal, maître des requêtes, honoraire.

ROQUELAURE, évêque de Senlis, ordinaire.

DE SARTINE, ministre d'État, maître des requêtes, ordinaire.

COCHIN.

DE LA MICHODIÈRE, ordinaire et conseiller d'honneur au parlement, maître des requêtes, honoraire.

L'abbé PÉGUILHAN DE L'ARBOUST, ordinaire.

BOUVARD DE FOURQUEUX, semestre de janvier et ordinaire au Conseil royal de commerce.

FOULON.

D'ORMESSON, semestre de juillet.

L'abbé DE RADONVILLIERS, ordinaire.

D'ORCEAU DE FONTETTE, maître des requêtes, honoraire.

LE NOIR, semestre de janvier et lieutenant général de police.

BELLANGER, semestre de juillet.

DROUYIN DE VAUDEUIL, semestre de janvier.

VIDAME DE LA TOUR, semestre de juillet.

MONTYON, semestre de janvier et ordinaire au Conseil de commerce.

FARGÈS, maître des requêtes, honoraire.

DE COTTE, semestre de janvier.

BIGNON, semestre de juillet.

LAMBERT, semestre de juillet.

SAUNIER, ordinaire, doyen des maîtres des requêtes.

DUPLEIX DE BACQUENCOURT, semestre de juillet, maître des requêtes, honoraire.

Baron DE BRETEUIL, ordinaire, ministre et secrétaire d'État.

DE CAUMARTIN, semestre de janvier, prévôt des marchands, maître des requêtes, honoraire.

MONTHOLON, semestre de juillet et ordinaire au Conseil royal de commerce.

CHAUMONT DE LA GALAISIÈRE, semestre de juillet, intendant en Alsace, maître des requêtes, honoraire.

PELLETIER DE MORFONTAINE, semestre de juillet, intendant de Soissons.

DE CALONNE, ordinaire, au Conseil royal, contrôleur général des finances.

Maîtres des requêtes.

SAUNIER, conseiller d'État ordinaire, doyen des doyens.

MERAULT DE VILLERON.

POULLETIER DE LA SALLE.

DEDELAY DE LA GARDE.

DOUBLET DE PERSAN.

VILLEVAULT.

BROCHET DE SAINT-PREST.

CHAILLON DE JONVILLE.

BERTIER.

GUEAUX DE REVERSEAUX.

JULIEN.

CHARDON.

TOLOZAN.

GUYOT DE CHENIZOT, etc., formant tous ensemble quatre-vingts.

AN IX.

—

CONSEILLERS D'ÉTAT AU PALAIS DES TUILERIES.

—

BONAPARTE, premier consul, président.

Section de législation.

BOULAY (de la Meurthe), président.
BERLIER, ÉMERY, PORTALIS, RÉAL, THIBAUDEAU.

Section de l'intérieur.

RŒDERER, président.
BENEZECH, CRÉTET, FOURCROY (au Muséum d'histoire naturelle).
FRANÇAIS, REGNAUD (de Saint-Jean-d'Angély).
SHEE.

Section des finances.

DEFERMON, président.
BARBÉ-MARBOIS, DEVAISMES.
DUCHATEL, REGNIER.

Section de la guerre.

LACUÉE, président.
DEJEAN, MARMONT, PETIET.

Section de la marine.

FLEURIEU, président.
CHAMPAGNY, NAJAC, REDON, TRUGUET.

Service extraordinaire.

BERNADOTTE, général en chef de l'armée de l'Ouest.
BONAPARTE (Joseph).
BRUNE, général en chef.
CAFFARELLI, préfet maritime à Brest.
CHAPTAL, ministre de l'intérieur.
DUBOIS (des Vosges), préfet de la Gironde.
GANTHEAUME, contre-amiral.
JOLLIVET, commissaire général dans les quatre départements du Rhin.
LESCALIER.
MIOT, administrateur général en Corse.
MOREAU DE SAINT-MÉRY, résident à Parme.
SAINT-CYR.

EMPIRE (1806).

—

CONSEILLERS D'ÉTAT (5 SECTIONS).

—

L'empereur préside et, en son absence, celui des princes que Sa Majesté désigne.

Les princes de la famille impériale.

Les ministres.

Section de législation.

BIGOT DE PRÉAMENEU, président, membre de l'Institut.

BERLIER, conseiller d'État à vie.

RÉAL, conseiller d'État à vie.

TREILHARD.

GALLI.

SIMÉON.

SÉGUR, grand maître des cérémonies.

BEGOUEN.

LAVALETTE.

DELOC.

BLANC D'HAUTERIVE.

CORVETTO.

BEUGNOT.

MARET.

Section de l'intérieur.

REGNAUD (de Saint-Jean-d'Angély), président, conseiller d'État à vie, ministre de l'intérieur.

CRÉTET, conseiller d'État à vie.

FOURCROY, conseiller d'État à vie, ministre de l'intérieur.

FRANÇAIS DE NANTES.

MIOT.

PELET (de la Lozère).

Section des finances.

DEFERMON, président, conseiller d'État à vie.

BOULAY (de la Meurthe), conseiller d'État à vie.

DUCHÂTEL, conseiller d'État à vie.

JOLLIVET.

BÉRENGER.

COLLIN.

JAUBERT.

BEBGON.

Section de la guerre.

LACUÉE, président, conseiller d'État à vie.

CLARKE, secrétaire du cabinet de S. M.

DARU.

GASSENDI.

Section de la marine.

GANTHEAUME, président, vice-amiral.

REDON, conseiller d'État à vie.

NAJAC.

LOCRÉ, secrétaire général au palais impérial.

Section ordinaire hors des sections.

DUBOIS, préfet de police.

MURAIRE.

FROCHOT, préfet de la Seine.

MONTALIVET, préfet de Seine-et-Oise.

MERLIN, de l'Institut.

RESTAURATION (1814-1815).

CONSEIL DU ROI.

Le roi.

Princes de la famille royale.

Le chancelier de France.

Les ministres secrétaires d'État.

Maréchal duc DE CONÉGLIANO, pair de France, ministre d'État.

Le duc DE REGGIO, pair de France, ministre d'État.

Le duc DALBERG, pair de France, ministre d'État.

Comte DE JAUCOURT, pair de France, ministre d'État.

Comte DE BEURNONVILLE, pair de France, ministre d'État.

Comte DESSOLES, pair de France, ministre d'État.

Comte FERRAND, directeur général des postes.

Baron DE VITROLLES, secrétaire des Conseils du roi.

Conseillers d'Etat en service ordinaire.

Comte Bérenger.
Baron Henrion de Pansey.
Chevalier Delamalle.
Chevalier Faure.
Comte Begouen.
Comte de Corvetto.
Detas Français.
Comte Pelet (de la Lozère).
Baron de Gérando.
De Colonia.
Comte de la Bourdonnaye de Blossac.

De Ballainvilliers.
Lambert.
Laporte-Lalanne.
Dupont (de Nemours).
Chevalier Anglès.
Doutremont.
Malcor.
Dupont.
Cuvier.
Baron Jourdan.
Comte de Bourblanc.
Fumeron de Verrière.

SOUS LOUIS - PHILIPPE (1831).

Le Conseil d'État se compose des princes de la famille royale lorsque le roi jugè à propos de le présider et qu'il les y a appelés.

Conseillers d'Etat en service ordinaire.

Comte Bérenger.
Baron de Gérando.
Chevalier Allent.
Baron Hély d'Oissel.
Comte Dumas (Mathieu).
Chevalier de Brévannes.
Baron de Fréville.
Maillard.
De Salvandy.
Chevalier Tabbé de Vaux-clairs.

Vicomte Siméon.
Lechat.
Kératry.
Comte Ferri-Pisani.
Jacqueminot, comte de Ham.
Baude.
Renouard.
Thiers.
Duchatel (Tanneguy).
Denis-Lagarde.

En 1839, M. Hochet, maître des requêtes, secrétaire général du Conseil d'État, se retira volontairement de l'administration après de longs et utiles services rendus à l'illustre corps dont il avait été pendant vingt-trois ans l'habile et intelligent régulateur. Le Conseil d'État, où il a laissé de vifs regrets et un fidèle souvenir, dans sa justice et sa reconnaissance a confirmé par l'élection M. Prosper Hochet, qui remplit actuellement les fonctions de secrétaire général.

En vertu de la loi promulguée le 19 juillet 1845, le Conseil d'État fut composé :

1°. Des ministres secrétaires d'État;

2° De conseillers d'État;

3° De maîtres des requêtes;

4° D'auditeurs.

Le garde des sceaux, ministre de la justice, présidait le Conseil d'État.

Un vice-président présidait le Conseil d'État en l'absence du garde des sceaux et des ministres.

Un secrétaire général, ayant titre et rang de maître des requêtes, était attaché au Conseil.

Les membres du Conseil d'État étaient en service ordinaire ou en service extraordinaire.

Le service ordinaire se composait :

1° De trente conseillers d'État, y compris le vice-président et des vice-présidents des comités;

2° De trente maîtres des requêtes;

3° De quarante-huit auditeurs.

Les fonctions de conseillers d'État et de maîtres

des requêtes en service ordinaire étaient incompatibles avec toute autre fonction publique.

Ils ne pouvaient être révoqués qu'en vertu d'une ordonnance délibérée en Conseil et contresignée par le garde des sceaux.

Les auditeurs étaient divisés en deux classes.

Tout auditeur après six ans d'exercice cessait de faire partie du Conseil d'État.

Nul ne pouvait être nommé conseiller d'État s'il n'était âgé de trente ans accomplis.

Maître des requêtes, de vingt-sept ans.

Auditeur, de vingt et un ans et licencié en droit ou ès-sciences, et s'il n'avait en outre été jugé admissible par une commission spéciale.

Nul auditeur ne pouvait être nommé maître des requêtes s'il n'avait, pendant deux ans au moins, fait partie de la première classe.

Le service extraordinaire se composait :

1° De trente conseillers d'État;

2° De trente maîtres des requêtes.

Le titre de conseiller d'État ou de maître des requêtes en service extraordinaire ne pouvait être conféré qu'à des personnes remplissant ou ayant rempli des fonctions publiques.

Les conseillers d'État en service extraordinaire ne pouvaient prendre part aux travaux et aux délibérations du Conseil que lorsqu'ils y étaient autorisés.

Chaque année, la liste des conseillers d'État auxquels cette autorisation était accordée était arrêtée par ordonnance royale.

Le nombre des conseillers d'État ainsi autorisés ne pouvait excéder les deux tiers du nombre des conseillers d'État en service ordinaire.

Pouvaient être nommés par le roi conseillers d'État ou maîtres des requêtes honoraires, les conseillers d'État et les maîtres des requêtes qui pendant dix ans au moins avaient fait partie du Conseil.

1845.

Baron GIROD (de l'Ain), vice-président du Conseil d'État.

Comte BÉRENGER, vice-président du comité des finances.

Baron DE FRÉVILLE, vice-président du comité des travaux publics, de l'agriculture et du commerce.

MAILLARD, vice-président du comité de l'intérieur et de l'instruction publique.

Vicomte DE PRÉVAL (lieutenant général), vice-président du comité de la guerre et de la marine.

VIVIEN, vice-président du comité de législation.

KÉRATRY.	Comte O'DONNELL.
JACQUEMINOT, comte DE HAM.	Baron BAUDE.
MACAREL.	DUNOYER.
TABOUREAU.	Vicomte DE CHASSELOUP-LAUBAT.
Comte DE JANZÉ.	
Comte D'AURE.	BOULAY (de la Meurthe).
FUMERON D'ARDEUIL.	Vicomte D'HAUBERSAERT.
VITET.	LANYER.
RÉAL (Félix).	MOTTET.

TOURNOUER.	Baron TUPINIER.
RIVET.	MARCHAND.
VINCENS.	Vicomte DE SAINT-AIGNAN.
JANVIER.	

La loi du 3 mars 1849 a fixé de cette manière le personnel du Conseil d'État, qui se compose :

1° Du vice-président de la république, président élu par l'Assemblée nationale sur une liste de trois candidats présentée par le président de la république ;

2° De quarante conseillers d'État, élus par l'Assemblée nationale ;

3° De vingt-quatre maîtres des requêtes, nommés par le président de la république ;

4° De vingt-quatre auditeurs sortis du concours ;

5° D'un secrétaire général ;

6° D'un secrétaire du contentieux.

1849 - 1851.

M. BOULAY (de la Meurthe), président du Conseil d'État.

Conseillers d'Etat.

VIVIEN, président de la section de législation.
MACAREL [1], président de la section d'administration.

---

[1] Au moment de terminer notre publication, nous apprenons la mort de M. Macarel, perte immense pour le Conseil d'État.

MAILLARD, président de la section du contentieux.

BOULATIGNIER (Législation).

DE JOUVENCEL (Contentieux).

BETHMONT, président de la section d'administration.

DE CORMENIN (Administration). Finances, guerre et marine.

MARCHAND (Contentieux).

STOURM, président du comité des finances, de la guerre et de la marine (Administration).

BOUCHENÉ-LEFER (Contentieux).

RIVET (Législation).

CARTERET (Contentieux).

BOUDET, président de la commission des recours en grâces (Législation).

PARAVEY (Contentieux).

HAVIN (Administration). Travaux publics.

J. BOULAY (de la Meurthe) (Administration). Finances.

CHARTON (Législation).

PÉRIGNON (Administration). Intérieur, justice, instruction publique.

PONS (de l'Hérault) (Administration). Finances.

FRÉDÉRIC CUVIER (Législation).

DUNOYER (Administration). Travaux publics.

LANYER (Administration). Travaux publics.

TOURNOUER, président du comité de l'intérieur, de la justice, de l'instruction publique et des cultes.

HÉLY-D'OISSEL (Contentieux).

HORACE SAY (Législation).

MAHÉRAULT (Administration). Finances.

VUILLEFROY (Administration). Travaux publics.

BOUSSINGAULT (Législation).

BAUMES (Contentieux).

TOURANGIN (Législation).

BUREAUX DE PUSY (Législation).

De Rainneville (Législation).
Herman (Administration). Intérieur.
De Tarlé (général) (Législation).
Defresne (Législation).
Behic (Législation).
O'Donnell (Administration). Intérieur.
De Saint-Aignan (Contentieux).
Jubelin (Législation).
Gaulthier de Rumilly (Législation).
Caussin de Perceval (Administration). Intérieur.

Maîtres des requêtes.

De Cheveigné (Administration). Finances, guerre et marine.
Lucas (Contentieux).
Pagès (Administration). Intérieur.
Raulin [1] (Contentieux).
Thierry (Administration). Travaux publics.
Cornudet, commissaire du gouvernement (Contentieux).
François (Contentieux).
Montaud (Administration). Intérieur.
Masson (Administration). Finances, guerre et marine.
De Sahune (Administration). Intérieur.
Gomel (Contentieux).
Calmon (Administration). Intérieur.
Hallez-Claparède (Administration). Finances, guerre et marine.
De Bussierre (Contentieux). Intérieur.
Reverchon, suppléant du commissaire du gouvernement (Contentieux) [2].

[1] M. Raulin décédé a été remplacé par M. Louyer Villermay.
[2] En remplacement de M. Vuitry, nommé sous-secrétaire d'État des finances.

Camus-Dumartroy, suppléant du commissaire du gouvernement (Contentieux).

Daverne (Contentieux).

Eugène Dubois (Administration). Travaux publics.

Tripier (Contentieux.

Goupil (Administration). Travaux publics.

Pascalis (Contentieux).

Fabas Administration). Intérieur.

Maigne (Contentieux).

Redon de Beaupréau. Finances, guerre et marine.

Auditeurs.

Meurinne (Administration). Intérieur.

Aubernon (Administration). Intérieur.

De Montesquiou (Administration). Intérieur.

Perrot de Chezelles (Administration). Travaux publics.

De Ségur [1] (Administration). Travaux publics.

Leviez (Législation).

L'Hopital ((Législation).

Pron (Administration). Travaux publics.

Martin (du Nord) (Administration). Intérieur.

Robert (Administration).

Cubé de la Chaumelle (Législation).

Gaudin (Administration). Travaux publics.

Dubois de Jancigny (Administration). Finances.

Faré (Législation).

Benoist (Administration).

Delorme (Administration).

Bosredon (Législation).

Lemarié (Législation).

[1] M. de Ségur, actuellement préfet.

O'Donnell (Administration). Travaux publics.
Marbeau Finances.
Sautayra (Administration). Finances.
Tranchant (Législation).
Mouton-Duvernet (Législation).
Batbie (Administration). Finances.

III

ORGANISATION INTÉRIEURE.

Ce fut Charles VI qui le premier s'efforça de régulariser la forme de son Conseil, altérée par les guerres des Anglais sous les règnes précédents et entravée par les désordres et les malheurs du sien.

Une ordonnance de ce roi donnée en 1413, art. 207, fixe à quinze le nombre de ses conseillers d'État, outre le connétable, le chancelier, les princes et les grands officiers de la couronne, qui avaient séance au Conseil.

Il réduisit à huit les maîtres des requêtes, dont quatre étaient occupés auprès de sa personne sacrée, et quatre de service au parlement.

Charles VII laissa subsister le Conseil avec l'ordonnance de son père, qui l'avait régi, ou plutôt l'abandonnant, il céda au torrent qui l'entraînait. Le roi de Bourges pouvait-il gouverner l'État, lui qui ne pouvait se gouverner lui-même, et qu'une femme dominait, mais qui d'une femme aussi apprit plus tard à régner?

Louis XI, qui dégage la royauté de ses langes et de ses entraves, et s'affranchit d'un Conseil et d'un parlement;

Charles VIII le Victorieux, ambitieux de conquérir au dehors, quand il avait l'intérieur à pacifier, laissent tous deux le Conseil d'État, sinon s'éteindre, du moins végéter et languir.

Louis XII seul, comme nous l'avons dit, le fait revivre, l'organise, et son institution, tout en subissant diverses métamorphoses, a traversé les règnes suivants.

François Ier, l'astre des lettres, se lève, mais laisse intact son Conseil jusqu'à son retour d'Espagne. Alors, il le rétablit tel qu'il avait existé sous Charles VI et Charles VII, sans faire toutefois les réformes que son fils Henri II y introduisit.

Le règlement que ce prince donna en 1547 à Saint-Germain-en-Laye, afin de détruire tous les abus qui régnaient dans son Conseil, désigne d'abord les personnes qui y sont admises ou qui en sont exclues. Il observe que « le désordre était si grand à cause du « prodigieux nombre d'officiers qui s'y étaient intro- « duits, que, ne pouvant demander l'avis de chacun, « les plus autorisés parlaient les premiers et ne lais- « saient à personne la liberté de les contredire. »

Le roi veut « qu'il n'entre dorénavant à son Conseil « du matin que le roi de Navarre, le cardinal de Lor- « raine, le duc de Vendôme, l'archevêque de Reims, « le connétable, le chancelier Olivier, etc., pour trai- « ter les matières d'État et des finances, aviser de « l'ordre et provision qu'il serait bon d'y donner, le « faire entendre au roi qui en ordonnerait à son bon « plaisir.

« Et l'après dîner, outre les seigneurs qui s'assem-
« blaient les matinées, étaient appelés les cardinaux
« de Bourbon et de Ferrare, du Bellai et de Châtillon,
« les ducs de Nevers, de Guise et d'Estampes, les évê-
« ques de Soissons et de Coutances, etc., pour écou-
« ter les requêtes des parties sur les rapports des maî-
« tres des requêtes introduits à cet effet, rédiger et
« conclure les dépêches requises et nécessaires au
« service du roi, de ses sujets et du royaume, avec dé-
« fenses à tous autres, quels qu'ils soient, s'ils n'y
« sont invités, de s'ingérer d'y entrer, sous peine d'ê-
« tre punis comme infracteurs des ordonnances du
« roi ;

« Et aux huissiers du Conseil qui garderont la porte
« en dehors fermée le matin à clef, de ne laisser en-
« trer aucune personne, de quelque état qu'elle soit, à
« peine de privation de leur office et d'être châtiés
« corporellement. »

Henri II ne fut pas toujours aussi strict pour le
maintien du règlement, considérablement modifié par
les circonstances.

Celui de Charles IX en 1560, en plaçant la reine-
mère et le roi de Navarre au timon des affaires, admit
dans le Conseil des finances, indépendamment de
ceux qui en faisaient partie, ses surintendants, les
deux secrétaires chargés du maniement des finances,
les trésoriers de l'épargne et des revenus casuels.

Une ordonnance expresse de ce prince de 1564
défend « de recevoir personne dans son Conseil (à

« moins) que le nombre de ceux qui y avaient entrée,
« qui était immense, ne fût réduit à vingt. »

En 1566, il fixa les jours du Conseil « aux mardi et
« vendredi pour ouïr toutes les plaintes et requêtes
« de justice et pourvoir aux parties sans vaquer à
« autre chose. »

Les règlements publiés à Angers le 11 janvier 1570
et à Fontainebleau les 28 juillet et 24 octobre 1572,
nomment les seigneurs qui formeront le Conseil avec la
reine-mère et ses deux frères et indiquent le lieu près
de sa chambre où il sera tenu, pour que le *roi* y assiste
sans être vu, ni sortir en public, « déclarant que le
« Conseil privé ordonné par les parties ne se tiendrait
« point qu'il n'y eût un de messieurs ses frères ou un
« des princes, ducs, maréchaux, amiral ou grand
« écuyer. »

Aux états généraux tenus en 1576, le tiers état
demanda que « le nombre des conseillers d'État fût
« réduit à dix-huit et ne pût jamais excéder vingt-
« quatre. Le roi Henri III fut fort offensé de cette
« proposition et des exigences de l'assemblée, qui
« lui fit annoncer par une députation du clergé, pré-
« sidée par l'archevêque de Lyon, que le vœu général
« était de lui voir prendre l'engagement de faire ob-
« server tout ce qui se passerait d'une commune voix
« et ne prononcer sur les matières où les sentiments
« seraient partagés que de l'avis de la reine sa mère,
« des princes du sang, des pairs du royaume et de
« douze députés des états. »

4

« Le roi répondit avec beaucoup de modération
« qu'aussitôt que les trois ordres lui auraient pré-
« senté leurs cahiers, il y répondrait de l'avis de son
« Conseil. »

« Les mêmes états adressèrent au roi une autre re-
« quête, par laquelle ils suppliaient S. M. d'adjoin-
« dre à son Conseil un député de chaque province.
« On procédait au choix des candidats. Bodin,
« l'homme à la liberté gauloise, représenta que c'é-
« tait en quelque sorte anéantir l'autorité des états
« que de la confier à un si petit nombre de délégués,
« qui, tout incorruptibles qu'on les supposait, pour-
« raient se laisser intimider par la présence du roi,
« ou être séduits par les insinuations de ceux qui
« gouvernaient la cour ; que Louis XI, qui le premier
« de nos rois avait su s'arroger le pouvoir absolu, n'y
« avait réussi qu'en n'attribuant ainsi le nom et le
« pouvoir des états qu'à une poignée de gens dont il
« disposait à son gré..... Sur ce que l'archevêque de
« Lyon objecta qu'on pouvait limiter le pouvoir des
« délégués, Bodin répliqua que, malgré cette précau-
« tion, leur seule présence au Conseil donnerait tou-
« jours aux résolutions qui y seraient prises l'air
« d'être approuvées du moins tacitement par la na-
« tion, et que par là on se priverait insensiblement
« du droit de remontrance. L'assemblée se rendit à
« ces raisons [1]. »

[1] Henrion de Pansey (*Assemblées nationales en France*).

En vertu des règlements de 1579 et 1582, les conseillers devaient servir toute l'année ; les douze de robe longue et les quinze de robe courte alternaient de quatre en quatre mois, de manière à rester toujours neuf de service. « Les mardi et vendredi étaient consacrés aux affaires contentieuses, procès et différends des parties. »

Ces jours-là, les maîtres des requêtes entraient et rapportaient aux Conseils. « Il est prescrit que nul ne « rapportera que les conseillers, les maîtres des re- « quêtes, les intendants des finances et les autres, qui « pour le fait de leurs charges avaient droit d'entrée et « de séance. Les lundi, mardi, jeudi et samedi [1] étaient « réservés pour le Conseil des finances. »

Non content de ces dispositions, Henri III les modifia encore par ses règlements de 1584 et 1585 ; par le premier, il prescrivit « que les conseillers d'épée « alors au nombre de vingt et un fissent preuve de « trois races du côté paternel, et qu'eux avec les six « d'Église et de robe longue seraient distribués pour « servir quatre mois. »

Le règlement du 8 janvier 1585, plus étendu et plus détaillé, répartit les provinces entre les membres du Conseil, qui ne les ont pas gardées longtemps à cause des inconvénients attachés à ce département et de sa complexité. Aussi le roi changea-t-il lui-même cette distribution.

[1] Lescalopier.

Henri IV, préoccupé d'abord de la conquête, puis de la pacification de son royaume, n'eut point le loisir de réorganiser ce corps de l'État, destiné à un avenir d'améliorations notables, si la mort inopinée de ce bon prince et la régence qui la suivit n'eussent suspendu et arrêté ce projet de restauration.

Louis XIII, en 1622, au camp de Montpellier, ordonna que les membres de ses parlements et autres qui auraient été honorés de brevets de conseillers en ses Conseils, n'y eussent rang et séance que du jour qu'ils auraient servi actuellement après avoir résigné leurs offices et qu'ils auraient été employés dans les états des appointements accordés aux gens de son Conseil.

Le 3 janvier 1628, au camp de La Rochelle, le roi, voulant opérer un projet d'épuration vainement prescrite par un règlement de 1626, s'occupa de réduire le trop grand nombre des conseillers d'État, lequel « diminuait beaucoup la dignité de cette charge, au « préjudice de l'autorité que S. M. devait avoir en ses « conseils et du bien qui en devait revenir pour le « gouvernement de ses affaires et de celles de ses sujets. »

Il ordonna qu'il ne serait expédié aucun brevet de conseiller en ses Conseils, qu'il ne fût signé de la propre main de S. M. avec ces mots également de sa main : *Pour un tel.*

Il défendit au chancelier et garde des sceaux de recevoir le serment des conseillers d'État ailleurs qu'en plein Conseil. L'acte devait être signé par les six plus anciens conseillers d'État.

Il prescrivit que les douze conseillers d'État ordinaires seraient réduits en cas de mort à huit seulement, et que ceux qui seraient par six et quatre mois fussent tous distribués par quartier, y attachant un du corps de l'Église et un du corps de la noblesse, et qu'ils seraient ainsi réduits par extinction à quatre par chaque quartier, outre les ecclésiastiques et les nobles. Il assigna au doyen de chaque quartier des maîtres des requêtes la *séance* de conseillers d'État pendant trois mois suivant immédiatement le quartier qu'il aurait servi au Conseil.

On trouve dans ces principaux règlements de Louis XIII et surtout dans les dispositions de 1628, la fixation du Conseil arrêté à vingt-quatre conseillers d'État de robe et la diminution de ceux d'Église et d'épée qui excédaient ce nombre. On y reconnaît aussi les preuves de l'estime que le roi faisait de l'ancienneté des services des maîtres des requêtes, chargés exclusivement et sans interruption depuis le règne de saint Louis d'exposer au souverain les suppliques de ses sujets; on retrouve en tout temps ces conseillers fidèles et ces acolytes assidus de sa personne sacrée.

Le 16 juin 1644, Louis XIV était à peine sur le trône, que la reine-mère régente, plus occupée de répartir le Conseil que d'en renouveler le personnel, tout en le maintenant dans l'état où elle le trouve, fixe ainsi sa discipline; elle ordonne :

1° Cinq conseils par semaine, le privé, le mardi et le vendredi; la direction, le mercredi et le jeudi, et le samedi celui des finances;

2° L'entrée du Conseil à huit heures.

En 1657, le roi, voyant le Conseil perdre chaque jour de sa dignité, en raison de son extension numérale, en arrêta le nombre, sans qu'il pût être excédé, à douze conseillers ordinaires dont trois d'Eglise et trois d'épée, et pour prévenir le mécontentement que pouvait faire naître cette réforme, il promit à ceux qui ne furent point compris parmi les douze élus, qu'ils rentreraient au Conseil au fur et à mesure des extinctions.

Les conseillers exclus gardèrent leur titre.

Les maîtres des requêtes, la portion du Conseil la plus ancienne et la plus confidentielle, furent maintenus dans leurs prérogatives, et les doyens de chaque quartier conservèrent leur droit d'entrée, de séance, et de voix délibérative.

Enfin, le 3 janvier 1673, le roi, voulant fixer irrévocablement son Conseil, en régularisant tant les ordonnances de ses prédécesseurs au delà de Henri III, en ce qui concerne les qualités, l'ordre et le costume, que ses propres règlements émanés de sa personne,

« Ordonna que son Conseil d'État privé fût com-
« posé de M. le chancelier ou garde des sceaux, de
« vingt et un conseillers d'État ordinaires, en y com-

« prenant les trois d'Église, les trois d'épée, de douze
« conseillers d'État servant par semestre, sans que les
« uns ni les autres pussent se dispenser d'y assister
« qu'avec permission expresse de M. le chancelier. »

« S. M. confirme le doyen des maîtres des requêtes
« et les doyens de quartier dans leurs rang, séance et
« voix délibérative; elle déclare ceux qui pourront
« prendre la qualité de conseillers ordinaires dans
« ses Conseils et y assimile les maîtres des requêtes
« qu'elle avait gratifiés des lettres de conseillers
« d'État. »

Le Conseil d'État n'éprouva depuis 1673 dans sa
discipline et dans sa quotité aucun changement es-
sentiel. Il fut confirmé par le règlement de 1738,
œuvre de l'illustre d'Aguesseau, qui ne fit qu'a-
broger certaines dispositions accessoires de celui de
1673, dernier et digne monument, bien qu'imparfait,
de la sagesse du grand roi.

RÉFORME.

Avant 1789, le roi était législateur unique. La volonté du prince faisait la loi, ou plutôt l'État c'était
lui. Le Conseil du roi devait écrire sous sa dictée ou
rendre des arrêts sous son bon plaisir.

En 1789, le roi, ayant convoqué ses états généraux,
ouvrit une porte aux améliorations.

La révolution fut inaugurée depuis 1789 jusqu'à
l'an x :

1° Par la suppression des arrêts de propre mouvement et de l'abus flagrant de l'interprétation arbitraire des lois obscures suppléées par des règlements ;

2° Par la première loi, prélude du contentieux administratif, qui devait être portée au Conseil d'État ;

3° Par l'abolition du grand Conseil, de la connétablie, etc. ;

4° Par la mise en jugement des administrateurs,
dévolue à l'autorité supérieure au lieu des tribunaux ;

5° Par l'institution d'un tribunal de cassation et la
suppression du Conseil des quartiers et d'autres excès
de pouvoir.

De l'an III à l'an VIII, le directoire, qui succéda à la
convention, supprima le Conseil d'État, mais sans le
remplacer, et trancha les difficultés qu'il rencontra, en
faisant juger par les ministres le contentieux de l'administration. Il ne s'arrêta pas dans cette voie et le
5 fructidor an V (22 août 1797) le vit tomber dans une
contradiction absurde et cruelle, digne de l'absolutisme le plus arbitraire. Après avoir décimé le corps
législatif, il fonda ses règlements anti-légaux sur les
anciennes ordonnances des rois de France, pour justifier et autoriser ses criminels envahissements et les
excès de son fol délire.

Son vertige devait le perdre ; il tomba et fit place
au régime consulaire.

Le Conseil d'État, dans le torrent de la révolution,
n'avait pas disparu tout entier ; ses attributions s'é-

taient, pendant son éclipse, amalgamées et confondues avec les nouvelles autorités, et la Cour de cassation y avait suppléé; le Conseil d'État fut recréé par l'acte du 22 frimaire an VIII, à côté du ministère auquel on laissa l'action administrative en réservant au Conseil toutes les décisions et solutions des difficultés qui s'élèveraient en matière administrative.

Le Conseil d'État de cette époque, la création propre de l'illustre de Sieyès, dont il fut la conception la plus pratique, était le corps délibérant, attaché au pouvoir exécutif. Il devait préparer les lois, les faire sanctionner par le pouvoir législatif, et, par des règlements à l'appui, rendre la justice administrative. Cette œuvre du génie spéculatif du philosophe législateur devait bientôt rencontrer dans l'application le génie agissant de Bonaparte et concilier dans l'effet deux natures antipathiques. C'étaient Boulay (de la Meurthe), le confident de Sieyès, et Rœderer et Talleyrand, intimes du général, qui avaient été les médiateurs. En combattant leurs répugnances instinctives, ils avaient réussi à les rapprocher pour une constitution, ainsi qu'on les avait vus déjà s'entendre pour consommer le 18 brumaire.

CONSTITUTION DU 22 FRIMAIRE AN VIII.

Art. 41. Le premier consul nomme et révoque à volonté les *membres du Conseil d'État.*

Art. 52. Sous la direction des consuls, *un Conseil*

d'État est chargé de rédiger les projets de loi et les règlements d'administration publique.

ART. 53. C'est parmi les membres du *Conseil d'État* que sont toujours pris les orateurs chargés de porter la parole au nom du gouvernement devant le corps législatif.

ART. 58. Le gouvernement ne peut choisir ou conserver pour conseillers d'État et pour ministres que des citoyens dont les noms se trouvent inscrits sur la liste nationale.

ART. 69. Les fonctions des *conseillers d'État* ne donnent lieu à aucune espèce de responsabilité.

ART. 70. Les délits personnels, emportant peine afflictive et infamante, commis par un membre soit du sénat..... soit du *Conseil d'État,* sont poursuivis devant les tribunaux ordinaires après qu'une délibération du corps auquel le prévenu appartient a autorisé cette poursuite.

ART. 71. Les *ministres* prévenus de délits privés emportant peine afflictive ou infamante, sont considérés comme *membres du Conseil d'État.*

ART. 75. Les agents du gouvernement, autres que les ministres, ne peuvent être poursuivis pour des faits relatifs à leurs fonctions qu'en vertu d'une décision du *Conseil d'État.*

L'acte constitutionnel du 22 frimaire an VIII, qui avait associé le Conseil d'État si intimement au gouvernement, qui rangeait ses membres avant les ministres et les déclarait inviolables, en ne les rendant responsables que pour délits *personnels*, était une transition au règlement du 5 nivôse an VIII.

ART. 1.er. Le Conseil d'État est composé de trente à quarante membres.

ART. 3. L'assemblée générale ne peut avoir lieu que sur la convocation des consuls, ou en son absence, par l'un des deux autres consuls.

Elle est présidée par le premier consul.

ART. 4. Les ministres ont la faculté d'y entrer sans que leur voix y soit comptée.

ART. 5. Les conseillers d'État sont divisés en cinq sections : une section des finances; une section de législation civile et criminelle; une section de la guerre; une section de la marine; une section de l'intérieur.

ART. 6. Chaque section est présidée par un conseiller d'État nommé chaque année par le premier consul.

ART. 11. Le Conseil d'État *développe le sens des lois* sur le renvoi qui lui est fait par les consuls des questions qui leur ont été présentées.

En vertu de l'art. 11, le Conseil d'État est constitué interprète de la législation, ou autrement législateur lui-même.

Un arrêté du 7 fructidor an VIII distingua le

service des conseillers d'État en service ordinaire
et en service extraordinaire. Ce fut à compter du
1er vendémiaire an IX que cette distinction fut en vigueur.

Le service extraordinaire consistait soit en missions
permanentes, soit en missions temporaires.

Lorsqu'un membre du Conseil était chargé par le
premier consul d'un service extraordinaire, il cessait
d'être porté sur la liste des conseillers d'État en service
ordinaire.

Tous les trois mois, le premier consul arrêtait la
liste des conseillers en service ordinaire.

Les conseillers d'État en service extraordinaire qui
étaient de retour de leur mission ne pouvaient prendre
séance qu'au commencement du trimestre où ils
étaient portés sur la liste des conseillers d'État en service ordinaire.

Le sénatus-consulte du 28 floréal an XII établit des
conseillers d'État à vie.

Ainsi l'inamovibilité qui, à cette époque de variations et de vicissitudes, était presque un paradoxe, ne
serait en des temps plus calmes qu'une restitution légitime et naturelle pour un corps illustre digne de
ce dernier honneur, et fait pour marcher l'égal d'un
autre qui lui dispute le pas. D'un autre côté, ne lui
donnerait-elle point une puissance extraordinaire et
envahissante? Cette qualité pouvait convenir au Conseil de Napoléon dont il était l'expression.

Au reste, la question est jugée par l'art. 72 de la

constitution de 1848, qui a fixé à six ans la durée des fonctions des conseillers d'Etat de la République. Cette existence éphémère est loin de l'inamovibilité.

Le 11 juin 1806 vit une nouvelle organisation du Conseil d'État par suite du décret du 16 thermidor an x.

TITRE PREMIER. — DE L'ORGANISATION DU CONSEIL D'ÉTAT.

ART. 1er. Les conseillers d'État continueront d'être distribués en service ordinaire et en service extraordinaire.

ART. 2. La liste de l'un et de l'autre service sera arrêtée par nous le premier de chaque trimestre.

ART. 3. Sur la liste du service ordinaire seront distingués ceux de nos conseillers d'État qui feront partie d'une section et ceux que nous croirons ne devoir attacher à aucune.

ART. 4. Il y aura un Conseil d'État des maîtres des requêtes.

ART. 10. Les fonctions des maîtres des requêtes seront compatibles avec toutes autres fonctions qui leur auraient été ou qui leur seraient par nous conférées.

ART. 11. L'arrêté du 18 germinal an II, qui constitue des auditeurs près nos ministres et notre Conseil d'État, est maintenu.

ART. 12. Les *auditeurs* qui seront nommés à l'avenir n'*assisteront* aux séances du Conseil d'État,

quand nous les présiderons, qu'*après deux années
d'exercice, et lorsque nous croirons devoir leur accorder
cette distinction pour récompenser leur zèle.*

TITRE IV. — DES AFFAIRES CONTENTIEUSES.

ART. 24. Il y aura une commission présidée par le
grand juge, ministre de la justice, et composée de six
maîtres des requêtes et de six auditeurs.

ART. 25. Cette commission fera et préparera le
rapport de toutes les affaires contentieuses, sur lesquelles le Conseil d'État aura à prononcer, soit que
ces affaires soient introduites sur le rapport d'un ministre ou à la requête des parties intéressées.

ART. 26. Dans le premier cas, les ministres feront
remettre au grand juge, par un auditeur, tous les rapports relatifs aux affaires contentieuses de leur département ainsi que les pièces à l'appui.

ART. 27. Dans le deuxième cas, les requêtes des
parties intéressées et les pièces seront déposées au secrétariat général du Conseil d'État avec un inventaire
dont il sera fait registre.

Deux fois par semaine, le secrétaire général remettra au grand juge, ministre de la justice, le bordereau des affaires.

ART. 28. Dans les deux cas, le grand juge nommera
pour chaque affaire un auditeur, lequel prendra les
pièces et préparera l'instruction.

ART. 29. Sur l'exposé de l'auditeur, le grand juge

ordonnera, s'il y a lieu, la communication aux parties intéressées pour répondre et fournir leurs défenses dans le délai qui sera fixé par le règlement.

A l'expiration du délai, il sera passé outre au rapport.

ART. 30. Le rapport sera fait par l'auditeur de la commission.

Les maîtres des requêtes auront voix délibérative.

La délibération sera prise à la pluralité des suffrages. Le grand juge aura voix prépondérante en cas de partage.

ART. 31. Le grand juge nous remettra, chaque semaine, le bordereau des affaires qui seront en état d'être portées au Conseil d'État.

Les rapports des ministres ou les requêtes des parties, ainsi que les pièces à l'appui, seront remis par le grand juge au ministre secrétaire d'État et par celui-ci au secrétaire général du Conseil d'État avec le nom du maître des requêtes que nous aurons désigné pour faire le rapport de chaque affaire au Conseil.

ART. 32. Le maître des requêtes prendra les pièces au secrétariat général, et ne pourra présenter au Conseil d'État que l'avis de la commission.

TITRE V.

ART. 33. Il y aura des avocats en notre Conseil, lesquels auront seuls le droit de signer les mémoires et requêtes des parties en matières contentieuses de toute nature.

Quels furent les bienfaits de cette création de la commission du contentieux, les annales du Conseil et la voix publique peuvent l'attester et le proclamer. C'est elle qui a étouffé l'arbitraire de la justice administrative; c'est elle qui a corrigé l'application des lois de révolution, d'exception et de circonstance; c'est elle qui a réprimé les préfets et les ministres en inspirant la crainte salutaire du contrôle et d'un tribunal censeur; c'est elle qui a rendu le citoyen à son juge et fait respecter le principe sacré de la propriété.

C'était un pas immense, une conquête inappréciable qui tendait à celle de la publicité; elle fut obtenue en 1831, et a fait du Conseil, aujourd'hui sans parallèle dans l'Europe, même avec ses imperfections, le palladium et l'asile de nos droits et de nos garanties.

Le 20 septembre 1806 institua une commission des pétitions.

Antérieurement, le 15 avril de la même année, un décret avait déjà chargé des auditeurs de se tenir depuis dix heures du matin jusqu'à midi dans la salle des maréchaux au palais des Tuileries, d'y recevoir toutes les pétitions qu'on voudrait présenter au chef du gouvernement, et, par une analyse succincte, de lui en rendre compte le lendemain à son lever. Cette familiarité ne tarda pas à rendre les auditeurs ou importuns ou suspects, et leur fit perdre une prérogative dont ils avaient abusé.

Le décret du 20 septembre dénatura celui du 15 avril en établissant une commission des pétitions composée de deux conseillers d'État, de quatre maîtres des requêtes et de quatre auditeurs, qui siégeaient d'abord aux Tuileries pour y entendre les pétitionnaires et revenaient ensuite au Conseil d'État pour procéder à l'examen des pétitions. Ainsi, c'était le Conseil d'État qui accueillait le droit de pétition, proclamé depuis 1789, ce cri naturel et légitime du malheur et de l'oppression, et le portait jusqu'aux pieds du souverain. Il fut chargé d'en fixer l'étendue, les formes protectrices et d'en assurer les effets.

· Récapitulons dans une rapide esquisse depuis 1789 les vicissitudes du pouvoir législatif.

Créé par l'assemblée constituante, il servit à chaque faction comme d'un instrument de domination et d'envahissement jusqu'à ce qu'il envahît lui-même les choses et les personnes.

Distribué plus tard en trois corps distincts, le sénat, le tribunat et la chambre des députés, à l'effet de réprimer les abus de la concentration de la puissance, il perdit par un excès contraire son initiative dans le sénat et le corps législatif, condamnés au mutisme, ainsi que dans le tribunat réduit à la parole, à la critique et aux vaines clameurs; ce dernier disparut enfin lui-même insensiblement. Le pouvoir législatif entra dans le Conseil d'État qui, placé près du pouvoir exécutif, fut chargé, sur la proposition du gouvernement, de rédiger les projets de lois et de les déférer

5

aux députés. Il fut statué que ces projets seraient portés par trois conseillers d'État au corps législatif et communiqués ensuite au tribunat qui, à jour fixe, devrait être prêt à les discuter par l'organe de ses trois orateurs. C'était traiter cavalièrement le tribunat qui avait inspiré au premier consul un dégoût invincible, qu'il aurait conçu d'ailleurs pour toute assemblée libre et abusant pour la dispute de l'arme de la parole.

L'unité se concentra donc et s'absorba par degrés et de plus en plus profondément dans le Conseil d'État, composé d'hommes choisis par le souverain lui seul, marchant sous sa direction, élevés par sa faveur ou rejetés par sa volonté; ils devaient naturellement se plier aux vues et obéir aux inspirations d'un chef qui leur imprimait son impulsion.

Toutefois, ce corps dévoué au guerrier législateur qui l'avait formé montra dans l'occasion le sentiment de généreuse indépendance qui l'animait, et surtout lors de la publication, en 1800, du panégyrique pamphlétaire intitulé : *Parallèle entre César, Cromwell, Monk et Bonaparte.* Cet écrit adulateur invitait le César moderne à saisir la couronne. Au milieu de la sensation générale et pénible qu'il produisit, quand de tous côtés les préfets annonçaient la réprobation qu'il faisait éclater et la crainte qu'on éprouvait de voir sans cesse des César provoquer et armer des Brutus, le Conseil d'État lui-même désapprouva hautement cette publication.

Bonaparte, indigné ou feignant l'indignation, ap-

pela Fouché et lui demanda publiquement comment
le ministre de la police laissait circuler de telles bro-
chures, et pourquoi, s'il en connaissait l'auteur, il ne
l'avait pas fait arrêter. « Pouvais-je, répliqua Fouché,
faire mettre votre frère Lucien à Vincennes [1] ? » Le
ministre de l'intérieur résigna quelques jours après
son portefeuille et eut l'ambassade d'Espagne.

Ainsi, le Conseil d'État, en vertu du pouvoir discré-
tionnaire et dictatorial absorbé dans la personne du
consul, avait usurpé les attributions du corps législatif,
du tribunat et des ministres.

Législateur suprême et absolu, il avait été appelé à
statuer par des décrets sur des matières qui auraient
dû être réglées par des lois; mais si jamais l'arbitraire
eut son excuse, c'est dans l'époque elle-même où se
passaient des événements extraordinaires, c'est dans le
génie d'un homme qu'il trouve sa justification et son
apologie. En France, le dix-neuvième siècle s'était ouvert sur un chaos; Napoléon parut, et avec un Conseil
d'État recréa les trois grands pouvoirs militaire, religieux et civil; avec son Conseil d'État encore il éleva
trois colonnes : l'administration, les finances et la
justice.

Loin des armées et des aigles françaises qui, sous
un heureux imperator, volaient aux combats et à la
victoire, ce même Conseil d'État fut l'oracle des
nations subjuguées devenues tributaires et incorpo-

---

[1] Le véritable auteur du panégyrique était M. de Fontanes.

rées à la France. Quel éclat et quelle gloire nouvelle il
reçut, lorsque le glorieux capitaine rentrait triomphant
dans la capitale et dans son Conseil d'État! Ce n'était
pas Louis XIV violant son parlement la cravache à la
main et l'éperon au pied; c'était plutôt César revêtu
de la toge sénatoriale et s'asseyant sur la chaise curule
d'où il présidait cette majestueuse assemblée; Napoléon, avec son digne organe, son bras droit, de
concert avec le Conseil d'État, jetait la première pierre
de l'édifice qui fut achevé en onze ans, le Code Napoléon. Cet admirable modèle est devenu l'étendard
où se sont ralliées plusieurs nations de l'Europe, jadis
nos ennemies fières et acharnées, aujourd'hui nos
généreuses rivales!... Quel mot, d'ailleurs, saurait
mieux peindre ce corps illustre et l'homme qui l'animait de toute son âme, que cette acclamation de son
impérial adversaire, le czar des Russies : « Oh! si je
« pouvais le voir comme à Tilsitt, tous les jours, à
« toute heure! Quel entretien que le sien! Quel es-
« prit! Quel génie! mais nous sommes si loin! Ce-
« pendant j'espère le visiter bientôt... et je pourrai
« l'admirer dans son *Conseil d'État*, au milieu de ses
« troupes, partout où il se montre si grand[1]. »

En 1807, le Conseil d'État reçut dans son organisation une amélioration sensible. Chargé jusqu'ici de
la discussion des grandes questions d'État, initié même
à la politique extérieure, il avait été moins un Conseil

---

[1] *Consulat et empire*, par M. Thiers.

d'administration qu'un Conseil de gouvernement,
comme dans le concordat, dans le couronnement, le
voyage du pape à Paris, le traité d'Amiens, etc. A
mesure que ces dernières attributions s'effaçaient de
son programme, elles faisaient place à son caractère
administratif. Il reparaissait en raison de la multi-
plicité et de la diversité des affaires de cette nature
introduites par les exigences du temps et l'extension
de l'Empire. Ces matières s'étaient développées et di-
visées en des détails trop infinis pour que les conseillers d'État se chargeassent de tous les rapports.
Les convenances de leur dignité et leur nombre,
d'ailleurs restreint, commandaient la création de collaborateurs étrangers, de sujets d'un rang intermédiaire entre les auditeurs et les conseillers d'État. Ils
devaient jouir de la faculté de délibérer sur les affaires
qu'ils auraient rapportées. L'empereur Napoléon en
conféra avec l'archichancelier, et les *maîtres des requêtes*
furent nommés pour remplir cet office, en vertu de
l'art. 4 du décret du 11 juin 1806 que nous avons relaté.

C'est aussi de cette époque que datent les avocats
au Conseil de l'Empire. Ils doivent en grande partie
leur origine à l'innovation d'une juridiction assignée
dans le Conseil aux questions de fournitures, d'engagements financiers et de marchés passés avec l'État.
La défense, par mémoires écrits, des intérêts des jus-
ticiables leur fut confiée dans ces matières, dont la
connaissance fut déférée exclusivement alors au Conseil d'État.

Ce corps délibérant, qui avait atteint son plus haut degré d'importance et de considération, dut, suivant la loi de nature, s'arrêter et rétrograder; mais ce qu'il perdit en éclat et en influence, il le gagna par le progrès des institutions en justice et en équité.

Sous la Restauration où nous sommes arrivés, son ombre même fut un épouvantail, et l'on fit l'honneur et l'injustice au Conseil d'État de l'omettre dans la Charte où il n'entre pas constitutionnellement. Les ennemis du Conseil le poursuivirent comme complice d'un illustre infortuné. Voulant lui décerner aussi les honneurs de l'ostracisme, ils lui firent son procès comme à une institution

Contraire à la charte;

Dangereuse dans un gouvernement représentatif;

Inutile au ministère;

Comme étant trop multiple et trop onéreuse.

Le Conseil d'État était menacé dans son existence. Il était suspect, donc jugé.

Mais l'on répondit victorieusement à ces accusations capitales.

Le Conseil d'État n'était à craindre sous aucun gouvernement, soit absolu, soit représentatif.

Avec le premier, il ne pouvait, non plus que tout autre corps, exercer un pouvoir indépendant qu'eût aussitôt réprimé et étouffé le maître chef de l'État. Dans un gouvernement représentatif, devait-on redouter les envahissements d'un Conseil amovible, dépendant, salarié, qui n'existait que par la seule volonté du prince, sans nulle espèce d'initiative? Mis en mouvement par le ministère qui le dirigeait et dont il était l'accessoire, surveillé par les argus des deux chambres, il était nul par lui-même, et sans pouvoir pour proposer ou exécuter.

Le Conseil d'État peu à peu désarma les préventions et, réduit au rôle de tribunal secondaire, fut maintenu dans le gouvernement dont il était un des ressorts les plus utiles et les plus lumineux.

Son organisation fut de plus en plus élaborée et reçut des améliorations notables.

Un de ses progrès à constater, c'est d'avoir remédié à un défaut radical du système impérial dans le mode des délibérations aux comités et au Conseil.

Telles affaires qui exigent des connaissances positives et spéciales, par exemple en matière de guerre et de marine, étaient délibérées par l'assemblée générale et ne pouvaient être convenablement appréciées et jugées par des membres capables sur d'autres points. Elles furent soumises directement à leurs comités respectifs.

Dans d'autres matières administratives où des marins pouvaient s'égarer et parler en aveugles, il fut remédié à cet abus.

On reconnut également la perte de temps et les longueurs qu'entraînait une délibération en masse sur des minuties qui ne demandaient qu'un projet de règlement particulier.

On appela au contraire les lumières du corps entier sur telles affaires qui, par leur importance et leur

universalité, commandaient une délibération générale, après qu'elles avaient déjà subi un examen et
une discussion préparatoire dans le sein des comités.

Si les résultats attestent des améliorations et un
perfectionnement dans l'organisation du Conseil, ils
se montrent sensiblement dans ses immenses travaux
et le chiffre considérable des 496,331 affaires délibérées
depuis 1814 jusqu'à 1844 [1].

Néanmoins ce corps si éminemment utile, mais
encore incomplet, continuait d'être en butte à de
nouvelles attaques. Son inconstitutionnalité, couverte
par la seule aristocratie de ses membres, se trahit dans
les dix-huit ordonnances provisoires et plus dont il
fut successivement l'objet depuis et compris 1814,
témoin l'ordonnance royale du 29 juin 1814, com-
mençant par ces mots : *Notre intention étant de compléter incessamment l'organisation de notre Conseil;*
celles des 9 janvier, 23 août, 19 et 21 septembre
1815, 1er juin 1816, 19 avril 1817, 16 juillet 1820,
12 décembre 1821, 26 août 1824, 18 janvier 1826,
1er juin et 5 novembre 1828; celle du 2 février modifiée et sanctionnée par celle du 12 mars 1831, créatrice de la publicité et de la discussion orale; celle du
20 septembre 1839, qui reconstitua le comité de législation et posa les bases du projet de loi qui devait
régler définitivement la composition et le mode de

---

[1] Immensum aliarum super alias acervatarum legum cumulum
(*Tite-Live*, liv. III, 6, 54). — Compte général des travaux du Conseil
d'État.

procéder du Conseil d'État, et enfin celle du 19 juin 1840, son organisatrice.

Le projet de loi proposé dans la session de 1844 n'eut d'autre avantage que de légaliser l'état de choses actuel. Les partisans du gouvernement le critiquèrent surtout comme y dérogeant dans un *point légal* et suscitant aux ministres une difficulté gratuite. Il exigeait des candidats auditeurs le diplôme de docteur en droit en remplacement de celui de licencié. Cette condition allait, disait-on, affaiblir l'enseignement du droit; car jusque-là le doctorat n'étant exigé que pour les chaires de droit rendait les examens sévères; mais en devenant une formalité d'aptitude pour les auditeurs, il ne ferait qu'en faciliter les abords. En ôtant aux examens leur rigueur, il devait amener aussi avec les aspirants auditeurs des professeurs moins instruits qui se glisseraient à leur suite. En outre le projet de loi, ajoutait le parti de la cour, irait froisser l'intérêt ministériel. Il élevait les conditions de l'auditorat et pouvait, par la hauteur des études, le rendre inaccessible à de jeunes sujets que les ministres avaient un intérêt politique à favoriser. « La prérogative avait déjà assez d'entraves sans que le ministère lui en créât de nouvelles. »

Cependant cette longue péripétie et ces éternelles velléités de divers gouvernements temporiseurs aboutirent à un résultat positif, et le Conseil, après un laborieux enfantement, fut doté d'une loi fixe qui parut le 19 juillet 1845.

Il fut ainsi organisé pour les travaux intérieurs en matières administratives et contentieuses.

LOI DE 1845.

TITRE III. — DES FORMES DE PROCÉDER.

§ 1. — *Matières administratives.*

ART. 13. Pour l'examen des affaires non contentieuses , le Conseil d'État est divisé en comités correspondant aux divers départements ministériels.

Cette division est opérée par une ordonnance royale.

Les ministres secrétaires d'État président les comités correspondant à leur ministère. Dans chaque comité, un vice-président est nommé par le roi.

Une ordonnance royale, délibérée en Conseil d'État, détermine, parmi les projets d'ordonnance qui doivent être délibérés dans la forme des règlements d'administration publique, quels sont ceux qui ne seront soumis qu'à l'examen des comités, et qui peuvent ne pas être portés à l'assemblée générale du Conseil d'État.

ART. 14. Les délibérations du Conseil d'État sont prises en assemblée générale et à la majorité des voix.

L'assemblée générale est composée des ministres secrétaires d'État, des conseillers d'État en service ordinaire, et des conseillers d'État en service extraordinaire autorisés à participer aux travaux et délibérations du Conseil.

Elle est présidée, en l'absence du garde des sceaux,

par l'un des ministres présents à la séance, et, à défaut, par le vice-président du Conseil d'État.

ART. 15. Les maîtres des requêtes en service ordinaire, les maîtres des requêtes en service extraordinaire et les auditeurs assistent à l'assemblée générale.

Les maîtres des requêtes ont voix consultative dans toutes les affaires, et voix délibérative dans celles dont ils sont rapporteurs.

Les auditeurs ont voix délibérative à leur comité, et voix consultative à l'assemblée générale, dans les affaires dont ils sont rapporteurs.

ART. 16. Le Conseil d'État ne peut délibérer si, non compris les ministres, quinze au moins de ses membres ayant voix délibérative ne sont présents.

Si les membres présents sont en nombre pair, le plus ancien des maîtres des requêtes en service ordinaire présents à la séance est appelé avec voix délibérative.

ART. 17. Les ordonnances royales rendues après délibération de l'assemblée générale mentionnent que le Conseil d'État a été entendu.

Les ordonnances royales rendues après délibération d'un ou plusieurs comités indiquent les comités qui ont été entendus.

§ 2. — *Matières administratives contentieuses.*

ART. 18. Indépendamment des comités établis en exécution de l'article 13, un comité spécial est chargé de diriger l'instruction écrite et de préparer le rapport de toutes les affaires contentieuses.

Ce comité est présidé par le vice-président du Conseil d'État.

Il est composé de cinq conseillers d'État en service ordinaire, y compris le vice-président, et du nombre de maîtres des requêtes en service ordinaire et d'auditeurs déterminé par l'ordonnance royale rendue en exécution de l'article 13 ci-dessus.

Les questions posées par le rapport seront communiquées aux avocats des parties avant la séance publique indiquée par l'article 21 ci-après.

ART. 19. Le rapport des affaires est fait au comité du contentieux et au Conseil d'État par celui des membres du comité qui a été désigné à cet effet par le président.

Les maîtres des requêtes ont voix délibérative au comité et au Conseil d'État dans les affaires dont ils font le rapport; ils ont voix consultative dans toutes les autres.

Les auditeurs ont voix délibérative au comité, et voix consultative au Conseil d'État, dans les affaires dont ils font le rapport.

ART. 20. Trois maîtres des requêtes en service ordinaire, désignés chaque année par le garde des sceaux, remplissent les fonctions de commissaires du roi.

Ils assistent aux séances du comité du contentieux.

ART. 21. Le rapport des affaires contentieuses est fait au Conseil d'État en séance publique.

Les conseillers d'État et les maîtres des requêtes en service ordinaire ont seuls le droit d'y siéger; les auditeurs y assistent.

La séance est présidée par le garde des sceaux, et en son absence par le vice-président du Conseil d'État.

Après le rapport, les avocats des parties sont admis à présenter des observations orales; le commissaire du roi donne ses conclusions dans chaque affaire.

ART. 22. Les membres du Conseil ne peuvent participer aux délibérations relatives aux recours dirigés contre la décision d'un ministre, lorsque cette décision a été préparée par une délibération de comité à laquelle ils ont pris part.

ART. 23. Le Conseil d'État ne peut délibérer si, non compris le garde des sceaux, quinze au moins de ses membres ayant voix délibérative ne sont présents.

Si les membres présents sont en nombre pair, le plus ancien des maîtres des requêtes attachés au comité qui a préparé l'instruction de l'affaire en délibération est appelé avec voix délibérative.

ART. 24. La délibération n'est pas publique.

L'avis du Conseil d'État est transcrit sur le procès-verbal des délibérations, lequel fait mention des membres présents et ayant délibéré.

L'ordonnance qui intervient est contre-signée par le garde des sceaux.

Si l'ordonnance n'est pas conforme à l'avis du Conseil d'État, elle ne peut être rendue que de l'avis du

Conseil des ministres; elle est motivée et doit être insérée au *Moniteur* et au *Bulletin des lois*.

Dans tous les cas, elle est lue en séance publique.

ART. 25. Le procès-verbal des séances du Conseil d'État mentionne l'accomplissement des dispositions des articles 19, 20, 21, 22, 23, et 24 de la présente loi.

Dans le cas où ces dispositions n'ont pas été observées, l'ordonnance du roi peut être l'objet d'un recours en révision, lequel est introduit dans les formes de l'article 33 du décret du 22 juillet 1806.

ART. 26. Sont applicables à la tenue des séances publiques du Conseil d'État les dispositions des articles 88 et suivants du Code de procédure civile sur la police des audiences.

ART. 27. Les lois et règlements antérieurs concernant le Conseil d'État sont abrogés dans toutes celles de leurs dispositions qui seraient contraires à la présente loi.

Dispositions transitoires.

ART. 28. Les dispositions de l'article 5 de la présente loi[1] ne sont pas applicables aux conseillers d'État et aux maîtres des requêtes en service ordinaire actuellement en exercice.

En dehors de la liste des trente conseillers d'État en service extraordinaire, et des trente maîtres des requêtes en service extraordinaire, qui sera arrêtée en

[1] Voir, dans la loi du 19 juillet 1845, l'art. 5 relatif aux incompatibilités.

exécution de l'article 9 de la présente loi, les conseillers d'État et les maîtres des requêtes en service extraordinaire nommés avant le 1ᵉʳ janvier 1845 pourront être maintenus dans leur titre.

Les maîtres des requêtes en service extraordinaire
qui, au 1ᵉʳ janvier 1845, participaient aux travaux du
Conseil d'État, pourront être autorisés à continuer d'y
participer, en dehors du nombre fixé par l'article 9.

Jusqu'à ce que le nombre des maîtres des requêtes
participant aux travaux du Conseil d'État ait été réduit à trente, il ne pourra être fait qu'une nomination sur deux vacances.

ART. 29. Les auditeurs actuellement en exercice,
et qui ont été nommés antérieurement à l'ordonnance
du 18 septembre 1839, ne cesseront leurs fonctions
que successivement, par tiers, suivant leur ancienneté, et d'année en année, à partir du 1ᵉʳ novembre 1845.

Jusqu'à ce que le nombre des auditeurs ait été réduit
à quarante-huit, il ne pourra être nommé plus de huit
auditeurs chaque année.

RÉVOLUTION DE 1848.

Le Conseil d'État, durant trois années, sous l'empire de la loi de 1845, marchait avec une régularité
qui attestait la sagesse de son organisation et surtout
l'habileté d'un tribunal d'élite.

Le pays recueillait, dans les bienfaits d'une pater-

nelle administration, les fruits d'une longue et heureuse expérience, de lumières lentement acquises et
religieusement transmises à de jeunes adeptes. Ces
derniers, élevés dans les comices du Conseil, dans le
commerce et la familiarité des patriciens, d'abord
coadjuteurs de leurs travaux, devenaient aspirants
et un jour les compagnons de leurs dignités.

Le pouvoir administratif se recrutait dans cette pépinière féconde et florissante. Mais les institutions
humaines passent ainsi que les hommes.

La révolution de 1848, en réorganisant la constitution, a ébranlé le Conseil d'État dans ses fonde-
ments, et lui a fait subir une transformation. Le service extraordinaire a été d'abord supprimé et le nombre de ses membres réduit. Enfin la loi organique,
du 3 mars 1849, l'a complétement métamorphosé.

Il a été constitué à la fois corps politique et administratif. Autrefois il n'avait que ce dernier caractère
et cette attribution essentielle, et les ministres le con-
sultaient sur leurs projets avant de les jeter dans le
domaine du gouvernement. Les partisans d'une chambre unique ont voulu placer, entre l'assemblée des représentants du peuple et le pouvoir exécutif, un corps
intermédiaire destiné à servir de contrepoids à l'action du gouvernement.

Le Conseil d'État nouveau, investi en outre d'une
attribution législative positive, est saisi par le gouvernement de la même manière que l'assemblée nationale elle-même.

Un double rôle, politique et à la fois législatif, lui est donc assigné.

Il continue, toutefois, d'être le régulateur constant et uniforme de l'administration ; il a conservé et même accru l'indépendance et l'autorité qui ont toujours donné tant de force à ses décisions et à ses actes.

Le Conseil d'État n'est plus conseil. C'est un tribunal d'initiative. C'est un pouvoir.

CONSTITUTION DE 1848,
Promulguée le 12 novembre.

CHAPITRE VI. — DU CONSEIL D'ÉTAT.

Art. 71. Il y aura un Conseil d'État dont le vice-président de la République sera de droit président.

Art. 72. Les membres de ce Conseil sont nommés pour six ans, par l'assemblée nationale. Ils sont renouvelés par moitié dans les deux premiers mois de chaque législature, au scrutin secret et à la majorité absolue.

Ils sont indéfiniment rééligibles.

Art. 73. Ceux des membres du Conseil d'État qui auront été pris dans le sein de l'assemblée nationale, sont immédiatement remplacés comme représentants du peuple.

Art. 74. Les membres du Conseil d'État ne peuvent être révoqués que par l'assemblée et sur la proposition du président de la République.

LOI ORGANIQUE DU CONSEIL D'ÉTAT DES 15 ET 27 JANVIER
ET 3 MARS 1849.

TITRE II.

ART. 11. Avant de procéder à l'élection des membres du Conseil d'État, dans le cas de l'art. 72 de la Constitution, l'assemblée nationale charge une commission formée de deux membres, élus par chaque bureau, de lui proposer une liste de candidature.

Cette liste contient un nombre de candidats égal à celui des conseillers d'État à élire, avec moitié en sus. Elle est dressée par ordre alphabétique.

ART. 12. L'élection ne peut avoir lieu que trois jours au moins après la dissolution et la publication de la liste.

Le choix de l'assemblée peut porter sur des candidats qui ne sont point proposés par la commission.

ART. 13. Lors de la première formation du Conseil d'État et des renouvellements qui auront lieu ultérieurement, en exécution de l'art. 72 de la Constitution, la moitié au plus des conseillers d'État pourront être élus parmi les membres de l'assemblée nationale qui fera l'élection.

ART. 14. En cas de vacance, par décès ou démission d'un conseiller d'État, ou par toute autre cause, l'assemblée nationale procède, dans le mois, à l'élection d'un nouveau membre.

ART. 15. Les fonctions, dans le Conseil d'État, sont incompatibles avec tout autre emploi salarié.

TITRE III.

§ 1. — *Des maîtres des requêtes.*

Art. 17. Les maîtres des requêtes sont nommés par le président de la République, sur une liste de présentation double en nombre, dressée par le président et les présidents de section.

Ils doivent être âgés de vingt-cinq ans au moins.

Art. 18. Ils peuvent être révoqués par le président de la République, sur la proposition du président du Conseil d'État et des présidents de sections, par lesquels ils sont préalablement entendus.

Art. 19. Les maîtres des requêtes sont chargés, concurremment avec les conseillers d'État, du rapport des affaires. Ils ont voix consultative.

§ 2. — *Des auditeurs.*

Art. 20. Les auditeurs sont nommés dans les formes et suivant les conditions qui seront déterminées par un règlement d'administration publique[1].

Ils doivent être âgés, au moment de leur nomination, de vingt-un ans au moins et de vingt-cinq ans au plus.

Art. 21. Les auditeurs sont chargés d'assister les conseillers d'État et les maîtres des requêtes rapporteurs dans la préparation de l'instruction des affaires.

Le règlement prévu dans l'article précédent déter-

[1] Voir le règlement du 16 juin 1850.

minera les affaires dont le rapport ne pourra pas être confié aux auditeurs.

Ils ont voix consultative dans les affaires dont le rapport leur est confié.

Ils pourront être révoqués dans la forme établie par l'art. 18, par la révocation des maîtres des requêtes.

ART. 22. Les auditeurs reçoivent un traitement de l'État, ils sont nommés pour quatre ans. A l'expiration de ce terme, ils cessent de plein droit leurs fonctions.

ART. 23. Le quart des emplois de maître des requêtes qui viennent à vaquer est réservé aux anciens auditeurs, ayant cinq ans de service dans l'administration active, et le quart des emplois de sous-préfet, aux auditeurs attachés depuis deux ans au moins au Conseil d'État.

Les auditeurs nommés aux fonctions de sous-préfet, qui ne les accepteraient point, seront considérés comme démissionnaires et immédiatement remplacés.

§ 3. — *Du secrétaire général et du secrétaire du contentieux.*

ART. 24. Le secrétaire général est nommé et peut être révoqué dans la même forme que les maîtres des requêtes.

Il dirige le travail des bureaux et tient la plume aux assemblées générales.

ART. 25. Le secrétaire du contentieux est nommé par le président du Conseil d'État, sur la proposition du secrétaire général. Il est attaché à la section du contentieux.

§ 4. — *Assemblées générales du Conseil d'État.*

Art. 45. Le Conseil d'État délibère en assemblée générale.

Art. 49. Le Conseil d'État ne peut délibérer en assemblée générale, si vingt-un membres au moins ne sont pas présents.

Le président a voix prépondérante en cas de partage.

Art. 50. L'assemblée générale du Conseil d'État est présidée par le vice-président de la République.

TITRE V. — DISPOSITIONS GÉNÉRALES.

Art. 51. Les ministres ont entrée dans le sein du Conseil d'État et aux sections de législation et d'administration. Ils sont entendus toutes les fois qu'ils le demandent.

Art. 52. Le Conseil d'État et les sections de législation et d'administration peuvent appeler à assister à leurs délibérations et à y prendre part avec voix consultative, les membres de l'Institut et d'autres corps savants, les magistrats, les administrateurs et tous autres citoyens qui leur paraîtraient pouvoir éclairer les délibérations par leurs connaissances spéciales.

Art. 53. Le Conseil d'État et les sections ont le droit de convoquer dans leur sein, sur la désignation du ministre, les chefs de service des administrations publiques et tous autres fonctionnaires, pour en obtenir des explications sur les affaires en délibération.

ART. 54. Les séances ne sont publiques que pour le jugement des affaires contentieuses.

ART. 55. Les rapports, procès-verbaux et avis des sections ou du Conseil d'État sont annexés aux projets de loi transmis au gouvernement ou à l'assemblée nationale.

Les avis sont rendus publics dans les cas spécifiés par le règlement.

ART. 56. Le vice-président de la République préside, toutes les fois qu'il le juge convenable, les séances ou sections des commissions et des comités, sauf la section du contentieux.

ART. 57. Les projets de loi, règlement d'administration publique et décrets délibérés dans le Conseil d'État, les sections ou les comités, en portent la mention.

ART. 58. Un règlement, fait par le Conseil d'État, détermine l'ordre intérieur de ses travaux, la composition des sections et des comités, la répartition et le roulement des conseillers d'État, maîtres des requêtes et auditeurs, et toutes les autres mesures de service et d'exécution non prévues par les dispositions qui précèdent [1].

[1] Voir le règlement du 16 juin 1850.

RÈGLEMENT DU CONSEIL D'ETAT.

TITRE PREMIER — DE L'ORGANISATION INTÉRIEURE DU CONSEIL D'ÉTAT.

ART. 1. La section de législation est composée de seize conseillers d'État et neuf auditeurs.

ART. 2. La section d'administration est composée de quinze conseillers d'État, douze maîtres des requêtes et quinze auditeurs.

Elle se divise en trois comités :

1° Comité de l'intérieur, de la justice, de l'instruction publique et des cultes;

2° Comité des finances, de la guerre et de la marine;

3° Comité des travaux publics, de l'agriculture et du commerce, et des affaires étrangères.

Chacun de ces comités est composé de cinq conseillers d'État. Le comité de l'intérieur est composé, en outre, de cinq maîtres des requêtes et de cinq auditeurs; le comité des finances, de quatre maîtres des requêtes et de cinq auditeurs; et le comité des travaux publics, de trois maîtres des requêtes et de cinq auditeurs.

ART. 3. La section du contentieux est composée, conformément à l'art. 36 de la loi organique, de neuf conseillers d'État, et, en outre, de huit maîtres des requêtes.

ART. 4. La répartition des conseillers d'État entre les sections est faite en assemblée générale, par la voie du scrutin, à la majorité absolue. Cette répartition a lieu après chacun des renouvellements faits en vertu de l'art. 72 de la Constitution. En cas de nomination, par suite de démission ou de décès ou par toute autre cause, le conseiller d'État nommé par l'assemblée nationale entre dans la section à laquelle appartenait celui qu'il remplace.

Les conseillers d'une section peuvent, avec l'agrément du Conseil d'État, permuter avec les conseillers d'une autre section.

Art. 5. La répartition des conseillers d'État, entre les commissions permanentes dans la section de législation, et entre les comités dans la section d'administration, est faite par la voie du scrutin, à la majorité absolue.

Les conseillers d'État d'une commission ou d'un comité peuvent, avec l'agrément de la section, permuter avec les conseillers d'État d'une autre commission ou d'un autre comité.

La répartition des conseillers d'État entre les commissaires temporaires de la section de législation est faite par le président de la section.

Art. 6. La répartition des maîtres des requêtes et des auditeurs entre les sections est faite par le président du Conseil d'État et les présidents de section.

Entre les commissions et comités, cette répartition est faite par le président de la section.

Art. 7. Les présidents des commissions de la section de législation et des comités de la section d'administration sont élus au scrutin et à la majorité absolue, par les conseillers d'État de la commission ou du comité.

Le président de la section d'administration préside le comité auquel il lui convient de s'attacher ; il préside les autres comités toutes les fois qu'il le juge convenable.

Le président de la section de législation peut également présider les diverses commissions de sections.

ART. 8. Il est fait au moins tous les trois ans, après le renouvellement des conseillers d'État par l'Assemblée nationale, un roulement des maîtres des requêtes et auditeurs, entre les diverses sections par le président du Conseil d'État et les présidents de section.

TITRE III. — DE L'ORDRE INTÉRIEUR DES TRAVAUX.

§ 1. — *Assemblées générales.*

ART. 21. Les jours et heures des assemblées générales sont fixés par le Conseil d'État, sur la proposition du président.

ART. 22. Il est dressé par le secrétaire général, pour chaque séance, un rôle des affaires qui doivent être portées à l'assemblée générale. Ce rôle mentionne le nom du rapporteur et contient la notice de chaque affaire.

La portion de ce rôle comprenant les affaires de grand ordre est imprimée et adressée aux conseillers d'État, maîtres des requêtes et auditeurs, deux jours au moins avant la séance.

Un règlement intérieur, arrêté par le président du Conseil d'État et les présidents de section, détermine les affaires qui font partie du grand ordre.

Sont imprimés et distribués en même temps que le rôle du grand ordre, s'ils n'ont pu l'être antérieurement, les projets de loi et de règlement d'administration publique rédigés par les sections, les amendements et les avis proposés par les sections, enfin les documents à l'appui desdits projets dont l'impression aura été jugée nécessaire par les sections.

Les documents non imprimés sont déposés au secrétariat général du Conseil d'État au plus tard le jour où a lieu la distribution du rôle et des impressions. Ils y sont tenus à la disposition de chacun des membres du Conseil.

Il n'est dérogé aux règles qui précèdent que dans les cas d'urgence.

ART. 23. Le procès-verbal contient les noms des conseillers d'État présents.

Les conseillers d'État qui sont empêchés de se rendre à la séance doivent en prévenir d'avance le président du Conseil d'État.

Il en est de même des maîtres des requêtes ou auditeurs qui sont chargés de rapports portés à l'ordre du jour.

En cas d'urgence, les rapporteurs empêchés doivent, de l'agrément du président du comité, remettre l'affaire à un de leurs collègues.

ART. 24. Le président informe l'assemblée des

communications qui ont été adressées au Conseil d'É-
tat, et spécialement des projets de loi ou de règlement d'intérêt général dont le Conseil a été saisi par
l'assemblée nationale ou par le gouvernement. Les
projets rédigés sont immédiatement imprimés et distribués à tous les conseillers d'État, maîtres des requêtes et auditeurs; l'objet des projets non rédigés est
mentionné dans le premier ordre du jour qui suit la
communication du président.

ART. 25. Le président a la police de l'assemblée;
il dirige les débats, résume la discussion, pose les
questions à résoudre.

Nul ne peut prendre la parole sans l'avoir obtenue.

ART. 26. Les votes ont lieu par assis et levé ou par
appel nominal.

Toutes les élections ont lieu au scrutin secret, à la
majorité absolue et sur convocation spéciale.

ART. 27. Le président proclame le résultat des
votes.

ART. 28. Les projets de lois autres que ceux d'intérêt local, et les projets de règlements d'administration publique que le Conseil d'État est chargé de faire,
sur le renvoi de l'assemblée nationale, en vertu du
§ 1er de l'article 4 de la loi organique, sont soumis
à deux délibérations successives, si ce n'est 1° dans
les cas d'urgence; 2° dans les cas où, à l'issue de la
première délibération, le Conseil décide à l'unanimité
des voix qu'il n'interviendra pas de seconde lecture.

La seconde délibération ne peut avoir lieu au plus

tôt que trois jours après la première et deux jours francs après la distribution du projet adopté.

L'urgence, lorsqu'il y aura lieu, sera toujours déclarée par le Conseil, avant l'ouverture de la discussion du projet.

ART. 29. Les règlements d'administration publique pour lesquels le Conseil d'État a reçu une délégation spéciale de l'assemblée nationale, sont après qu'ils ont été délibérés par le Conseil, transmis au président de la République pour la promulgation.

Si, dans le délai d'un mois, fixé par l'article 57 de la constitution pour la promulgation des lois, le président de la République, par un message motivé, demande une nouvelle délibération, le Conseil d'État y procède immédiatement ; le résultat de la nouvelle délibération est transmis au président de la République, qui promulguera ou en référera à l'Assemblée nationale.

ART. 30. Lorsqu'un ministre réclame une délibération de l'assemblée générale sur une question qui a déjà donné lieu à un avis, soit d'une section, soit d'un comité, soit d'une commission, le rapporteur est désigné par le président du Conseil d'État, ou, sur sa délégation, par le président de la section.

Une discussion préalable a lieu dans la section, le comité ou la commission qui a connu de la question, sur l'exposé fait par le rapporteur ainsi désigné.

§ 2. — *Assemblées des sections ; comités et commissions.*

Art. 31. Les sections de législation et d'administration ne peuvent valablement délibérer, si le nombre des membres présents n'est pas au moins de la
moitié plus un.

La présence de trois conseillers d'État suffit pour la
délibération dans les comités de la section d'adminis-
tion et dans la commission permanente des recours en
grâce.

Art. 32. Les affaires sont distribuées par le président de la section entre les rapporteurs. Celles qui
rentrent dans les attributions d'une commission ou
d'un comité sont distribuées par le président de la
commission ou du comité, lorsque le président de la
section n'a pas désigné lui-même le rapporteur.

Art. 33. Lorsqu'une section est appelée par un
ministre à délibérer sur une question qui a donné lieu
à un avis, soit d'un comité, soit d'une commission, le
rapporteur est désigné par le président de la section.

Une discussion préalable a lieu dans le comité ou
la commission qui a connu de la question, sur l'exposé fait par le rapporteur ainsi désigné.

Art. 34. Les articles 21, 23, 24, 26 et 27 sont applicables aux séances des sections, des comités et des
commissions permanentes.

En cas de partage des voix dans les sections, les comités et les commissions permanentes, le président a
voix prépondérante.

Dans le même cas, l'application des dispositions énoncées aux articles 11, 12 et 13[1] a lieu, si elle est réclamée par la moitié des membres présents.

ART. 35. Les membres des commissions temporaires de la section de législation sont désignés par la section, à moins qu'elle ne délègue à son président la faculté de les désigner.

S'ils ont été désignés par la section, le choix du rapporteur appartient à la commission.

Si la désignation des membres de la commission a été déléguée au président de la section, il fait également la désignation du rapporteur.

ART. 36. Si les travaux ordinaires du comité de la section d'administration, appelé par la section de législation aux termes de l'art. 35 de la loi organique, l'empêchent de se joindre à cette section, le comité peut déléguer un ou plusieurs de ses membres pour satisfaire à l'appel qui lui aura été fait.

§ 3. — *De l'examen des actes des fonctionnaires publics en exécution de l'art. 99 de la constitution.*

ART. 37. L'instruction des affaires relatives à l'examen des actes des fonctionnaires publics est faite par la section de législation.

ART. 38. La section entend le fonctionnaire si elle le juge nécessaire.

Il est tenu procès-verbal des questions et des réponses.

[1] Voir le règlement du 16 juin 1850.

Art. 39. Le fonctionnaire est entendu, s'il le demande.

Il a aussi la faculté de produire sa justification par écrit.

Art. 40. La section fait son rapport à l'assemblée générale du Conseil d'État.

Le rapport du Conseil d'État est transmis soit à l'assemblée nationale, soit au président de la République, selon les cas.

§ 4. — *Du jugement des affaires contentieuses.*

Art. 41. Sur l'exposé du rapporteur, la communication aux parties adverses, s'il y a lieu, les demandes de pièces, les mises en cause et tous les autres actes d'instruction sont délibérés en chambre du Conseil.

Les décisions relatives aux actes d'instruction sont signées par le président de la section.

Art. 42. Le rôle des séances publiques est préparé par le commissaire du gouvernement et arrêté par le président.

Ce rôle, imprimé et contenant sur chaque affaire une notice sommaire rédigée par le rapporteur, est distribué quatre jours au moins avant la séance à tous les conseillers d'État, maîtres des requêtes et auditeurs.

Il est également remis aux avocats dont les affaires doivent être appelées.

Les rapports sont faits par écrit.

ART. 43. Toutes les décisions rendues par le Conseil d'État, section du contentieux, contiennent les noms et demeure des parties, leurs conclusions, le vu des pièces principales et des lois appliquées.

Elles portent en tête la mention suivante : *Au nom du peuple français, le Conseil d'État, section du contentieux.*

ART. 44. L'expédition des décisions est délivrée par le secrétaire général ; elle portent la formule exécutoire suivante :

« La République mande et ordonne aux ministres de *(ajouter le département ministériel désigné par la décision)*, en ce qui les concerne, et à tous huissiers à ce requis, en ce qui concerne, les voies de droit commun contre les parties privées, de pourvoir à l'exécution de la présente décision. »

§ 5. — *Des pourvois du ministre contre les décisions de la section du contentieux.*

ART. 45. Lorsqu'en vertu des pouvoirs qui lui sont conférés par l'article 46 de la loi du 3 mars 1849, le ministre de la justice défère à l'assemblée générale du Conseil d'État une décision de la section du contentieux, le pourvoi est déposé au secrétariat général du Conseil d'État.

ART. 46. Dans les cinq jours de l'enregistrement du pourvoi, le président du Conseil d'État nomme, pour l'examen de l'affaire, une commission de cinq conseillers d'État pris en dehors de la section du contentieux.

ART. 47. Dans les quinze jours de la réception du pourvoi, un membre de la commission désigné par elle fait le rapport en assemblée générale.

L'affaire est portée au rôle imprimé.

ART. 48. La décision qui intervient est transmise au ministre de la justice.

Elle est transcrite, en cas d'annulation, en marge de la décision annulée.

TITRE IV. — DISPOSITIONS GÉNÉRALES.

ART. 49. Les présidents de section et conseillers d'État siégent dans l'ordre du tableau.

Le tableau comprend : 1° les présidents de section, dans l'ordre fixé par l'article 26 de la loi organique; 2° les conseillers d'État, d'après leur ordre d'élection, conformément à la liste officielle insérée au *Bulletin des lois*.

Lors des renouvellements prévus par l'article 72 de la Constitution, les conseillers d'État réélus conservent leur rang parmi les anciens membres.

Les maîtres des requêtes et les auditeurs siégent dans l'ordre de leur nomination.

ART. 50. En cas d'absence ou d'empêchement, les présidents de la section de législation et de la section du contentieux sont remplacés par le conseiller d'État de leur section le premier dans l'ordre du tableau, et le président de la section d'administration par le président de comité le plus ancien dans l'ordre du tableau en qualité de conseiller d'État.

ART. 51. Les conseillers d'État ne peuvent s'absenter sans un congé donné par le président du Conseil d'État, après avoir pris l'avis du président de la section et du président du comité ou de la commission dont ils font partie.

Les maîtres des requêtes et les auditeurs ne peuvent s'absenter sans un congé du président de leur section.

ART. 52. Dans les cas où, par suite de vacance, d'absence ou d'empêchement, les conseillers d'État de la section de législation ou de la section d'administration ne se trouvent pas en nombre pour délibérer, et toutes les fois que les nécessités du service l'exigent, le président du Conseil d'État, de concert avec les présidents de section, y pourvoit par l'appel de conseillers d'État pris dans les autres sections.

Il en est de même entre les commissions et entre les comités. L'appel des conseillers d'État est fait, parmi les membres de la section, par le président de la section, de concert avec les présidents des commissions ou comités.

ART. 53. Tout conseiller d'État, maître des requêtes ou auditeur qui s'absente sans congé, ou qui excède la durée du congé qu'il a obtenu, subit la retenue intégrale de la portion de son traitement afférente au temps pendant lequel a duré son absence non autorisée.

Si l'absence non autorisée dure plus d'un mois, le président du Conseil d'État en informe le président de la République.

ART. 54. Les auditeurs sont tenus d'assister à toutes les séances du Conseil d'État et des sections et comités auxquels ils sont attachés. Ils ne peuvent être chargés du rapport des projets de loi et de règlement d'administration publique des prises maritimes et des recours pour abus.

ART. 55. Les fonctionnaires désignés par les ministres pour les assister ou les suppléer dans le sein du Conseil d'État ou des sections, sont admis sur la convocation qui leur est adressée au nom du Conseil d'État ou de la section par le président.

Le Conseil d'État ou la section désigne les personnes qui, en vertu des articles 52 et 53 de la loi organique, seront appelées aux délibérations. Elles sont convoquées par le président, lequel, en cas d'urgence, fait lui-même la désignation des personnes à appeler.

ART. 56. Au procès-verbal des séances tant des assemblées générales du Conseil d'État que des sections est annexée une analyse sommaire des discussions relatives aux projets de loi, aux règlements d'administration publique et aux affaires pour lesquelles, en raison de leur importance, l'assemblée générale, la section ou le président jugerait que la discussion doit être recueillie.

Cette analyse est faite par un auditeur désigné à cet effet par le président, et assisté d'un rédacteur spécial agréé par le président.

Elle reproduit sommairement les discussions, sans mention des noms des membres qui y ont pris part.

Elle est soumise à la révision du président ou de l'un des conseillers d'État ou maîtres des requêtes présents à la séance sur la délégation du président.

Le Conseil d'État peut rendre publics les rapports, l'analyse de ses discussions et les avis concernant : 1° les projets de loi d'initiative parlementaire; 2° ceux du gouvernement après leur présentation à l'Assemblée nationale ; 3° les règlements d'administration publique pour lesquels le Conseil a reçu une délégation spéciale de l'Assemblée nationale, après la promulgation desdits règlements.

Art. 57. Le Conseil d'État et les sections peuvent ordonner l'impression et la distribution aux membres du Conseil des rapports et documents annexés aux projets de loi et de règlement.

Art. 58. Tous les employés du Conseil d'État sont nommés par le président. Ceux qui font partie des bureaux du secrétariat général sont nommés sur la proposition du secrétaire général. Un règlement intérieur, préparé par ce fonctionnaire et arrêté par le président, détermine les conditions d'admission et d'avancement de ces employés.

ART. 59. La bibliothèque est placée sous la surveillance d'une commission de trois conseillers d'État, pris dans chacune des sections et élus par elles au scrutin. Cette commission règle tout ce qui concerne l'acquisition, le prêt et l'usage des livres.

IV

ATTRIBUTIONS.

Le Conseil des rois fut, dès son origine, l'organe et l'instrument de leur volonté absolue, le régulateur et l'interprète de leurs pensées, quelquefois le suppléant et comme le vicaire de leur absence physique ou morale, souvent l'appui de leur faiblesse. Il absorba en lui l'autorité militaire, législative et judiciaire. Ce fut sur lui que roulèrent la conduite des armées commandées par les connétables et la justice attribuée aux chanceliers.

Le roi, chef de la justice comme de ses armées, administrait et guerroyait en personne. Absent, il déléguait d'un côté des lieutenants, de l'autre, des substituts judiciaires ou administratifs.

Quand il rendait la justice lui-même, c'était la justice retenue et, suivant une maxime du droit public, cette juridiction, dans celui qui en était investi, était une véritable propriété.

Quand il la faisait rendre par d'autres, ce qui arrivait le plus fréquemment, c'était la justice déléguée. Elle n'était confiée qu'à des dépositaires.

Sous la première et la seconde race de nos rois, le Conseil délibérait sur la guerre et sur la paix comme les féciaux des anciens Romains, sur la formation ou la rupture des alliances, sur les affaires à renvoyer aux assemblées générales et souvent sur les questions que le prince, ne voulant pas décider lui-même, faisait juger par le Conseil, pour être soumises à la nation convoquée.

Ainsi le jugement de la reine Brunehaut fut attribué au Conseil d'État, dont les qualités sont définies par l'allocution de Clotaire : « *Dùmmodò, vos dulcis-* « *simi commilitones et prœeminentes Franciœ primores,* « *decernatis cui subjaceat supplicio tanti obnoxia sce-* « *leri* [1]. »

Ce fut encore de l'avis des grands, *suadentibus po-tentibus,* que Childéric, en 670, fit enfermer l'évêque d'Autun, pour y demeurer jusqu'à ce que l'assemblée générale eût prononcé sur son sort : « *Donec* « *conventus haberetur ac denuò deliberaretur quid fieri* « *placeret* [2]. »

Ce fut également au Conseil d'État « *Inito conci-* « *lio cum proceribus* » que fut résolue la guerre que Pepin déclara au roi Lombard, au sujet du pape Étienne, et qui fut sanctionnée par les votes de l'assemblée au champ de mars : « *Cum Francis et pro-* « *ceribus suis placitum in campo martio tenens* [3]. »

---

[1] Henrion de Pansey. *Autorité judiciaire.*
[2] *Idem.*
[3] *Idem.*

Ce fut enfin par la nation, dans l'assemblée générale de 788, *totius populi consensu*, toujours de l'avis de son Conseil, que Charlemagne fit condamner Tassillon, duc de Bavière, son fils et ses autres complices.

Il est curieux d'assister, en imagination, à ces assemblées imposantes par leur nombre, leur aspect formidable et à la fois par leur calme majestueux, immenses amphictyons que dominaient de leurs têtes hautes et fières des chefs cuirassés d'acier, toujours couverts d'armes dont ils n'abusèrent jamais pour opprimer; ils ne s'en servaient que pour protéger leurs vassaux qui, trouvant en eux des bienfaiteurs, leur obéissaient avec amour.

Les rois restèrent ainsi, avec leurs Conseils ou leurs formes de Conseils, juges et législateurs, jusqu'à la fin de la deuxième race.

Sous la troisième comme sous les deux premières, les magistrats légistes ou les conseillers du roi existaient encore *à la cour royale,* et étaient désignés par les titres de grands du palais, de palatins, de prud'hommes, de docteurs en lois, magistrats différents des grands et barons du royaume et jugeant à la même cour.

Ce fut par l'avis de ses *palatins,* ses *conseillers,* que Louis le Gros se détermina à refuser un mariage projeté pour lui. Ce fut après avoir consulté les grands, pairs et barons du royaume, qu'il résolut d'accepter la paix et les otages du duc d'Aquitaine.

Louis le Jeune consentit à son divorce avec Éléo-
nore d'après les décisions de ses conseillers et de ses
grands, qui s'opposèrent aussi à ce qu'il acceptât une
conférence proposée par le roi d'Angleterre.

Peu de temps après la convocation des grands de
son royaume, à Velay, le même prince, voulant disposer de la régence par un sage Conseil, réunit l'assemblée générale des évêques et des grands de la
France. Ce corps, qui était le même que le grand parlement de Velay, nomma Suger régent du royaume.
Celui-ci, en cette qualité, somma l'archevêque de
Reims, par la foi qui le liait à l'État, de se rendre,
avec ses suffragants, au lieu où lui-même venait de
convoquer les archevêques, évêques et les principaux
grands du royaume, afin que, selon leur obligation
et leur serment de fidélité, ils prissent soin des affaires publiques.

Dans une lettre où l'abbé Suger reprochait au
clergé et au peuple de Beauvais de se soulever contre
le roi, il leur disait que, si le roi avait fait quelque
injustice, ils devaient le faire avertir par les évêques
et les grands du royaume.

Une contestation s'éleva entre l'empereur et Louis
le Jeune au sujet du schisme d'Alexandre III. Un
rendez-vous fut assigné entre les deux princes pour
la terminer. Le roi de France s'y trouva avec tous
ses grands et évêques; mais l'empereur trahit ses engagements. Alors Louis le Jeune exposa à quel titre
il se croyait délié de tout devoir envers l'empereur.

« Vous avez entendu et vu, dit-il à ses conseillers,
« comment j'ai fait tout ce que je devais. Dites si je
« ne suis pas dégagé de toute convention. » Tous répondirent : « *Vous êtes délié de votre parole.* »

L'identité du Conseil et du parlement de France
se manifesta surtout dans la grande question débattue pendant plus de dix ans entre l'Angleterre et la
France, sur la restitution des fiefs confisqués par le
jugement de Jean sans Terre. Ce prince, on le sait,
après l'arrêt qui l'avait dépouillé de ses États, avait
tenté de se ménager un appui dans le pape, en se
déclarant son vassal. Philippe-Auguste était rentré
en possession des provinces françaises, et son fils
avait été soutenu par les Anglais comme le plus
proche héritier du royaume d'Angleterre. Le roi, discutant lui-même cette cause capitale dans sa cour
contre le légat romain, se prévalut de la condamnation de Jean sans Terre comme du titre qui l'avait
ressaisi des provinces que ce vassal avait tenues de
lui. Louis, fils du roi, corroborait son droit à la succession d'Angleterre de celui que les barons d'Angleterre avaient eu de rejeter le prince que ses pairs
avaient condamné à la cour de France.

Philippe-Auguste dit avec énergie : « Nul roi ou
« prince ne peut donner son royaume sans le con-
« sentement de ses barons, qui sont tenus de le dé-
« fendre : le pape, en soutenant le contraire, donne
« à tous les rois l'exemple le plus pernicieux. »

Les grands s'écrièrent qu'ils soutiendraient, jusqu'à la mort, cette maxime qu'aucun roi ou prince ne peut donner son royaume, ni le rendre tributaire par sa volonté seule, puisque les grands du royaume deviennent esclaves. « Quoique je sois votre homme « lige, dit le jeune Louis à son père, il ne vous ap- « partient point d'ordonner sur le royaume d'An- « gleterre; je remets au jugement de mes pairs si « vous devez me contraindre à ne pas poursuivre « mon droit. »

Les prétentions du roi d'Angleterre sur la seigneu- rie des provinces confisquées se renouvelèrent sous le règne de saint Louis. Ce prince, préoccupé de ses croisades, était disposé à toutes les concessions qui pouvaient y rallier son antagoniste. Il conféra avec Henri III en Afrique, en l'an 1247, et renvoya cette haute question à ses fidèles conseillers. Ceux-ci ré- pondirent « qu'ils estimaient que le roi d'Angleterre « *était dépouillé de ses droits.* »

Cette décision fut confirmée par les évêques de Normandie, que saint Louis avait consultés. Ceux-ci répondirent également, à l'unanimité, que le roi d'Angleterre, jugé d'ailleurs par ses pairs, *était dé- pouillé de ses droits.*

Toutefois, plus tard, le roi de France, encore en Afrique, pressé et vaincu par les obsessions du roi d'Angleterre qu'il croyait devoir ménager, lui fit la cession de la Normandie et d'autres terres réclamées. Il envoya en France des ordres pour en opérer la restitution. Mais cette concession y excita un sou-

lèvement général, quand la reine régente exposa les intentions de son fils devant les grands du
royaume.

« Si la reine Blanche, dirent-ils, par tendresse
« maternelle ou faiblesse de femme, accorde cette
« cession, jamais l'universalité du royaume des
« Francs ne la concédera. A Dieu ne plaise que le
« jugement des douze pairs, par lequel le roi d'An-
« gleterre fut justement privé de la Normandie, soit
« cassé et compté pour rien ! »

Il s'éleva en ce moment, dans l'assemblée, un
murmure horrible de ce que le roi avait projeté de
telles choses sans le consentement universel de tout
le baronnage. Le roi d'Angleterre, informé de cette
résistance unanime, désespéra de pouvoir jamais re-
couvrer les terres situées au-delà des mers.

En 1256, les ambassadeurs du roi prétendant renouvelèrent leurs demandes, soutenues et armées de
menaces de guerre. Le parlement général qui les reçut les repoussa de nouveau avec une contenance
fière et une opposition manifeste.

Enfin ces réclamations opiniâtres, sans cesse reprises et rejetées sans cesse, après une succession
de négociations alternativement pacifiques ou hos-
tiles, aboutirent à un traité par lequel le roi d'Angleterre, moyennant quelques indemnités, renonce-
rait à toutes ses prétentions.

Dans les longues et dramatiques péripéties de ce
procès national, l'on vit les fidèles et vigilants con-

seillers du roi de France, sans jamais démentir leurs lumières et leur énergie, lui prêter un concours ferme et patriotique.

Cependant la révolution qui avait porté Hugues Capet sur le trône avait dès lors changé le régime de la justice. Les *missi dominici* avaient été supprimés par les seigneurs, naguère les égaux de l'heureux chef capétien, impatients désormais de son contrôle magistral. Le Conseil d'État avait cessé d'être, comme par le passé, une cour judiciaire.

Exclusivement occupé des affaires publiques et de l'administration intérieure, il céda l'exercice de ses fonctions primitives aux grands feudataires et à tous les hauts justiciers qui s'érigèrent en législateurs et en juges dans leurs seigneuries.

Constitué de plus en plus tribunal administratif par l'envahissement du système féodal, son action en ce sens se développa et s'accrut à mesure que la prérogative royale lui imprimait une nouvelle impulsion. Toutefois, devenu plus tard litigieux, il se perdit et s'égara dans les chemins tortueux d'une chicane artificieuse, et ne sortit de ces voies obliques que par une dissolution, seule capable de le reconstruire et de l'épurer. On le vit enfin se reconstituer graduellement, avec des attributions plus précises, sous Philippe le Bel et ses successeurs.

Ce furent surtout les limites des deux pouvoirs judiciaire et administratif, tendant sans cesse à s'accoupler et à se confondre, qu'ils s'attachèrent vaine-

ment à fixer par des bornes qu'on leur voit continuellement franchir.

Le roi Jean, le premier, pour empêcher les usur-
pations et l'empiétement de l'un sur l'autre, les sé-
para, réservant à son Conseil, par une attribution
spéciale et exclusive, la connaissance des affaires relatives au gouvernement de l'État.

C'est alors que paraît la première trace de la ligne
de démarcation, le sillon de ce profond abîme qui
s'éleva entre les deux grandes cours de justice.

« Que chaque autorité connaisse de ses tribunaux. »

Tel est le principe fondamental auquel doivent se
rallier, comme autour d'un étendard, les deux jus-
tices du pays. Elles ont assis leurs camps bien distincts : le camp judiciaire et le camp administratif.

Cette vérité d'évidence, passée en axiome, répétée
dans nos annales à toutes les époques, mais non pas
toujours mise en pratique, se reproduit dans les *Re-
montrances du tiers état de* 1614.

« Il plaise à Votre Majesté,

« Que votre Conseil ne soit dorénavant occupé de
causes et autres affaires qui gisent en juridiction contentieuse, et les instances pendantes en icelui soient
renvoyées devant les juges qui en doivent connaître,
nonobstant tous édits, lettres, déclarations et clauses
apposées en faveur des contrats, formes et partis faits
avec Votre Majesté, etc.[1] »

----

[1] Henrion de Pansey. *Assemblées nationales en France.*

Si le Conseil d'État, l'organe et l'instrument royal, eût entrepris sur les tribunaux, s'il eût été formé de juges inamovibles, il aurait eu, comme délégué du prince, l'exécution de ses jugements et le pouvoir illégal et arbitraire d'exécuter tyranniquement des sentences pour ainsi dire despotiques [1].

Mais, *vice versâ*, si les tribunaux allaient à leur tour empiéter sur l'autorité administrative, c'est au chef de l'État, c'est à une autorité quelconque d'une sphère supérieure, à saisir la nuance des attributions, à départager les deux cours rivales et à prévenir leur rencontre et leur choc.

M. de Cormenin a dit :

« Du principe que la nécessité la plus impérieuse « commande de maintenir la division du pouvoir ad- « ministratif et judiciaire, comme le fondement du « nouvel état de la société civile en France, il suit,

« Qu'il appartient au chef de l'État seul de régler « en son Conseil ces luttes d'attributions, qui, sous « le nom de conflit, s'établissent entre l'administra- « tion et les tribunaux [2]. »

C'est là une de ces vérités inhérentes au Conseil d'État et de son essence; elles ont été réduites en principes formulés par l'illustre commentateur, et sont destinées à traverser toutes les révolutions po- litiques ou administratives, toutes les phases et mé- tamorphoses de cette institution.

[1] Henrion de Pansey. *Autorité judiciaire.*
[2] *Questions de droit administratif.*

Les membres du Conseil du roi eurent cinq attributions spéciales, mais ramifiées à l'infini.

L'un des Conseils eut dans son département les négociations diplomatiques, la paix et la guerre.

Une autre section, celle des dépêches, fut chargée de l'administration intérieure du royaume. Les décisions qui en émanaient étaient renfermées dans des dépêches ou lettres signées par un des secrétaires d'État.

Une troisième administra les finances et le revenu de l'État, le domaine, le droit de la couronne, les fermes du roi, et statua sur les contestations entre les fermiers et les traitants.

La quatrième section régla le commerce de l'intérieur et de l'extérieur du royaume.

Un autre Conseil, plus communément appelé bureau de commerce, fut établi en 1607, sous Henri IV; y devaient avoir entrée douze des principaux marchands ou négociants du royaume, dont toujours deux de Paris. Il discutait et examinait toutes les affaires et difficultés qui survenaient sur le fait du commerce de terre ou de mer, du dedans comme du dehors du royaume.

La cinquième eut à juger les affaires contentieuses élevées entre les particuliers, à l'occasion de la manutention des lois, de l'exécution des ordonnances du royaume et de l'ordre judiciaire établi par le souverain. Ce Conseil, uniquement contrôlé par les parlements inamovibles et arbitraires, dans ses décisions réfléchissait fidèlement l'absolutisme de l'autorité royale.

En 1789, ces attributions et leurs ramifications si étendues, s'abîmant dans le gouffre de la révolution, furent dévolues en partie à la cour de cassation, qui exerça, par intérim, les fonctions judiciaires du Conseil d'État.

La justice administrative passa successivement aux districts, aux administrations de département, aux sections des assemblées nationales, et tomba, confondue avec l'administration active, dans les mains d'un Conseil des ministres, juge souverain et sans appel des autorités inférieures.

Le Conseil d'État parut avec la Constitution de l'an VIII. Il parut; car c'était un nom donné à un corps renouvelé ou rajeuni.

En vertu de l'art. 52, « le Conseil d'État, dirigé « par les consuls, devait rédiger des projets de loi « et d'administration publique. »

Le 4 nivôse, il se réunit pour la première fois. A cette séance, où assistaient les consuls accompagnés des ministres, on délibéra sur un projet de loi tendant à régler les rapports des corps de l'État entre eux, et l'on désigna aussi les projets à élaborer, pour être présentés ensuite à la prochaine séance du corps législatif.

Le règlement du 5 nivôse an VIII étendit ses attributions.

« Le Conseil d'État développe le sens des lois sur

8

« le renvoi des consuls. Il prononce d'après un sem-
« blable renvoi :

« 1° Sur les conflits qui peuvent s'élever entre
« l'administration et les tribunaux ;

« 2° Sur les affaires contentieuses, dont la déci-
« sion était précédemment remise aux ministres. »

Une commission élevée dans le sein du Conseil
statua sur le contentieux administratif et vida les
conflits d'attributions entre les tribunaux civils et
l'administration et entre les tribunaux eux-mêmes.

Les cinq sections des finances, de législation civile
et criminelle, de la guerre, de la marine et de l'intérieur, établies par le règlement du 4 nivôse an VIII,
eurent chacune d'abord à rédiger les projets de loi
et les règlements relatifs aux matières de sa compétence respective, lesquels durent ensuite être délibérés
par toutes ensemble, réunies en assemblée générale. Ce
Conseil suprême éclaira de sa justice, et redressa
celle des ministres soumis à son contrôle et à ses
appels. Chargé de la rédaction des lois, de leur discussion exclusive devant le corps législatif, le Conseil d'État connut même des grandes questions gou-
vernementales; quelquefois, aussi, il prononça sur
les questions de politique extérieure.

Ainsi, en novembre 1801, fut présentée au corps
législatif une série de projets de loi sur les traités
avec la Russie, avec la Bavière, avec Naples, avec
le Portugal, avec l'Amérique et avec la Porte Ottomane. Entre autres, par exemple, ce fut un membre

du Conseil d'État qui influa sur le vote du traité de
paix avec la Russie. Un mot malencontreux, quoique
diplomatique, celui de *sujets*, glissé dans la rédaction
de l'art. 3, avait soulevé une violente discussion dans
le sein du tribunat, et allait amener devant le corps
législatif une rupture avec la cour de Russie. La question avait été amenée par un discours ingénieux et
subtil qu'avait développé l'un des tribuns. Un autre,
dans une déclamation virulente, avait envenimé et
passionné le débat : évoquant les mânes de cinq millions de Français morts pour n'être plus *sujets*, il demandait que ce mot restât enseveli sous les ruines
de la Bastille. De guerre lasse, la majorité allait voter
contre le projet, lorsqu'une déclaration, émanant du
premier consul, provoquée par l'assemblée, fut envoyée
par M. de Fleurieu, conseiller d'État, chargé de soutenir le projet. Cet incident, heureusement impro-
visé, vint arracher au tribunat l'adoption du traité
et son vote motivé, conçu en forme d'épigramme :

« Par amour pour la paix, le tribunat adopte le
traité conclu avec la cour de Russie. »

C'était le Conseil d'État qui, dans les matières ecclésiastiques et la question des libertés de l'Église gallicane, remplaçait les parlements abolis. La grande
question de réconcilier la République française et le
saint-siége en traitant directement avec lui sur la base
même posée par la Constitution française, lui fut déférée par le premier consul ; mais il n'eut pas, pour
la décider, sa liberté d'action. L'auteur du projet eut

l'honneur de l'accomplir, comme il en avait eu l'initiative. Le traité avait été signé avec le pape le 15 juillet 1801, mais n'avait pas encore été publié faute des ratifications légales. Le concordat fut communiqué au Conseil dans la séance du 6 août, non point dans sa teneur, mais en substance et avec les motifs qui avaient déterminé le gouvernement. Le premier consul, s'étant contenté de cette formalité, n'attendait donc ni délibération, ni discussion, ni vote du Conseil d'État. Ce corps resta morne et froid, et, dans un silence passif, s'inclina devant le génie pacificateur et sa volonté inflexible, qui n'avait ici d'ailleurs pour objet que le bien. Tous les obstacles lui cédèrent ; le concordat fut adopté par le sacré collége, et les bulles qui devaient en accompagner la publication furent expédiées. Le grand acte religieux était accompli et n'attendait plus que sa proclamation. Mais l'opportunité lui manquait en ce moment. Ce ne fut que l'année suivante, le premier jour de la session extraordinaire du 5 avril 1802, que le concordat fut présenté au corps législatif par les conseillers d'État Portalis, Régnier et Regnaud de Saint-d'Angély ; ce ne fut que le 8 avril qu'il fut sanctionné par une loi, et le jour de Pâques (18 avril 1802) qu'il fut publié avec pompe et appareil. La fin du schisme fut solennellement proclamée au son d'un *Te Deum* chanté dans Notre-Dame, pour célébrer à la fois le rétablissement de l'ordre et la paix générale.

C'est encore de son Conseil d'État que le premier

consul, en septembre 1802, comme du haut d'une chaire apostolique, fulminait ses foudres contre les prélats qui auraient troublé l'Église qu'il avait réédifiée; c'est devant ce tribunal chargé des appels comme d'abus qu'il menaçait de les citer [1]. « Blesser « les prêtres constitutionnels, écrivait-il au cardinal « Fesch, son oncle, les écarter, c'est manquer à la « justice, à l'intérêt de l'État, à mon intérêt et au » vôtre, monsieur le cardinal, c'est manquer à mes « volontés expresses; c'est me déplaire sensiblement. » Mais, autant il sévissait contre les évêques récalcitrants, autant il comblait de ses faveurs et de ses largesses ceux qui s'étaient conformés à sa politique conciliatrice.

Le 6 mai 1802, la politique extérieure occupa de nouveau le Conseil d'État dans le traité d'Amiens, qui fut, suivant l'usage, porté par trois conseillers d'État au corps législatif, et, après avoir été soumis à ses délibérations, fut communiqué au tribunat par trois autres conseillers d'État.

Ce traité fut l'occasion, pour le tribunat, d'émettre le vœu d'une grande manifestation de la reconnaissance nationale envers le premier consul pour tant de services signalés rendus au pays. Le tribunat eut l'initiative. Ce témoignage public n'était point une statue, un monument ou la prorogation des pouvoirs consulaires pour dix ans. Il s'agissait d'une récompense bien

---

[1] Thiers. *Consulat et Empire.*

plus éclatante. Ce fut le Conseil d'État qui dut rédiger la
formule à soumettre à la sanction nationale. Il s'as-
sembla extraordinairement, et, par la bouche de Regnaud de Saint-Jean-d'Angély, de Portalis, de Rœderer
et de Bigot de Préameneu, fit prévaloir la perpétuité du
pouvoir du premier consul comme l'expression du vœu
de la souveraineté nationale. Le préfet de police Dubois
influa beaucoup aussi sur sa décision affirmative. Il
déclara que tous les rapports qui lui étaient faits journellement avaient constaté que l'opinion publique et
le vœu général étaient unanimes pour que le consul
Bonaparte fût nommé à vie, avec le droit de choisir
son successeur. Le Conseil d'État rédigea le projet ;
c'était un Conseil du gouvernement, mais aussi un
corps presque égal en importance aux assemblées
législatives. Ce fut sur sa rédaction que le tribunat et
le corps législatif votèrent le consulat à vie dans les
mains du premier consul, et que le suffrage universel
lui décerna cet honneur extraordinaire et solennel.

Pour l'accepter, Bonaparte dut se faire une douce
violence ; car on lui avait entendu émettre cette opinion dans le sein du Conseil d'État : « L'hérédité est
« absurde, inconciliable avec le principe de la sou-
« veraineté du peuple et impossible en France. » Ces
paroles du premier consul, toujours craint et obéi
d'ailleurs, sont les seules qui n'aient pas été respec-
tées par ceux qui, un an et demi plus tard, le portèrent à l'empire. Si lui-même les oublia le premier,
c'est qu'il avait compris, avec le temps, que le prin-

cipe de l'hérédité était le seul qui pût affermir les fortunes nouvelles et les hommes nouveaux en leur donnant un cachet de consistance et de durée ; que la
République n'était plus qu'une utopie. Ces paroles du
premier consul, si le premier consul prétendant les
méconnut, s'il voulut le pouvoir suprême, ce ne fut que
pour rendre la France grande, une, libre et heureuse.

En conséquence, Cambacérès, ayant insinué au
Conseil d'État quel allait être l'objet de la séance,
l'invita à rompre sa solennité ordinaire pour s'assembler en Conseil privé. Regnaud de Saint-Jean-d'Angély, conseiller intime du premier consul, se mit ou fut
mis en avant, et, abordant la question à laquelle chacun s'attendait, la posa clairement en ces termes :
« Convient-il de donner l'hérédité pour base au gou-
« vernement de la France ? » Il la développa avec sa
faconde habituelle ; puis, l'appuyant d'arguments tirés
de l'histoire pour prouver que les trônes électifs
chancellent toujours sur un sol mouvant et volca-
nique, et que les trônes héréditaires seuls assurent
le bonheur et la sécurité des États, il conclut pour
l'affirmative. Berlier seul s'éleva contre le projet avec
une rigidité républicaine, objectant, en faveur de la
République, que tout avait été prévu pour suppléer
au cas de vacance de la première magistrature ; que
l'hérédité allait annuler l'État républicain, qui avait
coûté des trésors immenses et des torrents du sang
le plus pur et le plus généreux ; qu'il croyait, au surplus, le peuple français peu disposé à renoncer à

un bien si chèrement acheté. D'autres membres
ayant opiné dans le sens de Berlier, mais avec une
moins vive opposition, l'on alla aux voix. La majorité
des partisans de l'hérédité prévalut. Alors leurs adversaires envoyèrent une contre-adresse au premier
consul, qui, voulant éviter le choc des opinions extrêmes, exprima le désir que chaque membre du Conseil
lui envoyât son avis individuel, signé de lui. Sur
vingt-sept conseillers présents, il n'y eut que sept
opposants. Le pas le plus difficile était fait. La voie
préparée s'ouvrait au soldat heureux que le peuple
ébloui, fasciné par le prestige de sa gloire et volant
au-devant de ses désirs, allait, deux ans plus tard,
couronner de sa main. Les belles paroles de Montesquieu, écrites pour d'autres temps, venaient de se vérifier dans notre histoire : « Le peuple, qui aimait la
« gloire, composé de gens qui avaient passé leur
« vie à la guerre, ne pouvait refuser ses suffrages
« à un grand homme sous lequel il avait combattu. »
En vertu du sénatus-consulte du 18 mai 1804, qui
eût été mieux désigné sous le nom de constitution
impériale, le gouvernement de la République fut
confié à un empereur, qui prit le titre d'empereur
des Français.

Entre les seize titres de cette constitution, le neuvième était donné au Conseil d'État.

On avait vu ce corps illustre, le 24 mars 1801,
dernier jour de la session de l'an IX, lutter contre le
tribunat à l'occasion du plan de finances proposé par

le gouvernement. Le premier consul y avait fait une distribution sage et équitable de la fortune de l'État pour régler définitivement la dette publique. Le tribunat attaquait avec une opposition violente la liquidation des dettes arriérées, et, insistant sur ce que le budget n'avait pas été voté un an d'avance, avait rejeté le système financier. Trois conseillers d'État furent opposés à trois tribuns, parmi lesquels était Benjamin Constant. Malgré ses objections, faites avec un talent brillant et supérieur, le corps législatif adopta le projet du gouvernement à une majorité de deux cent vingt-sept contre cinquante-huit.

Le 16 avril 1802, le projet d'amnistie des émigrés fut aussi discuté dans le Conseil d'État, et porté dix jours après au sénat, qui l'adopta à l'unanimité. C'était une mesure conciliatrice et de pacification qui faisait autant d'honneur aux corps délibérants qu'à l'auteur de tant d'autres bienfaits.

Le projet de loi sur le système d'éducation publique, objet de la sollicitude du premier consul, avait soulevé dans le sein du Conseil d'État de sérieuses objections. M. de Fourcroy, en partie son auteur avec Napoléon, le soutint devant le corps législatif, dont il obtint la faveur. Il s'agissait de créer six mille bourses pour organiser une société nouvelle, pour fondre ensemble les Français de toute classe, de toute localité, les enfants de la vieille France et de la France conquise. Une majorité considérable couronna les vœux du premier consul et de l'illustre Fourcroy. L'univer-

sité, c'est-à-dire un corps universel enseignant, devait
envelopper dans sa surveillance et sa sollicitude maternelle les colléges des instituteurs et les pépinières
de leurs disciples : ce système, déjà libéral, était le
précurseur d'un autre plus libéral et plus complet que
la France libre veut aujourd'hui se donner; elle veut
que l'instruction publique, sagement conduite et bien
dirigée, fécondant un sol encore trop aride qui en a
soif à ses extrémités comme à son centre, s'infiltre
par mille canaux, et circule comme le sang circule
incessamment par les poumons dans le cœur et des
artères dans les veines.

Le Conseil d'État joua un rôle digne de lui, en
montrant, comme il l'avait fait pour l'affaire de la
machine infernale, son indépendance et sa dignité
dans la formation de la Légion d'honneur, ce beau système de récompense destinée à tous les mérites. Elle
serait composée de quinze cohortes chacune, de sept
grands officiers, de vingt commandeurs, de trente
officiers et de trois cent cinquante légionnaires, en
tout six mille de tout grade; un conseil supérieur,
formé de sept membres, devait la régir; les trois consuls d'abord, puis quatre grands officiers, dont le
premier serait nommé par le sénat, le second par le
corps législatif, le troisième par le tribunat et le quatrième par le Conseil d'État. Ce plan magnifique et
simple à la fois trouva cependant de l'opposition dans
le sein du Conseil même, qui reprochait à l'institution
de blesser l'égalité par des distinctions, et de recréer

un corps privilégié et presque aristocratique. Le premier consul était sur son terrain, lui l'auteur et le créateur du système; lui qui voulait faire battre chaque cœur français sous un simple cordon. Il parlait de gloire et d'honneur; il fut éloquent, et entraîna son Conseil d'État, qu'il avait charmé en défendant l'idée qui lui souriait, et qu'il caressait avec bonheur. Néanmoins, la loi rencontra dans le tribunat et le corps législatif une résistance vive et opiniâtre, et n'obtint qu'une faible majorité. Cette question prématurée en ce moment, mais depuis mûrie par le temps et l'expérience, a été consacrée par le suffrage universel. L'auteur de l'institution eut lieu d'ailleurs d'être satisfait. La loi adoptait les trois consuls et un représentant de chacun des grands corps de l'État pour composer le grand conseil de la Légion d'honneur. Le tribunat, pour cette charge, fut représenté par Lucien; le Conseil d'État, par Joseph Bonaparte.

Parmi les attributions infinies du Conseil d'État de l'an IX, la plus noble et la plus utile, au milieu de ses œuvres la plus glorieuse et la plus durable, ce fut sans doute la création du Code civil, cette conquête admirable et pure de la première révolution. Elle était due aux soins et aux travaux des Portalis, des Tronchet, des Bigot de Préameneu, des Maleville, secondés par les plus habiles juristes, aidés du concours de leur jeune et brillant collaborateur. Ce génie Protée suppléait à ce que l'éducation lui avait refusé par la riche portion dont l'avait doué la nature, par sa profonde connaissance du cœur humain et sa rare netteté d'esprit. Il s'éclairait, en outre, des lumières de ses collègues, de ses ministres, du corps législatif dont il osait redresser l'opinion, de ses conseillers d'État enfin, « par lesquels il pensait, comme *il com-« battait par ses généraux.* » Napoléon a donc pu attacher avec un juste orgueil son nom à ce monument impérissable.

Le Code civil, œuvre de long et dur labeur, fut successivement promulgué du 3 mars 1803 au 17 septembre 1814.

Un nouveau code avait été adopté en juillet 1806. C'était le Code de procédure civile : il réglait le mode de procéder devant les tribunaux. L'archi-chancelier Cambacérès en avait dirigé la rédaction par l'organe du tribunat et du Conseil d'État, dans leurs longues et laborieuses conférences.

Au retour de Tilsitt, en 1807, Napoléon réalisa une grande pensée, celle de la création d'une cour des comptes, la dernière des institutions à donner à la France pour compléter son administration. Ce fut encore avec son Conseil d'État qu'il organisa ce corps qui devait prendre rang immédiatement après la cour de cassation et recevoir les mêmes traitements. Enfin il appartenait à l'illustre coopérateur du Code civil, toujours dans le sein du Conseil docile à ses inspirations, de doter la France d'un Code de commerce. Il fut décrété en 1807.

Le Code d'instruction criminelle, composé en 1808, et dont l'exécution avait été suspendue jusqu'à la mise en activité du Code pénal, et enfin le Code pénal, décrété en 1810 et promulgué cette année même, couronnaient les travaux du Justinien moderne, dictant à ses conseillers d'État, nouveaux Triboniens, ses Institutes nationales.

Outre ces attributions si nombreuses et si diverses, le Conseil d'État se vit ériger en tribunal littéraire, en académie scientifique : sous la présidence de Napoléon, il entendit la lecture solennelle des rapports de chaque section de l'Institut sur le progrès des sciences et des lettres et la marche de l'esprit humain.

Ainsi, le Conseil d'État, le tuteur de tous les grands intérêts nationaux au dedans et au dehors, mais surtout l'arsenal et le laboratoire de l'administration française, toujours sous l'impulsion puissante et active du premier consul ou de l'empereur, crée, fonde et organise.

Devenu le régulateur de la France, non plus de la France monarchique restreinte par ses limites naturelles, mais de la France conquérante et civilisatrice, il n'est plus circonscrit dans la législation des routes, des mines ou des canaux du royaume. Comme l'aigle impérial, il a pris son essor ; il administre au-delà du Rhin, sur les bords de l'Elbe, institue sa police aux régions alpines et légifère à Venise et à Madrid, et ses jeunes auditeurs, actifs et zélés messagers d'État, courent en aides de camp dans tous les coins de l'Europe [1].

Mais sa plus belle conquête, c'est d'avoir été adopté, imité comme modèle par les pays conquis, et d'y régner encore quand, depuis longtemps, l'empire français n'est plus.

Après l'extinction de l'Empire, le Conseil d'État, déshérité avec son maître, fut dépouillé de ses attributions politiques. Il cessa de décréter; il donna des avis.

Les ministres héritèrent d'une partie de ses fonctions et de sa suprématie.

L'ordonnance du 29 juin 1814 créa des conseillers d'État et des maîtres des requêtes ordinaires, honoraires et surnuméraires, et réserva au roi le droit d'en instituer d'Église et d'épée; elle évoqua le conseil des ministres pour certaines affaires contentieuses, assigna au comité du contentieux les mises en jugement des fonctionnaires, les conflits, le contentieux administratif des départements, et soumit les ordonnances devenues *arrêts* à la signature royale.

---

[1] La loi de 1849, sans ramener pour les auditeurs les privilèges que leur avait procurés l'Empire, ne laisse pas de les favoriser en les relevant du discrédit où les avaient fait tomber les ordonnances antérieures. En 1831, 1832 et années suivantes, ils avaient pris une extension numérique telle que l'un des présidents des comités, en les voyant affluer en nombre indéfini de soixante-dix et plus, avait dit avec une naïveté gauloise : « Veut-on que je les mette dans ma poche ou sur mes genoux ? » Cette anecdote puérile, indigne de trouver place dans cette esquisse, prouve au moins combien le titre d'auditeur était recherché.

Ainsi restreint et comprimé, le Conseil d'État fonctionnait à peine, lorsque l'ordonnance du 23 août 1815 élargit sa sphère, et le réintégra dans sa division en service ordinaire et extraordinaire prescrite par Napoléon, en rétablissant les comités réunis.

Agrandi encore par l'ordonnance du 19 avril 1817, il vit déférer, comme sous l'Empire, à sa délibération générale et solennelle tous les projets de loi ou règlements d'administration publique discutés préalablement par les comités.

L'ordonnance du 26 août 1824 le garantit contre les destitutions arbitraires dans la personne de ses membres, portés au nombre de trente conseillers d'État, de quarante maîtres des requêtes, et de trente auditeurs en service ordinaire.

Il fut de nouveau modifié dans son organisation intérieure et dans ses attributions par l'ordonnance réglementaire du 28 novembre 1828; dictée par un esprit illibéral, elle fit mettre en doute son existence légitime et constitutionnelle.

Les ordonnances des 12 août 1830, 2 février, 12 mars et 24 mai 1831, étendirent et relevèrent les attributions du Conseil, en permettant la défense orale, balancée par le contre-poids d'un ministère public.

Il ne fut plus un tribunal secret et mystérieux; il devint le sanctuaire de la justice, ouvert et accessible à tous, où chaque citoyen porta sa cause et l'entendit débattre et discuter dans tout l'éclat de la publicité.

L'ordonnance du 20 septembre 1839 vint ajouter quelques parcelles de ciment à la constitution du Conseil d'État, qui flottait toujours hors de la Charte où il n'était pas entré.

Elle reforma le comité de législation, définit le service extraordinaire et posa les bases du projet de loi qui devait définitivement régler, avec la composition et le mode de procéder, les attributions du Conseil en matières contentieuses et administratives.

Je renvoie, pour cette ordonnance, au texte et à ses illustres commentateurs.

La loi de 1845, si longtemps attendue et si religieusement élaborée, avait assigné avec précaution les fonctions et les attributions du Conseil d'État.

« Il pouvait être appelé à donner son avis sur les « projets de loi ou d'ordonnance, et, en général, sur « toutes les questions qui lui étaient soumises par les « ministres ;

« Il était nécessairement appelé à donner son avis « sur toutes les ordonnances portant règlement d'ad- « ministration publique ou qui devaient être rendues « dans la forme de ses règlements ;

« Il proposait les ordonnances qui statuent sur les « affaires administratives ou contentieuses dont l'exa- « men lui était déféré par les dispositions législatives « ou réglementaires. »

La loi avait clairement défini sa forme de procéder en matière administrative.

Le Conseil d'État était divisé en comités correspondant aux divers départements ministériels. Ces comités avaient à délibérer sur les projets d'adresse, qui étaient ensuite portés à l'assemblée générale.

« Les matières qui lui étaient soumises étaient :

« Les projets de loi ;

« Les projets de règlements d'administration publique ;

« Les appels comme d'*abus* (commis par un prêtre sur son inférieur ou sur tout autre individu dépendant du diocèse ou de la paroisse) ;

« Les enregistrements des bulles, brefs et autres décrets de la cour de Rome ;

« Les recours en matière de prise maritime ;

« Les autorisations demandées pour les sociétés anonymes, banques, etc. ;

« Les autorisations de congrégations religieuses ;

« Les demandes en concession de mines et de desséchement de marais ;

« La formation de sociétés syndicales pour les desséchements, irrigations, endiguements et curage de rivières ;

« Le mode de procéder, en matières contentieuses, était également distinct :

« Un comité spécial, le comité du contentieux, présidé par le vice-président du contentieux, était chargé de diriger l'instruction civile et de préparer le rapport de toutes les affaires contentieuses ;

« Ce rapport était fait ensuite au Conseil d'État en séance publique ;

9

« Le service ordinaire avait seul droit d'y siéger;

« Après le rapport, les avocats des parties étaient admis à présenter des observations orales;

« Le commissaire du roi donnait ses conclusions dans chaque affaire;

« La délibération n'était pas publique;

« L'ordonnance approuvée et signée par le roi était lue en séance publique.

« Le Conseil d'État était juge souverain dans les contestations qui s'élèvent, savoir :

« 1° En matière de contributions;

« 2° En matière de travaux publics et de marchés d'entreprise et fournitures pour les services publics dans chaque département;

« 3° En matière domaniale;

« 4° En matière d'administration des communes;

« 5° En matière de salubrité et sûreté publiques;

« 6° En matière d'élections municipales et départementales;

« 7° En matière de recrutement pour l'armée, de décisions de jurys de la garde nationale;

« 8° En matière de règlements universitaires;

« 9° En matière de police de la grande voirie et de police du roulage;

« 10° En ce qui touche la conservation du domaine public.

« Le Conseil d'État connaissait encore :

« Des prises maritimes en cas de guerre, de pira-
terie ou de traite des Nègres ;

« Des actes coloniaux.

« Enfin il embrassait, pour ainsi dire, l'administration entière. »

La Constitution de 1848 et la loi organique du
3 mars 1849 ont assigné au Conseil d'État, indépendamment de son caractère administratif et législatif par excellence, une mission nouvelle en lui
conférant des attributions politiques. Il s'élève en
intermédiaire entre l'assemblée législative et le pouvoir exécutif, pour balancer l'action du gouvernement qui l'adopte pour auxiliaire.

Suit la teneur de la loi.

TITRE SECOND. — DE L'ATTRIBUTION DES AFFAIRES A L'ASSEMBLÉE
GÉNÉRALE, AUX SECTIONS, AUX COMMISSIONS ET AUX COMITÉS.

ART. 9. Sont portés à l'assemblée générale du
Conseil d'État, indépendamment des projets de loi
et de règlement d'administration publique, les projets de décret qui ont pour objet :

1° L'enregistrement des bulles et autres actes du
saint-siége ;

2° Les recours pour abus ;

3° Les autorisations de congrégations religieuses
et la vérification de leurs statuts ;

4° L'autorisation des poursuites intentées contre
les agents du gouvernement à la nomination du
président de la République ;

5° Les naturalisations, les révocations et modifications des autorisations accordées à des étrangers d'établir leur domicile en France ;

6° Les prises maritimes ;

7° La création de tribunaux de commerce et de conseils de prud'hommes, la création ou la prorogation de chambres temporaires dans les cours et tribunaux ;

8° La concession de portions du domaine de l'État et les concessions de mines, soit en France, soit en Algérie ;

9° L'autorisation ou la création d'établissements d'utilité publique fondés par l'État, les départements, les communes ou les particuliers ;

10° L'autorisation à ces établissements, aux établissements ecclésiastiques, aux congrégations religieuses, aux communes et départements, d'accepter des dons et legs dont la valeur excéderait 50,000 fr. ;

11° Les autorisations de sociétés anonymes, tontines, comptoirs d'escompte et autres établissements de même nature ;

12° L'établissement des routes départementales, des canaux et chemins de fer d'embranchement, des ponts et de tous autres travaux qui peuvent être autorisés par des décrets du pouvoir exécutif ;

13° Les concessions de desséchement ;

14° Le classement des établissements dangereux, incommodes ou insalubres, et la suppression de ces établissements dans les cas prévus par le décret du 15 octobre 1810 ;

15° Les tarifs des droits d'inhumation dans les communes de plus de 50,000 âmes;

16° Les établissements d'octrois dans toutes les communes, les modifications aux tarifs des droits d'octroi dans les communes de plus de 25,000 âmes.

ART. 10. Sont aussi soumis à la délibération de l'assemblée générale du Conseil d'État,

1° Les projets d'avis sur les grâces et commutations de peine, lorsque la peine à remettre ou à commuer est la peine de mort ou celle de la déportation, et lorsqu'il s'agit de crimes ou délits politiques, quelle qu'ait été la peine prononcée;

2° Les projets d'avis relatifs à la dissolution d'un conseil général, d'un conseil cantonal, ou à la dissolution d'un conseil municipal, dans les communes chefs-lieux de département ou d'arrondissement, et dans toutes autres communes dont la population excède trois mille habitants;

3° Les projets d'avis relatifs soit à la dissolution des conseils municipaux des autres communes, soit à la révocation des maires et adjoints élus par les conseils municipaux, lorsque la section de législation est d'un avis contraire à la dissolution ou à la révocation.

ART. 11. Sont également soumis à la délibération de l'assemblée générale du Conseil d'État tous les projets qui, d'après les articles suivants, ne devraient être délibérés que par une section ou un comité, lorsque les présidents d'office, ou sur la demande de la section ou du comité, renvoient lesdits projets à l'examen de l'assemblée générale, ou lorsque les ministres demandent qu'elle soit appelée à en délibérer.

Art. 12. Sont délibérés par la section de législation, sans être soumis à l'examen de l'assemblée générale, les projets d'avis concernant, 1° la dissolution des conseils municipaux et la révocation des maires adjoints, dans les cas autres que ceux où l'article 10 soumet ces avis à la délibération de l'assemblée générale; 2° les demandes en autorisation de poursuites contre tous agents du gouvernement qui ne sont point à la nomination du président de la République.

Art. 13. Sont également délibérés par la section de législation les projets d'avis sur les grâces et commutations, lorsque la peine à remettre ou à commuer est afflictive et infamante ou simplement infamante, ou lorsque le renvoi à la section est prononcé par la commission des recours en grâce, ou par son président.

Art. 14. Sont délibérés par une commission permanente de cinq membres, formée dans le sein de la section de législation, et ne sont soumis ni à l'assemblée générale, ni à la section, les projets d'avis sur les grâces et commutations, dans les cas autres que ceux qui sont compris au n° 1 de l'article 10 et dans l'article 13.

Art. 15. Sont soumis à la délibération de la section

d'administration, et ne sont point délibérés par l'assemblée générale, les projets de décrets non compris dans l'article 9, et qui, d'après les règlements antérieurs, étaient délibérés par l'assemblée générale du Conseil d'État, et les projets qui lui seraient renvoyés par les présidents des comités d'office, ou sur la demande des comités.

ART. 16. Sont soumis à la délibération des comités de la section d'administration, et ne sont point portés à l'assemblée générale, ni à la section, tous les projets qui n'étaient précédemment soumis qu'à la délibération des comités de l'ancien Conseil d'État.

Les projets de décrets relatifs à l'établissement de droits de voirie ne sont délibérés que par le comité de l'intérieur.

Art. 17. Toutes les liquidations de pension sont révisées par le comité des finances. Ce comité fait à l'assemblée générale le rapport des projets de règlements relatifs aux caisses de retraite des administrations publiques.

Le rapport des projets relatifs aux caisses de retraite départementales et communales continuera à être fait par le comité de l'intérieur. Ces projets seront délibérés par la section d'administration.

ART. 18. La section de législation renvoie à la section d'administration les projets de lois et de règlements relatifs aux matières qui rentrent dans les attributions de cette dernière section.

La section d'administration saisit du projet le comité compétent.

Ce comité en fait rapport à l'assemblée générale du Conseil d'État, après délibération de la section d'administration.

Les projets de loi d'intérêt local sont rapportés directement par les comités à l'assemblée générale.

ART. 19. Les affaires dont le Conseil d'État continue à connaître en vertu de l'article 9 de la loi organique, et qui étaient soumises au comité de législation de l'ancien Conseil, sont déférées à l'examen du comité de la section d'administration correspondant au département ministériel où elles ont été instruites.

Les autorisations de plaider demandées par les communes, les départements et les établissements publics sont déférées au comité de l'intérieur.

Les mises en jugement sont délibérées par la section de législation.

Toutes ces affaires continuent à être instruites conformément aux règlements antérieurs ; elles sont soumises soit à la section, soit à l'assemblée générale, selon les règles établies par les articles précédents.

ART. 20. Les affaires soumises à la commission des recours en grâce et aux comités de la section d'administration, qui doivent être délibérées par l'assemblée générale du Conseil d'État, y sont portées directement par la commission ou le comité, sans examen par la section.

M. le président du Conseil d'État, dans une allocution qu'il adressa, le 16 août 1849, aux auditeurs élus par la voie du concours, a défini avec une élégante précision les attributions infinies de ce corps renouvelé, devenu un pouvoir de l'État.

« Le Conseil d'État a recouvré presque entière, par
« l'effet de nos institutions nouvelles, la position éle-
« vée que lui avait faite la constitution de l'an VIII.
« Il participe avec indépendance aussi bien au pou-
« voir législatif dont il émane par son origine, et où
« il va périodiquement se retremper, qu'au pouvoir
« exécutif auquel il a été donné comme un auxiliaire
« incessant et indispensable. Il a sa place marquée
« entre ces deux grands pouvoirs, pour exercer sur
« eux une action modératrice et conciliatrice, moins
« peut-être par une autorité réelle que par l'influence
« de la raison, de la science et du bon vouloir. Plus
« sa puissance morale, attribut aussi sérieux qu'utile,
« sera, en se respectant elle-même, respectée par l'As-
« semblée nationale et par le gouvernement, plus le
« pays prendra confiance dans la force et dans la sta-
« bilité de son organisation politique.

« Le Conseil d'État propose les lois.

« Il éclaire, par un avis, l'exercice du droit de grâce
« et du droit de dissolution des conseils électifs des
« départements, des cantons et des communes; il au-
« torise les révocations des agents du pouvoir élus par
« les citoyens; il veille à la dispensation du domaine
« de l'État, afin de la rendre profitable au pays.

« Il garde avec vigilance le dépôt des libertés de
« l'Église gallicane.

« Il est l'agent le plus élevé de cette tutelle salutaire
« qui protége, au nom de l'État, les départements,
« les communes, et tous les établissements de bien-
« faisance et d'utilité publique.

« Il détermine les règles générales de l'adminis-
« tration; il en contrôle l'application; il livre à la
« justice les fonctionnaires qui les ont enfreintes.

« Ses attributions en matière administrative sont
« presque aussi multipliées que les actes mêmes de
« l'administration.

« Le Conseil d'État a pour mission essentielle de
« maintenir l'unité de l'administration française, et
« il en est en quelque sorte la clef de voûte.

« Il est le conseil officieux des ministres dans toutes
« les difficultés qui peuvent s'élever entre eux, soit
« dans l'exercice de leurs attributions respectives,
« soit dans l'application des lois.

« Il renferme dans son sein le tribunal le plus haut
« placé dans l'ordre administratif.

« Il participe à la juridiction des conflits.

« La constitution enfin l'a érigé en un tribunal su-
« prême d'équité dont le contrôle, qui devient public,
« s'étend, à la voix de l'un des deux plus grands pou-
« voirs de l'État, sur les actes de tous les fonction-
« naires, et ne s'arrête que devant le président de la
« République. »

C'est un majestueux spectacle, au milieu du dépé-

rissement et de la pusillanimité de la race de Charlemagne, de regarder en arrière, et de contempler
ce prince chargé de la mission céleste de débrutir et
de civiliser la France. C'en est un non moins glorieux
et consolant, au milieu d'un second abaissement, de
contempler, à huit siècles d'intervalle, un second
Charlemagne envoyé par la Providence pour sauver
cette même France destinée à toutes les vicissitudes,
traversant toutes les révolutions.

Le premier, fondateur du florissant empire des
Français, en recule les frontières de l'Èbre à la Raab,
le gouverne avec sagesse et avec bonheur pendant
quarante-six ans, et surpasse les rois de France, tant
ses devanciers que ses successeurs, par sa science
dans les saintes Écritures et par son habileté dans les
lois ecclésiastiques et civiles.

Le second, réparateur de la France, étend les limites du même empire depuis les rives de l'Elbe jusqu'aux colonnes d'Hercule. Il eût maintenu sa conquête et l'aurait fait prospérer par les bienfaits d'une
sage et paternelle législation, par le luxe des arts de
la paix; mais le démon de la guerre possédait son
âme insatiable de grandeur et de gloire : la fatalité
vint arrêter par l'exil et la mort les plans gigantesques
de son génie.

Cependant, avec des destinées aussi différentes,
quels princes, à des époques si diverses, toujours sur
le même sol vital de la patrie, sur ce sol plein d'une
inépuisable sève, surent mieux l'un et l'autre em-

ployer leurs instruments pour gouverner? quels législateurs possédèrent à un degré aussi éminent l'art
de diriger, de tourner les hommes et les choses à l'accomplissement de leurs desseins, tendant au même
but, vers un unique objet, la gloire, la civilisation et
la prospérité de la France?

Ainsi, pour exemple, sans vouloir les suivre dans
le champ trop vaste où s'étendent ces deux génies
créateurs, et en les laissant sur notre scène, dans leurs
Conseils d'État, envisageons-les dans leurs seuls
points de contact et d'affinité.

Le *très invincible prince* Charles marchait toujours
avec trois conseillers des plus sages et des plus expérimentés, qu'il changeait de temps en temps pour ne
pas les trop distraire de leurs emplois et de leurs fonctions spéciales [1]. Voulant maintenir la religion dans
toute sa pureté et régler les mœurs de ses sujets sur
les meilleurs modèles du christianisme, il formait ses
capitules sur la discipline de l'Église, recueillait des
règlements arrêtés par les anciens Pères et par le canon des conciles, et après les avoir munis de son autorité, les notifiait au peuple par ses commissaires,
missi dominici. Il leur était mandé de faire lire, connaître et observer dans le palais impérial, dans les
villes, dans les assemblées et dans les marchés, la
constitution récemment adoptée, pour être gardée et
obéie comme loi irréfragable.

[1] Baluze. *Histoire des Capitulaires.*

Napoléon, réconciliateur de la République française avec le saint-siége, présentait le concordat au corps législatif par trois conseillers d'État, et le faisait sanctionner par une loi.

Charles délègue ses commissaires, exclusivement chargés de suppléer à la négligence des évêques et des comtes dans les provinces, et de réprimer leurs attentats aux lois impériales. Il ordonne à ces mêmes envoyés de s'enquérir avec soin si l'on se conforme aux mandements qu'il a faits quelques années auparavant par ses capitulaires. Il leur enjoint de s'appliquer à en procurer de nouveau l'observation pour le service de Dieu, pour l'utilité du prince et celle de tous les chrétiens, et, autant qu'ils le peuvent, avec le secours du Seigneur, à conduire les choses à leur perfection.

Napoléon, vivant dans des temps moins religieux, est aussi rigoureux observateur de la justice, aussi prompt à refréner le désordre et les prévarications. Il envoie ses conseillers d'État les plus capables, investis d'une autorité spéciale, munis d'instructions étendues et presque sans limites dans les préfectures pour examiner les diverses branches de l'administration et en observer la marche et les ressorts, pour contrôler l'état des employés supérieurs des finances. A sa voix, ils vont dans les divisions militaires inspecter les cours d'appel, et s'entendre avec les généraux et les inspecteurs aux revues, relativement au service militaire ; ils parcourent tous les départements pour surveiller tous les agents principaux des perceptions directes ou indirectes, pour solliciter des préfets et des ingénieurs des ponts et chaussées l'appréciation des réparations urgentes qu'exigent les routes et les canaux, pour constater les besoins et les améliorations que réclame chacune des localités départementales; ils iront partout, enfin, interroger l'opinion publique sur la politique du gouvernement pour la révéler au chef de l'État.

Les conseillers d'État en tournée de Napoléon nous rappellent les *missi dominici* en chevauchée de Charlemagne. Ces fidèles lieutenants des deux monarques se montrent également jaloux d'accomplir leur noble et sainte mission *de faire rendre bonne et loyale justice.*

Charlemagne et ses successeurs étendaient à la conservation et au dépôt des capitulaires la sollicitude et la vigilance qui avaient présidé à leur rédaction. Les volontés impériales étaient couchées par écrit; la garde en était confiée dans le palais de l'empereur, et l'exécution remise aux commissaires, afin que personne ne s'en *écartât* soit par *ignorance*, soit par *malice.*

Aussitôt qu'une loi nouvelle était établie, le diplôme, signé du référendaire, était soumis au roi, qui le scellait de son anneau. Quatre copies et plus, selon le besoin, étaient faites pour en assurer la durée et en accélérer la promulgation. Une était donnée aux commissaires, une autre au comte dans la province duquel on devait agir, et pour que le commissaire et

le comte s'y conformassent également. Les commissaires à qui était confié le commandement de l'armée
avaient la troisième ; la quatrième restait entre les
mains du chancelier, dans les archives royales. Charlemagne apposait à ces actes le pommeau de son épée ;
car il avait essayé vainement et trop tard d'acquérir
la faculté d'écrire, dans laquelle il ne fit pas de grands
progrès.

Le consul Bonaparte ou l'empereur Napoléon, en
son Conseil d'État, recevait la minute de chaque décret consulaire ou impérial, qui lui était soumise,
signée du conseiller d'État rapporteur. Il consignait
son approbation en signant en marge sur l'acte, qui
était ensuite contre-signé par le ministre secrétaire
d'État. Le seing de l'empereur avait fini par s'abréger
et se réduire à une lettre initiale, à un trait confus
et illisible. Cet acte était ensuite déposé aux archives
après qu'il en avait été délivré expédition au chancelier chargé de l'impression et de la publication, au
ministre qui devait le faire exécuter, et aux conseillers d'État en mission administrative ou diplomatique.

Dans ce parallèle, qui peut se continuer entre les
commissaires impériaux et les conseillers d'État de
l'empire, les exemples éclatants ne manquent ni aux
uns ni aux autres pour attester l'autorité et l'impartialité de chacun de ces corps illustres.

Louis le Débonnaire envoie à Rome ses lieutenants,
ses dignes représentants, personnes sages et craignant

Dieu, pour rendre la justice en son nom et à sa place.
Lorsqu'ils siégent au palais de Latran, Ingoald, abbé
du monastère de Farfa, leur dénonce l'envahissement,
par les pontifes romains Adrien et Léon, des domaines
de son abbaye, injustement retenus par leurs successeurs Étienne, Paschal et Eugène. Les commissaires
prononcent en faveur du monastère. Le pape Gré-
goire IV, qui refuse de souscrire à ce jugement, en
appelle à l'empereur. La contestation s'anime et se
prolonge pendant plusieurs audiences solennelles devant le tribunal des commissaires impériaux, en présence du pape, de Léon, évêque et bibliothécaire de
la sainte Église romaine, et d'autres autorités imposantes. Le seigneur abbé, accompagné de son avoué,
s'est présenté avec les témoins, dont les dépositions
sont entendues et admises par l'avoué même du pontife, qui reconnaît les témoins pour gens de bien.
Enfin, l'avoué du seigneur Ingoald conclut en ces
termes : « Je jure par les quatre saints évangélistes
« que ce que les témoins ont dit est vrai. »

Les commissaires et les autres juges, cédant à la
multitude des preuves, jugèrent que les domaines seraient restitués au monastère de Farfa. Mais l'avoué
du pontife romain ne le voulut point faire. Le pontife
lui-même dit qu'il ne se soumettrait point à leur jugement, à moins qu'il ne fût confirmé par l'empereur,
devant qui il les ajournait.

Un autre trait emprunté à ces vieilles chroniques
est encore offert aux conseillers d'État modernes, di-

gnes de marcher, dans la même carrière, sur les traces
de leurs illustres devanciers.

Une sédition s'était élevée à Rome en 823. Théodore, primicier de l'Église romaine, et Léonce, no-
menclateur, sont arrêtés et ont la tête tranchée, parce
qu'ils s'étaient montrés, dit Éginhard, *très fidèles et
affectionnés au service du jeune empereur Lothaire.* On
assurait que ces exécutions avaient eu lieu par l'ordre
ou du moins par le conseil de Paschal, pontife romain. L'empereur Louis, instruit de ce meurtre, envoie aussitôt ses commissaires en prendre connaissance. Mais les preuves de conviction leur échappent,
et le pape jure avec trente-quatre évêques, cinq prêtres et cinq diacres, qu'il n'y a pris aucune part. Il
justifie hautement les meurtriers comme *étant de la
famille de saint Pierre*, dit encore Éginhard, invec-
tive contre les morts, comme coupables de lèse-ma-
jesté[1], et affirme qu'ils ont mérité leur sort. Paschal
ayant donné satisfaction à l'empereur et lui ayant
envoyé des légats pour lui porter son excuse, l'affaire
en demeura là, parce que la religion timide de Louis
le Débonnaire lui fit appréhender qu'elle ne causât
du scandale, si elle était plus approfondie.

Charlemagne n'eût pas fait comparaître impunément un pontife homicide devant le tribunal de ses
commissaires impériaux.

Nous aussi, n'avons-nous pas vu, en 1804, un

[1] Mortuos velut Majestatis reos condemnabat. *Histoire des capitulaires*, Baluze.

10

autre Charlemagne, de qui relevaient également les pontifes romains, accueillir d'abord le chef suprême de l'Église avec les mêmes honneurs et les mêmes hommages que Léon III avait reçus jadis de Charles le Grand, son glorieux prédécesseur?

Comme les lieutenants de Charlemagne, ceux de Napoléon ne servaient et ne conseillaient le souverain que pour de bonnes et justes causes, pour d'utiles et pieuses missions, rarement pour flatter, jamais pour opprimer.

Le Conseil d'État est demeuré pur de l'édit de proscription de cent trente déportés, victimes du complot de la machine infernale, ainsi qu'il fut étranger à la sanglante exécution d'un arrêt de mort dans les fossés de Vincennes.

Bonaparte, n'étant d'ailleurs que premier consul, cultivait cette institution favorite avec une sollicitude toute paternelle. Toutes les fois qu'il se trouvait à Paris, il présidait lui-même le Conseil d'État, et, pour s'y rendre, franchissait lestement les degrés des Tuileries, suivi, mais de loin, du deuxième consul Cambacérès. C'était un spectacle imposant que celui de cette assemblée. Le noble aréopage frémissait sous le coup d'œil ou un signe de tête du jeune président comme l'Olympe tremblait sous le sourcil de Jupiter. Toutefois il se relevait libre et avec dignité devant l'injustice et l'oppression.

On put voir la colère du lion lors de l'explosion de la machine infernale, le 3 nivôse (décembre 1800).

Certains membres du Conseil d'État ayant adressé à
Bonaparte quelques observations sur les vrais auteurs
de cet attentat qui avait failli le faire périr, il s'était
récrié et livré à des emportements que ses conseillers
fidèles avaient voulu calmer, mais qui furent sur-
excités et passionnés par ses flatteurs. Il avait prononcé des paroles de vengeance, réprimées par les
gens sages, mais accueillies, encouragées par la multitude avide de supplices. Les sections de législation
et de l'intérieur s'étaient assemblées le 5 nivôse
(26 décembre 1800) pour délibérer sur la mesure la
plus exécutable de punition et à la fois de répression
d'autres actes pareils. Après cet examen préalable,
le Conseil d'État s'était réuni tout entier sous la présidence du premier consul ; il demanda un décret de
proscription contre les coupables et contre tous les
terroristes qu'il enveloppait. Le Conseil d'État frémit
devant cette prétention du jeune et impétueux dicta-
teur s'égarant sur les traces de Sylla. Après de longues
discussions, et en vertu d'un acte qui exprimait la
résolution des consuls, on convint de la déportation.
Fouché, ministre de la police, fit lui-même au Conseil
un rapport suivi d'une liste de cent trente victimes.
Le Conseil d'État montra, par une répugnance visible,
qu'il n'était pas un corps proscripteur. Le conseiller
d'État Thibaudeau se récria contre la rédaction d'une
liste faite dans le sein même du Conseil ; mais le premier consul ne demanda que l'approbation du principe : c'était trop exiger d'un tribunal pacificateur. Il

ne rédigea pas la liste de proscription ; il décida
que la mesure proposée serait soumise au sénat, qui
prononcerait sur la question de constitutionnalité. La
liste fut rédigée définitivement, et le premier consul
apposa sa signature à un arrêté par lequel il déposait
hors du territoire de la République les cent trente
condamnés. La résolution du gouvernement fut déclarée, par le sénat, conservatrice de la Constitution.
Ce n'est pas sur le Conseil d'État, du moins, qu'en rejaillit l'odieux. Cet exemple exceptionnel et rare
(puisse-t-il avoir été l'unique !) de la sévérité de Napoléon contraste avec sa modération habituelle et la
bonté de son cœur généreux, qui, dans le reste de sa
vie, s'ouvrit le plus souvent à la clémence.

Dans les circonstances ordinaires, et particulièrc-
ment aux séances du Conseil d'État, le fougueux président se possédait avec beaucoup d'empire et sans
interrompre jamais les discussions auxquelles il se
mêlait ; c'était toujours après les autres orateurs qu'il
prenait la parole. Cette volonté de fer, qui brisait tout
au dehors, savait, dans le sanctuaire des lois, respecter de longues et diffuses digressions ; car il avait proclamé le droit de la parole par ces mots solennels : « *Je
veux qu'on puisse tout dire dans mon Conseil d'État,* »
accents prophétiques dont l'écho a retenti jusque dans
le Conseil de 1849. Il contraignait son impatience,
qu'il ne laissait éclater que sur le papier, où l'on re-
trouvait, après les séances, des phrases incohérentes
échappées à sa plume. Un jour on recueillit ces lignes

répétées jusqu'à huit fois : « Vous êtes tous des brigands. » A qui songeait-il dans cette absence d'esprit et dans ces distractions qui l'entraînaient loin du Conseil et de lui-même?... Sans doute aux ennemis de l'État.

Le fauteuil où siégeait Napoléon portait aussi l'empreinte et les traces de l'agitation fébrile qui le dévorait. L'extrémité de chaque bras était complétement mutilée par le canif, complice de cet innocent vandalisme, que l'on voulut plus tard prévenir en éloignant cette arme nuisible au mobilier de la couronne.

J'ai vu ce curieux débris parmi d'autres restes sacrés rares, uniques comme le grand homme dont ils émanent. Ce n'est pas à l'hôtel des Invalides, sur les rives de la Seine que dorment ces reliques, c'est chez l'étranger, à Munich, sous l'aile tutélaire de la duchesse de Leuchtemberg, l'illustre veuve du généreux Beauharnais, qui leur rend un culte filial dans le sanctuaire où elle les a déposées. Admis comme Français dans ce trésor, j'ai touché le sabre que porta le consul Bonaparte à Lodi. J'ai baisé avec amour une boucle de cheveux ravis à la mort et au tombeau de Sainte-Hélène. J'ai contemplé avec respect, j'ai palpé avec transport ce fauteuil rouge dont nous parlions il y a un moment, et j'ai compté les cicatrices des blessures dont le sillonnait une main fiévreuse quand le guerrier législateur, siégeant aux Tuileries dans le sein du Conseil d'État, y burinait le Code Napoléon.

A une époque plus reculée, l'empereur continuait

de présider un Conseil auquel il imprimait toute la
majesté impériale dont il savait si bien se draper.
Certes, les affaires n'avaient pas toutes une haute importance, mais elles étaient tellement volumineuses
qu'un seul mois forme un énorme in-folio, et que
douze in-folios composent une année. L'empereur
laissait passer des centaines de projets, et paraissait
au milieu des séances, qu'il levait lui-même.

Un épisode des plus dramatiques vint animer un
jour d'une couleur toute locale une des séances de
l'Empire.

Le 4 janvier 1811, le Conseil d'État, par ordre de
l'empereur, s'était réuni à une heure, au palais des
Tuileries, dans la salle ordinaire de ses séances.

S. A. S. le prince archi-chancelier de l'Empire,
comme vice-président, avait ouvert la séance.

Les conseillers d'État présents étaient :

Le comte Regnaud de Saint-Jean d'Angély,

Comte Dubois,

Corvetto,

Neri Corsini,

Laborde,

Comte Boulay,

Comte Jaubert,

Comte Caffarelli,

Appelius,

Comte Ségur, etc.

M. le comte Regnaud de Saint-Jean d'Angély, M. le
comte Dubois et M. le comte Corvetto, au nom de la

section de l'Intérieur, avaient présenté plusieurs projets de décret et d'avis, que le Conseil avait adoptés.

MM. les comtes Neri Corsini et Laborde venaient de leur succéder et de terminer leurs rapports, lorsque S. M. entra et occupa le fauteuil; puis, apostrophant *ex abrupto* l'un des membres : « Monsieur ***, lui « dit-elle, avez-vous eu connaissance d'une lettre in-« cendiaire émanée du pape et trouvée dans les papiers « du S. D*** [1]? — Oui, sire, je la connais. — Pour-« quoi ne m'avez-vous pas informé de ce fait? — Sire, « j'en ai informé M. le préfet de police, qui a pris des « mesures pour empêcher la circulation de cet écrit. « — Sire, en effet, répondit M. le baron Pasquier, « M. *** m'en a fait part il y a environ un mois.

« — Monsieur ***, reprit l'empereur, l'affaire était « tellement grave que vous deviez m'en informer moi-« même, soit directement, soit du moins par le prince « archi-chancelier, que vous approchez, ou par le mi-« nistre de la police. Vous avez au contraire gardé le « silence, vous avez nié avoir connaissance de la lettre, « et ce n'est qu'à présent que vous convenez qu'elle « ne vous est pas inconnue.

« Cette conduite, coupable dans le moindre citoyen, « l'est encore plus dans un conseiller d'État; elle l'est « surtout dans vous, monsieur, qui me devez plus de « reconnaissance qu'aucun membre du Conseil : c'est « moi qui vous ai élevé à la dignité de conseiller d'État

[1] L'un des grands vicaires de Paris.

« en considération de monsieur votre père, et avant
« que votre âge et vos services personnels vous per-
« missent d'y prétendre. C'est moi qui vous ai nommé
« directeur de l'imprimerie, poste d'une haute con-
« fiance, puisqu'il donne à celui qui l'occupe, pour
« ainsi dire, le *portefeuille de la pensée*. Et cependant
« c'est vous qui, préposé pour arrêter les écrits dan-
« gereux, voyez de sang-froid circuler le plus dange-
« reux de tous.

« Quel peut être le motif d'une telle conduite?
« Est-ce l'attachement à la religion? Il n'est pas pos-
« sible, monsieur, que vous l'entendiez assez peu pour
« ne pas savoir qu'elle n'autorise pas les entreprises
« des papes; qu'au contraire leurs excès la blessent et
« la déshonorent; qu'elle ordonne aux peuples d'être
« fidèles à leur prince et d'obéir aux lois de l'État.
« Je ne vois ici que cet esprit de parti qui vient de
« se manifester également en Italie.

« Heureusement, et je le dis à la gloire de la na-
« tion, depuis onze ans que je la gouverne, voici le
« premier exemple d'une *trahison*. J'ai rappelé les
« prêtres déportés; j'ai fait rentrer les émigrés, jus-
« qu'à ceux qui avaient porté les armes contre moi; je
« les ai approchés de ma personne, et jamais, même
« lors de la conspiration de Georges, aucun Français
« n'a cessé de m'être fidèle. Si une infidélité sem-
« blable à la vôtre, monsieur, pouvait se reproduire,
« je serais réduit à n'avoir plus de confiance en per-
« sonne.

« Sortez, monsieur, sortez à l'instant du Conseil, et
« avant la fin du jour, de Paris. »

A ces mots, on entendit un frémissement dans toute
l'assemblée. Chacun se leva ; M. *** sortit atterré par
ce coup de foudre. Mais bientôt à ce fracas de tonnerre
succéda un profond silence de stupeur et de saisisse-
ment.

S. M. continua de présider jusqu'à la fin de cette
séance mémorable consignée dans l'histoire.

Il paraît que le 1ᵉʳ janvier, lors de la réception des
membres du Conseil aux Tuileries, l'empereur, qui
connaissait déjà ce secret, avait accueilli M. *** comme
à l'ordinaire, sans lui laisser soupçonner qu'il en était
instruit, mais pour faire éclater et tonner avec plus de
violence à la première occasion ses terribles et légitimes colères.

A l'issue des séances, Napoléon, dans des circonstances impérieuses, changeait de costume et, reprenant celui de cavalier, montait à cheval. Le législateur
était redevenu écuyer et soldat.

V

DIVISION EN CONSEILS

COURS, SECTIONS, COMITÉS ET COMMISSIONS.

Le grand Conseil, tel qu'il avait été formé par Philippe le Bel, et réglé par ses successeurs jusqu'à Charles VI, se divisait en deux : l'un, désigné par la formule : « Le roy à la relation de son Conseil, » signifiait le Conseil intime, secret et étroit; l'autre, accru de conseillers extraordinaires convoqués par le roi, une seule fois par mois, tantôt à la chambre des comptes, tantôt dans le parlement, suivant que les affaires intéressaient l'une ou l'autre, était distingué par cette dénomination : « Le roy tenant son grand Conseil, ou Conseil prééminent, Conseil préexcellent. » Mais la première dénomination, plus ordinaire, prévalut jusqu'au règne de Charles VIII. Le grand Conseil était chargé d'une double fonction, de la délivrance de la justice et de l'expédition des grâces.

Les appels, devenus, par la suite, plus nombreux, durent être assujettis à des formes déterminées. Quatre époques furent fixées dans l'année, pendant lesquelles le Conseil, ou du moins une partie, serait exclusivement occupé à les recevoir et à les juger. Ces époques furent les fêtes de la Toussaint, de la Chandeleur, de Pâques, de l'Ascension et, quelquefois, de l'Assomption. C'était alors que le Conseil prenait la dénomination de parlement, et chaque parlement celle de l'époque à laquelle il était réuni ; ainsi, l'on disait le parlement de la Toussaint, le parlement de la Chandeleur.

Le roi Robert convoquait une cour solennelle aux fêtes de Noël, de l'Épiphanie, de Pâques et de la Pentecôte.

Philippe Ier attendit, pour se faire sacrer, la réunion de ses grands à la *cour* de la Pentecôte. Il attendit celle de Noël, afin qu'elle décidât si le mariage de sa fille Constance devait être annulé comme incestueux.

Louis le Gros tint sa *cour générale*. Il y passa un acte l'an 1133. Le jour de la Pentecôte, il renvoya la cause des diocésains de Reims à sa cour, qui devait s'assembler à la fête de Noël pour son couronnement.

Ce prince, accueillant les réclamations des habitants de Barcelone, qui lui demandaient secours contre les ennemis étrangers, leur promit de prendre *Conseil* sur cela en sa cour générale, à la Pentecôte.

Ce fut à la solennité de Noël, où les évêques et les grands avaient été convoqués, qu'il proposa le projet d'une croisade.

Louis VIII tint un parlement général à Paris l'an 1224, le surlendemain de la Toussaint.

Saint Louis fit une ordonnance du consentement de ses barons et sagi-barons, réunis au parlement de l'Assomption. Il fut convenu qu'il serait rendu compte de l'exécution de cette ordonnance au parlement de la Toussaint suivante.

Les rois usaient du droit de convocation hors des époques des séances réglées du parlement, le Conseil légal du monarque, lorsqu'il s'élevait des affaires publiques instantes. Ils appelaient auprès d'eux tous les grands du royaume, ou ceux d'entre eux qui se trouvaient à leur portée. Ces convocations générales avaient lieu dans des cas où l'État était, ou divisé au dedans, ou menacé au dehors; quand il y avait de grandes mesures à prendre pour prévenir la guerre ou maintenir la paix, et lorsque le saint enthousiasme des croisades poussait également les monarques et les sujets aux guerres étrangères.

Les princes sommaient de paraître à leur cour tels grands qu'il leur plaisait, ou tous les grands du royaume, pour le jugement des causes qui ne pouvaient être différées qu'au préjudice des particuliers.

Le jugement de Bouchard de Montmorenci fut porté à la cour du roi Robert le 7 des calendes de février. Celui de Hivard le fut, au 7 de juin, devant Henri Ier et ses grands. Crebran-Chabot fut jugé devant le roi Louis le Jeune, le 4 des nones de février, par des juges évêques, abbés, barons de la couronne et légistes, mais non par tous les grands.

La comtesse de Champagne et Érard de Brienne

furent jugés à la cour de Philippe-Auguste par seize grands, l'an 1216, au mois de juin.

Le jugement du comte de Dreux fut déféré à la cour du roi saint Louis, au mois de juin, par un grand nombre de grands du royaume.

Le grand Conseil continua de procéder sous ces divisions jusqu'à Louis XI, Charles VIII et Louis XII, qui le partagèrent en Conseils de finance, de justice et de guerre.

Il fut depuis divisé en cinq départements :

1° Des affaires étrangères ;

2° Des dépêches (où se traitait le contentieux administratif des provinces);

3° Des finances ;

4° Du commerce ;

5° Du Conseil privé ou Conseil des parties, où se traitaient les affaires relatives à l'ordre judiciaire. Le *Conseil de chancellerie* en faisait partie, le chancelier y présidait; il y était statué, entre autres, sur les affaires de librairie et d'imprimerie.

Outre le Conseil de commerce, il y avait un bureau de commerce fondé par Henri IV, en 1607, et rétabli sous le ministère du cardinal de Richelieu. Il ne fut pas tenu depuis la mort de Louis XIII jusqu'à 1700, époque de la formation du Conseil de commerce, en vigueur sous et depuis Louis XIV.

Les Conseils ne vaquaient point comme les cours ordinaires; ils siégeaient toute l'année sans désemparer.

Indépendamment des cinq Conseils ci-dessus énumérés et de leurs nombreuses sections, le roi avait encore son grand Conseil, sorte de cour mixte et judiciaire, dont les fonctions ordinaires étaient à la fois ecclésiastiques, judiciaires et administratives.

Les sections elles-mêmes se divisaient en bureaux pour les commissions ordinaires et extraordinaires des divers départements.

La révolution trouva seize commissions quand elle éclata.

En 1700, les sections étaient ainsi subdivisées :

1° Bureaux de MM. les commissaires du Conseil pour les commissions des finances et jugements des prises faites en mer;

2° Bureau pour les droits d'amortissement des biens ecclésiastiques et gens de mainmorte;

3° Bureau pour les gabelles;

4° Bureau pour les affaires concernant les domaines;

5° Bureau pour la recherche de la noblesse;

6° Bureau pour les armoiries;

7° Etc., etc.

En 1703, l'état général des Conseils du roi comprenait :

1° Le Conseil d'État;

2° Le Conseil des finances;

3° Le Conseil des dépêches;

4° Le Conseil des parties ou privé.

Le Conseil d'État, composé du roi, de monseigneur

le dauphin et des ministres d'État, de MM. le chancelier, le duc de Beauvillier, de Torcy et de Chamillard, se tenait le mercredi, le jeudi et le dimanche. M. de Torcy était seul rapporteur.

Le Conseil royal des finances, où monseigneur le dauphin assistait avec le roi, se tenait le mardi et le samedi.

Le Conseil des dépêches se tenait le lundi, de quinze en quinze jours. Y assistaient avec Sa Majesté monseigneur le dauphin, M. le duc de Bourgogne, M. le chancelier, M. le duc de Beauvillier et les quatre secrétaires d'État.

Au sortir de ce Conseil, M. de Chamillard, secrétaire d'État, se mettait à la gauche d'un fauteuil préparé pour le roi, devant une table couverte d'un tapis de velours vert, sur lequel toutes les personnes qui avaient des placets à présenter au roi les venaient poser. Ces placets étaient tous recueillis par M. Fontaine, commis à cet effet, qui, au bout de quinze jours, les rendait avec la réponse à qui de droit.

Le Conseil des parties, autrement le Conseil privé, se tenait dans la salle du Conseil par M. le chancelier, et les jours qu'il lui plaisait; et quoique le roi n'y assistât presque jamais, le fauteuil de Sa Majesté y était toujours placé et demeurait vide.

Les conseillers d'État et les maîtres des requêtes assistaient à ce Conseil. Les maîtres des requêtes y rapportaient.

Le Conseil de commerce, établi par arrêt du 29 juin

1700, se tenait, tous les vendredis, rue Pavée-Saint-André, chez M. d'Aguesseau, qui en était le chef.

Le vendredi se tenait le Conseil de conscience, où le révérend Père Lachaise, jésuite, confesseur de Sa Majesté, assistait seul avec le roi.

Le règlement de 1738, dont l'expérience pendant plus d'un quart de siècle atteste la sagesse et la suffisance de l'œuvre de l'illustre d'Aguesseau, maintint l'organisation, le mode de procéder et la division des Conseils du roi jusqu'en 1789.

Plongé bientôt après dans la nuit du chaos anarchique qui l'enveloppa pendant plusieurs années, la lumière ne jaillit pour le Conseil d'État qu'à la clarté régénératrice de la Constitution de l'an VIII.

Recréé dès lors et reformé le 4 nivôse, il fut divisé en cinq sections, celles des finances, de législation civile et criminelle, de la guerre, de la marine et de l'intérieur, présidées chacune par un conseiller d'État, et aux assemblées générales, par le premier consul, et en son absence, par l'un de ses collègues, Cambacérès et Lebrun.

C'était chez le consul Cambacérès que se réunissaient journellement une section du Conseil d'État et une section du tribunat, pour élaborer la grande œuvre du Code civil.

En juillet 1802, le Conseil d'État fut modifié et agrandi, porté à cinquante membres, tandis que le tribunat fut réduit d'autant par voie d'extinctions successives, et divisé en sections correspondant à celles du Conseil d'État.

Cependant, le Conseil perdit lui-même une de ses prérogatives, celle de la connaissance des traités, qu'il avait eue jusqu'ici, et qui fut réservée à un *Conseil privé*, composé d'un moindre nombre de membres. Le premier consul, en ôtant ce privilége à son Conseil favori, n'avait en vue que la sûreté des secrets d'État en matière de politique extérieure, qui pouvait être exposée dans une assemblée composée de quarante ou cinquante membres. Elle devait d'ailleurs conserver, par la connaissance des affaires importantes, son influence et sa suprématie.

On vit en 1804 s'instituer une haute cour de justice chargée de connaître des complots tramés contre la sûreté de l'État et contre la personne de l'empereur, des actes arbitraires imputés aux ministres et à leurs agents, des délits commis par les membres de la famille impériale, par les grands dignitaires, les grands officiers, les sénateurs, les conseillers d'État. Cette institution eut son siége dans le sénat et se forma de soixante sénateurs sur cent vingt, des six présidents du Conseil d'État, de quatorze conseillers d'État, de vingt membres de la cour de cassation, des grands officiers de l'Empire, des six grands dignitaires et des princes ayant acquis voix délibérative.

En 1806, le Conseil d'État se subdivisa en une sixième section, qui devint un Conseil presque entier, la commission du contentieux. Elle exerça

11

la triple fonction d'instructeur, de rapporteur et de juge.

En 1814, cinq comités furent créés, ceux de législation, du contentieux, de l'intérieur, des finances et du commerce.

En 1839, le Conseil fut divisé en cinq comités, de législation, de la guerre et de la marine, de l'intérieur et de l'instruction publique, du commerce, de l'agriculture et des travaux publics et des finances.

Le comité de législation correspondait aux départements de la justice et des cultes et des affaires étrangères.

Indépendamment des comités administratifs, un comité spécial fut chargé de diriger l'instruction écrite et de préparer le rapport de toutes les affaires contentieuses.

En 1845, en vertu de l'art. 13 de la loi du 19 juillet, le Conseil d'État, pour les matières administratives, fut divisé en comités correspondant aux divers départements ministériels, et pour les matières administratives contentieuses, l'art. 18 institua un comité spécial chargé comme en 1839 de diriger l'instruction écrite et de préparer le rapport de toutes les affaires contentieuses.

Enfin en 1849, la loi organique des 15 et 27 janvier et 3 mars au titre IV, *des formes de procéder*, a divisé le Conseil d'État en trois sections :

1° Section de législation ;

2° Section d'administration ;

3° Section du contentieux administratif.

Les deux premières ont été subdivisées en comités et en commissions, présidés par leurs présidents respectifs.

Celle de législation se subdivise en commission permanente des recours en grâce et commutations de peines.

La section d'administration se partage en trois comités :

1.° Comité de l'intérieur, de la justice, de l'instruction publique et des cultes ;

2.° Comité des finances, de la guerre et de la marine ;

3° Comité des travaux publics, de l'agriculture et du commerce et des affaires étrangères.

La répartition de MM. les membres dans les sections et comités a été définitivement arrêtée ainsi qu'il suit :

BOULAY (de la Meurthe), vice-président de la République, *président* du Conseil d'État.

SECTION DE LÉGISLATION.

M. VIVIEN, *président*, vice-président du Conseil d'État.

Conseillers. MM. BOULATIGNIER, RIVET, BOUDET, CHARTON, CUVIER, H. SAY, BOUSSINGAULT, TOURANGIN, BUREAUX DE PUSY, DE RAINNEVILLE, DE TARLÉ, DEFRESNE, BEHIC, JUBÉLIN, GAULTHIER DE RUMILLY.

Auditeurs. MM. LEVIEZ, L'HOPITAL, GURÉ DE LA CHAUMELLE, FARÉ, BOSREDON, LEMARIÉ, MARBEAU, TRANCHANT, MOUTON-DUVERNET.

Commission des recours en grâce. MM. BOUDET, *président*, CHARTON, CUVIER, DEFRESNE, DE TARLÉ ; MM. les auditeurs de la section de législation.

SECTION D'ADMINISTRATION.

M. Bethmont, *président.*

COMITÉ DE L'INTÉRIEUR, DE L'INSTRUCTION PUBLIQUE ET DES CULTES.

Conseillers. MM. Tournoüer, *président*, Pérignon, Herman, O'Donnell, Caussin de Perceval.

Maîtres des requêtes. MM. Pagès, Montaud, de Sahune, Calmon, Fabas.

Auditeurs. MM. Aubernon, de Montesquiou, Martin (du Nord), Gaudin, Benoist.

COMITÉ DES FINANCES, DE LA GUERRE ET DE LA MARINE.

Conseillers. MM. Stourm, *président*, J. Boulay (de la Meurthe), de Cormenin, Mahérault, Pons (de l'Hérault).

Maîtres des requêtes. MM. de Cheveigné, Hallez-Clapa-rède, Masson, Redon de Beaupréau.

Auditeurs. MM. Robert, Dubois de Jancigny, Delorme, Sautayra, Batbie.

COMITÉ DES TRAVAUX PUBLICS, DE L'AGRICULTURE, DU COMMERCE ET DES AFFAIRES ÉTRANGÈRES.

Conseillers. MM. Bethmont, *président*, Havin, Dunoyer, Lanyer, Vuillefroy.

Maîtres des requêtes. MM. Dubois (Eugène), Goupil, Thierry.

Auditeurs. MM. Meurinne, Pron, O'Donnell.

SECTION DU CONTENTIEUX.

M. Maillard, *président.*

Conseillers. MM. de Jouvencel, Marchand, Bouchené-Lefer, Carteret, Paravey, Hély d'Oissel, Baumes, de Saint-Aignan.

Maîtres des requêtes. MM. CORNUDET, CAMUS-DUMARTROY, LUCAS, FRANÇOIS, GOMEL, DE BUSSIERRE, REVERCHON, DAVERNE, TRIPIER, PASCALIS, MAIGNE, LOUYER-VILLERMAY.

Ministère public. MM. CORNUDET, maître des requêtes, CAMUS-DUMARTROY, maître des requêtes, suppléant, REVERCHON, maître des requêtes, suppléant.

M. VUITRY, maître des requêtes, suppléant du commissaire du gouvernement, a été nommé sous-secrétaire d'État au ministère des finances.

VI

TRAITEMENTS ET GRATIFICATIONS.

Le roi Philippe IV dit le Bel, par son *ordonnance faite* au bois de Vincennes au mois de janvier 1285, qui fut *le premier* de son règne, touchant l'estat des officiers de son hostel, après en avoir nommé les douze clers (c'est-à-dire conseillers d'État), fait mention des trois *clers* des requestes, sçavoir : Pierre de Sargines, Gilles de Compiègne et Jean Mallières, et ordonne que ces trois orraient les plaids de la porte.

Il ajoute que Gilles de Compiègne, chevalier (*miles*) sire de Courdemanche, aurait autant de gages que M. Pierre de Sargines, et qu'il mangerait à court avec le chambellan [1].

Philippe le Long étant à Bourges avait rendu une ordonnance datée du 16 novembre 1318, explicative des fonctions des maîtres des requêtes, et dans laquelle il est question de leur salaire.

ART. 16. Les gens de notre hostel, clers et lais, qui soulaient prendre leurs gages en notre chambre aux deniers, etc...

---

[1] *Les Généalogies des maîtres des requêtes de l'hostel du roi*, par François Blanchard.

Les maîtres des requêtes qui, dans cette ordonnance, sont nommés *poursuivants* et, par de plus récentes, des *suivants*, comme les plus anciens domestiques ou commensaux de l'hôtel du roi, étaient payés sur la caisse de la chambre aux deniers par le trésorier chargé de payer leurs gages. Ils y furent maintenus jusqu'à l'époque où leurs traitements furent compris avec les gages attribués aux membres du parlement, dont l'un était désigné pour faire la répartition à chaque quartier. Cet office de répartiteur ou payeur devint si honorable, que dans les premières listes envoyées à Rome des sujets qui composaient le parlement pour profiter du bénéfice de l'indult accordé par les papes, les payeurs des gages y furent inscrits et toujours gratifiés de la nomination aux bénéfices qu'il plaisait au roi de présenter aux collateurs. Ils étaient ainsi favorisés parce qu'ils rappelaient les officiers des parlements qui, avant eux, distribuaient à leurs confrères les gages à la fin de chaque séance.

Philippe de Valois, dans son mandement sur les eaux et forêts, signé à Paris le 23 mai 1350, après avoir nommé tous ceux qui tenaient son Conseil secret, entre autres Guillaume Flotte, seigneur de Revel, chancelier; Mathieu de Trye, seigneur de Moncy; Pierre de Bautru, conseiller; Anguerrand-du-Petit-Celier et Bernard Ferme, trésoriers, assigne à chaque conseiller mille livres de gages.

Le roi Jean signa à Poissy, le 10 mai 1351, des lettres concernant les gages des maîtres des requêtes qui étaient au nombre de quatre, et fixa leurs appointements proportionnés à l'assiduité et à l'étendue de leurs doubles fonctions.

Suit la teneur desdites lettres.

Gages des Maîtres des requêtes de l'hôtel du roi pour leurs services au Parlement et dans les Conseils.

Jean, par la grâce de Dieu, roi de France,

A tous ceux qui ces présentes lettres verront, salut.

Savoir faisons que, considérant avec attention les services que rendent et ont rendus gratuitement nos amis et féaux clers et maîtres, Étienne de Paris, Jean Becot, Pierre de Baye et Pierre de Charistes, maîtres des requêtes de notre hôtel, tant à nous qu'à nos prédécesseurs qu'ils ont fidèlement et loyalement servis, et que nous espérons recevoir d'eux dans la suite:

Voulons favoriser singulièrement leurs personnes: Et considérant encore les dépenses considérables et les frais ruineux auxquels ils ne peuvent suffire;

Nous, de notre certaine science, de notre grâce spéciale et de notre autorité royale et après une mûre délibération de notre Conseil,

Avons ordonné et ordonnons et attribuons par ces présentes 24 sous parisis, chaque jour, aux deux d'entre eux qui, chaque mois, alternativement, seront à notre suite et habiteront notre hôtel; déclarons que les deux autres qui ne toucheront ni ne devront toucher ces gages réglés par cette présente ordonnance, aient chacun 15 sous comme les autres conseillers de notre dit Parlement pourvu cependant qu'ils siégent au Parlement lorsqu'il tiendra ses séances, où que pendant l'intervalle ils demeurent à Paris à vaquer à nos Conseils ou à nos affaires, du moins qu'ils soient disposés à s'en occuper.

C'est pourquoi mandons aux gens de notre chambre des comptes, qu'ils signent les états de ces gages de 15 sous parisis, ordonnés par ces présentes et les leur remettent. Enjoignons à nos trésoriers présents et futurs de payer auxdits conseillers et à chacun d'eux les sommes contenues auxdits états, sans difficulté, en retenant lesdits états quittancés. Voulons qu'au vu de ces quittances, les gens de notre chambre des comptes les allouent dans leurs comptes en vertu de cette dite ordonnance et sans préjudicier aux dons que les maîtres des requêtes avaient obtenus.

Donné à Poissy, le 14 mars 1354,

Par le roi à la relation de son Conseil,

Signé : MILLON.

Plus tard, les maîtres des requêtes, en raison de l'alternative de leur service à l'hôtel du roi et au parlement, cessèrent d'être compris sur les états que la chambre des comptes dressait et qui étaient remis aux trésoriers par les membres du parlement. Ceux-ci, sous la quittance de l'un desdits trésoriers, recevaient le montant de leurs gages de séance en séance. Les maîtres des requêtes fournirent leurs quittances séparément.

Comme poursuivants du roi, ils auraient pu abuser de la familiarité royale. Aussi leur était-il formellement interdit de rien demander ni pour eux, ni pour leurs parents ou amis. L'art. 47 de l'ordonnance du mois de mars 1356 est très précis à cet égard : « Nous « ferons jurer au chancelier, aux maîtres des requêtes « et autres officiers qui sont entour de nous, comme « nos chambellans et autres, que par-devers nous ils « ne procureront à eux ni à leurs amis aucuns dons « de l'argent de nos coffres ni autrement[1]. »

J'emprunte aux *Généalogies des maîtres des requêtes ordinaires de l'hostel*[2] une nomenclature de divers maîtres des requêtes de l'ancien Conseil, de leurs gages et des gratifications qui leur étaient octroyées :

« Jean Fauvel de Vaudencourt en 1357 fut payé « de ses gages comme maître des requêtes à raison « de six cents livres.

« Robert de Lorriz, d'abord maître en la cour des « comptes *(magister cameræ computorum)* fut ensuite « fait maître des requêtes. Néanmoins, en considé-« ration de ses longs services, le roy voulut qu'il fût « payé de ses gages de maître des comptes, et qu'il « touchât ses appointements comme domestique de sa « maison. Plus tard, il fut qualifié de conseiller du « grand et secret Conseil. »

Jean de Charny, maistre de l'hostel du roy Charles V,

---

[1] Henrion de Pansey. *Autorité judiciaire.*
[2] Bibliothèque nationale.

sous ce titre, est employé pour ses gages, à raison de 24 sous parisis par jour, dans les comptes du changeur du Trésor.

Par ces mêmes comptes, il est fait estat des gages d'Alphonse Chevrier, maître des requêtes de l'hostel du même roy, et mention que le roy lui avait fait un don de 60 liv. d'or, nonobstant ses gages ordinaires, pour le remboursement des frais qu'il avait faits de Chartres et Sens.

Bertrand de Chanac, « *consiliarius regis ac magister* « *requestarum hospitii sui* (sic) *pro vadiis suis XV sol-* « *dis diem deservitis extrà hospitium et alibi sequendo* « *parlementum et magnum consilium.* » Sa vertu et son savoir éminent l'élevèrent ensuite à la dignité d'archevêque de Bourges, en 1373, puis à celle de patriarche de Hierusalem. Le pape Clément VII le créa cardinal, dignité qui lui fut confirmée par le pape Alexandre V, dont il fut le légat à Gênes.

A Jean Barreau, ses longs et agréables services valurent plusieurs gratifications, entre autres 300 liv. d'or.

Estienne de Mauléon, aux gages de 400 l. tournois, recevra chaque année cette pension à vie, qu'il soit ou non au service du roy, en quelque lieu qu'il se trouvera.

Raoul de Praelles, confesseur du roi Charles V, lequel translata en langue française, par commandement du roy, son maistre, les livres de la *Cité de Dieu*, dès l'an 1375, le 25 novembre, est qualifié de maistre des requestes dans une quittance qu'il donne de 600 liv. de rente, qu'il prend à vie sur la recette de Paris. Il avait pour signet une tête de vieillard barbue et chevelue.

Jean de Bassentin prêta 500 liv. d'or à Charles V.

Jean d'Hestomenil, chanoine de la Sainte-Chapelle de Paris, jouissait d'une pension de 200 liv. sur le trésor du roi.

Charles V fit don à Pierre de Bournasel, créé l'un de ses conseillers sur le faict de son domaine, de 6,000 liv. d'or, somme très considérable en ce temps-là, et, outre ses gages, ordonna qu'il jouirait des mêmes droits et émoluments dont jouissaient les officiers de la Cour des comptes, et d'autant que lui ayant fait don, dès l'an 1375, de la coupe de trois arpents de bois à prendre dans la forêt de Guise, il n'en avait rien receu, ledit bois ayant été employé ès réparations des châteaux du Louvre et de Compiègne, il ordonna, par ses lettres du 17 août 1379, qu'il serait payé en argent jusqu'à la valeur desdits trois arpents de bois, qui, dès lors, furent évalués par les thrésoriers du prince à la somme de neuf vingts d'or.

Léonard de Montaldo, Génois, maître des requêtes du même roi, était aux gages de 500 liv. tournois, qui valent 400 liv. parisis. Il fut depuis duc de Gênes.

Joannes Fourcy, par le compte de Pierre de Soissons, changeur du thrésor, rendu l'an 1379, au chapitre intitulé : *Redditus ad vitam*. Il est fait un estat de ses gages pour 184 jours de services, à raison de 24 sous parisis par jour.

Thomas de Fontenay. S. M. lui fit don de 300 liv. tournois, à prendre sur son thrésor.

Nous voyons figurer Guillaume Dauncel comme maistre des requestes de l'hostel du roy Charles VI, assigné pour 180 liv., montant de ses gages, sur le changeur du thrésor, qui le r'assigna sur certains particuliers condamnés à l'amende pour avoir mal appelé en parlement.

Regnaud de Molins est qualifié maître des requêtes cler par le compte du changeur du thrésor de l'année 1385, au chapitre intitulé : *Pensiones ad voluntatem*. On fit estat de ses gages pour 180 jours qu'il avait servi à la suite du roy.

L'art. 5 de l'ordonnance du 9 février 1387 semble inculper et déprécier les maîtres des requêtes, excepté les plus anciens ordinaires et à gages.

« Avons ordonné et ordonnons que nul maistre des « requestes de notre hostel ne signe lettre dorénal « vant, ne exerce plus son dit office, excepté les « 4 clers et les 4 lais qui y sont d'ordinaire d'ancien « neté et y prennent gages. »

Cette restriction avait pour objet de réprimer les envahissements des maîtres des requêtes, convaincus par leurs lettres interceptées, d'introduire des étran gers sans qualité dans les conseils et d'autoriser les ministres à les employer.

Les accès de la maladie de Charles VI en redou-

blant, multiplièrent les abus et les désordres auxquels
on tâchait de remédier par l'application des anciennes
ordonnances. Celle du 5 janvier 1400[1], en *reprenant* les
fonctions et les gages des officiers de justice et de finances, porte, à l'art. XXI sur les maîtres des requêtes :

« Quant à nos amis et féaux les maistres des re-
« questes, nous voulons qu'ils soient réduits et rame-
« nés au nombre ancien, c'est à savoir de 4 clairs
« (*sic*) et de 4 lais, et que ceux qui y sont dudit
« nombre y demeurent et prennent les gages appar-
« tenant audit office, et l'exercent et non autres. »

Par une faveur spéciale, Adam Fumée, chevalier
seigneur des Roches, physicien du roy sous Charles VII,
fut maintenu au même estat près de Louis XI et ré-
compensé, en 1473, de ses longs services par le titre de
maître des requêtes. Il est mentionné entre les quatre
maîtres des requêtes auxquels le roy avait ordonné
une somme de mille livres sur ce qui leur était deub
pour les voyages et chevauchées faites durant l'année
1472, à la suite de S. M. et de sa chancellerie.

Guillaume de Rochefort, chevalier de France, étant
décédé, S. M. commit Adam Fumée à la garde des
sceaux de France, et il retint toujours la charge de
maître des requêtes, quoiqu'il touchât les mêmes
gages et appointements que le chancelier de France.

François Ier, dans son édit de 1523, daté de Saint-
Germain-en-Laye, rétablit les maîtres des requêtes :

[1] Lescalopier.

« Ordonnons : 4 maistres des requestes ordinaires
« de notre hostel…. en toute telle autorité prérogative
« et autres droits que nos maistres des requestes or-
« dinaires ont à cause desdits états et offices, lesquels
« droits tenons et voulons être tenus et censés pour
« nous ordinaires et jouir de tels et semblables gages,
« chevauchées et droits et autorités que les anciens
« font et ont accoutumé de faire. »

Par le règlement du 3 janvier 1628, signé du camp
de la Rochelle, le roi conférait aux deux plus anciens
de chaque quartier des maîtres des requêtes, « pour
« rendre le corps plus honorable et en faire estimer
« l'antiquité, les appointements payés auparavant à
« 8 d'entre eux sans distinction. »

L'édit de 1639, que Louis XIII signa encore sous la
dictée du cardinal Richelieu, crée seize nouveaux
maîtres des requestes.

« Créons, érigeons, établissons en titres d'offices
« formés, seize offices de nos conseillers et maîtres
« des requêtes ordinaires de notre hostel, auxquels
« sera par nous présentement pourvu de personnes
« capables ; et cy après, quand vacation arrivera, pour
« en jouir par les pourvus à l'instar et aux mêmes
« honneurs, autorités, prérogatives, priviléges, exemp-
« tions, pouvoir, jurdiction, gages, droits, profits et
« émoluments qui sont attribués et que les ont et per-
« çoivent les autres maistres des requestes de notre
« hostel ci-devant établis, etc. »

Dans le règlement du 16 juin 1644, il est fait mention des maîtres des requêtes, qui, sans renoncer à leurs charges, obtenaient brevets de conseillers d'État, et, redevenus proportionnellement moins nombreux, pouvaient cumuler doubles fonctions.

Mais en 1657, le roi, se plaignant de la multitude de ceux qui avaient été admis dans ses Conseils, même avec le titre d'ordinaires, déclara qu'elle était préjudiciable à son État et contraire à la dignité de la première compagnie du royaume ; voulant à la fois reformer les dépenses qu'elle entraînait, puisque plusieurs conseillers étaient payés sur le pied de conseillers en service ordinaire, sans en remplir les fonctions, et recevaient un traitement de 6,000 livres ;

« Ordonna que, dans ses Conseils, il y aurait douze « conseillers ordinaires, dont trois d'église et trois « d'épée, sans que leur nombre pût être excédé. »

Je trouve dans le *compte que rend, pour l'année 1788, aux commissaires de la comptabilité nationale Savalète de Lanage, l'un des cinq administrateurs du ci-devant Trésor royal,* la quotité des traitements des maîtres des requêtes de l'hôtel et des conseillers d'État, mais variable et irrégulière :

Devergennes, maître des requêtes, traitement annuel de. . . . . 12,000 liv.

Sur la quittance de Beckvels, six premiers mois. 6,000

Pajot de Marcheval, conseiller d'État, six premiers mois. 3,000

Albert, conseiller d'État au conseil
des dépêches, sur le pied de. . . .   12,000 liv.

D'Ormesson, conseiller au conseil des
finances et du commerce, sur le pied de   16,000 liv.

Le règlement pour l'organisation du
Conseil d'État, du 5 nivôse an VIII, fixa
le traitement uniforme des conseillers
d'État à. . . . .   25,000 fr.

Et accorda un supplément de traite-
ment, qu'il porta à.   35,000
pour les présidents de sections et ceux des conseillers d'État qui seraient chargés de quelque partie de
l'administration publique.

Les places au Conseil d'État, rétribuées par des
traitements dont les valeurs étaient alors de beaucoup supérieures à ce qu'elles seraient aujourd'hui,
étaient ambitionnées même plus que les places de
sénateurs qu'elles égalaient presque pour le chiffre
du traitement [1] et pour la considération, et qu'elles
surpassaient dans le maniement des affaires en influence ministérielle.

L'empereur traita plus tard en enfants chéris ses
conseillers d'État, qu'il rémunérait avec une singu-
lière munificence, toujours le prix du travail et de
services extraordinaires.

M. Locré, secrétaire général du Conseil d'État, reçut un jour une gratification imprévue de 25,000 fr.

---

[1] Les sénateurs avaient 36,000 francs par an.

12

Une autre fois il fut le dispensateur des largesses impériales à l'égard de Regnaud de Saint-Jean-d'Angély. « Tiens, lui dit Locré, tiens, Regnaud, voici pour toi, » et en même temps il l'arrosait d'une pluie de billets de banque.

A son retour d'Austerlitz, Napoléon agit encore avec une libéralité digne d'un César victorieux. Il envoya au comte Jaubert, directeur de la banque de France, 100,000 fr. dans un service de porcelaine de Sèvres.

Ainsi Jaubert, Mollien, réformateur du système financier, Regnaud de Saint-Jean-d'Angély, si éminemment utile au Conseil d'État et cher à l'empereur par son double mérite d'écrivain et d'orateur, et tant d'autres illustrations civiles ou militaires, étaient l'objet des libéralités de l'heureux conquérant, qui partageait avec les compagnons de ses travaux et de sa gloire les dépouilles opimes du général.

D'autres récompenses furent encore décernées, en 1807, par la main impériale, aux conseillers d'État qui, avec les ministres, les sénateurs, les présidents du corps législatif, les archevêques, furent autorisés à porter le titre de comtes, sous la condition d'un majorat de 30,000 livres de rente.

TABLEAU DES TRAITEMENTS DEPUIS 1800 JUSQU'A
PRÉSENT.

Conseillers d'État.

1800-1813.	Conseillers	25,000 fr.
—	Présidents	30,000
1814.	Conseillers	25,000
—	—	16,000
1815.	—	20,000
1816-1828.	—	16,000
1829-1830.	24 Conseillers à	15,000
—	10 — à	10,000
1831.	Conseillers	15,000
1832-1841.	—	12,000
1842-1846.	Vice-Présidents.	18,000
—	Conseillers . . , . . .	12,000
1847.	Vice-Président du Conseil. .	25,000
—	Vice-Présidents des Comités.	18,000
—	Conseillers	15,000
1848.	Président du Conseil . . .	15,000
—	Conseillers	12,000

Maîtres des requêtes.

1806.	Maîtres des requêtes. . .	5,000
1814.	— . . .	5,000
—	— . . .	6,000
1815.	— . . .	6,000
1816-1828.	— . . .	6,000
1829-1830.	— . . .	5,000
1831.	— . . .	5,000
1832-1841.	— . . .	5,000
1842-1846.	— . . .	5,000
1847.	— . . .	6,000

Auditeurs.

1804-1813. Auditeurs. . . . .   2,000 fr.

Secrétaires généraux.

1800-1813. Secrétaire général. . . .	20,000
1814-1831. — . . .	15,000
1832-1846. — . . .	12,000
1847. — . . .	15,000
1848. — . . .	12,000

La loi organique de 1849 a réglé les traitements du président, des membres et des fonctionnaires du Conseil d'État dans les proportions suivantes :

Vice-président de la République, président du Conseil d'État. . . . . 48,000 fr. [1]

Présidents des sections.	15,000
Conseillers d'État.	12,000
Maîtres des requêtes.	6,000
Maître des requêtes, commissaire du gouvernement.	10,000
Maîtres des requêtes, suppléants du commissaire du gouvernement. . .	7,000
Auditeurs.	2,000
Secrétaire général.	12,000
Secrétaire du contentieux. . . .	5,000

[1] Le traitement de la première année fut abandonné au profit des pauvres.

MAÎTRE DES REQUÊTES DE L'HÔTEL DU ROI
SOUS CHARLES V

VII

CÉRÉMONIAL ET COSTUME.

Les rois avaient compris que le cérémonial et le costume entraient pour leur part dans la dignité du Conseil d'État.

En 1319, Philippe le Long, régent du royaume, prescrivit le mode de réception des membres du Conseil et l'ordre qui devait y être observé.

Sous Charles V, et dès sa minorité l'on voit les conseillers d'État, appelés alors conseillers du grand Conseil et membres à la fois de la cour du parlement, astreints à une étiquette régulière. Ils marchaient après le chancelier, immédiatement avant les chambellans dépositaires du sceau du roi, qu'ils précédaient ainsi que les maîtres des requêtes.

Au sacre du même prince, l'on avait déjà vu le chancelier derrière la chaise du roi, avec une baguette en main, marque de sa juridiction. Il était vêtu en clerc avec le chapelet de chevalerie, qui était une guirlande. Il avait derrière lui deux maîtres des requêtes en chaperon, et un clerc ou aumônier était encore derrière eux [1].

---

[1] Voir les *Rois et Reines de France*, par de Gaignières, 3e volume, cabinet des estampes, Bibliothèque nationale.

L'on trouve dans les *Rois et Reines de France*, par de Gaignières, le détail d'un costume de conseiller du roi, en 1372, sous Charles V [1].

L'ordonnance de Charles VI, de l'année 1413, à l'art. 212, porte qu'il ne doit être fait aucun rapport au Conseil, « que le roi ne soit assis, pareillement « les princes du sang, le chancelier et les conseillers « de son Conseil. »

L'on peut encore voir un costume de conseiller du roi, sous Charles VIII, dans la personne de Louis Boucher, lieutenant général au bailliage de Sens ;

Celui d'un conseiller de ville, Mathieu des Champs, en 1491 ;

Celui de Jean Neveu et de Jean Budé, conseillers du roi, environ de la même époque [2].

Henri III, suivant les traces de Charles IX, en 1576, 1579 et 1582, régla les séances et surtout le rang et le nombre des officiers du Conseil. « Les « princes du sang, pairs, devaient précéder et tenir « leur rang selon leur degré de consanguinité devant « les autres princes et seigneurs pairs de France, no- « nobstant l'ancienneté de l'érection de la pairie. »

Dans le règlement du 8 janvier 1585, le costume des conseillers est réglé de cette manière :

« S. M. veut et ordonne que tous ceux qui auront « l'honneur d'être de ses Conseils d'État et privé,

---

[1] Voir le même ouvrage, 4e volume.

[2] De Gaignières. *Rois et Reines de France*, 7e volume, cabinet des estampes, Bibliothèque nationale.

« soient désormais vêtus, avant qu'il leur soit per-
« mis d'entrer ni assister auxdits Conseils et durant
« iceux, de la façon et habits qui s'ensuivent, et sans
« lesquels habits S. M. déclare qu'ils n'auront en-
« trée, séance ni voix délibérative auxdits Conseils
« en aucune sorte.

« Depuis le 1ᵉʳ octobre jusqu'au 1ᵉʳ mai, seront
« vêtus tous les susdits du Conseil à savoir : Les ec-
« clésiastiques, de robe longue de velours violet cra-
« moisi; ceux de robe courte, portant épée, de longs
« manteaux de velours violet.

« Et depuis le 1ᵉʳ mai jusqu'au 1ᵉʳ octobre, seront
« vêtus les susdits du Conseil, à savoir : Les ecclésias-
« tiques de robe longue, de satin violet cramoisi; et
« ceux de robe courte, portant épée, de longs man-
« teaux de satin violet;

« Et ceux de robe longue, qui ne seront ecclésias-
« tiques, de robe de satin de même étoffe et couleur;

« Et tous ceux desdits Conseils, qui auront l'hon-
« neur d'être de l'ordre du Saint-Esprit, qui doivent
« porter la croix, l'auront sur les replis de leurs man-
« teaux; et auront ceux qui ne sont de robe longue
« des bonnets de velours noir, sans que nul dans le-
« dit Conseil y puisse porter chapeau;

« Et pour le costume de celui qui est pourvu de
« l'état de chancelier, le chef de la justice de son
« royaume, S. M. ordonne qu'il sera vêtu entrant et
« assistant auxdits Conseils, depuis le 1ᵉʳ octobre jus-
« qu'au 1ᵉʳ mai, d'une robe de velours de cramoisi

« brun, et depuis le 1er mai jusqu'au 1er octobre,
« d'une robe de même forme de satin cannelé cra-
« moisi de haute couleur;

   « Les maîtres des requêtes, lorsqu'ils seront au
« Conseil privé où ils peuvent entrer, et lorsqu'ils
« seront auprès de S. M., seront vêtus avec robes
« noires de soie qui seront à grandes manches, et
« n'entreront point autrement audit Conseil privé. »

   Ce règlement ne put être exécuté à cause des
guerres civiles et de religion qui, en portant la confusion et l'anarchie dans tout le royaume, boule-
versèrent aussi le Conseil, qui fut ouvert à tous
indistinctement, sans considération de rang ou de
costume.

   Le 1er juin 1624, pendant le séjour de Louis XIII
à Compiègne, il confirma l'entrée et séance des officiers de la couronne, des princes qui avaient le pas
sur eux, et des principaux seigneurs, pour servir aux
Conseils privé, des finances et de la direction, avec
le garde des sceaux, et les sieurs de la Vieuville, sur-
intendant des finances, de Châteauneuf, doyen et
plus ancien de tous ceux du Conseil, etc.

   Le règlement du 2 septembre de la même année
donna droit d'entrée et de séance aux Conseils, aux
archevêques et évêques, lorsque ceux-ci se trouve-
raient près de S. M., lequel ajoute : « Qu'elle n'en
voulait spécifier aucun particulièrement, pour ne leur
donner sujet de manquer à leurs résidences. »

   En 1672, il fut établi que les conseillers seraient

assis selon leur rang, les maîtres des requêtes et le grand rapporteur debout autour de la chaise de Sa Majesté.

L'ordonnance du 3 janvier 1673, constitutive du Conseil, régularise l'ordre et le costume en ces termes :

« Sa Majesté entend que les conseillers d'État pré-
« cèdent, en toute assemblée publique et particulière,
« les maîtres des requêtes ;

« S. M., ayant changé l'habillement que Henri III
« avait préféré en 1585, attribue aux conseillers d'É-
« tat la robe de soie et collet carré et manches pen-
« dantes, et aux maîtres des requêtes celle de soie à
« grandes manches, à moins qu'ils ne fussent en
« deuil, qu'elle serait en laine ;

« Que les maîtres des requêtes seront debout der-
« rière les chaises, rapporteront seuls au Conseil des
« parties et opineront debout et découverts ; que le
« rapporteur, placé derrière la chaise du roi, ne sera
« interrompu par aucun conseiller d'État ou maître
« des requêtes qu'avec la permission de M. le chan-
« celier ; qu'il suffira que les avis passent d'une voix
« pour faire arrêt, qu'il n'y aura aucun partage, et
« que dans l'égalité l'arrêt sera couché suivant l'a-
« vis de M. le chancelier. »

Le costume des conseillers d'État d'une époque postérieure était sérieux comme la robe à laquelle ils appartenaient. Il avait même le caractère grave et la teinte sombre du vêtement ecclésiastique.

Je trouve l'habillement d'un conseiller d'État assistant au sacre de Louis XV ainsi représenté :

« Une robe longue avec des manches pendantes,
« par-dessus une soutane de satin noir avec une cein-
« ture de soye noire garnie de glands d'or. »

A l'occasion de la mort inopinée de madame la dauphine, en 1748, la question du costume acquit un nouveau degré d'intérêt. Des critiques malveillantes s'étaient élevées contre les conseillers d'État et maîtres des requêtes, qui avaient paru devant le roi *en manteaux longs*. Des réflexions blessantes furent exprimées tout haut, et cet événement aurait attiré au Conseil une mortification aussi pénible qu'imméritée, si M. le chancelier n'eût défendu victorieusement et vengé ce corps illustre dans un long mémoire composé à ce sujet. Il ne roule que sur un point vulgaire et frivole en apparence, celui d'une robe longue ou d'une robe courte, mais qui devient plus grave et plus important comme preuve de la rigueur du cérémonial et l'expression des craintes du chancelier et de sa paternelle sollicitude pour le Conseil.

« Je ne saurais dissimuler, dit-il en concluant, com-
« bien il serait douloureux pour moi, après cinquante-
« six ans de services dont j'en (sic) ai passé trente
« dans la place de chancelier, de voir avilir à la fin de
« ma carrière un Conseil qui sert si dignement Votre
« Majesté. »

Il n'est pas hors de saison de voir la réponse que le roi coucha de sa propre main à la marge du Mémoire :

Imp. Thierry frères Paris

CHEVALIER D'SPORTS
LOUIS DE LA TR(?)ALASS S(?)AN(?) AU SACRE
DE LOUIS XV

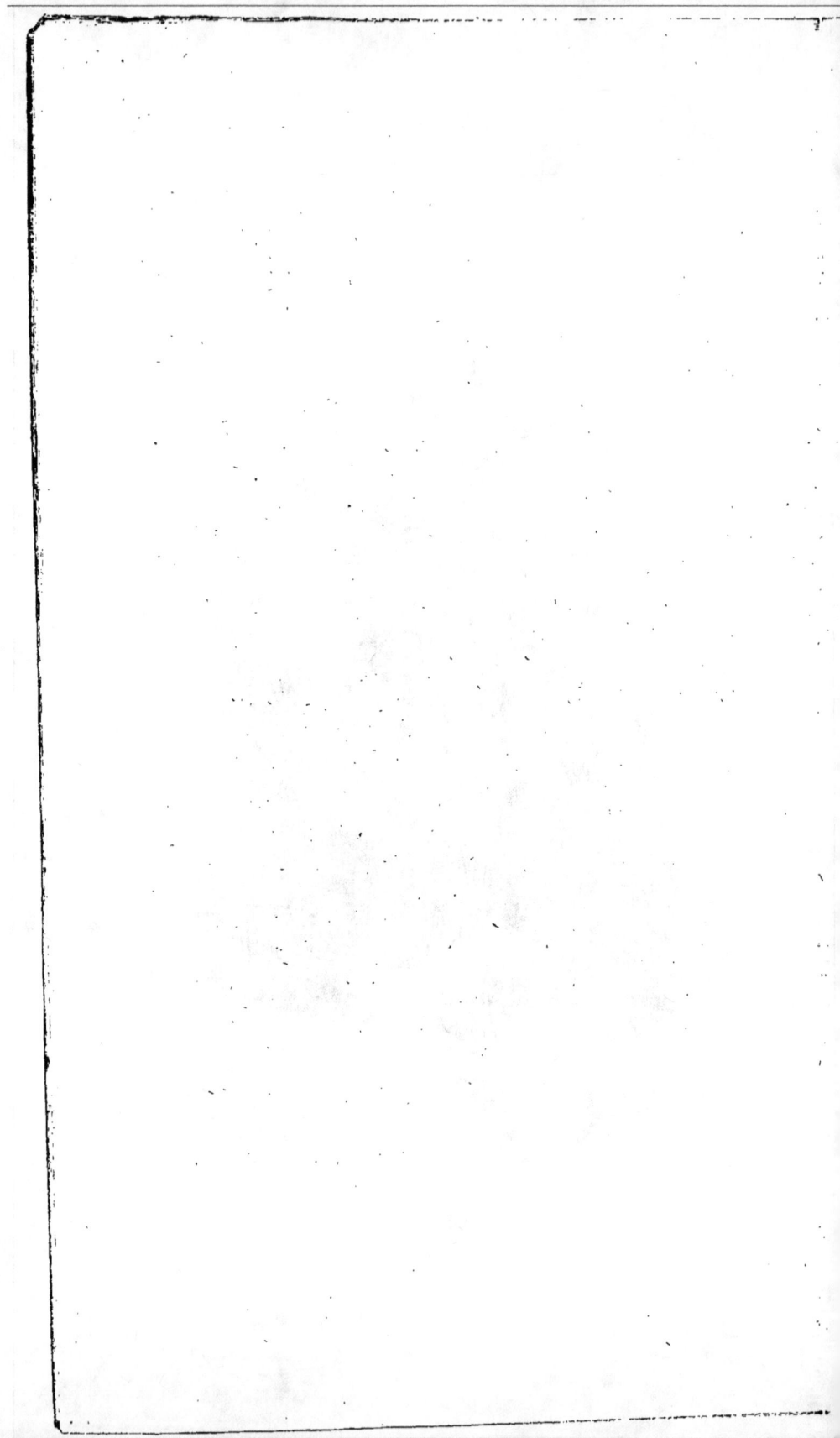

« Suivant l'ancien usage que vous rapportez, je
« trouve bon que les conseillers d'État passent
« devant moi en manteau long dans les tristes cé-
« rémonies comme celle qui se présente aujour-
« d'hui. »

M. le chancelier envoya au roi, le lendemain, le
nom des maîtres des requêtes qu'il agréerait pour
marcher avec les courtisans et les conseillers d'État.

La liste était jointe à une lettre où le chancelier
suppliait Sa Majesté de mettre un *bon*, si elle en approuvait le choix.

Le roi mit à côté, de sa main : « *Bon, et qu'ils ne
passent pas tous à la fois*[1]. »

Le 27 octobre 1756, l'ouverture des états fit éclater
une rivalité de préséance entre les députés du tiers,
le clergé, la noblesse et le Conseil d'État, qui dérogea
en cette occasion.

Henrion de Pansey rapporte ainsi cette circonstance :

« Tous les députés du clergé, de la noblesse et du
« tiers état se trouvèrent à midi en l'assemblée de la
« grande salle de Bourbon.

« Il y avait grande quantité de bancs à droite et à
« gauche couverts de tapis verts. Le tiers état se mit
« sur les derniers, la noblesse au milieu, et le clergé
« devant toutes les loges, tant hautes que basses, de
« ladite salle, ce qui apportait une grande confusion..

---

[1] Lescalopier.

« On aurait cru que l'objet de cette réunion péle-mêle
« était le divertissement de quelque comédie.

   « Le roi, la reine, monsieur frère du roi, M. le prince
« de Condé, M. le prince de Soissons, tenant le bâton
« de grand maître; M. de Mayenne, grand chambellan;
« la reine Marguerite; plusieurs princes et princesses,
« ducs, comtes, seigneurs et barons y étaient. Le roi,
« la reine-mère et la reine Marguerite étaient sous un
« dais de velours violet semé de fleurs de lis d'or. Le-
« dit sieur de Mayenne, couché aux pieds du roi;
« M. le chancelier, au devant duquel étaient les mas-
« siers, ayant la chaîne d'or au col, vêtus d'une robe
« de velours violet cramoisi, assisté de tous les conseil-
« lers d'État et des quatre secrétaires, M. de Villeroi,
« qui marchait à côté, et M. le président Jeannin, qui
« y était pareillement.

   « Les ordres étaient prêts à se placer aux places
« qui leur avaient été préparées selon le rang des bail-
« liages. MM. les conseillers d'État d'épée et de robe
« longue s'étant placés sur les premiers bancs, les dé-
« putés du clergé et de la noblesse représentèrent au
« roi qu'outre le déplaisir que leur causait cette entre-
« prise, il leur resterait pour jamais un reproche d'a-
« voir été tenus en si peu de considération, que
« MM. les conseillers eussent prétendu sur eux, qui
« représentaient le royaume, cette prééminence. Ils
« ajoutèrent fort respectueusement que plutôt que
« faire paraître une si grande faiblesse de jugement
« et de courage, et laisser une si honteuse marque

« d'eux à la postérité, ils aimeraient mieux se retirer.

« S. M., assistée de la reine sa mère, de M. le chan-
« celier, des autres officiers de la couronne et de
« MM. les secrétaires d'État, pourvut sur-le-champ à
« ce *grabuge,* et il fut ordonné qu'un banc serait mis
« de chacun côté devant ceux sur lesquels étaient as-
« sis MM. les conseillers d'État.

« Et cela étant exécuté, fit que MM. les conseillers
« d'État furent mis derrière les députés du clergé et
« de la noblesse [1]. »

Mais s'ils cédaient le pas à la noblesse et au clergé,
ils n'en avaient pas moins joui pendant plusieurs siècles, comme nous l'avons dit précédemment, de la
prééminence sur les grands dignitaires, entre autres
les chambellans, dépositaires du sceau royal.

Nous avons vu de nos jours la même délicatesse et
un semblable point d'honneur mettre en présence les
deux premiers corps de l'État, le Conseil d'État et la
cour de cassation, dans l'Église de la Madeleine, aux
funérailles de M. Martin (du Nord), qui, en sa qualité
de garde des sceaux, ministre de la justice, présidait
tous les deux.

La députation du Conseil occupa les bancs qui lui
avaient été préparés, mais non sans exciter les récri-
minations de la députation rivale.

Le Conseil d'État peut faire valoir, pour ses titres
et ses droits de préséance, les cérémonies de l'Empire,

[1] Henrion de Pansey. *Assemblées nationales en France.*

où il eut toujours le pas sur la cour suprême, jusqu'à une distance de quatre degrés ; car il y marchait immédiatement après le sénat, et précédait le corps législatif, les cardinaux, les ministres, les grands officiers de l'Empire et de la Légion d'honneur, la cour de cassation.

Il suffit d'ouvrir les annales de cette époque brillante où le Conseil joue un rôle digne de lui-même et du grand homme qui l'avait élevé jusqu'à lui sur l'impérial pavois.

On le vit figurer au couronnement de l'empereur. S'il n'appartenait plus à l'étiquette musquée des dentelles et des talons rouges, il vivait dans un temps où l'on savait porter et manier l'épée guerrière ou cérémoniale.

COURONNEMENT ET SACRE DE NAPOLÉON[1].

Le 11 frimaire an XIII (dimanche 2 décembre 1804), à huit heures, le Conseil d'État, le corps législatif et le tribunat partirent du chef-lieu de leurs séances ordinaires, et se rendirent, escortés par des pelotons de cavalerie, dans l'église de Notre-Dame.

Je ne rappellerai point le cortége du saint-père traîné dans une voiture attelée de huit chevaux blancs et suivie de dix voitures d'apparat avec une escorte

---

[1] *Description des cérémonies et fêtes qui ont eu lieu pour le couronnement de LL. MM. Napoléon, empereur des Français et Joséphine, son auguste épouse, d'après les dessins de Percier et Fontaine* (1807), Bibliothèque du Louvre.

militaire. J'omettrai de même le cortége impérial
formé des hérauts d'armes à cheval, des voitures des
grands officiers militaires de l'Empire, de celles des
ministres, du grand chambellan précédant la voiture
de l'empereur, dont le fond était d'or et les ornements
sculptés représentaient les armoiries de l'Empire.
Elle était attelée de huit chevaux richement capara-
çonnés et couverts de housses dorées, et suivie de
vingt-quatre voitures attelées de six chevaux chacune.
Je laisse les maréchaux, les aides de camp, les écuyers,
les pages montés sur le devant, le derrière et le haut
de la voiture; je glisse sur l'entrée et la réception de
LL. MM. II. dans Notre-Dame pour arriver à leur
couronnement.

La messe avait été chantée jusqu'à l'introït; la musique, inventée par Paësiello, maître de chapelle de
S. M., avait été exécutée sous la direction de M. Lesueur, par cinq cents musiciens de la chapelle impériale, formant deux orchestres, placés l'un à droite
et l'autre à gauche dans la grande croix de la nef, au
centre de l'église.

La bénédiction des ornements impériaux avait été
donnée avec les prières pour chacun d'eux :

De l'*Exaudi quæsumus* pour l'épée;

De l'*Omnipotens Deus, qui pallio* pour les manteaux;

Deus totius creaturæ pour les anneaux;

De l'*Omnipotens sempiterne Deus, qui terrenos reges*,
pour les couronnes;

Et de l'*Omnipotens et misericors Dominus*, pour le globe.

Après la tradition des ornements impériaux, on avait dit les prières :

Accipite hos annulos pour les anneaux ;

— *gladium* pour l'épée ;

— *globum* pour le globe ;

— *virgam virtutis* pour la main de justice.

Lorsque le manteau de l'empereur eut été attaché par le grand chambellan et le grand écuyer, et celui de l'impératrice par la dame d'honneur et la dame d'atours, l'empereur, ayant remis la main de justice à S. A. S. l'archichancelier, et le sceptre à S. A. S. l'archi-trésorier, monta sur l'autel, y prit la couronne et la plaça sur sa tête. Il prit ensuite celle de l'impératrice, s'avança vers elle, et la plaça sur le front radieux et triste de Joséphine, qui la reçut à genoux. Pendant cette cérémonie, le pape fit les prières du couronnement : *Coronet vos Deus*, etc.

LL. MM. ayant marché vers le grand trône, et s'y étant assises, Sa Sainteté, précédée par le maître des cérémonies de l'église, entourée des cardinaux, des prélats et des princes de sa suite, traversa la grande nef, monta sur le trône impérial, et adressa à LL. MM. la prière *In hoc imperii solio*, etc.

Après avoir baisé l'empereur sur la joue, Sa Sainteté prononça à haute voix le *Vivat imperator in æternum*, etc., qui fut répété par la musique des deux orchestres, et que les assistants accompagnèrent des cris de : Vive l'empereur! Le pape retourna ensuite avec son cortége dans le sanctuaire, et après s'être placé sur le trône, entonna le *Te Deum*, qui fut exécuté par la musique impériale.

A l'offertoire, LL. MM. descendirent du trône au son d'une marche triomphale, et se rendirent au sanctuaire.

Après s'être mises à genoux, elles retournèrent au petit trône. L'impératrice était à la gauche de l'empereur, et tout le cortége en cercle par derrière.

LL. MM. reçurent successivement les offrandes des mains des dames qui les portaient, savoir :

Un cierge où étaient incrustées treize pièces d'or, des mains de madame d'Arberg;

Un autre cierge avec le même nombre de pièces, des mains de madame la maréchale Ney;

Le pain d'argent, de madame de Luçay;

Le pain d'or, de madame Duchâtel;

Le vase, des mains de madame Rémusat.

A l'élévation, LL. MM. étant sur le grand trône, le grand électeur ôta la couronne à l'empereur; la dame d'honneur et le maréchal Murat ôtèrent celle de l'impératrice.

LL. MM. se mirent à genoux.

LL. MM. s'étant relevées après l'élévation, le grand électeur, la dame d'honneur et le maréchal Murat replacèrent la couronne sur leurs têtes.

A l'*Agnus Dei*, le grand aumônier alla recevoir le baiser de paix de Sa Sainteté et le reporta à LL. MM.

13

La messe finie, le grand aumônier alla déposer les ornements pontificaux dans la sacristie du trésor.

Le grand aumônier présenta à l'empereur le livre des Évangiles pour le serment.

Le grand électeur conduisit au trône le président du sénat, M. Defermon, *le plus ancien des présidents du Conseil d'État*, et le président du corps législatif. Le président du sénat, après avoir mis sous les yeux de S. M. la formule du serment, se rangea avec les autres présidents sur les premières marches de l'escalier à gauche.

Les ministres, les grands officiers de l'Empire, *les conseillers d'État* et le secrétaire d'État chargé de rédiger le procès-verbal de la prestation du serment occupaient les gradins à droite et à gauche des deux côtés de l'escalier au-dessous du trône.

La tribune impériale, à droite près du trône, était occupée par les princes étrangers ;

Les autres, par les familles des grands dignitaires et les étrangers, par les familles des ministres, des grands officiers, des sénateurs, des *conseillers d'État*.

Le serment prononcé, M. le capitaine Duverdier, héraut d'armes, averti par l'ordre du grand maître, dit d'une voix forte et élevée : Le très glorieux et très auguste empereur Napoléon, empereur des Français est couronné et intronisé. *Vive l'empereur !* Une décharge d'artillerie annonça le couronnement et l'intronisation de LL. MM.

Après la cérémonie, le cortége impérial et aussi

celui du pape revinrent aux Tuileries qui étaient illuminées.

Le sénat, le *Conseil d'État*, le corps législatif, le tribunat et la cour de cassation, retournèrent avec leurs escortes, savoir : le *Conseil d'État* aux Tuileries et les autres corps à leurs palais respectifs.

Dès le 9 frimaire, les membres du Conseil d'Etat avaient été présentés au saint-père, et M. Regnaud de Saint-Jean-d'Angély, président de la section de l'intérieur, avait pris la parole en leur nom.

Le 14 frimaire (5 décembre 1804), au Champ-de-Mars, le sénat, le Conseil d'État, le corps législatif, le tribunat et la cour de cassation, assistèrent à la distribution des aigles faite par Napoléon.

Le 15 frimaire (6 décembre), à onze heures du matin, les archevêques et évêques de l'Empire, présentés par le grand maître des cérémonies, se rendirent au palais des Tuileries.

Les princes et dignitaires, les ministres, les maréchaux, les sénateurs, les conseillers d'État, les présidents du corps législatif et des tribunaux étaient présents à cette audience en grand costume.

A deux heures, les présidents des cours d'appel et criminelles ayant été introduits, S. M. l'empereur leur donna audience. « J'espère, ajouta-t-il, que les cours « continueront à rendre bonne, sévère et impartiale « justice; car c'est l'une des obligations principales « que j'ai contractées avec le peuple français. » S. M. daigna les entretenir ensuite des discussions élevées au Conseil d'État, au sujet de l'organisation de la procédure criminelle.

Ce ne fut que le 18, à midi, que MM. les membres de la cour de cassation furent présentés à S. M. par S. A. S. le prince archichancelier.

Habillement d'un conseiller d'État au sacre de Napoléon :

Habit et manteau de velours bleu foncé, doublé de soie blanche, veste et culotte de soie blanche, le tout brodé en soie bleu clair; ceinture de satin blanc, brodée et garnie de torsades d'or; cravate de dentelle; chapeau de feutre noir, surmonté de plumes blanches [1].

Liste des membres du Conseil d'État qui assistaient au sacre de l'empereur.

BIGOT PRÉAMENEU, président de la section de législation.

REGNAUD (de Saint-Jean-d'Angély), président de la section de l'intérieur.

DEFERMON, président de la section des finances.

LACUÉE, président de la section de la guerre.

FLEURIEU, président de la section de la marine.

BERLIER.	TREILHARD.
GALLI.	BEGOUEN.
RÉAL.	CRETET.
SIMÉON.	FOURCROY.

[1] *Sacre et couronnement de Napoléon, d'après les dessins de Percier et Fontaine.* 1807. Bibliothèque du Louvre.

Imp Thierry frères Paris

SACRE DE NAPOLÉON
COSTUME EXTRAORDINAIRE D'UN CONSEILLER D'ÉTAT
ASSISTANT.

FRANÇAIS (de Nantes).
LAVALETTE.
LAUMOND.
MIOT.
PELET (de la Lozère).
DELOÉ.
BERENGER.
BOULAY (de la Meurthe).
COLLIN DE SUSSY.
DAUCHY.
DUCHATEL.
JOLLIVET.
MOLLIEN.
CLARKE.
DUPUY.
NAJAC.
REDON.
DUBOIS.

FROCHOT.
MONTALIVET.
BOURCIER.
CAFFARELLI.
DESSOLES.
DUMAS.
FORFAIT.
GANTHEAUME.
GAU.
GOUVION (Saint-Cyr).
MARMONT.
PETIET.
SHÉE.
THIBAUDEAU.
BERTIN.
LESCALIER.
LOCRÉ, secrétaire général.

Liste des auditeurs près les ministres et les sections du Conseil d'Etat, qui assistaient au couronnement.

REGNIER fils.
DUDON.
CHABROL CROUZOL.
ABRIAL fils.
HÉLY D'OISSEL.
GOSVIN DE STASSART.
DOAZA
BRIGODE.
FÉLIX LECOUTEULX.

LEBLANC POMMARD.
GODARD DE PLANCY.
PERREGAUX fils.
PETIET fils.
GOYON DE MATIGNON.
REUILLI.
RÉCAMIER fils.
HUGOT, suppléant du secrétaire général du Conseil d'État.

Les journées des 1er et 2 avril 1810, à l'occasion du mariage de l'empereur avec Marie-Louise, archidu-

chesse d'Autriche, firent éclater de nouveau les pres-
tiges de l'Empire et une pompe triomphale qui s'étendit de Vienne jusqu'à Paris.

« Le 2 avril, la galerie du musée Napoléon, qui
« renfermait dans une longueur de quinze cents pieds
« une immense collection de ce que la peinture a pro-
« duit de plus parfait, contenait près de dix mille
« personnes invitées. Deux rangs de femmes assises
« sur des banquettes, toutes parées à l'envi, et plu-
« sieurs rangs d'hommes derrière elles, bordaient cette
« longue et magnifique avenue. On voyait ainsi réunis,
« dans le même lieu et d'un seul coup d'œil, les chefs-
« d'œuvre de l'art et les plus séduisantes productions
« de la nature. La magnificence des tableaux, la fraî-
« cheur d'une décoration nouvelle, le brillant des
« parures, la beauté des femmes, et surtout l'effet
« magique des rayons du soleil, qui pénétraient alter-
« nativement par les ouvertures de la voûte et par celle
« des croisées sur les murs de face, formaient un ta-
« bleau qu'il est impossible de décrire.

« L'empereur, conduisant l'impératrice par la gau-
« che, se rendit au salon de la chapelle, à l'extrémité
« de la galerie, du côté du Louvre, en parcourant sur
« des tapis ce long et magnifique espace.

« Les députations du sénat, du *Conseil d'État* et du
« corps législatif étaient placées sur des banquettes, à
« droite et à gauche de la partie désignée pour le sanc-
« tuaire, sur les deux côtés de la salle, au bas du pre-
« mier rang des tribunes. Cette chapelle, dont la belle

« galerie du musée Napoléon était en quelque sorte la
« nef, avait toute la majesté et la richesse conve-
« nable à l'auguste cérémonie à laquelle elle était
« destinée[1]. »

Je fais grâce au lecteur, qui peut avoir joué lui-
même un rôle dans la cérémonie du mariage impérial,
des détails oiseux et monotones, qui ne seraient to-
lérables que dans les contes arabes et à la faveur des
mille et une nuits. Au milieu de cet essaim de princesses, dont le front étincelait étoilé de mille diamants,
une seule manquait, c'était l'épouse répudiée, Joséphine, l'artisan de la fortune de l'empereur et de
l'Empire. Qu'il dut être poignant ce jour pour l'infor-
tunée, si, comme elle l'a dit elle-même, « celui de son
« couronnement avait été l'un des plus tristes de sa
« vie ! »

Le 3 avril, à deux heures, l'empereur et l'impératrice étant sur le trône, entourés des princes et princesses de la famille impériale, des grands dignitaires,
des dames d'honneur et d'atours, des grands officiers de la couronne de France et d'Italie, reçurent
les hommages du sénat de France, du Conseil d'État
et du corps législatif, des ministres, des cardinaux,
des grands officiers de l'Empire et de la Légion d'honneur, de la cour de cassation, etc.

M. le comte Defermon fut encore, en cette occa-

---

[1] *Description des cérémonies et des fêtes qui ont eu lieu pour le
mariage de S. M. l'empereur Napoléon avec madame l'archiduchesse
Marie-Louise d'Autriche*, par Ch. Percier et Fontaine. Didot, 1810.

sion, l'interprète du Conseil d'État auprès de S. M.

Ces longs documents historiques, sur le cérémonial de l'Empire, nous montrent la préséance accordée au Conseil d'État sur la cour de cassation, comme
celle du sénat sur le Conseil d'État lui-même. Bonaparte avait donné au sénat une nouvelle importance
par la création, en 1803, des sénatoreries dans le ressort de chaque cour d'appel. Cette fondation était
aussi un empiétement sur les attributions du Conseil d'État, car les conseillers d'État en mission se
trouvaient naturellement remplacés par les sénateurs
dans la visite de leurs sénatoreries.

Napoléon n'étant que premier consul, lorsqu'il
avait voulu prendre publiquement possession des
Tuileries, l'avait déjà fait avec une grande solennité, encore éloignée toutefois de la magnificence
impériale.

Le 19 février 1800, il avait quitté le Luxembourg,
précédé de ces beaux régiments que commandaient
Murat, Lannes et Bessières. C'étaient eux qui, ayant
parcouru la Hollande et la Vendée, allaient fouler et
illustrer de nouveau les plaines de l'Allemagne et de
l'Italie, leurs conquêtes passées. Venaient ensuite,
dans des voitures presque toutes d'emprunt, les ministres, le Conseil d'État, les autorités publiques,
enfin les trois consuls eux-mêmes dans un brillant
carrosse attelé de six chevaux blancs, ceux qui
avaient été donnés, par l'empereur d'Allemagne, au
général Bonaparte, lors de la paix de Campo-Formio.

Au Carrousel, la voiture des consuls, escortée par la garde consulaire, avait passé devant deux corps de garde, construits l'un à droite, l'autre à gauche de la cour du palais, sur l'un desquels cette inscription se lisait encore :

« La royauté en France est abolie et ne se relèvera jamais. »

Quatre ans plus tard, le 2 décembre 1804, Napoléon, en partant des Tuileries pour Notre-Dame, n'avait plus retrouvé cette inscription déjà gothique.

Lorsque le service du palais consulaire avait été réglé, ce fut un conseiller d'État, ancien ministre, M. Benezech, qui avait eu l'honneur d'être chargé, pour un an, de son administration générale et de présider aux réceptions. C'était là que, le 21 février 1800, deux jours après son installation aux Tuileries, le premier consul avait donné audience aux envoyés des États, qui n'étaient pas en guerre avec la République, introduits par M. Benezech et présentés par le ministre des affaires étrangères. Ils avaient remis leurs lettres de créance à Bonaparte, qui préludait ainsi à son rôle futur de souverain monarchique.

Le 15 août 1802 (27 thermidor an X), anniversaire de la naissance du premier consul, avait déjà vu le retour des usages de la royauté, qui devaient progressivement se changer pour le monarque en fête populaire et nationale.

Bonaparte reçut le sénat, le tribunat, le Conseil

d'État, le clergé et toutes les autorités civiles et militaires et le corps diplomatique représentant les puissances qui avaient reconnu la République française. C'était le soleil levant que saluaient la France, l'Europe et l'Amérique.

Le 21 août, le consul à vie était allé en pompe prendre possession de la présidence du sénat, entre une haie de troupes qui s'étendait depuis les Tuileries jusqu'au palais du Luxembourg, dans une voiture traînée par huit chevaux magnifiques, escortée d'un nombreux et brillant état major et par la garde consulaire à cheval. Les voitures qui suivaient portaient les deuxième et troisième consuls, les ministres, les présidents du Conseil d'État. Après cette cérémonie, des conseillers d'État présentèrent cinq projets de sénatus-consulte. Le président du sénat inaugurait officiellement cette prise de possession. Ce n'était pas une vaine et inutile pompe. Cette journée n'avait pas été perdue pour l'État.

Le 16 août 1807, le lendemain de ce jour, qui fut pour Paris et pour toute la France un jour de fête populaire et réelle, et non un jour banal et de seul apparat, trouva Napoléon dans le corps législatif, au milieu de son fidèle Conseil d'État, qui entendit avec les députés un discours que la France écouta tout entière avec transport. La Saint-Napoléon faisait luire sur elle un rayon de bonheur, dont le souvenir éblouit encore.

Aux séances ordinaires du Conseil, le costume qui

V. Coméric del.

CONSEILLER D'ÉTAT
SOUS LOUIS PHILIPPE, ROI DES FRANÇAIS

avait été prescrit aux conseillers d'État et aux maîtres des requêtes, par l'art. 9 du décret du 11 juin 1806, consistait en un habit bleu de roi avec broderie en soie bleu de ciel sur les parements, le collet, les poches, la taille et le devant de l'habit et des basques.

Tous les membres portaient l'épée et le chapeau à plumes noires[1].

Je trouve cependant un conseiller de l'Empire avec le chapeau à plumes blanches[2].

Les auditeurs, d'après l'art. 9 du décret du 19 germinal an XI, portaient l'habit de velours ou de soie noire, avec broderie de soie noire au collet, aux parements et aux poches.

Ce fut le costume modifié de l'Empire que portèrent sous la Restauration et sous le règne de Louis-Philippe les membres du Conseil d'État. Il fut obligé, plus tard, dans les séances administratives comme dans les séances judiciaires.

La loi du 19 juillet 1845 l'avait ainsi réglé :

Les conseillers d'État, maîtres des requêtes et auditeurs portaient l'habit coupé droit bleu de roi, avec broderie en soie de deux branches de chêne et d'olivier nuancé de bleu varié.

Les conseillers d'État portaient la broderie sur le collet, le devant de l'habit, les parements, l'écusson et baguette.

[1] *Du Conseil d'État*, par Ladoucette. 1840.
[2] *Costumes des officiers de l'Empire*, par Hoffmann. Cabinet des estampes, Bibliothèque nationale.

Les maîtres des requêtes portaient la broderie au collet, aux parements, l'écusson et baguette.

Les auditeurs, au collet et baguette.

Les membres du Conseil d'État portaient l'épée droite, poignée dorée, chapeau avec plumes noires, ganses en or.

Une ordonnance de la Restauration, en date du 26 août 1824, avait fixé pour tous les membres du Conseil l'habit de velours noir brodé en soie noire, de deux branches de lis entrelacées.

Le règlement d'organisation intérieure, amené par la loi du 3 mars 1849, a simplifié ou annulé le costume des membres du Conseil d'État. Ce costume est réduit à des insignes.

Pour les conseillers d'État, ruban bleu brodé en or, avec écharpes tricolores et glands d'or à gros grains, en sautoir.

Pour les maîtres des requêtes, ruban bleu brodé en or, avec écharpes tricolores et glands d'or avec petits grains.

Pour les auditeurs, insignes.

VIII

AVOCATS AUX CONSEILS.

Originairement, les affaires qui se traitaient aux Conseils étaient si simples et si peu nombreuses, qu'elles y étaient portées par les parties elles-mêmes sans le ministère d'un avocat. Elles se multiplièrent plus tard et se compliquèrent à un point tel, qu'il fallut recourir aux avocats du parlement de Paris, où se tenaient le plus ordinairement les Conseils, soit dans l'enceinte de la capitale, soit aux environs.

Le nombre de ces avocats n'étant point limité, et ceux des autres cours prétendant à la même faveur, qu'ils finirent par s'arroger, il en résulta un accroissement considérable d'inconvénients et d'abus. Pour y remédier, un règlement général astreignit tout avocat, de quelque parlement qu'il fût, à obtenir une matricule du chancelier et à prêter serment entre ses mains, avant de vaquer au Conseil; mais le nombre des matriculaires s'étant multiplié à l'excès, l'instruction par écrit fut séparée de la plaidoirie. Le nombre des avocats des cours supérieures qui auraient le droit d'instruire les affaires du Conseil fut réduit à dix. Le

règlement de 1585 assujettit ces dix avocats instruc-
teurs à se tenir toujours à la suite du Conseil.

Les avocats des cours avaient conservé la faculté et
la liberté indéfinie d'y plaider ; mais le nombre des
matriculaires ne pouvant suffire pour les affaires qui
exigeaient une instruction par écrit, on fut conduit
insensiblement à la création d'un certain nombre d'a-
vocats aux Conseils. Les fréquentes contestations
entre ceux-ci et les avocats au parlement à l'occasion de leur préséance dans les consultations, arbi-
trages et autres circonstances, apportaient aussi des
lenteurs et des retards dans les affaires des particuliers.

Un arrêt du Conseil fixa leur préséance et leur
rang suivant la date de leurs matricules, et porta le
nombre des offices à cent soixante, ce nombre a subi
beaucoup de variations.

Ces offices, supprimés en 1790 avec les conseils,
furent recréés par le décret du 25 juin 1806.

Une ordonnance du 10 septembre 1817 a réuni
l'ordre des avocats aux Conseils et le collége des
avocats en la cour de cassation, sous la dénomination
d'ordre des *avocats aux Conseils du roi et à la Cour
de cassation,* ces fonctions devant être désormais *in-
divisibles.*

La même ordonnance a fixé leur nombre qui n'a
pas varié.

Dans l'ordre hiérarchique du Conseil, les avocats
sont placés après les maîtres des requêtes, par la na-

ture de leur ministère consacré tout entier à des affaires qui se débattent au pied du trône ou devant le
chef de la justice en France, témoin la devise des
jetons qui se distribuent dans leurs assemblées. On
y voit représentés des aigles regardant fixement le
soleil, comme l'indique cette ambitieuse inscription :
Solis fas cernere solem.

Les plaidoiries publiques ont encore élevé, s'il est possible, la sphère de cet ordre éminent, dont le plus beau
fleuron, dans le sein d'une cour aristocratique, est un
mérite réel, un talent supérieur, qui éclate moins sur la
scène, quelquefois prosaïque du Conseil, que sur le
théâtre plus dramatique des autres cours et des tribunaux. Si toutefois leurs efforts et leur zèle n'ont
pas été toujours heureux, si les causes qui leur sont
confiées n'ont obtenu jusqu'en 1848 le plus souvent
qu'un succès d'estime, la voix publique a jusque-là
moins accusé les avocats de leur malheur que le tribunal
auquel ils appartenaient : « Les parties, disait-on, ont
« dû perdre inévitablement devant un Conseil de
« composition royale. Par exemple, un grief contre
« un ministre pouvait-il être redressé par des juges
« que ce même ministre ou le roi avaient nommés ?
« Le bienfait de l'élection est la suppression d'une
« cour fiscale, remplacée par un tribunal que le pays,
« son électeur, observe, et qui doit rendre des arrêts
« selon sa conscience et l'équité. »

Lorsque le grand roi voulut travailler, en 1665, à
la justice de son royaume, *le plus glorieux dessein qui*

pût entrer dans l'esprit d'un prince, six avocats eurent l'honneur d'être désignés pour servir à cette réformation. Ce furent :

MM. Auzanet.
L'Hoste l'aîné.
De Gomont.
Ragueneau.
Billain.
Et un sixième dont je n'ai pu acquérir le nom.

Liste d'avocats aux Conseils.

1704.

AUBRY.
ANDOUL.
BAIZÉ.
BARBOT.
BAZIN.
CARRÉ.
CASTAIN.
CASTEL.
DALBETTE.
DARAS.
DARENCY.
DESCARS.
DE SACY.
DE VILLEBRUN.
DE VILLENEUVE.
ESCOURERTE.
ÉVRARD.

GARANGER.
GIRARDIN.
HARGENVILLIER
JACQUOTOT.
JOVET.
MAILLARD.
MALHERBE.
PUJOL.
REGNAULT.
SAMBUCY.
SEGONZAC DE SÉRICOURT.
SIGAULT.
VARENNE.
YCARD.
DU BRECQUE, clerc de la compagnie.

1750.

PAIRE DE L'ARGENTIÈRE, doyen.
DUPRAT.

PROA.
PUY DE ROSNY et autres au nombre de 70.

1789.

RIGAUD.

SAMSON DUPERRON.

Liste des avocats aux Conseils depuis l'Empire jusqu'à nos jours[1].

ARMEY, jurisconsulte.
ARONSSOHN.
AUBIN.
AUGIER.
AVISSE.
BADIN.
BARBÉ.
BARROT.
BEAUCOUSIN.
BÉCHARD.
BECQUEY DE BEAUPRÉ.
BEGUIN - BILLECOCQ, ancien président.
BELAMY.
BÉRENGER.
BERTON.
BILLONT.

BLANC.
BOHAIN.
BONJEAN.
BORREL.
BOS.
BOSQUILLON.
BOSVIEL.
BOTOT DE ST-SAUVEUR.
BOUCHEREAU.
BOUQUET.
BOURGUIGNAT.
BRET.
BRUZARD.
BUCHOT.
CABANY.
CAMUS.
CAQUERAY.

[1] Une ordonnance du roi du 10 septembre 1817 réunit l'ordre des avocats aux Conseils et le collége des avocats à la Cour de cassation, sous la dénomination d'*ordre des avocats aux Conseils du roi et à la Cour de cassation*, dont le nombre fut invariablement fixé à soixante.

14

CARETTE.

CESSAC.

CRABROND.

CHAMPION DE VILLENEUVE.

CHATIGNIER, avocat du tribunal des conflits.

CHAUVEAU-LAGARDE.

CHAUVEAU-LAGARDE fils.

CHAUVEAU (Adolphe.

CHISE (de la).

CHEVALIER.

CHEVRIER.

CLÉRAULT.

COCHIN.

COCHUS.

COFFINIÈRES.

COISNON.

COLLIN.

COMPANS.

COSTE.

COTELLE.

CRÉMIEUX.

CUÉNOT.

DALLOZ.

DARESTE.

DECAMPS.

DÈCHE.

DEJEAN.

DEJOLY.

DELABORDE.

DELABOULINIÈRE, avocat du tribunal des conflits.

DELACROIX - FRAINVILLE.

DELAGRANGE.

DELIÉGE.

DELOCHE.

DELVINCOURT (Dominique-Étienne-Edmond).

DELZERS.

DESCLAUX.

DESLIX.

DIEUDONNÉ.

DUBOIS.

DUBOY, avocat du tribunal des conflits.

DUCLOS.

DUFOUR D'ASTAFORT.

DUFOUR.

DUMESNIL DE MERVILLE.

DUMESNIL DE MERVILLE

DUMESNIL.

DUMONT.

DUPONT.

DUPONT-WHITE.

DUPRAT.

DUTILLET

FABRE.

FICHET

FIRBACH.

FLACON-ROCHETTE.

FLUSIN.

FRESSENEL.

FRIGNET.

GALISSET.

GARNIER.

GATINE.

GAYET.

GÉRARDIN.

GODARD DE SAPONAY.

GOUDARD.

GOURSEAU DE CHAMBORAN DE PÉRISSAC.

GRANDJEAN-DELISLE.
GRANGER.
GRANIÉ.
GROSJEAN.
GROUALLE.
GUENY.
GUIBOUT.
GUICHARD père.
GUICHARD fils.
GUILLEMETEAU
GUILLEMIN.
HARDOUIN.
HARDY.
HAUTEFEUILLE.
HENNEQUIN (Victor-Eugène).
HONORÉ.
HUA.
HUARD.
HUART-DUPARC.
HUEL.
HUET.
HUET fils.
IAGER-SCHMIDT.
ISAMBERT.
JACQUEMIN.
JARRE.
JARRIGE.
JOFFROY.
JOUHAUD.
JOUSSELIN.
JOUVEAUX.
JULLIENNE.
KUGLER.
LABOT (1839).
LACOSTE.
LANVIN,

LASAIGNE.
LASERVOLE.
LASSIS.
LATRUFFE MONTMEYLLAN.
LAVAUX.
LEBON.
LÆCOUTURIER.
LEDIEN.
LEDRU-ROLLIN.
LEFEBVRE.
LEGA.
LEGÉ.
LEGRAS.
LEGRAVEREND.
LELARGE.
LEMARQUIÈRE.
LEMOINE.
LERAY.
LEROY DE NEUFVILLETTE.
LETENDRE DE TOURVILLE.
LEVACHER DUPLESSIS.
LOISEAU.
LUCAS.
LURO.
MACAREL.
MAILHE.
MANDAROUX-VERTAMY.
MANTELLIER.
MARCADÉ.
MARCHAND-DUBREUIL.
MARIE.
MARMIER.
MAROCHETTI.
MARTIN.
MATHIAS.
MATHIEU-BODET.

MAULDE.

MAUROY.

MIEGEMOLLES.

MILLET.

MIRABEL-CHAMBAUD.

MITTRE.

MOLINIER DE MONTPLANQUA.

MONGALVY.

MOREAU.

MOREAU (Paul-Émile), ancien président.

MORIN.

MOUTARD-MARTIN.

NACHET.

NAYLIS.

NICOD.

NICOD.

NOUGUIER.

ODENT.

ODILON BARROT.

ŒILLET DES MURS.

PAGEAU DE LISSY.

PARADIS.

PARENT.

PARENT-RÉAL.

PARROT.

PASCALIS, avocat du tribunal des conflits.

PÉCHARD.

PETIT DE GATINES.

PICHON.

PIET.

POURRET-BRETTEVILLE.

QUÉNAULT.

RAOUL.

REBOUL.

RENARD.

RENAULT.

RENDU.

RIGAUD.

RIPAULT.

RIVES.

ROGER.

ROGER (Elzéar - François-Alexis), ancien présid.

ROGRON.

ROUTHIER.

ROUX.

ROZET.

SAINT-MALO.

SCRIBE.

SIMIL.

SIOT DE SAINT-POL.

SIREY.

TAILLANDIER.

TEMPIER.

TESTE-LEBEAU.

TEYSERRE, ancien président.

TEYSSIER-DESFARGES.

THACUSSIOS, syndic des avocats à la cour de cassation.

THEVENIN.

THILORIER.

THIERCELIN.

TOURNOUER.

TROUSSEL.

VALTON.

VERDIÈRE.

VILDÉ.

VOLLENHOVEN.

IX

CAUSES CÉLÈBRES.

Entre les milliers d'affaires qui ont passé au Conseil depuis sa première organisation, j'en ai recherché quelques-unes dignes de l'attention et de l'intérêt du lecteur. La première, que je reproduis, et qui fit dans le temps une vive sensation, est sans doute la plus pathétique qui ait jamais été agitée devant ce tribunal. La cause d'un homme jugé, condamné à mort et même exécuté, fut portée par sa famille éplorée à la révision d'un aréopage sévère et inaccessible aux passions et à l'influence de l'opinion publique, qui l'avait absous comme innocent.

LESURQUES.

Question de savoir s'il y a lieu de réviser le jugement du tribunal criminel du département de la Seine du 18 thermidor an IV (5 août 1796), qui a condamné à mort le nommé Lesurques comme coupable d'assassinat.

> Quel objet ! Levez les yeux, et voyez sur vos têtes l'image de votre Dieu qui fut innocent accusé.
>
> SERVAN.
> *Discours sur la justice criminelle.*

En l'an IV, le tribunal criminel de la Seine avait déclaré Joseph Lesurques coupable d'assassinat, et l'avait condamné à la peine capitale.

Convaincus de son innocence, convaincus qu'il

était mort victime de l'erreur de ses juges, sa veuve et ses enfants adressèrent, pendant plus de vingt-cinq ans, leurs supplications au gouvernement, et lui demandèrent la révision de ce jugement rendu en l'an IV contre leur mari et leur père.

Ces réclamations, deux fois examinées, furent écartées deux fois par de graves considérations de droit et de fait.

De nouvelles pétitions ayant été adressées aux chambres, elles furent renvoyées à M. le garde des sceaux, qui les déféra devant les comités réunis du Conseil d'État.

FAITS.

Dans la soirée du 8 floréal an IV, la malle de Lyon fut attaquée sur la grande route, entre Lieursaint et Melun. Le courrier et le postillon furent assassinés. Plusieurs millions en assignats ou numéraire, de l'argenterie et des bijoux renfermés dans la malle furent pillés.

Il résulta de nombreuses informations qui eurent lieu, que ce crime avait été commis par plusieurs individus, qui ce jour-là étaient sortis de Paris, et au moment de l'action avaient été secondés par un des leurs, qui avait pris place dans la malle en qualité de voyageur.

Cinq procédures différentes furent successivement dirigées contre ces individus et leurs complices ; la première, qui eut lieu en l'an IV, fut terminée par un jugement du tribunal criminel de la Seine, rendu le 18 thermidor, même année.

Ce jugement renvoyait de l'accusation les sieurs Gueno et Bruère, qui y avaient été impliqués.

Il condamnait à la peine de mort Couriol, Bernard et Lesurques, convaincus d'avoir participé à l'assassinat et au vol, et à vingt-quatre ans de fers Richard, convaincu seulement d'avoir recelé les effets volés, et d'avoir été associé au partage de ces effets.

Après que ce jugement eut été rendu, Couriol avoua son crime, qu'il avait jusqu'alors nié. Il fit quatre déclarations dans lesquelles il nomma ses complices et attesta que Lesurques n'était pas du nombre. D'autres déclarations furent faites par des témoins qui affirmaient, comme Couriol, que Lesurques n'avait pris aucune part à l'assassinat ni au vol, et ils disaient ce que Couriol n'avait pas dit, que Lesurques avait été pris pour un nommé Dubosq; que la méprise venait de ce que Lesurques était blond, et que Dubosq portait, le jour de l'assassinat, une perruque blonde.

Ces déclarations furent transmises au Directoire, qui, frappé de cette allégation que Lesurques n'avait été condamné qu'à cause de sa ressemblance avec Dubosq, adressa un message au conseil des Cinq-Cents, en l'invitant à examiner ce qu'il convenait de faire dans cette circonstance.

Le conseil des Cinq-Cents prononça d'abord un sursis à l'exécution du jugement, puis il nomma une commission composée de MM. Treilhard, Siméon et Crassous, qui furent chargés d'examiner tous les détails de cette affaire.

Après un mûr examen, le conseil des Cinq-Cents passa à l'ordre du jour. Son arrêté, en date du 5 brumaire an V, est rapporté dans la *Collection des lois* de Baudouin.

Il termine ainsi : « Que n'est-il en votre pouvoir d'ac-« corder à Lesurques ce que toutes les lois anciennes « et nouvelles lui refusent ? Mais la loi vous le per-« met-elle ? Vous érigeant en tribunal d'équité, vous « exposerez-vous à ce que chaque condamné vienne « impétrer votre bienfaisance comme autrefois celle « des princes ? Comme eux vous seriez flattés et « trompés, et mettant des intentions et des sentiments « à la place des règles, vous introduiriez, sous le pré-« texte le plus séduisant, un arbitraire dont l'exemple « profiterait bientôt aux passions pour des innova-« tions moins excusables. »

D'après cette détermination négative du conseil des Cinq-Cents, le 9 brumaire an V Lesurques subit sa condamnation avec Couriol et Bernard ; il mourut en protestant de son innocence comme il en avait pro-testé pendant toute l'instruction.

Dubosq, arrêté en l'an IX, fut soumis aux débats, et, condamné à la peine de mort, subit son supplice sans avoir fait, en aucun temps, ni déclaration, ni ré-vélation en faveur de Lesurques.

Un mémoire imprimé, tendant à la réhabilitation

de Lesurques et à faire réviser son procès, fut adressé au roi par sa malheureuse famille. De nombreuses pétitions, portées devant les chambres, furent renvoyées à M. le garde des sceaux, qui nomma le baron Zangiacomi, conseiller d'État, rapporteur. Celui-ci terminait ainsi :

« Quant à moi, j'estime que : 1° la législation ac-
« tuelle n'admet pas la révision du procès de Le-
« surques ;

« 2° En droit, qu'il serait contre les principes de
« proposer une loi en sa faveur, ou du moins qu'on
« ne pourrait la proposer qu'autant que son inno-
« cence serait évidemment prouvée, et que la contra-
« riété entre l'arrêt et celui qui condamne Dubosq
« serait constatée d'une manière également évidente ;

« 3° En fait, qu'il n'existe aucune preuve de ce
« genre, et, par conséquent, qu'il y a lieu, sous tous
« les rapports, de passer pour la troisième fois sur
« la demande qui vous est soumise. En m'expliquant
« ainsi, personne ne me soupçonnera, je pense, de
« vouloir appuyer ou justifier les chefs d'accusation
« portés contre Lesurques ; rien n'est plus éloigné de
« mon intention, et ne serait moins conforme à la
« mission que j'ai reçue. Il ne s'agit pas de procéder
« au jugement de Lesurques ; il est jugé ; il s'agit, ce
« qui est fort différent, d'examiner si l'arrêt rendu
« contre lui peut être attaqué par une voie extraordi-
« naire que la loi actuelle n'admet pas, et qu'une loi
« nouvelle ne pourrait autoriser, si ce n'est peut-être

« dans le concours de circonstances très graves, qui,
« à mon sens, ne se rencontrent pas ici ; mais, en
« émettant cette opinion, je laisse au procès, je laisse
« à la malheureuse famille qui vous implore, tous les
« faits, toutes les vraisemblances, les probabilités, les
« présomptions qui peuvent militer en sa faveur et la
« défendre au tribunal de l'opinion publique, qui me
« paraît seul compétent pour prononcer désormais
« sur cette affaire. »

Une longue discussion, vivement débattue dans le
sein des deux comités réunis de législation et du contentieux, donna pour résultat le projet d'avis suivant :

Les comités de législation et du contentieux, réunis,

Sur le renvoi fait par M. le garde des sceaux des
pétitions présentées aux chambres par la veuve et les
sieurs Lesurques, qui exposent que leur mari et père
a été, par jugement du tribunal criminel de la Seine,
en date du 18 thermidor an IV, déclaré convaincu
d'assassinat et condamné à la peine capitale ; que
Lesurques est mort victime de l'erreur des témoins,
qui ont déposé contre lui, et de l'erreur des jurés, qui
ont ajouté foi à ces dépositions ; qu'il est justifié par la
déclaration d'individus condamnés pour le même
crime, qui en ont fait l'aveu, et attestent que Lesurques n'y a pas participé ;

Les pétitionnaires demandent en conséquence qu'il
soit procédé à la révision du procès de Lesurques ;

Vu, etc.

Considérant 1° qu'aux termes de l'art. 443 du code d'instruction criminelle, il ne peut y avoir lieu à la révision du procès criminel que dans le concours de deux condamnations inconciliables, et lorsque deux condamnés existent et peuvent être remis en jugement; que Lesurques et Dubosq ont cessé de vivre, et qu'il est impossible de procéder contre eux;

2° Que l'on ne pourrait proposer une loi en faveur de Lesurques qu'autant que la contrariété d'arrêt dont on excipe et l'erreur que l'on impute aux témoins et au jury seraient constatées d'une manière évidente; mais qu'il n'y a, à cet égard, ni évidence ni certitude; car si trois condamnés attestent que Lesurques était innocent, le fait contraire est affirmé par des témoins irréprochables, qui ont déposé contre lui en l'an IV, et ont depuis sa condamnation réitéré quatre fois leur déposition; la dernière fois, en présence de Dubosq, dans les débats à la suite desquels il a été condamné; que rien, dans ces circonstances, ne pourrait motiver, en droit ni en fait, la révision du procès de Lesurques;

Sont d'avis que la demande de la femme et des enfants Lesurques ne peut être accueillie.

Un autre avis postérieur, du 30 juillet 1822, plus développé, confirme celui du 13 juillet.

La veuve et la fille de Lesurques, après vingt-sept ans de silence et cinquante-cinq ans depuis le premier jugement, qui a envoyé l'innocent à la mort, reparaissent encore aujourd'hui, et viennent d'adresser à l'Assemblée nationale une pétition dans laquelle elles demandent une réhabilitation tardive et bien méritée. Puisse-t-elle avoir enfin un résultat heureux et décisif! Il serait glorieux pour l'Assemblée nationale si justice par elle était enfin rendue à cette famille martyre!

Une autre cause non moins intéressante occupa aussi le Conseil; celle d'un innocent, victime de perfides menées, et tombé dans les embûches de ses ennemis, puis jugé de nouveau; vengé, mais trop tard, et acquitté, à la face du ciel, par le gouvernement lui-même, qui brisa sa chaîne de galérien, et le tira de son cachot pour le transporter dans un hôpital. Mais l'empreinte des fers était restée sur ses membres flétris du stigmate; mais la santé du malheureux était ruinée; mais sa fortune détruite. Il ne put même user de sa liberté reconquise pour réparer d'irréparables injustices. On vit un autre lui-même, un être frêle et délicat, sa femme, son ange, épouser sa cause et vouer les débris de sa fortune, et son existence entière, à cette revendication si légitime. Pendant de longues années, on vit cette compagne de ce martyr des erreurs d'un tribunal poursuivre avec zèle et persévérance, devant le Conseil, une instance palpitante d'intérêt. Cette cour, qui ne prononçait que des autorisations de mises en jugement, si elle ne jugea pas elle-même, lui donna le témoignage éclatant d'un suffrage unanime pour son malheureux époux en le renvoyant devant les tribunaux, ministres des réparations et vengeurs des opprimés.

FABRY,

EX-QUARTIER-MAÎTRE DU DÉPÔT DES CONSCRITS RÉFRACTAIRES A STRASBOURG.

Un crime avait été commis pendant les Cent-Jours, non un crime politique, mais privé. Un innocent fut condamné aux galères par les manœuvres criminelles des véritables coupables et de leurs complices.

Le plus grand désordre existait dans l'administration du *Dépôt des conscrits réfractaires*, à Strasbourg. Le ministre de la guerre, le duc de Feltre, envoya, en 1813, le sieur Fabry, dont la probité lui était connue, pour remplir les fonctions de quartier-maître. Il y découvrit aussitôt les malversations des dilapidateurs qu'il dénonça courageusement. Dès lors, sa perte fut jurée par ses ennemis, qui tournèrent l'accusation contre lui-même. Victime de leurs intrigues et de leurs complots, il fut traduit comme malversateur devant un conseil de guerre; il fut condamné aux fers, conduit avec la chaîne des galériens dans les cachots de Bicêtre. Mais son innocence était trop palpable et trop évidente pour ne pas frapper aussitôt le gouvernement du roi et son organe le Conseil d'État. M. Fabry lui dut sa délivrance. Une ordonnance royale du 31 janvier 1817 le fit sortir du cachot d'où il fut

transféré dans un hôpital militaire en attendant que
justice lui fût rendue conformément aux lois.

L'administration fit donc tout ce qui était en son
pouvoir pour adoucir une grande infortune; mais elle
laissait à la justice le soin de réparer une épouvan-
table injure faite à l'honneur d'un homme, l'infamie,
et de venger la societé profondément blessée dans cette
cause d'un innocent condamné.

Un volumineux rapport fut fait au Conseil d'État,
en présence de M. le procureur général. M. le rapporteur, dans ce travail long, aride et très difficile, où il
examine l'affaire depuis son origine jusqu'à ce jour,
s'applaudit et se félicite d'avoir rempli son devoir avec
l'impartialité et l'indépendance du magistrat qui ne
doit faire acception de personne.

Il conclut à ce que le sieur Fabry, partie plaignante
contre tous les individus qui, coupables eux-mêmes,
l'avaient fait condamner, soit autorisé à poursuivre
les individus prévenus de complicité, avec ceux compris dans une ordonnance royale du 12 mai 1839,
ainsi que tous autres dénommés dans les plaintes et
mémoires, fussent-ils agents du gouvernement.

M. le garde des sceaux renvoya devant les comités
de législation et de la guerre la demande formée par le
sieur Fabry de faire intervenir le ministre de la guerre
dans l'action qu'il avait introduite devant la cour
royale de Paris, contre plusieurs militaires employés
près le Dépôt des conscrits réfractaires.

Il en résulta un avis dont voici la teneur :

Avis. — Les comités de législation et de la guerre, réunis, à qui M. le pair de France, comte Portalis, sous-secrétaire d'État au ministère de la justice, chargé du portefeuille, a fait le renvoi d'un mémoire à lui adressé le 15 avril dernier, par S. Ex. le ministre de la guerre, dans lequel, après avoir fait connaître qu'il est sollicité par le sieur Fabry, comme partie *plaignante, principale* et *instigatrice*, dans une instruction criminelle qui a lieu devant le tribunal de première instance, séant à Paris, sur la plainte ou dénonciation du sieur Fabry, contre les sieurs Schiélé, ci-devant inspecteur aux revues; Béranger, sous-inspecteur; Lasnier, colonel; Daniel, capitaine, et autres membres du Conseil d'administration du Dépôt des conscrits réfractaires existant à Strasbourg en 1813, et dont le sieur Fabry avait été nommé quartier-maître. S. Ex. demande s'il convient qu'elle intervienne de son chef devant les tribunaux ordinaires, ou qu'elle fasse convoquer un conseil de guerre, en chargeant un intendant militaire de se porter partie plaignante, conjointement avec le ministère public, ou en écrivant directement au procureur du roi, et faisant notifier un acte particulier au greffe;

Vu l'ordonnance du roi, du 19 mai 1819, par laquelle le sieur Fabry est autorisé à poursuivre devant les tribunaux compétents le sieur Schiélé et autres, par laquelle aussi la demande du sieur Fabry, relative à l'application de l'art. 441 du code d'instruction criminelle, concernant la dénonciation par le procureur général près la cour de cassation, des actes judiciaires, arrêts ou jugements contraires à la loi, est renvoyée à S. Ex. le ministre de la justice;

Vu pareillement l'arrêt de la cour de cassation, section criminelle, du 15 juillet suivant, qui, sur le réquisitoire de M. le procureur général près cette cour, casse le jugement rendu par le conseil de guerre de la 5e division militaire, le 2 juin 1845, par lequel le sieur Fabry avait été condamné, comme coupable de dila- pidation des deniers publics, à cinq ans de travaux forcés, lequel arrêt de la cour de cassation a en même temps renvoyé le sieur Fabry devant le 1er conseil de guerre permanent de la division militaire de Paris;

Vu le jugement de ce conseil de guerre, par lequel le sieur Fabry a été acquitté de l'accusation intentée contre lui;

Vu enfin un dernier arrêt de la cour de cassation, du 5 novembre 1849, duquel il résulte que déjà, lors du premier arrêt de cette cour, le sieur Fabry de- mandait le renvoi du sieur Schiélé et de ses co-accu- sés devant la cour royale de Paris, et que cette de- mande fut écartée comme prématurée,

Et que l'ayant renouvelée après avoir été acquitté par le conseil de guerre de la division militaire de Pa- ris, cette demande a encore été rejetée, par fin de non recevoir, parce que le sieur Fabry ne s'était pas rendu partie civile;

Considérant, en cet état, que, nonobstant cet arrêt, le sieur Fabry ne s'est pas rendu partie civile, vrai-

semblablement pour ne pas mettre à sa charge les
frais des poursuites, qu'ainsi, l'affaire reste dans les
termes d'une simple dénonciation au ministère public, qui doit être restreinte et poursuivie, s'il y a lieu,
à sa requête et diligence seulement, comme tous les
crimes qui intéressent l'ordre général de la société,
et avec d'autant plus de raison que le droit des particuliers dans les délits est borné à demander la répression des torts qu'ils en souffrent :

. . . .

Que rien n'empêcherait dès à présent S. Ex. le
ministre de la guerre d'ordonner des poursuites
contre les fonctionnaires qui sont inculpés du fait
qualifié de vol ou supposition des quatre-vingt-qua-
torze hommes, le seul fait qui intéresse l'administration de la guerre dans le nombre de ceux qui sont
dénoncés par le sieur Fabry;

Sont d'avis, qu'il n'y a pas lieu, de la part de
S. Ex. le ministre de la guerre, de se rendre partie
plaignante ou instigatrice dans l'affaire criminelle
dont l'instance a été commencée sur la plainte du
sieur Fabry, au tribunal de première instance de la
Seine;

Et que, quoique rien ne l'empêche d'ordonner des
poursuites concernant la supposition des quatre-vingt-
quatorze hommes, néanmoins, il paraît convenable
d'attendre le résultat de la procédure qui s'instruit à
cet égard, et de transmettre au ministère public, par
la voie du ministère de la justice, les pièces et docu-

15

ments qui pourraient éclairer la justice sur ce chef
de réclamation.

Le résultat poursuivi et obtenu devant les tribunaux fut la réintégration du sieur Fabry dans ses droits
et son honneur, avec une juste indemnité pour com-
penser la perte d'une fortune dissipée dans de longues et dispendieuses poursuites judiciaires.

L'affaire qui suit n'est point d'une nature criminelle, ni susceptible, comme les deux précédentes,
d'exciter la terreur et la pitié; mais elle est singulièrement attachante et curieuse, comme étant un
exemple d'une lutte obstinée des parties contre l'État.
Bien que le Conseil d'État en ait été saisi pour la première fois avant 1813, le temps n'en a pas effacé le
souvenir ni affaibli l'intérêt tout palpitant. Des rapports volumineux, de vives et opiniâtres discussions
dans le sein du comité du contentieux, de longues et
sérieuses délibérations approfondies et débattues dans
les séances réitérées du Conseil, aboutirent à une décision, et à une ordonnance royale, qui étonnèrent les
parties, et dont un des illustres et doctes juges de ce
même tribunal, objet lui-même de nos sympathiques
et éternels regrets, était récemment encore tout
ému.

MARQUISE D'ANNEBAULT

CONTRE L'ADMINISTRATION DES DOMAINES.

Par contrat de mariage du 17 mars 1541, entre Madeleine d'Annebault et le marquis de Saluces, celui-ci reçut en dot la somme de 50,000 fr., qu'il assigna sur les villes et comtés de Revel et de Carmaignoles, et autres seigneuries.

Le marquis de Saluces mourut sans laisser de postérité.

Par lettres patentes du mois d'avril 1550, Henri II réunit au domaine de l'État, avec le marquisat de Saluces, les villes de Revel et de Carmaignoles.

Par les mêmes lettres, pour remplir madame de Saluces de sa dot et de son douaire, ce prince lui concéda, à titre de rachat et d'engagement, la vicomté de Pont-Audemer, avec ses dépendances, au nombre desquelles se trouvait la forêt de Montfort.

Cet engagement fut confirmé le 12 juillet 1636, en faveur des héritiers d'Annebault, moyennant le payement de la somme de 200,000 fr., par forme de supplément de finances.

Le 21 novembre 1766, un arrêt du Conseil ordonna la revente, à titre d'engagement, au plus offrant et dernier enchérisseur, de tout ce qui composait la terre et seigneurie de Pont-Audemer, à la charge du remboursement des frais au premier engagiste.

Le marquis d'Annebault, ayant formé opposition à cet arrêt, en fut débouté par arrêt du 13 août 1770, qui ordonna l'exécution de celui de 1766, et l'adjudication définitive de la terre de Pont-Audemer.

Un troisième arrêt du 3 août 1773 « déclare les vi- « comté, terres et seigneurie de Pont-Audemer, faire « partie du domaine de la couronne, et n'être possé- « dées qu'à titre d'engagement, et à faculté de rachat « perpétuel par les héritiers du sieur d'Annebault. »

Enfin, un quatrième, rendu *de propre mouvement,* le 19 novembre 1773, réunit au domaine de la couronne la forêt de Montfort, et ordonna que les engagistes actuels desdits biens « seraient tenus de re- « mettre entre les mains du contrôleur général des « finances, dans un mois, pour tout délai, du jour « de la signification du présent arrêt, les contrats « d'engagement et de revente desdites terres et vi- « comté. »

Peu de temps après, le roi échangea le Pont-Audemer avec le comte de Montgommery. Cet échange fut résilié en 1784, et la vicomté de Pont-Audemer fit retour à la couronne. Tout ce qui en dépendait fut vendu pendant la révolution, moins la forêt de Montfort, que son étendue faisait considérer comme inaliénable.

Le marquis d'Annebault, devenu majeur, réclama, devant le ministre des finances, la propriété du domaine de Pont-Audemer. Le ministre prit, le 12 messidor an IV, la décision suivante :

« La terre de Pont-Audemer, délaissée à Madeleine d'Annebault, en 1550, en remplacement d'assignat de sa dot, ayant été jugée n'être possédée qu'à titre d'engagement par arrêt du 17 septembre 1773, le sieur d'Annebault doit poursuivre, auprès du directeur général de la liquidation, celle des sommes dont il est fondé à répéter le remboursement, sauf, dans le cas où il persisterait dans sa prétention que le domaine de Pont-Audemer était possédé, à titre de propriété incommutable, par ses auteurs, à se pourvoir devant les tribunaux ordinaires pour faire statuer sur cette question.

Le marquis d'Annebault mourut.

Sa veuve, légataire universelle, au lieu de s'adresser aux tribunaux, se pourvut devant le *Conseil d'État*, et demanda l'annulation des anciens arrêts pour cause d'incompétence, ainsi que sa réintégration dans la forêt de Montfort, à titre d'échange, et en toute propriété.

Sur cette réclamation intervinrent le décret du 19 août 1803, un arrêté du préfet de l'Eure, à qui s'était adressée la marquise d'Annebault, lequel arrêté fut soumis au ministre des finances, qui consulta le Conseil d'administration des domaines; la délibération de ce Conseil, en date du 14 janvier 1818; un avis du comité des finances, du 29 mai 1818;

Enfin, le ministre des finances, avant d'approuver cet avis, engagea M. le garde des sceaux à porter sur cette affaire l'examen du comité de législation;

Le président de ce comité fit, le 21 novembre 1818, un long et savant rapport qui se termine ainsi :

« En résumé, si madame d'Annebault, engagiste « dépossédée, demandait le prix de son engagement « et sa liquidation, je crois qu'elle en serait déchue; « mais elle demande à devenir propriétaire de la fo- « rêt de Montfort, en payant le quart de sa valeur; ce « bénéfice, que *la loi du 14 ventôse an VII* accorde « sans distinction à tout engagiste dépossédé, ne me « paraît pas devoir lui être refusé. »

Cette consultation fut transmise par M. le garde des sceaux au ministre des finances, le baron Louis, qui ne crut pas devoir s'y conformer, et qui, par décision du 22 juillet 1819, approuva un avis antérieur du comité des finances du 29 mai 1818, opposé à la liquidation de la créance.

C'est contre cette décision que la marquise d'Annebault vint se pourvoir auprès du Conseil d'État par la voie du comité du contentieux.

La question se réduisait à savoir si madame d'Annebault, en sa qualité d'engagiste dépossédée, avait droit à l'application de la loi du 14 ventôse an VII.

Le ministre des finances avait décidé le contraire, par le motif que cette loi et autres, de 1790 à 1816, n'avaient pour objet que les domaines engagés possédés en 1790 par les engagistes; qu'elles ne pouvaient avoir d'effet rétroactif pour les dépossessions antérieures et pour les domaines effectivement réunis antérieurement au domaine de l'État.

La majorité du comité du contentieux partagea cet avis, et rendit un projet d'ordonnance qui fut délibéré et adopté en plein Conseil, ainsi qu'il suit :

Louis, par la grâce de Dieu, roi de France et de Navarre ;

Sur le rapport du comité du contentieux ;

Vu la requête à nous présentée au nom de la dame marquise d'Annebault, ladite requête, enregistrée au secrétariat général de notre Conseil d'État, le 15 décembre 1849, tendant à l'annulation d'une décision du ministre des finances, portant que la loi du 14 ventôse an VII, qui ne concerne que les engagistes, ne peut être appliquée à la requérante, et qu'elle doit être considérée comme créancière de l'État, et que si sa créance n'a pas été liquidée antérieurement au 1er janvier 1810, le décret du 25 février 1808, et la loi du 15 janvier 1810, qui ont supprimé le Conseil de liquidation, s'opposaient à la liquidation de cette créance ;

Vu, etc.

Considérant, sur le fond, que notre ministre des finances n'aurait pu faire aux engagistes dépossédés antérieurement à la loi du 1er décembre 1790 l'application de l'art. 14 de la loi du 14 ventôse an VII, qu'autant qu'il y aurait été formellement autorisé par la loi de finances du 28 avril 1816 ;

Notre Conseil d'État entendu,

Nous avons ordonné et ordonnons ce qui suit :

ART. 1er. La requête de la dame marquise d'Annebault est rejetée.

Art. 2. Notre garde des sceaux et notre ministre des finances, etc.

Une ordonnance royale du 1er décembre 1824 confirma la précédente en rejetant les requêtes de la marquise d'Annebault et du comte Duparc, avec lequel elle était en litige, intervenant dans la cause, et y prenant les mêmes conclusions contre le domaine.

L'ordonnance du 28 février 1827 annula, pour cause d'incompétence, un arrêté du Conseil de préfecture du département de l'Eure, du 14 mars 1806, qui avait décidé, par interprétation des ordonnances des 10 mars 1821 et 1er octobre 1824, qu'il n'y avait lieu de délibérer sur la vente du 14 mars 1822, comme n'étant ni contestée, ni susceptible de l'être, et que c'était aux tribunaux à statuer sur les effets de la quittance notariée du 2 juillet 1776, annonçant le remboursement d'une partie de la finance de l'engagement.

Depuis, la cour de Rouen, par un arrêt du 3 juin 1828, avait définitivement statué que la quittance du 2 juillet 1776 était bonne et valable.

La marquise d'Annebault avait adressé au ministre des finances, dès le 21 juin 1827, une demande tendant « à ce que, même en admettant que cette quit- « tance fût déclarée valable par les tribunaux, il y au- « rait lieu à donner suite à sa soumission, et à l'arrêté « du 14 mars 1822, à raison du non payement d'*au- « tres quittances* de finances non liquidées et non « remboursées jusqu'à présent. »

Une décision, du 19 octobre 1829, rejeta cette prétention, et le 17 février 1830, la dame d'Annebault se pourvut devant le Conseil d'État. Elle y prit les conclusions suivantes : « Plaise annuler la décision « du ministre des finances du 19 octobre 1829; or- « donner que ladite veuve d'Annebault exercera, dans « leur plénitude, conformément à l'ordonnance royale « du 21 mars 1821, dont elle a exécuté toutes les « dispositions, tous ses droits de propriété sur le do- « maine de Pont-Audemer; faire défense à qui que ce « soit de l'y troubler; subsidiairement, et pour le cas « où le Conseil d'État trouverait encore, contre toute « attente, quelque matière à contestation sur le sur- « plus des quittances de finances, abstraction faite de « celle du 2 juillet 1776; dans ce cas, renvoyer la « cause devant l'administration des domaines aux dé- « pens. »

Les belles paroles du ministère public, dans la dernière phase de cette cause, qui marchait enfin à son dénouement, méritent une place dans l'histoire; car elles furent impartiales comme elle. Je me borne à sa péroraison.

« Reste, en résumé, le principe de l'*autorité de la* « *chose jugée*, cette présomption légale qui exclut « toute preuve contraire, qui ne souffre pas qu'on la « remette en question. Eût-elle même consacré l'er- « reur, il faudrait encore se soumettre devant cette « autorité si respectable qui repose sur le grand motif « de l'ordre public; car, suivant l'auteur romain,

« c'est sur le respect de la chose jugée que se fonde la
« stabilité des États. En effet, par la violation de la
« chose jugée, il n'y a plus ni justice, ni ordre public ;
« par la violation de la chose jugée, les lois sont sans
« force, sans puissance ; il n'y a plus de frein ; le pacte
« social est déchiré ; tous nos codes seraient lacérés ;
« par la violation de la chose jugée, la société se trou-
« verait jetée dans la confusion, le désordre, l'anar-
« chie ; .sans elle, rien de stable, rien de sacré, rien
« d'inviolable ; un abîme est ouvert, et tous les droits
« viennent s'y engloutir. C'est à vous, Messieurs,
« gardiens sévères de l'ordre public (le Conseil d'État),
« à vous à qui est confié le dépôt des lois, à vous qui
« avez l'honorable mission de rappeler chaque jour
« à leur rigoureuse exécution, c'est à vous qu'il ap-
« partient, dans cette circonstance, de donner l'exem-
« ple du respect et de la soumission à l'importante au-
« torité de la chose jugée. »

L'ordonnance royale, du 24 mars 1832, éluda ainsi
ces conclusions :

Louis-Philippe, etc.

Vu les lois des 1er décembre 1790, 14 ventôse an VII
et 12 mars 1820 ; vu les décrets des 25 février 1808
et 13 décembre 1809, et les autres lois de finances ;
vu le règlement du 22 juillet 1806 :

« En ce qui touche l'exception de chose jugée fondée sur l'ordonnance du 21 mars 1821 ; considérant
que cette exception, déjà proposée en 1824, a été
écartée par l'ordonnance du 1er décembre de la même

année, qui a décidé formellement que l'ordonnance du 21 mars 1821 n'avait rien préjugé au remboursement résultant de la quittance du 2 juillet 1776;

. . . .

Considérant que, quelle que puisse être, dans la cause, l'influence d'un remboursement partiel ou intégral, et sans qu'il soit préjugé de part ni d'autre, il est *nécessaire*, pour compléter l'instruction de l'affaire, que la dame d'*Annebault* produise, en bonne forme, toutes les quittances de finances dont elle entend se prévaloir, sauf tout contredit de la part de l'administration des domaines.

ART. 1er. Avant faire droit, sans s'arrêter aux moyens tirés de la chose jugée et de l'incompétence, lesquels sont rejetés, et sans qu'il soit rien préjugé sur tous autres moyens et exceptions, la dame d'Annebault sera tenue de produire en bonne forme, et dans le délai de trois mois, toutes les quittances de finances non remboursées, et dont elle entend se prévaloir, pour, ensuite de ladite production, être fait, par l'administration des domaines, telles observations qu'elle jugera convenables, dépens réservés, ainsi que tous les droits et actions des intervenants.

CHEVALIER DESGRAVIERS.

Cette cause, d'un ordre supérieur en matière de *dette publique*, fut jugée, en 1828, devant le Conseil d'État, appelé à prononcer son arrêt après le tribunal civil de la Seine, la cour royale de Paris, la cour de cassation et la cour royale d'Orléans. Elle contenait trois questions capitales agitées dans ce grand procès : 1° Un roi est-il libéré, par son avénement à la couronne, des obligations qu'il a contractées personnellement auparavant? 2° Le seul fait de la réunion au domaine de l'État des biens du prince qui parvient au trône suffit-il pour transporter à l'État l'obligation de payer les dettes du prince? 3° Cette obligation est-elle indéfinie pour toutes les dettes, à quelque somme que la prodigalité ait pu les faire monter, ou a-t-elle, au contraire, pour mesure, la valeur de l'actif réuni au domaine?

La partie lésée, poursuivant avec persévérance, dans l'accomplissement des volontés d'un prince, ce qu'elle appelait l'*œuvre de sa vieillesse*, et mourant à la peine avant de recevoir justice et satisfaction; sa veuve, laissée sans ressources, et n'héritant que de son courage et de sa constance dans la poursuite en acquittement d'une dette sacrée, ces considérations imprimèrent à cette cause un intérêt éminemment judiciaire et dramatique. Elle emprunte un nouvel éclat des noms des avocats et des magistrats qui con-

coururent à son action dans ses diverses phases et péripéties. J'en ai puisé les éléments aux *Annales du
barreau français* [1].

Le chevalier Desgraviers naquit à Paris, le 7 mai 1749,
d'une ancienne famille de la magistrature. Destiné à
succéder à son père dans la charge de conseiller au
parlement de Paris, il avait même déjà prêté le serment d'avocat, lorsque le prince de Conti le détourna
de sa carrière en lui faisant quitter la robe pour
l'épée. Nommé gentilhomme d'honneur du prince,
dès l'année 1790, il fut promu plus tard au grade de
lieutenant-colonel de dragons. Le chevalier Desgraviers s'attacha étroitement au prince de Conti, qu'il
suivit dans l'émigration. Heureux de s'expatrier avec
lui et pour lui, il l'accompagna dans ses voyages en
Belgique, en Allemagne et en Espagne; il fut pour lui
plus qu'un compagnon; il fut un ami réel en l'aidant
de ses services personnels et de ses ressources pécu-
niaires.

Les lois de 1793, qui avaient prononcé l'expulsion
des Bourbons, remises en vigueur par le décret du
18 fructidor, avaient réduit le prince de Conti à un
état voisin de l'indigence. Ce décret, à la vérité, au-
torisait le prélèvement, sur le produit de ses biens,
d'une portion destinée à subvenir à son existence.
Mais c'était une formule dérisoire et vide de sens, si,
à cette époque de terreur et de persécution, un ami,

[1] Barreau moderne.

ferme et résolu, n'allait, aux risques de sa liberté et de sa vie, en réclamer l'effet. Le chevalier Desgraviers osa l'entreprendre. Sans être arrêté par la crainte de la prison, qui avait déjà puni son attachement à la maison royale, armé de son seul dévouement, il partit et vint sommer le Directoire d'exécuter la loi de fructidor. A sa voix, une allocation annuelle de 50,000 fr. fut accordée à l'illustre exilé. En 1803 et 1804, les sollicitations réitérées du chevalier Desgraviers valurent au prince deux provisions de 100,000 fr. chacune, et à lui-même, quelques années après, une détention plus rigoureuse que la première. Il fut mis au secret, et sa femme, son inséparable compagne, fut envoyée aux Madelonnettes. Le prince de Conti avait naturellement conçu, pour son fidèle serviteur, pour son généreux ami, la reconnaissance la plus vive et la plus tendre affection, attestées par des lettres qui en sont l'expression naïve et les gages éloquents. Au moment de sa mort, le chevalier Desgraviers recueillit les volontés suprêmes de son cher maître, qui l'avait institué son légataire universel.

Le 7 octobre 1783, le prince de Conti avait vendu à *Monsieur*, depuis Louis XVIII, le domaine de l'Ile-Adam, moyennant le prix principal de 11,640,000 fr. Une partie du prix fut déléguée à des créanciers du prince et de son père. Trois millions furent convertis en rente viagère de 300,000 fr., sur la tête du prince, et reversibles, jusqu'à concurrence de 60,000 fr., sur plusieurs têtes dénommées. Enfin, un capital de

1,400,00 fr. fut laissé entre les mains de l'acquéreur,
sans intérêt, pour n'être remboursé qu'à la mort du
prince. Le même jour, 7 octobre 1783, il fut passé un
acte séparé entre Monsieur, acquéreur, et son auguste
frère, Louis XVI, par lequel il fut reconnu que l'acquisition était faite au profit du roi Louis XVI, quant à
la nue propriété, et pour l'usufruit seulement, au
profit de Monsieur.

La révolution, qui survint, fit réunir, en vertu de
deux décrets du 27 novembre 1792, au domaine de
l'État, les biens compris dans le contrat de vente, ainsi
que tous les autres biens du roi Louis XVI et de Monsieur. Peu de temps après cette confiscation, le prince
de Conti présenta à la Convention nationale un mémoire ayant pour objet de faire maintenir le contrat
de vente, et d'obtenir la liquidation de ce qui restait
dû sur le prix. Sur ce mémoire, la Convention nationale rendit, le 16 juin 1793, un décret qui déclarait
bonne et valable la vente faite au roi par le prince de
Conti, en continuant d'avoir son exécution à l'égard
de l'État comme elle l'aurait eue à l'égard du roi. *Il
annulait la réserve de l'usufruit des domaines donnée à
Monsieur.* Il aliénait lesdits domaines comme les autres domaines nationaux, et les faisait remettre entre
les mains des régisseurs nationaux, à l'effet, par eux,
de les administrer conformément aux lois précédemment rendues. Une loi du 19 août 1794 prescrivit
l'exécution de ce décret. Il ne restait donc plus qu'à
liquider le prince de Conti. La liquidation aurait libéré

l'acquéreur représenté par l'État. Mais elle n'eut pas lieu vis-à-vis du prince. Ses biens furent séquestrés et réunis au domaine de l'État, de manière qu'il s'opéra une confusion dans les qualités de créancier et de débiteur.

Cet état de choses dura jusqu'en 1814. A cette époque, le chevalier Desgraviers, légataire universel du prince de Conti, réclama l'exécution du contrat de vente relativement à la somme de 1,400,000 fr. Il intenta une action contre la liste civile, par le motif que le roi Louis XVIII était obligé personnellement par ledit contrat.

Toute l'argumentation de la liste civile se réduisait à ces termes, consignés dans les conclusions :

1° Quoique Louis XVIII, alors *Monsieur*, paraisse avoir acheté en son nom le domaine de l'Ile-Adam, il n'était au fond que le *prête-nom* du roi Louis XVI, qui, dans la réalité, était seul acquéreur.

2° En tous cas, le décret des 16 et 20 juin 1793, en annulant l'acte de vente et la déclaration du 7 octobre 1783, en tout ce qui concerne *Monsieur,* et en déclarant que l'acquisition de l'Ile-Adam était privativement personnelle au roi Louis XVI, a rendu ce contrat activement et passivement étranger au roi, aujourd'hui régnant, et a détruit tout principe d'engagement de sa part et d'action contre lui.

3° Par le fait de son avénement au trône, les biens de S. M. Louis XVIII, quels qu'ils fussent, étant dévolus et réunis au domaine de l'État, à titre universel pur et simple, sans distinction, exception, condition ou réserve, soit activement, soit passivement, le prince propriétaire ou possesseur devient, comme roi, un *nouvel être* affranchi de toute obligation antérieure.

L'éloquent défenseur du chevalier Desgraviers établissait au contraire les propositions suivantes :

1° *Monsieur*, n'étant encore que simple particulier, s'est obligé personnellement envers M. le prince de Conti, par l'acte de vente de 1783;

2° *Monsieur* n'a pas été dégagé de cette obligation personnelle par une déclaration de command non réservée dans l'acte de vente, consommée hors de la présence du vendeur, et modifiée d'ailleurs par une réserve d'usufruit au profit de *Monsieur*, acquéreur originaire. Il n'a pas été dégagé par les actes subséquents, qui, aucon traire, confirment en lui cette qualité d'acquéreur primitif;

3° La mort de Louis XVI et l'avénement d'un autre roi à la couronne n'ont pas eu l'effet de libérer *Monsieur* de l'engagement personnel qu'il avait contracté avant cette époque;

4° La loi des 16 juin et 20 juin 1793, et les autres décrets de la Convention (*incompatibles* d'ailleurs avec le système de réunion par voie d'avénement légitime à la couronne) n'ont pas détruit le principe d'engagement personnel de *Monsieur*, qui avait sa source dans le contrat directement intervenu entre lui et le prince de Conti en 1783.

16

Par conséquent, *Monsieur*, aujourd'hui le roi, reste encore débiteur, et le sera toujours en droit et en équité, *jusqu'à parfait payement.*

L'ingénieux avocat du demandeur s'était inspiré, pour texte de son exorde, de ces paroles célèbres sorties de la bouche de l'un des meilleurs et des plus loyaux de nos rois, Henri IV : « Lanoue, je paye mes dettes. » Il avait fait ressortir, par d'excellentes autorités, que la personne privée ne disparaissait pas sous la personne publique; que l'homme vivait dans le roi, et que si le monarque était au-dessus de tous les autres hommes quand il était question de son pouvoir, il n'était que leur égal quand il s'agissait de la bonne foi des traités. Il invoquait le langage du célèbre Cocceius, l'un des plus savants jurisconsultes du dernier siècle, ministre de Frédéric le Grand, ce monarque absolu, mais plein de respect, devant le moulin de Sans-Souci, pour la loi, pour les propriétés et les droits de ses moindres sujets. Cet oracle des publicistes avait établi « que le roi sur son trône avait le double caractère d'homme public, de personne privée. » M. Dupin avait encore cité Grotius, qui professait que « si un roi a contracté, comme simple particulier, en son propre et privé nom, *etiam leges in eum valebunt.* »

Cependant, malgré ses efforts et ceux de Mᵉ Scribe, avocat aux Conseils, qui avait plaidé devant la cour de cassation, l'arrêt fut cassé sur ce jugement de la cour, «qu'à l'époque de l'avénement à la couronne les

biens du prince étant dévolus à l'État, l'effet nécessaire et légal de ce délaissement absolu avait été d'affranchir la personne du roi de toutes les actions qu'on
aurait pu avoir contre elle avant son avénement au
trône, et de rendre ses créanciers créanciers de
l'État. »

La cause avait été renvoyée devant la cour d'Orléans, devant laquelle Me Dupin jeune avait encore
plaidé pour la cause du malheureux chevalier Desgraviers, mort avant la fin du procès.

Ce que celui-ci n'avait pu faire avant de descendre
au tombeau, il avait chargé sa veuve de l'achever. Il
lui avait transmis, avec ses droits, son zèle et sa constance pour accomplir le mandat testamentaire confié
à sa fidélité.

Par son arrêt du 17 février 1824, la cour royale
d'Orléans décida, sur la première question, que *Monsieur* s'était soumis, vis-à-vis du prince de Conti, *à
toutes les obligations personnelles et réelles* attachées à
la qualité d'acquéreur, et que rien ne l'en avait dégagé
jusqu'à son avénement à la couronne; mais, sur la
deuxième question, elle jugea comme la cour de cassation.

Enfin, sur la question subsidiaire, la cour, considérant que cette partie était en litispendance devant le
Conseil d'État, et qu'elle intéressait le domaine public, crut devoir s'abstenir de prononcer, mais *en réservant à madame Desgraviers tous ses droits et moyens,*
pour les faire valoir comme elle aviserait.

Ainsi, l'affaire était sortie du domaine judiciaire pour entrer dans celui de l'administration.

L'action contre la liste civile ayant été jugée inadmissible, le chevalier Desgraviers avait donné suite à l'action directe contre l'État; il avait de nouveau recouru auprès du ministre des finances, qui, par lettre du 27 octobre 1824, lui avait fait connaître qu'il ne pouvait revenir sur sa décision prise le 7 octobre 1820.

En cet état, madame veuve Desgraviers reprit l'instance au Conseil d'État, et attaqua en même temps cette seconde décision ministérielle. Mais il faut rendre compte ici d'une circonstance incidenté dans la cause. Le prince de Conti avait déclaré, dans son testament, qu'il ne voulait pas que *les héritiers de ses légataires universels pussent intervenir dans les affaires de sa succession,* à quelque titre que ce fût. Les marquis et comte Bourbon-Conti, créanciers de la succession, voulant faire exécuter cette clause du testament, assignèrent la dame veuve Desgraviers devant le tribunal civil de la Seine, « à l'effet de voir dire que ladite dame était sans qualité pour stipuler les intérêts de la succession, et ordonner qu'ils seraient nommés conjointement curateurs, conformément à l'art. 812 du Code civil. » Cette demande étant encore pendante devant le tribunal, lesdits sieurs Bourbon-Conti intervinrent au Conseil d'État, et prirent des conclusions tendantes à ce qu'il fût prononcé un sursis, jusqu'à ce qu'il eût été statué sur la qualité de la dame veuve Desgraviers.

Le Conseil d'État, sans avoir égard à la demande

de sursis, prononça sur le fond de l'affaire l'arrêt suivant :

« Charles, sur le rapport du comité du contentieux ;

« Sur les conclusions des marquis et comte de Bourbon-Conti, tendantes à ce qu'il soit par nous sursis à statuer jusqu'au jugement sur les qualités de la dame veuve Desgraviers ;

« Considérant que lesdites qualités ne sont pas contestées par notre ministre des finances, et sont d'ailleurs suffisamment établies pour la cause ;

« Sur les conclusions de la dame veuve Desgraviers, en ce qui touche la lettre qualifiée décision du 27 octobre 1824 ;

« Considérant que dans ladite lettre notre ministre des finances se réfère simplement à la décision de 1820 ;

« En ce qui touche la décision du 7 décembre 1820, qui rejette la créance de 1,400,000 livres ;

« Considérant qu'aux termes de la loi du 11 février 1791 les porteurs de titres exécutoires et authentiques qui constituaient une créance sur le trésor public étaient tenus de remettre leurs titres aux directeurs de la liquidation de la dette publique ; que le contrat de vente du 7 octobre 1783 et les actes explicatifs des 17 juillet 1784 et 30 septembre 1785 formaient dans les mains du prince de Conti des titres contre l'État, comme tenu des dettes du roi Louis XVI et de *Monsieur*, dont les biens avaient été réunis au domaine de l'État par les art. 9 et 10 de la loi du 27 novembre 1792, et par l'art. 11 d'une loi additionnelle du même jour; que la créance de 1,400,000 livres, qui faisait partie du prix de vente stipulé audit contrat, était devenue exigible en vertu de la loi du 25 octobre 1791, sur la substitution; que le prince de Conti, en vertu de ces lois et de ces titres, a demandé la liquidation de ce qui lui restait dû sur le prix de vente, et spécialement de la créance de 1,400,000 livres; que sur son mémoire en liquidation sont intervenus un mémoire du ministre des contributions publiques, un mémoire ou défense du prince, et un rapport des comités d'aliénation et des domaines réunis; que c'est en cet état qu'a été rendu le décret du 16 juin 1793, qui a posé les bases de cette liquidation; que ce décret a été suivi d'un décret d'exécution du 19 août 1794 (2 fructidor an II) et de l'inscription au grand-livre de la dette publique des rentes dues à une partie des créanciers compris dans les états de délégations annexés au contrat de vente du 7 octobre 1783, d'où il suit que ces décrets de liquidation sont au nombre des actes maintenus soit envers les particuliers, soit envers l'État, par l'art. 1er de la loi du 5 décembre 1814; considérant que le décret du 19 juin 1793 a déclaré valide la vente faite par le contrat du 7 octobre 1783, en tant que faite au roi Louis XVI; qu'il a annulé la réserve d'usufruit au profit de *Monsieur*; qu'il a prescrit la liquidation d'après ces bases, et comme dettes de l'État, de ce qui restait dû sur le prix de la vente, et spécialement de la créance de *quatorze cent mille livres;* d'où il suit que cette créance est d'une origine antérieure à l'an IX, et qu'elle est frappée de déchéance par les dispositions de la loi de finances du 15 janvier 1810, maintenues par l'art. 5 de la loi du 25 mars 1817;

Notre Conseil d'État entendu, avons ordonné et ordonnons ce qui suit :

ART. 1er. Les requêtes de la dame veuve Desgraviers et des sieurs marquis et comte de Bourbon-Conti sont rejetées.

M. de Cormenin avait été rapporteur dans cette affaire; MM. Scribe et Mandaroux-Vertamy avaient présenté leurs observations. Renfermés dans les limites de quelques réflexions orales, ils n'avaient pu, comme leurs devanciers, dans cette cause intéressante, céder à leurs inspirations et à la verve d'un talent oratoire dont l'élan et l'essor ont plus de liberté dans les cours ordinaires.

X

NOTICES BIOGRAPHIQUES

SUR LES MEMBRES DE L'ANCIEN CONSEIL.

—

Conseillers et Maistres des requestes de l'hostel du roy sous divers règnes .

PIERRE DE FONTAINES (*Petrus Fontanus*) vivait sous saint Louis. Historien français, c'est l'auteur de *Li Livres la Reigne,* lequel traite de la justice et de la police, non imprimé.

HENRI GUÉNAULT (*Aliàs* GUENANT), Poictevin. De lui naquit GUILLAUME GUÉNANT, père de Radégonde Guénant, femme de Guy, seigneur de la Trémoille, dont sont issus, par divers degrés, les ducs de la Trémoille, marquis de Royan et de Noirmoustier, jusqu'à cejourd'huy. Il vivait sous Philippe III le Hardi.

PIERRE BERTRAND, évesque d'Autun et cardinal renommé pour avoir défendu avec beaucoup de savoir et d'éloquence les droits des ecclésiastiques en présence

---

[1] *Les Généalogies des Maistres des requestes de l'hostel du roi,* par François Blanchard, folio, 1670. Bibliothèque nationale.

du roy Philippe de Valois contre Pierre de Lugnières, advocat de Sa Majesté en son parlement de Paris. Il vivait sous Philippe le Hutin, en 1314.

ROBERT DE HOUDETOT, chevalier, sénéchal d'Agennois, depuis grand-maître des Arbalestriers de France, aujourd'huy colonel de l'infanterie française, vivait sous Philippe le Long et Charles le Bel.

FERRY DE PIQUENY, chevalier, seigneur d'Ailly et Villiers-Faucon, honoré par le roy de la double qualité de *conseiller et de maître des requestes* de son hostel, vivait sous Philippe de Valois.

HENRY DE MALESTROIT vivait à la même époque, vray tableau de l'inconstance humaine. Il servit le roy avec beaucoup de fidélité et d'affection, jusqu'en l'année 1343, qu'indigné de la mort violente de son frère, Geoffroy, sire de Malestroit, auquel le roy avait fait couper la teste, pour quelque secrète intelligence qu'il avait eue avec ses ennemis, il se retira vers la *ville* d'Angleterre, et se saisit de la ville de Vannes; mais s'étant depuis laissé surprendre, il fut amené à Paris, et pour ce, dit Froissart, qu'il ne se put excuser, il fut mis prisonnier en la tour du Temple, et après, mené à l'évesque de Paris, en un tombereau, assis sur un ais mis en travers par jugement de l'Eglise; il fut par trois fois mis en l'eschelle au parvis Notre-Dame de Paris, où les sergents et les menues gens lui firent de grands opprobres, en lui jetant de la boue et des pierres dont il fut blessé jusqu'au sang. Puis il fut condamné à perpétuelle charte, où il fut enclos, et aussitôt après il mourut, et fut porté en la cour du palais, pour être montré au peuple.

OUDARD DE HAM, bailly et gouverneur d'Amiens, originaire de l'ancienne maison des comtes de Vermandois, sorti puisné de la lignée de l'empereur Charlemagne, vivait dans le quatorzième siècle.

OUDART DE FONTENAY, doyen de l'église de Nevers, servit dignement le roy Philippe de Valois, surtout après la bataille de Crécy et le siége de Calais.

GILLES DE SOYECOURT fut nommé par le même prince *magister clericus et consiliarius regis et magister requestarum hospitii ejusdem.*

ESTIENNE DE PARIS fut chanoine de Notre-Dame, sous le même règne, et depuis évesque de Paris et cardinal. Il fut enterré dans l'église de Notre-Dame, sous une tombe plate de cuivre sur laquelle sont gravées ses armes, chevrons d'argent, trois fleurs de lys et cette épitaphe :

> Clauditur hoc lapide lux juris Parisiorum,
> Prœtor voce, fide dux regis consiliorum,
> Fautor egenorum, damnans hæreses reproborum,
> Stephanus hic sedis spe sanctis jungitur alis.

Sous Charles VI vivait NICOLAS BRACQUE, un des grands seigneurs du Conseil du roy, lesquels S. M. Charles V, par lettres du mois d'octobre 1373, commit

pour assister de leur conseil la reine sa femme durant
sa régence, au cas qu'il vînt à mourir avant que son
fils eût atteint l'âge de quatorze ans. Il fut aussi un
des commissaires qui interrogèrent Jacques de la Rue,
prisonnier dans la ville de Corbeil, accusé d'avoir
empoisonné le roy, à la poursuite du roy de Navarre,
son maistre, l'an 1379.

GUILLAUME BOISRATIER vivait à cette époque. Il gist
dans le chœur de l'église cathédrale de Bourges.

> Eloquio clarus studioque et floridus olim,
> - Bonnoniæ leges doctor utrasque legens,
> Guillelmus Boiraterü qui nobilis urbe
>   Natus in hac prima fulsit Aquitaniæ,
> Biturigum præsul regni præscriptus honorum,
>   Gestor, opem cunctis rebus et arte ferens.
> Regis amans inopumque pater fideique sacerdos,
>   Carne subactus humi, sidera mente rapit.

PHILIBERT DE SAULX, évesque de Chaalons et d'A-
miens, surnommé le Bon Évêque, vivait sous Charles VI.

Sous le règne de Henri VI, roy d'Angleterre, soi-
disant roy de France, et durant la régence de Jean
d'Angleterre, duc de Bedfort, on vit figurer JEAN DU
MAILLY, doyen de Saint-Germain-l'Auxerrois et évesque
de Noyon.

PIERRE DE CAUCHON, docteur en théologie, évesque
de Beauvais et de Lizieux, fut troisième des huit
maistres des requestes créés par Charles VI, lors du
renouvellement des officiers de la judicature. L'histo-

rien Belleforest dit qu'en l'an 1429 la ville de Beauvais se rendit au roy Charles VII. Le duc de Bourgongne
y avait mis pour évesque un docteur de Paris nommé
messire Pierre Cauchon, partial des Anglais, le plus
obstiné qui fut oncques, contre la volonté duquel les
citoyens de Beauvais se soumirent au roy et fut ledit
évesque contraint de se retirer vers le duc de Bedfort,
ne pouvant vivre parmi ceux qui chérissaient le roy
de France, et de faict pour son absence et rébellion,
le temporel de son évêché fut mis en la main du roy,
l'an 1430, qui fut l'année en laquelle il fut commis par
les Anglais pour faire le procès à la pucelle d'Orléans, suivant la poursuite qu'il en fist, s'en arro-
geant la cognoissance, d'autant qu'elle avait été
prise dans son diocèse; et de faict, il rendit sentence
contr'elle pour laquelle il l'abandonna au bras sécu-
lier qui depuis la condamna à être brûlée toute vive,
et la fit exécuter au marché de la ville de Rouen.
Mais Dieu ne permit pas qu'une telle injustice demeu-
rât impunie; car peu de temps après cet évesque
mourut misérablement de mort subite, se faisant
faire la barbe, ainsi que l'ont escrit les historiens du
temps, et comme l'a rapporté le poëte Valeran au
poëme qu'il a fait de la pucelle d'Orléans où il dit :

> . . . . Joannam,
> Sic et Calceonus qui censuit esse cremandam.
> Pendula dùm tonsor secat excrementa capilli,
> Expirans cadit et gelidà (sic) morte cadaver,
> Decubat; ultrices sic pendunt crimina pœnas.

Le sieur Louvet, en ses *Antiquités de Beauvais*, rapporte que mesme après sa mort il fut excommunié par Caliste IV, et que ses ossements furent tirés de l'église Saint-Pierre-en-Vallée, où il avait été enterré, et jetés à la voirie.

Michel Raynier. Charles VII lui fit don, par lettres du 5 février 1435, d'un hostel appelé la Grange-aux-Merciers, près Paris, confisqué pour félonie sur Louis de Luxembourg, ensemble de tous autres biens y appartenant jusqu'à la valeur de trois cents livres de rente. Pareil don fust fait par les mêmes à Lubin Raynier, premier queux du roy, frère dudit Michel, ce qui a fait avancer à quelques autheurs que cette famille était originaire d'un cuisinier, quoique les moins versés en histoire n'ignorent pas que la charge de premier queux du roy était anciennement l'une des premières de la maison du roy, ayant toujours été possédée par personnes de mérite et de naissance illustre.

Guillaume Cousinot, chevalier, seigneur de Monstreuil. — Au siége de Rouen, défendu par Talbot, renommé capitaine anglais, se signalèrent Jacques de la Rivière, bailly de Nivernois, et Guillaume Cousinot, qui furent faits chevaliers, ce que tesmoigne Martial Paris, dict d'Auvergne, en son livre intitulé *Les Virgiles* du roy Charles VII, en ces vers :

> A cet assaut là et emplette
> Si furent lors faits chevaliers,

Cousinot, Rivière, Fayclle.
Et autres vaillants chevaliers.

Le roy, pour récompenser Cousinot de ses services en ce siége, l'honora de la charge de bailly de Rouen, ainsi qu'il appert d'un compte de changeur du thrésor de l'année 1449, dans lequel il en est fait mention :

Vir prudens et circumspectus magister Guillelmus Cousinot, consiliarius ac magister requestarum hospitii domini nostri regis, retentus et institutus in officio bailliviatus Rothomagensis per litteras regis datas 7 septembris 1449, consideratione servitiorum, etc.

Après la réduction de cette ville capitale de la Normandie, le roy Charles VII fit son entrée accompagné de tous les princes et officiers de sa couronne et autres grands seigneurs à cheval tous fort lestes et superbement vêtus, et lui furent les bourgeois présentés (ce dit Alain Chartier) par messire Guillaume Cousinot, conseiller et maistre des requestes, nouvel bailly de la ville de Rouen, lequel était vestu de velours bleu, son cheval enharnaché de même à grandes affiches d'argent, ce que tesmoigne aussi particulièrement Martial Paris en ces vers :

Après ledit Brezé, les li
Venaient Cousinot chevalier,
Eslu nouvellement bailly,
Habillié d'habits singuliers,
Sa robe de veloux bleu large
Et son cheval et couverture,
Estaient de même à feuillage,
De ruisseaux d'argent et brodure.

Ce fut le même Cousinot, bailly de Rouen, lequel, avec Pierre de Brézé, grand sénéschal de Normandie, et Odet Daydie, bailly de Constantin, arrêta prisonnier le duc d'Alençon accusé d'intelligence avec l'Anglois.

En 1457, Pierre de Brézé, étant passé en Angleterre avec quelques troupes françaises, fut accompagné de messire Guillaume Cousinot et autres seigneurs bien accompagnés de gendarmes et de traict, jusques au nombre de quatre mille combattants, qui, ayant pris terre en Angleterre, firent de belles armes au siége de Sandvic.

> . . . Floquet, bailly d'Évreux,
> Clément, Cousinot et de Tarmes,
> Carbonnet et autres avec eux,
> Estant bien quatre mille en armes
> Se partirent dessus la mer
> Pour là trouver leur aventure.
> Mais le temps leur fut bien amer
> Et la rencontre du vent dure.
> Brezé, Cousinot, de Giresme,
> De Tarmes et Jean de Louvain,
> Firent par mer devoir extrême
> D'aider à leurs gens main à main.

Le roy Charles VII étant décédé en juillet 1460, Louis XI (quoiqu'à son advénement à la couronne il eût désappointé les principaux serviteurs du roy son père), se servit néanmoins de Guillaume Cousinot, en diverses occasions, entre autres en la guerre surnommée du *Bien public* contre le duc de Bourgongne. Il fut aussi, en 1468, commis par Sa Majesté, avec Tanneguy du Chastel, le seigneur de Torcy, pour interroger le cardinal de La Balue, accusé d'intelligence avec le duc de Bourgongne. Quoique fort aagé, il eut encore l'honneur de servir Charles VIII, ce que tesmoigne Jean de Saint-Gelais, lorsque, parlant des Estats tenus à Tours, sous ce jeune roi, en 1484, l'assemblée se fit en la grande salle de l'archevêché. A une telle congrégation d'Estats d'un si noble royaume et de si grande monarchie que celle de France *où tant y a de sages hommes*, on commença de parler de toute la forme de l'ordre, comme il appartenait et s'en meslait fort un fort ancien homme qu'on nommait maistre Guillaume Cousinot. Il avait assisté à quantité de pareilles assemblées sous les roys Charles VII et Louis XI. C'est pourquoy on s'en remettait entièrement en luy des cérémonies qui s'observent en telles occasions.

Le registre du parlement de 1563 porte que le 16 mars la cour fut priée d'assister à l'enterrement d'Odet de Selves, conseiller d'État du roy Henry II, et auparavant conseiller au parlement, puis au grand Conseil, puis maistre des requestes, et président au grand Conseil, et finalement conseiller au Conseil privé.

En 1572, le roy Charles IX, pour contenter ceux de la religion réformée, créa trois nouveaux offices de maistres des requestes, dont il pourvut trois personnages de leur party, que le parlement refusa de recevoir par arrest du 13 aoust 1572, et néanmoins ils prirent place au Conseil, et prêtèrent serment entre

les mains du chancelier de Birague ; ces trois furent :
Jean Barbier dit Francourt, pour lors chancelier
d'Henry, roy de Navarre ; Arnaud de Cavagnes, pour
lors chancelier au parlement de Tholoze, et Jean
Chauvin, seigneur de Saignes. Francourt était natif
de Torcé, au pays du Maine ; d'advocat au présidial du
Mans, il passa au service de la reyne de Navarre et
du prince son fils, qui le fit chancelier, et depuis obtint en sa faveur, du roy Charles IX, son beau-frère,
une charge de maistre des requestes ordinaire de son
hostel ; mais il la garda peu de temps ; car s'étant trouvé
engagé dans Paris, le jour de la Saint-Barthélemy,
24 du même mois d'août 1572, il y fut tué avec les
autres religionnaires. Il était fort savant et très versé
aux affaires d'État, ce qui lui avait acquis un très
grand crédit parmy ceux de son party.

Pour ce qui est d'Arnaud de Cavagnes, il était fort
estimé et chéri de l'amiral Chastillon, ce qu'il té-
moigne, lorsqu'après sa blessure le roy estant allé
visiter l'amiral, celui-ci supplia Sa Majesté d'agréer
que ledit de Cavagnes fût un des juges commis
pour faire recherche de l'assassinat fait à sa personne. Ce qui n'eut effect ; car s'étant sauvé d'entre
les mains des meurtriers de Saint-Barthélemy, et depuis ayant été tiré par force de l'hostel de l'ambassadeur d'Angleterre, il fut, par arrêt du parlement de
Paris, du 27 octobre 1572, condamné à être pendu,
ce qui fut exécuté le même jour.

Les membres de l'ancien Conseil d'une époque

17

postérieure m'offriraient des sujets de notices assez intéressants et variés, si je ne devais glisser même sur ces noms historiques, les Molé, Desmarets, de Meaupou, de Pomereu, Caumartin, Chamillard, d'A-ligre, d'Argenson, Lepelletier des Forts, Dangeau, de Pomponne, Dubois (abbé), de Brancas, de Sartine, de la Michodière, de Monthyon et cent autres si connus et populaires. Ils parlent eux-mêmes d'ailleurs et me sauvent d'une oiseuse redite ou d'un trivial pléonasme.

Signature du Général Bonaparte
1er Consul.

Bonaparte

Signature de Napoléon
Empereur.

Napoléon

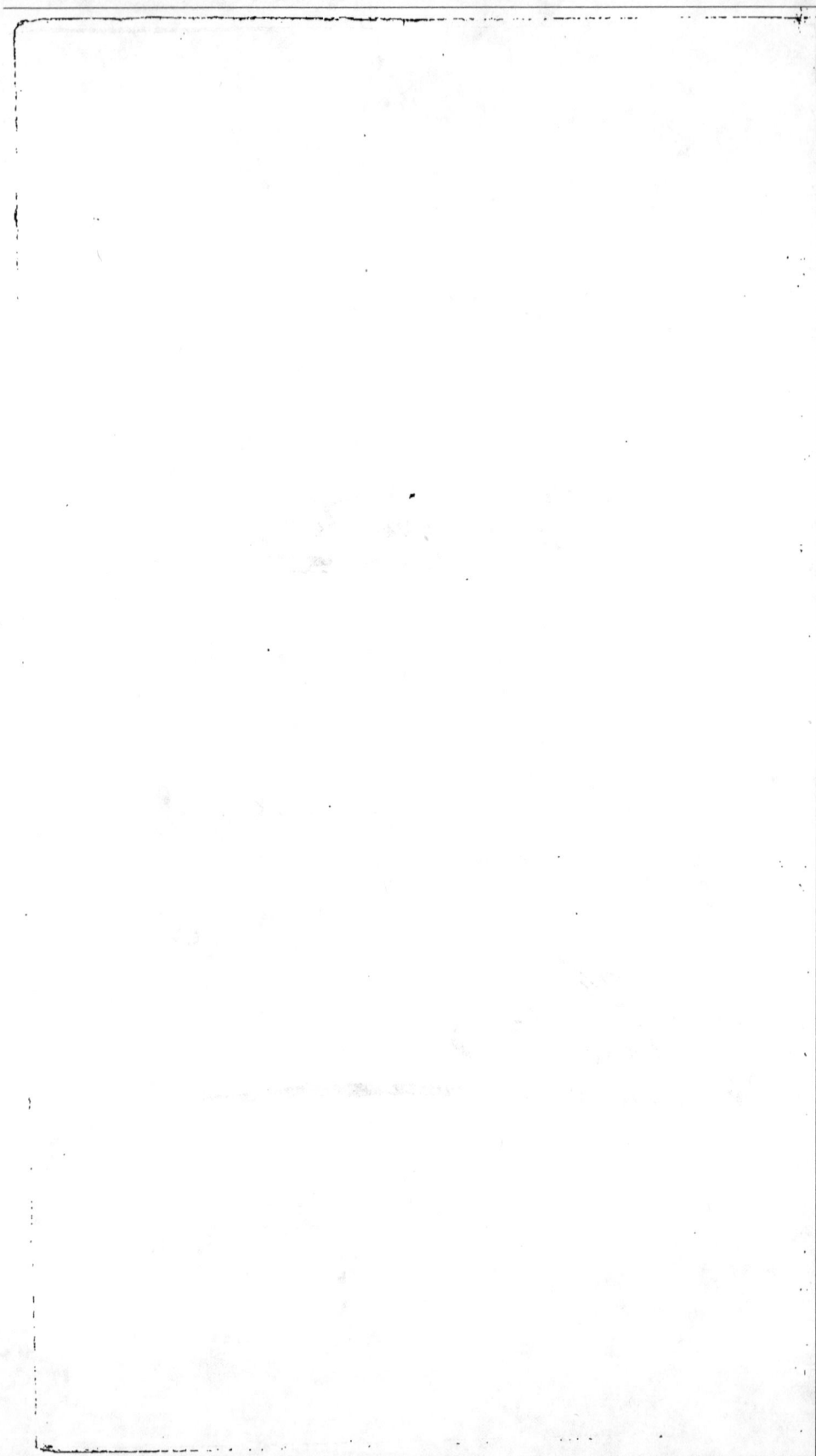

XI

NOTICES BIOGRAPHIQUES

SUR LES MEMBRES DU CONSEIL D'ÉTAT MODERNE.

—

BONAPARTE, PREMIER CONSUL.

Mihi dictatura animos fecit, non exilium ademit.
TITE-LIVE.

Les annales du Conseil d'État appellent et récla-
ment Bonaparte, premier consul, au milieu de ses
orateurs qui se groupent à l'entour. La biographie
du grand homme, européenne et universelle, nous
dispense d'une notice banale, mais non d'un silence
absolu sur les rapports du guerrier légiste avec le
Conseil d'État, et l'un des acteurs principaux dans
les débats qui furent agités au sein du sanctuaire. Il
présida lui-même cet aréopage de nos immortels jurisconsultes. J'ai donc osé essayer, mais en vain, en
rapportant ses opinions émises dans le cours de la
rédaction du Code civil, de ranimer sa voix éteinte,
mais toujours éloquente, de ressusciter le faible écho
de ses accents autrefois vibrants et sonores.

A leur défaut et en l'absence de l'homme, que la pensée du politique éclate, que la sagesse du héros législateur respire dans la discussion jadis palpitante de ces modernes capitulaires.

JOUISSANCE ET PRIVATION DES DROITS CIVILS.

Le premier consul propose cette rédaction : « Tout individu né en France est Français. »

Quel inconvénient y aurait-il à reconnaître pour Français, sous le rapport du droit civil, l'enfant né en France d'un père étranger? Il ne peut y avoir que de l'avantage à étendre l'empire des lois civiles françaises. Ainsi, au lieu d'établir que l'individu né en France, d'un père étranger, n'obtiendra les droits civils que lorsqu'il aura déclaré vouloir en jouir, on pourrait décider qu'il n'en est privé que lorsqu'il y renonce formellement.

Si les individus nés en France, d'un père étranger, n'étaient pas considérés comme étant de plein droit Français, alors on ne pourrait soumettre à la conscription et aux autres charges publiques les fils de ces étrangers qui se sont établis en grand nombre en France, où ils sont venus comme prisonniers ou par suite des événements de la guerre.

Je pense qu'on ne doit envisager la question que sous le rapport de l'intérêt de la France. Si les individus nés en France, d'un père étranger, n'ont pas de biens, ils ont du moins l'esprit français, les habitudes françaises; ils ont l'attachement que chacun a naturellement pour le pays qui l'a vu naître; enfin, ils portent les charges publiques.

S'ils ont des biens, les successions qu'ils recueillent dans l'étranger arrivent en France. Celles qu'ils recueillent en France sont régies par les lois françaises. Ainsi, sous tous les rapports, il y a de l'avantage à les admettre au rang des Français.

ÉMIGRÉS.

La nation française, grande, industrieuse, est répandue partout; elle se répandra davantage par la suite. Mais les Français autres que les émigrés ne vivent chez l'étranger que pour pousser leur fortune; les actes par lesquels ils paraissent se rattacher à un autre gouvernement ne sont faits que pour obtenir une protection nécessaire à leurs projets. Il est dans leur intention de rentrer en France, quand leur fortune sera achevée. Faudra-t-il les repousser? Se fussent-ils même affiliés à des ordres de chevalerie, il serait injuste de les confondre avec les émigrés qui ont été prendre les armes contre leur patrie.

S'il arrivait un jour qu'une contrée envahie par l'ennemi lui fût cédée par un traité, on ne pourrait avec justice dire à ceux de ses habitants qui viendraient s'établir sur le territoire de la république, qu'ils ont perdu leur qualité de Français, parce qu'ils n'ont pas abandonné leur ancien pays au moment même qu'il a été cédé, parce que même ils ont prêté serment au nouveau souverain. La nécessité de conserver leur fortune, de la recueillir et de la transporter en France les a obligés à différer leur émigration.

DE LA PERTE DES DROITS CIVILS.

« Une femme française qui épousera un étranger suivra la condition de son mari. »

La femme devenue veuve pourra-t-elle, en reprenant la qualité de Française, reprendre aussi les successions qu'elle aurait été appelée à recueillir pendant son mariage, dans le cas où elle n'aurait pas épousé un étranger?

Il y a une grande différence entre une Française qui épouse un étranger et une Française qui, ayant épousé un Français, suit son mari lorsqu'il s'expatrie; la première, par son mariage, a renoncé à ses droits civils; l'autre ne les perdrait que pour avoir fait son devoir.

MORT CIVILE.

Il serait défendu à une femme profondément convaincue de l'innocence de son mari de suivre dans sa déportation l'homme auquel elle est le plus étroitement unie; ou si elle cédait à sa conviction, à son devoir, elle ne serait plus qu'une concubine! Pourquoi ôter à ces infortunés le droit de vivre l'un auprès de l'autre sous le titre honorable d'époux légitimes?

Si la loi permet à la femme de suivre son mari sans lui accorder le titre d'épouse, elle permet l'adultère.

La société est assez vengée par la condamnation, lorsque le coupable est privé de ses biens, lorsqu'il se trouve séparé de ses amis, de ses habitudes. Faut-il étendre la peine jusqu'à la femme et l'arracher avec violence à une union qui identifie son existence avec celle de son époux? Elle vous dirait : « Mieux valait lui ôter la vie, du moins me serait-il permis de « chérir sa mémoire; mais vous ordonnez qu'il vivra, « et vous ne voulez pas que je le console! » Et combien d'hommes ne sont coupables qu'à cause de leur faiblesse pour les femmes; qu'il soit donc permis à celles qui ont causé leurs malheurs de les adoucir en les partageant. Si une femme satisfait à ce devoir, vous estimerez sa vertu, et cependant vous ne mettez aucune différence entre elle et l'être infâme qui se prostitue.

DES ABSENTS. DÉCLARATION D'ABSENCE.

Pourquoi l'autorité publique, qui protége les orphelins et les veuves parce qu'ils ne peuvent se défendre, ne protégerait-elle pas le majeur qui n'est pas là pour veiller à ses intérêts? Qu'elle l'abandonne lorsqu'il est présent et qu'il est capable d'administrer, rien de plus juste, et c'est en ce sens qu'on peut entendre l'adage cité par le citoyen Tronchet : *vigilantibus jura succurrunt*; mais s'il est absent, la société devient sa tutrice et doit le mettre à l'abri des vols et des dilapidations.

Je ne propose pas d'uniformiser les dispositions sur l'administration des biens des absents, puisque toutes les absences ne sont pas accompagnées des mêmes circonstances, mais de laisser à l'arbitrage du juge de proroger la procuration donnée par l'absent.

Toute la faveur doit être pour l'absent; ses héritiers n'en peuvent avoir que dans la considération de son intérêt; il ne faut donc pas les soumettre à restituer vingt années de jouissance; ils ne voudraient pas se charger d'administrer, s'ils étaient exposés à une semblable restitution; or, comme on mène les hommes par leur intérêt, il convient de donner aux héritiers de l'absent quelques avantages qui les déterminent à se rendre administrateurs de ses biens.

Un citoyen dont les dernières nouvelles sont datées des Indes ne doit être déclaré absent que longtemps après qu'il a cessé d'en donner. Car il ne peut revenir qu'après beaucoup de temps et en surmontant une multitude d'obstacles.

FEMMES DES ABSENTS.

Le projet de loi doit s'occuper aussi des femmes des absents, et empêcher que les héritiers envoyés en possession provisoire ne les excluent de la maison de leurs maris.

(Le citoyen Boulay ayant dit que le sort de la

femme de l'absent est le même que celui de ses héritiers; qu'elle exerce provisoirement les droits et les avantages que la mort de son mari lui aurait donnés.)

Cette disposition ne suffit pas, il faut encore pourvoir à ce que la femme ne soit pas arrachée à ses habitudes et à ses affections pour l'intérêt d'héritiers collatéraux; elle ne saurait être tout à la fois mariée et non mariée, et il ne doit pas être au pouvoir des héritiers de son mari de lui enlever son nom et son état si elle veut les conserver.

Le sort de la femme serait trop affligeant si l'absence de son mari lui faisait perdre les avantages de leur union.

DU MARIAGE.

Sont incapables de contracter mariage, 1° *l'interdit pour cause de démence ou de fureur;* 2° *les sourds-muets de naissance, etc.*

Pourquoi le mariage serait-il interdit au sourd-muet? Le mariage étant un contrat et tout contrat se formant par le consentement, on conçoit que celui qui ne peut exprimer son consentement, ne peut pas se marier. Mais le sourd-muet de naissance, en voyant son père et sa mère, a connu la société du mariage; il est toujours capable de manifester la volonté de vivre comme eux; et alors pourquoi aggraver son malheur en ajoutant des privations à celles que lui a imposées la nature?

Pourquoi la privation de l'ouïe et de la parole serait-elle un empêchement au mariage plutôt que

d'autres infirmités qui peuvent également y avoir
rapport?

DIVORCE.

Vouloir n'admettre le divorce que pour crime d'a-
dultère, publiquement prouvé, c'est le proscrire abso-
lument : car, d'un côté, peu d'adultères peuvent être
prouvés; de l'autre, il est peu d'hommes assèz dé-
hontés pour proclamer la turpitude de leur épouse. Il
serait d'ailleurs scandaleux et contre l'honneur de la
nation de révéler ce qui se passe dans un certain
nombre de mariages; on en conclurait, quoique à tort,
que ce sont là les mœurs des Français.

Il importe de voir la matière sous ce point de
vue.

Si l'intérêt des mœurs et de la société exige que les
mariages aient de la stabilité, il exige peut-être aussi
qu'on sépare des époux qui ne peuvent vivre ensemble et dont l'union, si elle était prolongée, englouti-
rait souvent le patrimoine commun, dissoudrait la
famille et produirait l'abandon des enfants. C'est offenser la sainteté du mariage que de laisser subsister
de pareils nœuds.

ADOPTION.

L'adoption, que l'on dit être une conséquence du
régime nobiliaire, l'est si peu, que c'est dans les républiques qu'elle a été principalement en usage.

D'ailleurs les modifications proposées la mettent en

harmonie avec l'ordre de choses depuis longtemps reçu en France. Elle devient une simple transmission de noms et de biens ; transmission dont l'usage a toujours été fréquent, et qui jamais n'a été accusée de faire de l'adopté un être monstrueux dans l'ordre social.

Toujours aussi l'adoption a existé dans les campagnes, avec cette différence cependant que, quant au droit, elle n'y transmet pas à l'adopté le nom de l'adoptant, mais dans le fait le nom demeure à l'adopté, parce que personne ne le lui conteste.

L'adoption, a-t-on dit, ne sert que la vanité.

Elle a des avantages plus réels ; elle sert à se préparer pour sa vieillesse un appui et des consolations plus sûrs que ceux qu'on attendrait de collatéraux ; elle sert au commerçant, au manufacturier privé d'enfants, à se créer un aide et un successeur.

La faculté de disposer ne forme pas les mêmes liens pendant la vie du testateur ; après sa mort, elle ne transmet pas son nom. Cependant des motifs plus nobles que la vanité, l'affection, l'estime, le sentiment, peuvent lui faire désirer de contracter cette sorte d'alliance avec celui qu'il en a jugé digne. Elle ne change rien à nos mœurs, puisqu'elle se borne à régulariser le droit déjà existant de faire porter son nom. Elle intéresse la vieillesse à élever la jeunesse, qu'en même temps elle encourage ; elle prépare de bons citoyens à l'État ; elle est un besoin pour toutes les professions.

L'effet le plus heureux de l'adoption sera de donner

des enfants à celui qui en est privé, de donner un père
à des enfants devenus orphelins, de lier enfin à l'enfance la vieillesse et l'âge viril. La transmission du
nom est le lien le plus naturel, en même temps qu'il
est le plus fort pour former cette alliance.

Observations sur l'Amérique.

Un beau spectacle mais quels
hommes civilisé ou se rassasient, c'est
celui d'un peuple qui s'échange la
vie sauvage contre l'agriculture
Il se réalise aujourd'hui parmi les
Cherokees, peuple de américaine
qui habite et M. Warden a présenté
à l'académie une relation pleine
d'intérêt sur le degré où ils sont
déjà parvenus dans l'échelle sociale
Encouragés par le gouvernement des
états unis et guidés par les missionnaires
moraves et anabaptistes et par l'exemple
de blancs unis à des femmes Cherokées
ils ont fait depuis 20 ans des progrès
surprenans leurs villages se composent
de maisons comodes; plusieurs possèdent
des fermes de 30 et 46 acres, bien
cultivées; ils ont des moulins pour la
farine et le sciage des bois, et
fabriquent eux mêmes leurs draps.

déja leurs bestiaux et leur mais leur
donnent des moyens d'exportation,
qu'ils échangent contre du sucre, ou
café et d'autres denrées 100,000 acres
de terre ont été affectés à l'instruction
publique, et leurs écoles sont déja fréquentées par plus de 500 enfants qui
tous lisent écrivent et parlent l'anglais;
et l'un d'eux a inventé un alpha-
-bet de 86 caractères au moyen des
quel ils correspondent entre eux
dans leur propre langue Ils se sont
donné enfin jusqu'à une constitution
leur population actuelle est d'environ
15,000 ames repartiés dans une
soixantaine de villages, et l'on estime
déja leurs propriétés mobilières à plus
d'un demi million de Dollars

Cuvier

CUVIER.

Quelle étendue de lumières naturelles, quelle
droiture d'esprit, quelle justesse, nous oserions
presque le dire, quelle infaillibilité de raison-
nement !

D'Aguesseau, *Discours sur la décadence
du barreau.*

Au milieu de cette pléiade d'hommes éminents qui
appartiennent à l'histoire du Conseil d'État moderne,
qu'ils ont embelli par l'aménité de leur caractère,
comme ils l'ont rehaussé de l'éclat de leur mérite,
parmi ceux que j'ai connus, la justice m'a désigné
Cuvier, pendant que la mémoire du cœur murmurait
les noms d'Allent et de Gérando. Les autres notabilités passées ou contemporaines qui accompagnent
ces illustrations formeraient une galerie plus nombreuse si mon appréciation pouvait être complète, si
je ne devais circonscrire cet opuscule dans des limites
que je ne puis franchir.

J'ai eu le bonheur de voir les trois plus grands génies qui ont inauguré notre siècle, Napoléon, Cuvier,
Châteaubriand. C'est là du moins le privilége et la
consolation de l'âge mûr d'avoir été témoin de grandes
choses, et de jouir de grands souvenirs. C'est sous
cette impression, que le temps n'a pas effacée, que

j'essayerai, d'une main faible et impuissante, d'esquisser la seconde de ces existences créatrices que la Providence a envoyées au genre humain pour en être la lumière et la gloire.

C'est au moins une témérité à moi, si ce n'est une folie, d'oser parler de Cuvier. De ma part, le silence, comme le voile de Timante, devrait s'étendre sur son nom et sa vie, qui lui sont d'assez éloquents panégyristes. La nature entière salue son interprète, et les abîmes de la terre qu'il a exposés au flambeau de la science proclameront son nom de siècle en siècle. Ce ne doit être que dans un reflet d'un tableau grandiose, dans une fraction de sa vie multiple, que je puis, moi profane, considérer l'illustre membre du Conseil d'État, où Napoléon, son impérial Mécène, l'avait appelé pour le forcer au repos et à l'inaction d'un glorieux loisir.

Mais ce repos fut actif autant que majestueux, et l'investigateur de la nature n'entra dans le sanctuaire de l'administration que pour y porter le tribut de cette intelligence et l'éclat de ces vives lumières dont il était si universellement et si admirablement doué.

Cuvier naquit à Montbéliard, dans le Jura, d'une famille modeste, mais honorable. Déjà, dès sa dixième année, par une sorte de vocation providentielle, Buffon, dont les pages éloquentes avaient parlé à son cœur, le conduisait comme par la main dans les champs de la nature et l'initiait à ses mystères et à ses merveilles. Déjà Linnée, dans *son système*, le

fidèle compagnon de ses études, et pour lui toute une
bibliothèque d'histoire naturelle, pendant dix années,
l'avait affermi et porté en avant dans cette carrière
où il devait un jour guider les autres. Son instinct,
puis-je nommer autrement cette intelligence sponta-
née et pénétrante, suppléa à ce qui lui manquait.
A défaut de livres, il avait celui de la nature ouvert à
ses yeux, et c'est dans cet ouvrage sublime qu'il apprit à connaître et à découvrir plus tard des trésors
inconnus demeurés jusqu'à lui enfouis dans les pro-
fondeurs de la terre.

L'Académie de Stuttgard, où l'avait appelé le duc
de Wurtemberg, sur la renommée de ce talent précoce et de ses brillantes promesses, développa une
vocation prononcée, et nourrit de ses fortes et vigou-
reuses études un esprit affamé de science. La philosophie, les mathématiques et les sciences administratives
marchaient pour lui de front avec l'histoire naturelle,
dont il suivait les cours avec l'ardeur persévérante
d'une nature ardente et passionnée. Au centre de
l'atmosphère scientifique de l'Allemagne, au milieu
de studieux condisciples dont les entretiens l'éclai-
raient, avec M. Kielmayer, le père de la philosophie
de la nature, dont les conversations étaient pour lui
autant de révélations instructives, le jeune adepte fit
des progrès rapides dans toutes les branches de l'histoire naturelle.

Riche de ce fonds acquis dans un âge encore tendre,
il revint en France, et le fruit de cet apprentissage

pourvut aux premières nécessités de la vie, avant que
son perfectionnement devînt la jouissance de son esprit et le bonheur de son existence.

Voulant alléger les charges qui pesaient sur ses
parents réduits à une modique pension annuelle que
recevait son père pour prix de quarante ans de services militaires, Georges Cuvier accepta la place de
précepteur dans une ancienne famille de Normandie,
et cette tâche asservissante et laborieuse, qui presque
toujours gâte les plus belles années de la vie, loin
d'étouffer le germe de son génie naissant, semble en
avoir hâté l'essor.

La Normandie fut le berceau de ses études scientifiques, et les bords de l'Océan le théâtre de ses premières fouilles fossiles.

Curieux d'en analyser les productions, mais arrêté
bientôt dans la détermination des espèces et des
genres, il conçut la première idée de l'examen com-
paré de leur structure interne. Dans le besoin impérieux qu'il sentait de classer les faits et l'insuffisance où le retenait captif l'état où se trouvait la
science, il comprit que pour assigner un caractère
distinct à toutes les pétrifications, travail mystérieux
des siècles, il fallait suivre un nouveau mode de recherches. Il interrogea les entrailles de la terre, et
elles répondirent à cette voix inspirée qui avait de-
viné chacun de leurs trésors. Il étudia, compara entre
eux les cadavres des animaux et des plantes enfouis
sous le sol; il retrouva la chaîne des temps et des

êtres, et créa la science ingénieuse et profonde de l'*anatomie comparée*.

Mais, *non erat hìc locus*. Ce n'est ici ni le lieu ni le moment de faire de l'histoire naturelle. Incapable d'ailleurs de suivre ce grand investigateur de la nature, et impatient de le rapprocher du tribunal où je puis l'apprécier plus facilement, je le montrerai parcourant d'un pas rapide l'espace qui l'en sépare.

A la voix de Lacépède et de Geoffroy Saint-Hilaire, il arrive à Paris, en 1795, lit au sein des sociétés philomathique et d'histoire naturelle divers mémoires qui lui valent l'honneur d'être nommé membre de la Société des Arts, puis professeur à l'école centrale du Panthéon, et lui ouvrent enfin l'Institut. Il est adjoint au professeur d'anatomie du Muséum d'histoire naturelle. Entré dès lors dans le domaine que lui avait révélé son génie, il est conduit, par l'anatomie des animaux vertébrés, à la découverte d'une philosophie naturelle et d'une théorie nouvelle de la terre, qui devint pour lui une source féconde de résultats brillants et infinis.

La géologie, dans son ténébreux labyrinthe, le prend pour guide et pour flambeau. L'auteur de l'*Anatomie comparée*, du *Règne animal*, fait apparaître les *ossements fossiles*, ce magique levier avec lequel il soulève le vieux monde, cette clef admirable avec laquelle il ouvre l'arche sacrée et en exhume les poudreuses reliques, pour reconstruire, pour ressusciter

18

le globe, dont il trace, dans un lumineux tableau, les révolutions antédiluviennes.

En sortant de son caverneux empire, il trouve la Renommée qui le salue, la Gloire qui le couronne. Il vit d'ailleurs dans le siècle de César, et ne saurait échapper à la main ferme et sûre qui devine le mérite et lui assigne son poste.

L'illustre professeur est successivement appelé au Muséum, au Collége de France, à l'Institut, comme secrétaire perpétuel, à l'Université impériale, au Conseil d'État comme maître des requêtes, puis conseiller, à l'Académie française, à celle des Inscriptions, à toutes les sociétés savantes du monde, dignités que la Restauration complète en lui conférant la pairie.

Cuvier réunit tous ces emplois aussi laborieux qu'honorables, et il suffit, il répond à tous. Il en est chargé, préoccupé, mais sans faiblir sous le poids. Le génie de cet homme universel, qui jamais ne connut l'inaction, se multiplie avec la flexibilité d'un Protée, en se pliant à la diversité de tant de fonctions qui sembleraient s'exclure, de facultés antipathiques étonnées de se trouver ensemble. De même qu'il ne les a pas recherchées, il ne croit pas devoir s'y soustraire. Ces dignités sont venues au devant de lui ou l'ont surpris de loin à son insu. C'est de Marseille qu'il s'entend nommer secrétaire perpétuel de l'Institut ; de Rome, maître des requêtes ; de Londres, membre de l'Académie française. C'est de Hollande qu'il apprend que l'empereur l'a gratifié d'une dotation, et

ces honneurs accumulés sur sa tête sont couronnés par
le titre de baron, que d'un mouvement spontané lui
décerne une main royale. Certes, si l'on a vu de nos
jours des distinctions françaises rejaillir sur des étrangers devenus par leur mérite nos alliés et nos frères,
nul homme plus que Cuvier n'a possédé le secret de
les attirer sans le vouloir du fond des contrées les plus
lointaines, et nul n'a mieux justifié de si nobles et si
légitimes récompenses.

Il est intéressant de voir l'illustre protégé de l'empereur remplir avec un mérite égal et un zèle toujours consciencieux et ces fonctions importantes et les
missions les plus délicates auxquelles elles donnaient
lieu ; comme inspecteur des études, organiser les
lycées de l'empire, comme conseiller de l'Université,
présider à des commissions envoyées en Italie, en
Hollande, en Allemagne pour rattacher à l'Université
impériale des établissements d'éducation situés au-
delà des Alpes et du Rhin ; de le voir plus tard, à
deux reprises, diriger la commission de l'instruction
publique et pendant plusieurs années gouverner les
facultés protestantes ; enfin, conseiller d'État, présider le comité de l'intérieur et régler le consistoire.

C'est ici surtout que je dois insister sur cette capacité dont la souplesse exquise se pliait également à
toutes choses, ou plutôt qui façonnait tout à son
moule majestueux et parfait. C'est ici que le Conseil
d'État le revendique comme son illustre organe.

Il n'appartenait qu'à une nature d'une trempe

aussi forte, à un génie aussi universel d'embrasser
tant d'objets à la fois, en se montrant spécial sur
chacun et de passer de ses études chéries, de ses travaux de prédilection, aux travaux administratifs pou r
y porter cet ordre lucide, cette méthode infaillible,
dont lui seul possédait le secret.

Président du comité de l'intérieur, ses collègues
se rappellent pleins d'étonnement la transformation
qu'il savait s'imposer et opérer partout autour de lui.
Au sein de la discussion la plus animée, avant d'o-
piner, il se possédait toujours, laissait chacun la traiter sous toutes ses faces, la présenter sous tous ses
aspects, et après qu'on l'avait épuisée, il faisait entendre cette parole irrésistible, dont la clarté péné-
trait, illuminait les questions les plus ardues, qu'il
tranchait ensuite d'un seul mot, approuvé de tous
ses collègues subjugués et convaincus.

Souvent lorsque des projets de loi élaborés dans le
sein du Conseil et portés devant les chambres y ame-
naient le noble rapporteur, chargé d'en soutenir la
discussion, avec quel rare talent, quelle lucidité saisissante, il savait les développer à la tribune! quelle
connaissance des théories et des faits positifs ! quelle
sagesse et quelle pénétration! quel calme et quelle
force à la fois portaient la conviction dans les esprits !

Aussi le plus beau triomphe parlementaire de Cuvier est-il le *maintien du Conseil d'État*, attaqué de
toutes parts et abandonné des ministres eux-mêmes
qui semblaient n'en pas comprendre l'importance. Il

estimait « que tant que les chambres ne statueraient
« pas sur la plupart des questions qui sont décidées
« par le Conseil d'État, l'action de celui-ci était le seul
« moyen de séparer le pouvoir judiciaire du pouvoir
« administratif! Il croyait que sans le Conseil d'État les
« cours royales obligées de le remplacer dans un grand
« nombre de cas seraient déjà devenues autant de par-
« lements. »

. Il combattit avec le même bonheur et avec le même
succès la question d'*inamovibilité* proposée pour le
Conseil d'État. Plusieurs partisans de l'affirmative,
. la demandaient à grands cris devant les chambres,
croyant par là faire du Conseil un corps plus indépendant et moins fiscal en assimilant ses membres aux
juges inamovibles et incorruptibles des tribunaux ordinaires. Voyez comme le président du comité de
l'intérieur, prenant les armes contre lui-même, lutte
avec toute sa conviction contre ce qu'il croit être un
écueil, un fléau pour la justice et l'administration, si
les tribunaux administratifs à deux degrés rempla-
çant les conseils de préfecture et le comité du contentieux, deviennent des corps indépendants et redoutables par l'audace croissante et irrésistible de
leurs empiétements tyranniques.

L'orateur s'exprime ainsi :

« Du moment où vous rendriez le Conseil d'État
« inamovible, *tout pouvoir y viendrait aboutir* et les
« ministres ne pourraient plus répondre de leurs
« actes. Un Conseil d'État inamovible serait un *roi qui*

« *ne répondrait à personne,* qui anéantirait bientôt les
« chambres et toutes les institutions libérales. Ainsi,
« la proposition de rendre le Conseil d'État inamo-
« vible est celle qui détruirait le plus promptement
« la liberté, l'action des chambres, celle du pouvoir
« exécutif; car ce serait en lui que se concentreraient
« tous les pouvoirs. »

Si Cuvier fut le champion du gouvernement en se
faisant le défenseur du Conseil d'État, il n'en conserva pas moins son indépendance par son refus en
1829 de concourir à la censure de la presse. Cette résistance prouva hautement l'homme de conscience et
de probité. Le savant, roi de la nature et amant de la
liberté, reparaissait dans ce témoignage éclatant de
ses convictions politiques. Mais sans doute le digne
contemplateur de l'univers et de l'ordre admirable
qui préside à ses lois et enchaîne tous ses rapports,
sans nul doute, ce grand homme eût flagellé la
licence.

Cuvier est l'Aristote moderne, et ce titre n'est
pas exagéré. Séparés par plus de vingt siècles, mais
réunis tous deux par une faculté extraordinaire, et
presque divine, d'embrasser tous les sujets et de les
approfondir tous; doués au même degré d'une érudition aussi vaste que profonde et possédant le répertoire complet de toutes les connaissances humaines,
sauf la différence des temps et des lieux, ces deux
hommes eurent un dernier rapport, une affinité intime et fraternelle, au moment suprême où il fallut

dire adieu à cette belle nature dont ils avaient été les flambeaux. Ils moururent l'un et l'autre à l'âge de 63 ans, et si l'empire avait duré, si Cuvier avait vécu, le moderne Aristote aurait eu pour disciple un nouvel Alexandre. C'était la pensée de l'empereur. Cuvier seul pouvait répondre au génie de Napoléon.

Mais la Providence a déconcerté les plans de la puissance humaine. L'empereur expire sur le rocher de l'exil; son fils, tendre fleur, languit et meurt dans sa cage dorée de Schœnbrünn à quelques pas de son berceau, et Cuvier tombe frappé subitement au sein de ses travaux et de sa gloire!

Ainsi finit l'illustre naturaliste; sa mort ébranla le monde savant comme celle du héros avait retenti au milieu des nations effrayées. En effet, Cuvier, quoique Français, était cosmopolite. Par la science, il avait franchi les bornes étroites dans lesquelles la nature l'avait renfermé et circonscrit. Citoyen de toutes les républiques, habitant de tous les empires, le monde entier était devenu sa patrie. Tous les étrangers furent ses alliés ou ses frères, comme il fut l'hôte de tous les étrangers qui venaient saluer en lui leur maître, leur guide, leur ami. Les sciences et les savants s'étaient donné rendez-vous dans sa résidence au muséum d'histoire naturelle, et son ombre, comme celle de Buffon, habite encore ces lieux qu'elle sanctifie, ou plutôt elle habite partout où le génie est encore honoré.

J'ai vu en Hollande les précieuses collections dont

Cuvier enrichit le muséum de Leyde, et que le muséum français aurait droit de lui envier; j'ai vu à Oxford, à la bibliothèque Bodléïenne, son buste en bronze, et le Conseil d'État n'en possède qu'un bien modeste et bien fragile ; mais à défaut de métal, son souvenir est gravé en lettres ineffaçables dans le souvenir du Conseil qu'il anime encore et vivifie, même au-delà du tombeau, des rayons de son incomparable génie.

Cuvier, dans ces temps de décadence, restera debout noble et sublime modèle, comme Aristote a survécu à la chute des empires et au renouvellement des nations.

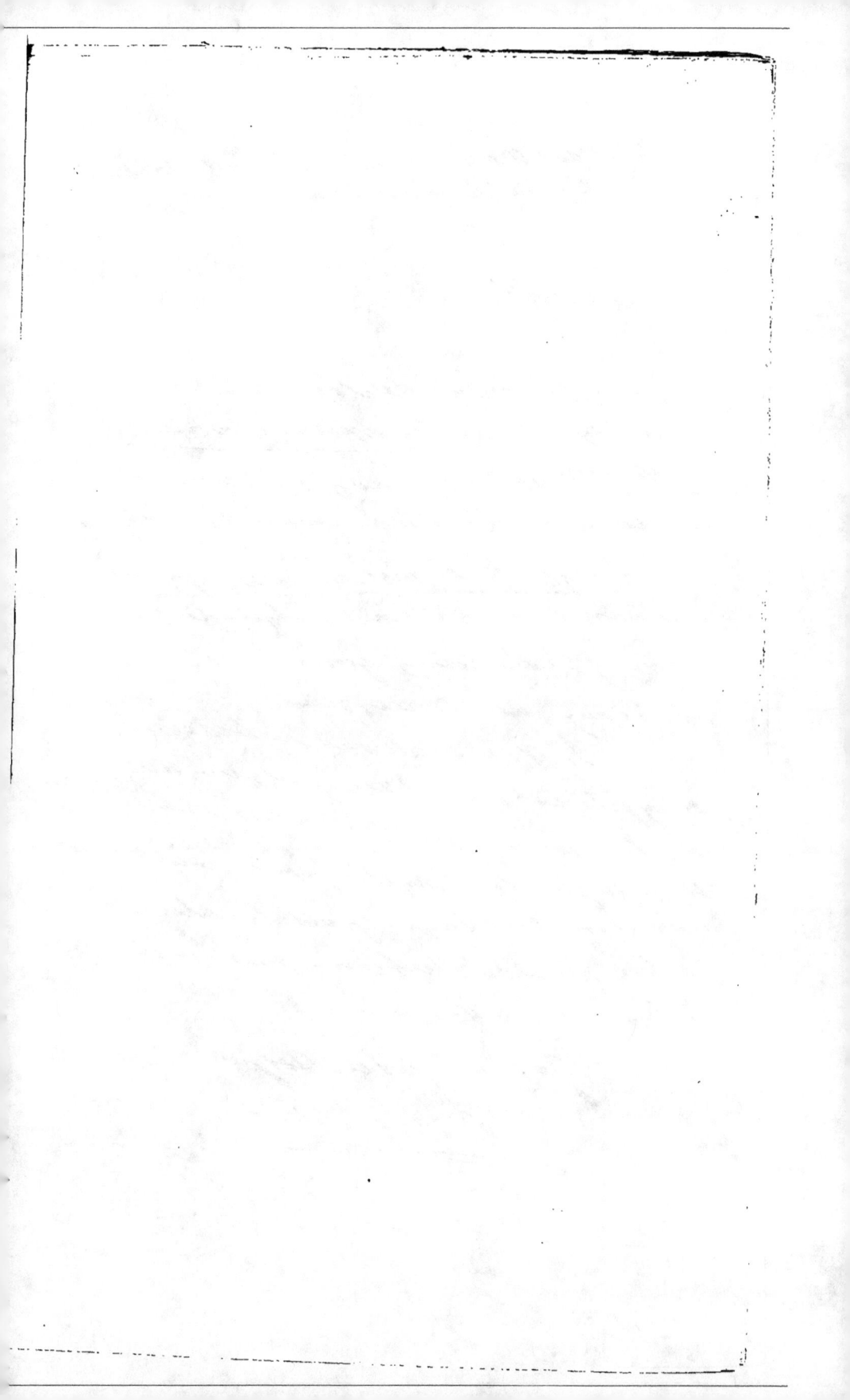

Projet de lettre du Chevalier Allent, vice-Présid.t
du Comité de la Guerre au Ministre de la Guerre.

_____

Mgr

J'ai l'honneur de transmettre à
V.tre Ex.cellence les avis du Comité
de la guerre, adoptés au fond ou pour
la rédaction, dans la séance d'aujourd'hui.

La feuille de présentation qui
les enveloppe indique l'objet de ces
avis, la Direction générale et les
bureaux qu'ils concernent.

Si V.tre Ex.cellence a besoin
d'explications sur quelques uns
de ces avis, je suis à ses ordres
et je la prie de compter, en ce point
comme en tous ce qui peut être utile
à son administration, sur mon
zèle et sur mon dévouement.

J'ai l'honneur avec respect

V. A. J. Allent

ALLENT.

Id se patriæ debere exi-timabat, ut ei prodesset
sine ullo pecuniæ aut honorum præmio.

CORNELIUS NEPOS.

M. Allent, né à Saint-Omer, le 9 août 1772, d'une
famille marchande, après avoir fait ses études au collége de cette ville, entra au service comme simple
canonnier volontaire, et fit ses premières armes au
bombardement de Lille, en 1792. Le corps du génie,
éclairci à cette époque par la guerre, la retraite ou
l'émigration, admit dans son sein le jeune Allent,
dont la capacité avait devancé l'âge, mais qu'une
santé délicate déroba presque aussitôt aux opérations
actives de la guerre. Dans ces moments de crise et
d'improvisation soudaine de talent, celui du jeune
soldat s'était révélé à l'œil perçant de l'illustre Car-
not, qui le porta immédiatement dans sa sphère, en
l'appelant au cabinet topographique. De là il fut envoyé aux armées de réserve et du Rhin pour diriger
les mouvements du Saint-Gothard, puis nommé secrétaire du comité du génie. A cette époque, l'empereur méditait le projet de fortifier les frontières et les
villes de France. C'est cette même pensée qui a reçu
aujourd'hui une grande partie de sa réalisation. Le

jeune ingénieur, chargé par le comité de rédiger ses
observations, prophétisait ainsi la situation de la
France, en cherchant à protéger son côté vulné-
rable contre l'ennemi qui devait un jour l'envahir.

« Quelle que soit la prospérité de la France, elle
« ne peut espérer de faire toujours, sur toutes ses
« frontières, une guerre purement offensive. Il im-
« porte donc de ne pas négliger la défensive, les re-
« tours offensifs, les moyens de fermer le territoire
« ou d'en chasser l'ennemi. Le comité ne se lassera
« pas de le répéter. C'est dans les temps de prospé-
« rité qu'il faut prévoir pour les temps malheu-
« reux. »

La fortune du jeune officier s'éleva progressivement depuis en raison de ses services et du développement de sa haute et précoce intelligence, comprise
par Napoléon, que Châteaubriand appelle, dans ses
*Mémoires d'outre-tombe, le grand découvreur d'hom-
mes.* Je ne l'accompagnerai point dans les progrès
rapides de ses honneurs militaires et politiques ; je
glisserai sans transition sur la vie publique de cet
homme supérieur, si utilement éprouvée, si connue
et surtout si éloquemment décrite par l'illustre collègue que j'ose lui associer dans cette esquisse légère.
Je me hâte de le transporter à l'époque et aux lieux
où j'eus le bonheur de le connaître, et là même je ne
parlerai que de son caractère privé, qui le faisait
descendre sans effort aux détails les plus humbles et
les plus simples.

Les premières paroles qu'il m'adressa furent des conseils sur le mode d'organiser notre bibliothèque, que, d'après ses avis, je modelai sur celle du dépôt de la guerre, si régulièrement et symétriquement classée sous les auspices de M. Allent, qui partout où il passait répandait l'ordre et la lucidité. A peine l'avais-je entrevu que déjà je lui devais un service. Toutes les fois que ma bonne fortune l'amenait à la bibliothèque du Conseil d'État, je recevais un avis amical et presque toujours un bon office. Par M. Allent, j'eus souvent le bonheur de n'être pas inutile, et la reine des Français daigna plus d'une fois, à sa considération, m'accorder quelques-unes des grâces qui n'attendaient qu'un signal et ne cherchaient qu'un objet digne de sollicitude.

On a dit que M. Allent dépensait son crédit et prodiguait sa signature. En d'autres termes, c'était l'appeler débonnaire et facile jusqu'à la faiblesse. La faute en est à ceux qui ne craignaient pas d'en abuser. Sa bonté toutefois était éclairée, et c'est avec discernement qu'il obligeait. Sa justice et son intégrité surtout étaient irréprochables, et l'on peut affirmer qu'il était le modèle du magistrat incorruptible.

Avant une séance du Conseil, il reçut un jour devant moi une dame qui venait lui recommander sa cause qu'on allait juger. « Vous pouvez compter sur « tout mon intérêt, madame, lui dit-il, mais je ne « puis rien de plus que ce que me permet ma con- « science. » Je ne sais si la décision du Conseil fut

favorable à cette personne; mais au moins, si elle
perdit, elle n'avait pas été trompée comme le furent
d'autres parties leurrées d'un succès incertain, et
qui le lendemain, dans les débats publics, se virent
cruellement chargées par ceux mêmes qui les avaient
flattées.

Nous trouvons encore l'expression de l'inflexibilité
de ses principes de justice et d'équité dans son adhésion à la déclaration de la section de la guerre, sur la
conduite politique du comte Frochot, en 1812.

Certes, en cette occasion, il se fit violence, quand
sa nature bienveillante et ses sympathies pour un
faible et malheureux collègue durent céder à l'inexorable impassibilité du devoir.

Il déclarait, avec le comte Gassendi, le baron Félix
et le général de Préval :

« Que la conduite de M. le comte Frochot avait été
« pusillanime, indigne du premier magistrat du dé-
« partement et méritait d'être punie, soit qu'il y eût
« lieu, d'après les lois, de le mettre en jugement
« pour faire examiner ses intentions, soit que sa fai-
« blesse lui fît perdre la confiance de S. M. »

M. Allent était économe du temps qu'il avait si
bien mis à profit, et ses loisirs étaient encore une
lecture intéressante, celle des classiques latins qu'il
aimait à lire dans l'original. Comme tous les esprits
sérieux de haute spéculation et d'application exacte,
dans sa vie privée et sédentaire il chérissait les lettres où il trouvait un délassement, fréquentait la bi-

bliothèque et encourageait d'un conseil bienveillant le bibliothécaire novice qui en avait été chargé. Quand je courais aux rayons où se trouvait le volume qu'il demandait : « Ne vous pressez pas, me disait-il avec « bonté, vous trouverez plus tôt en réfléchissant d'a- « bord. » Je ne suis ici que l'écho des autres personnes qui, dans les mêmes fonctions, éprouvèrent cette même bienveillance affectueuse dont chacun était l'objet.

C'est par ce langage et surtout par ses manières attachantes qu'il gagnait les cœurs et obtenait l'ascendant qu'il exerçait invinciblement aux comités et au Conseil. Il était si calme dans ses discussions, si peu tranchant, quoique ferme dans ses décisions, qu'il remportait une victoire complète sur ses opposants, subjugués sans le savoir. Ce sang-froid, néanmoins, n'était pas de la lenteur ou de l'irrésolution. *Propositi tenax*, ses convictions étaient fixes et inflexibles. Un jour, au travers des portes du comité, nous l'entendîmes répondre à son adversaire : « Vous « vous obstinez à tort dans votre opinion. » C'est la première et l'unique fois peut-être qu'il avait, dans la chaleur du débat, employé un mot anti-parlementaire.

Il était valétudinaire et fuyait la société. Cependant malgré les souffrances cruelles qu'il ressentait même longtemps avant sa mort, arrivée le 6 juillet 1837, il n'avait pas cette irritabilité qui accompagne en général une infirmité physique. Il fut toujours affable, plein d'a-

ménité. Mais en réalité, combien cette santé si douloureusement éprouvée, en le condamnant à la solitude
hors des heures du devoir, a dû enlever à ses amis de
conversations intéressantes et instructives, de doctes
entretiens, de curieux souvenirs, de sages réflexions,
de détails variés et précieux pour la science!

Le silence du cabinet a pu seul nous en dédom-
mager, mais bien faiblement. Ses ouvrages impar-
faits, çà et là épars et disséminés, offrent de nombreuses lacunes. Un volume achevé en appelle un
second, resté en arrière, et qui sans doute ne verra
jamais le jour; vide irréparable, qui répand encore
plus de deuil sur la perte de cet homme supérieur,
qui ne mourra jamais tout entier, mais dont l'intelligence eût vécu d'une vie complète, s'il avait terminé ses œuvres ébauchées.

L'*Histoire du corps impérial du génie* est le plus important et le plus étendu de ses ouvrages. Louis XIV
et Vauban sont les deux grandes figures qui l'inspi-
rent. Le monarque omnipotent, qui eut le génie de
la guerre, s'y montre le fondateur de nos institutions
militaires par les siéges qu'il conduisit en personne,
par les nombreuses forteresses qu'il enleva à l'ennemi, par la ceinture des fortifications dont il munit
la France, par les ports et les canaux qu'il creusa et
qu'il vivifia en faisant jaillir d'un coup de son tri-
dent le commerce, la navigation avec des milliers de
vaisseaux et de marins. Vauban, le bras droit du
monarque créateur et son émule illustre dans cette

histoire dramatique, écrite d'un style énergique et nerveux, est mis en action avec ses conceptions prodigieuses et ses travaux gigantesques, qui deux siècles plus tard eussent peut-être préservé la France de l'invasion hostile, si Paris eût été revêtu de sa triple armure, comme Maubeuge, Mons, Dunkerque et tant d'autres boulevards qui furent, à différentes époques, la honte et le désespoir de l'ennemi.

M. Allent eût sans doute écrit davantage, s'il eût été moins utile, moins indispensable et surtout moins occupé. Il se dissipait trop dans l'éclat des assemblées publiques pour avoir le temps de se confiner dans l'ombre du cabinet. Et pourtant dans son glorieux et digne collègue du Conseil d'État, le grand Cuvier, quelle riche et luxueuse fécondité! quelle universalité vitale, substantielle et inépuisable! Dans Cuvier, la plus haute intelligence du dix-neuvième siècl si Napoléon n'avait pas existé!

M. Allent attachait néanmoins de l'importance au talent producteur, et je l'entendis un jour exprimer ses regrets à l'un de nos plus spirituels professeurs de littérature, qui a peu écrit pour le public en raison de ses trésors litttéraires.

M. Allent était humain, généreux et eut un désintéressement digne des grands citoyens de Rome antique. Pour aider ceux de ses parents qu'il savait dans la gêne, il se priva d'une partie de sa fortune. Aussi n'en laissa-t-il aucune à sa veuve et à ses enfants. Sa scrupuleuse délicatesse l'avait fait même renoncer à une haute position militaire avant le temps exigé par la loi et dont le bénéfice lui ouvrait une pension réversible sur sa veuve. Il avait donné sa démission de lieutenant-colonel du génie, dont il ne pouvait remplir toutes les fonctions. Le Conseil d'État qui eut toutes ses sympathies et auquel il fit ce noble sacrifice pour ne pas encourir le reproche d'un cumul, eut part à ses libéralités intellectuelles. La bibliothèque du Conseil d'État reçut de son vivant une foule de documents précieux de législation émanés des diverses commissions de révision qu'il avait présidées, de recueils d'arrêts et de lois, enfin ses œuvres et celles de ses chers concitoyens de sa ville natale, qu'il n'oublia jamais dans le tourbillon des affaires de la grande cité, et pour laquelle il conserva jusqu'au dernier soupir un attachement filial.

Aussi par un sentiment réciproque et sympathique, la ville de Saint-Omer a-t-elle voulu posséder son grand et vertueux citoyen par l'érection d'un monument qu'elle salue religieusement dans l'enceinte de ses murs.

Si Paris et le Conseil d'État, sa seconde patrie et sa sphère de prédilection, ne jouissent pas de sa vivante image et de son visible souvenir, c'est dans les cœurs que règne et respire ineffaçable la mémoire du magistrat guerrier. Il eut l'heureux et rare privilége d'être aimé et vénéré de tant d'illustrations militaires et civiles, qui le citent encore comme modèle.

Lettre de Mr le Baron De Gerando
à Mr Regnault, Bibliothécaire du Conseil d'État,
en lui indiquant l'Asile ouvroir.

Monsieur cher Monsieur,

Je vous remercie de tol votre obligeante question : vous trouverez ci-joint la réponse.

Recevez mes vœux pour un voyage que je vous envie, & dont vous rapporterez cer - tainement autant de fruit que de jouissance,

avec les nouvelles assurances de mon cordial Dévouement

B. DeGerando

LE BARON DE GÉRANDO.

Il n'y avait rien au-dessus de la bonté de son esprit
que celle de son cœur. On voyait en lui une vive image
et une noble expression de la candeur de nos pères et
de l'ancienne simplicité.

D'AGUESSEAU. *Discours sur la décadence*
du barreau.

N'est-ce pas une ironie, une anomalie au moins, de
placer dans ce coin obscur d'une sphère étroite et
d'un horizon borné l'homme dont s'enorgueillit la
France, que l'Allemagne adopta, que l'Angleterre ad-
mire, que l'Europe reconnaît et proclame pour un de
ses enfants, que les États-Unis bénissent, le philanthrope, le cosmopolite enfin, que le monde entier
chérit et salue d'un culte de respect et de reconnaissance ?

Lyon, où il vit le jour le 29 février 1772, fut le
berceau d'une vie dès le début aventureuse et dramatique.

Destiné comme cadet à l'ordre de Malte, mais
empêché d'y entrer par un obstacle imprévu, lors du
siége de Lyon, il s'enrôla dans un corps de troupes
qui fit une sortie malheureuse où le jeune soldat fut
blessé. Traîné dans cet état devant l'ennemi, il al-

19

lait passer par les armes, lorsque le commandant du
bataillon le couvrit lui-même de son corps. Jeté dans
les cachots du jacobinisme, où on lui donna pour
compagnon un assassin, puis un aliéné, il en fut tiré
pour comparaître devant le tribunal révolutionnaire.
Là il est encore miraculeusement sauvé de l'échafaud
par le chef du détachement, qui conduit à la mort
les prisonniers arrêtés, comme lui, les armes à la
main.

Proscrit ensuite et errant, retenu dans sa fuite par
les neiges et les glaces, il va succomber sans la main
secourable de Camille Jordan, son compatriote et
son parent, comme lui fugitif et qui le traîne jusqu'au village voisin ; ce même Jordan, qui, plus tard,
victime et frappé de proscription, est sauvé à son
tour par son ami.

Ces premières années d'une jeunesse aussi exposée, aussi romanesque, offrent un contraste plein
d'intérêt avec celles qui les suivent, avec les péripéties
graduées de cette carrière, où le mérite seul, jamais
l'ambition, pousse en avant cet esprit distingué avec
la maturité pleine, avec le glorieux déclin et la fin
sereine et majestueuse d'une existence si-utile et si
diverse.

Le jeune exilé est rentré en France, où il débute
par le service militaire. En l'an VII, il est chasseur
au 6e régiment en garnison à Colmar, lorsqu'il apprend que l'Institut a mis au concours la question de
savoir « quelle est l'influence des signes sur la for-

mation des idées. » La pensée de la traiter s'empare de cette âme ardente et méditative. Mais c'est le temps qui manque à sa volonté brûlante. Le terme du concours va expirer. N'importe, il se met à l'œuvre : « *fervet opus.* » Il l'a commencée, il la presse, il l'achève, au milieu d'une famille où il a trouvé l'amitié, où il trouvera un jour sa digne compagne. Ses hôtes s'empressent et se partagent la tâche de copier son manuscrit, à mesure que sa pensée couvre les feuilles volantes. Le mémoire est terminé et parvient à temps à ses juges frappés du mérite de la composition, étonnés surtout de la qualité de l'auteur qui a signé de Gérando, soldat, et qui ne prévoit guère en ce moment que, dans quarante ans, le soldat obscur deviendra pair de France. Il a remporté le prix, palme doublement glorieuse du talent littéraire et philosophique gagnée dans le tumulte des camps, et qui pour le soldat lauréat devint le rameau d'olivier. Car ce succès est un double bonheur. Il lui ouvre les portes de Paris et la carrière administrative, où il entre sous les auspices de Lucien Bonaparte, nom glorieux, symbole d'ordre et de prospérité, qui allait sauver et illustrer la France, et qui cinquante ans plus tard doit la sauver encore.

En l'an VIII, le ministre de l'intérieur le nomme membre du bureau consultatif des arts et du commerce près de son ministère, dont il est fait ensuite secrétaire général en dépit de ses répugnances pour les affaires publiques et que surmontent seuls les efforts et la persévérante amitié de M. de Champagny, son illustre patron.

Dans ce poste important près d'un ministère dont l'étendue à cette époque égalait quatre ministères d'aujourd'hui, dont les attributions embrassaient toutes les conquêtes impériales, M. de Gérando accompagne l'empereur et M. de Champagny dans ce célèbre voyage couronné par le sacre de Milan, qui fait moins éclater les pompes d'une fête qu'il n'est l'occasion de mesures de haute administration. C'est de Gérando qui en est presque exclusivement chargé. C'est encore lui que s'adjoint M. de Champagny dans la mission diplomatique d'incorporer la république ligurienne à la France.

Nommé maître des requêtes en 1808, puis membre de la junte pour l'organisation de la Toscane, il est dirigé avec une mission semblable sur les États romains privés de leur pontife et qu'il régit en ministre de l'intérieur.

A son retour, ayant exposé dans toute sa vérité la situation de Rome vis-à-vis de la France devant l'empereur dont l'air imposant et le silence glacial lui présagent une disgrâce, il est mandé le lendemain, et au lieu d'un arrêt qu'il attend, il reçoit pour prix de son noble langage, d'une bouche auguste et gracieuse, le titre officiel de conseiller d'État.

Est-il d'ailleurs un indice plus certain, un gage plus éclatant de la faveur impériale et de la haute estime où le tenait Napoléon, que le nom de Gérando attaché avec

celui de Caffarelli et autres aux cartes des contrées
lointaines conquises et francisées? Tant l'homme de
génie allait chercher parmi ceux qui l'entouraient et
savait trouver les plus dignes !

En 1812, de Gérando est nommé intendant général de la haute Catalogne, où la France s'était formé
deux départements, poste délicat et périlleux, dans
lequel, pour l'administrateur comme pour le soldat, il
y allait de la vie.

En 1814, lorsque Napoléon cède à l'invasion, ses
nobles serviteurs, ses pensionnés, ses amis, qui voudraient le suivre, sont retenus malgré eux à leur
poste par la même dynastie qui réclame leurs services au nom de la France.

Aux Cent-Jours, Napoléon envoie de Gérando en
qualité de Commissaire extraordinaire dans le département de la Moselle pour en organiser la défense.

Enfin la restauration s'établit. Mais elle n'a rien
ôté à l'administrateur, au conseiller d'État. Elle ne
fait qu'étendre ses emplois, amplifier ses missions,
accroître ses honneurs et ses récompenses. L'homme
indispensable traverse intact les révolutions. Les
trônes chancellent et s'écroulent. Le mérite reste
debout.

Quelle vie fut jamais plus remplie, plus accidentée?
Aussi quel homme, après avoir été battu de tant d'o-
rages et accueilli de retours si consolants, de joies si
douces et si imprévues, après tant d'épreuves dans ce

creuset d'où sa vertu, son esprit et son cœur sortirent
purifiés, quel homme, disons-nous, dut être plus
populaire que M. de Gérando, populaire par sa vie
privée, par sa sociabilité, par ses mœurs simples et
patriarcales, populaire par sa plume et ses écrits, qui
entrèrent dans les palais et sous le chaume, par ses
institutions de bienfaisance et de charité, par ses leçons magistrales et surtout paternelles à la jeunesse
studieuse des écoles qu'il aimait, par ses hautes et intelligentes discussions au Conseil d'État, dont il dé-
brouilla les affaires les plus épineuses et résolut les
questions les plus délicates? Supérieur au savant
d'Allemagne ou de Suisse, qui consacre toute une vie
à une seule œuvre, qui la poursuit d'un labeur opiniâtre et acharné, qui use et consume ses jours dans
son enfantement; supérieur à ces martyrs de l'étude
et de la science, auxquelles ils sont voués comme par
sacerdoce, mais qui n'ont rien vu, rien touché que
leurs volumes et leur plume, muette confidente de leurs
veilles souvent stériles, M. de Gérando a autant médité, a tout autant écrit; mais il s'est arraché au
cloître et au silence de son cabinet pour entrer dans
l'éclat de la vie publique. Il a interrompu plus d'une
page attachante pour visiter un hôpital, pour consoler
un pauvre. Il s'est dérobé au sanctuaire des lois et
de l'administration, pour courir où l'appelaient les
souffrances et la douleur, uni de cœur et de pensée
avec le vénérable duc de Larochefoucauld-Liancourt,
pour le développement de l'instruction élémentaire,

des caisses d'épargne et de toutes les formes de bienfaisance. A l'exemple d'un ancien célèbre qui avait
gagné plus de batailles et remporté plus de victoires
que les hommes n'en avaient lu, l'illustre moderne a
fondé plus d'asiles, ouvert plus d'institutions et présidé
plus de sociétés philanthropiques que le public n'en
connaît. Le bien, l'humanité, la charité chrétienne
furent sa pensée unique et sa poursuite dominante.

Au Conseil d'État, dans le sein d'une séance où le
rapport d'une affaire étrangère lui laissait une heure
pour lui-même, il en disposait pour la recherche
d'une belle action, d'un acte de courage et de dévouement, et notre bibliothèque eut le bonheur quelquefois d'occuper ainsi ses utiles loisirs.

Un jour qu'il parcourait, avec cette sagacité si pénétrante à chercher le bien, les annales maritimes,
qui fourmillent en traits de cette nature, ayant appris
son intention par une note qu'il me communiqua, et
où il me demandait les renseignements que je pour-
rais avoir à ma portée sur ce genre de mérites, je lui
signalai un ancien soldat, citoyen obscur, mais honnête et courageux, qui remplissait près de nous
l'humble emploi d'homme de peine. C'était ce même
individu qui avait sauvé la vie à deux femmes assail-
lies par un lâche assassin rue du 29 Juillet; elles étaient
déjà grièvement blessées; leur sang coulait à flots, et
elles allaient succomber sous les coups réitérés de l'a-
gresseur, lorsque leur brave défenseur, franchissant
la distance qui le sépare d'elles, accourt à leurs cris,

repousse le meurtrier, et au risque de ses jours parvient même à l'arrêter. M. de Gérando fut transporté de joie en apprenant ces intéressants détails qui allaient lui échapper sans moi, et, fermant immédiatement le livre, il s'occupa de l'homme qu'il était heureux de connaître. Tant la générosité réunit les rangs extrêmes et rapproche les distances ! Sous le costume du conseiller, sous la livrée du mercenaire battaient deux nobles cœurs qui s'étaient compris, et pour mieux les confondre, j'aimerais à voir paraître sur le sein du rude mais noble prolétaire le signe d'honneur qui brillait sur la poitrine du généreux philanthrope.

Que ne m'est-il donné d'avoir joui de l'intimité de cet homme si bon, si simple, et qui toutefois avait tant vu, tant semé, tant recueilli ? A combien de secrets je serais initié, heureux d'initier à mon tour les autres, s'ils aiment les traits de vertus privées ! Que de détails j'aimerais à publier ! Mais ils seront devinés par tous ceux qui ont connu M. de Gérando. Ce n'est qu'en passant que je rencontrai cet homme supérieur, et les moments rares où je l'entrevis furent pour moi des éclairs de bonheur. Car il ne me dit jamais un mot qui ne fût bienveillant. Jamais il ne m'adressait à la bibliothèque un billet qui ne fût affectueux. Il ne m'abordait que pour m'encourager, m'honorer d'une faveur ou me rendre même un service non sollicité.

Le professeur sortait un jour de son cours de droit

administratif, c'était une des dernières séances que
sa santé délabrée lui eût encore permises. Il m'aper-
çut au milieu de ses auditeurs bénévoles et s'empressa gracieusement de m'offrir une place dans sa
voiture et me ramena au Conseil d'État, où il allait
siéger après les fatigues d'une matinée déjà laborieuse. Le lendemain, je lui remis l'analyse de cette
séance où j'avais assisté et que j'avais rédigée à la
hâte d'après quelques notes fugitives. Il fut assez bon
pour ajouter à ce travail ébauché plusieurs remarques
jetées en marge, qui le complétèrent et le rehaussè-
rent à mes yeux.

C'est ainsi que cet homme éminent et modeste,
comme est le vrai mérite, encourageait le plus humble
mais aussi le plus sincère de ses admirateurs. Toutefois, cette affabilité si attachante et que des signes de
familiarité qu'il prodiguait faisaient prendre souvent
pour une habitude toute banale, n'était accordée qu'à
ceux qu'il croyait sympathiser avec lui. Profondément jaloux du bien des enfants de sa grande famille, celle des pauvres et des orphelins, il était
porté à favoriser surtout les personnes qui s'en occupaient.

Un jour, il m'avait envoyé le prospectus de l'une
des maisons qu'il avait fondées et qu'il encourageait
de toute sa sollicitude. Il attendait naturellement une
souscription que j'avoue, à ma honte, avoir négligée
d'abord. Je revis M. de Gérando quelques jours après.
Il me fit un accueil froid. J'y fus bien sensible, mais

je crus qu'il ne venait que de sa santé douloureusement éprouvée. Quelques mois s'écoulèrent ainsi, et
je déplorais ce changement qui m'affligeait d'autant
plus que j'avais toujours été comblé par lui des mar-
ques d'une aimable bienveillance. Enfin, je trouvai
dans ma conscience le motif de cette métamorphose,
et je voulus sur le champ réparer le tort de ma mémoire encore plus que celui de mon cœur. Un voyage
en Angleterre m'en fournit l'heureux prétexte. Je
priai M. de Gérando de vouloir bien avant mon départ me désigner une de ses œuvres favorites à laquelle je désirais concourir par une légère offrande.
Une réponse amicale dans laquelle il m'indiquait
l'*Asile-Ouvroir* fut la récompense immédiate de ma
proposition, qui me rendait le charme de sa familiarité
et me valut un billet de remerciements et de félicitations sur mon voyage qu'il m'enviait. J'ai soigneuse-
ment conservé ce billet comme un trésor.

L'Allemagne, dont il savait la langue et dont le caractère sérieux et abstrait convenait à son genre d'esprit profondément spéculatif, était le pays de son
choix et de sa prédilection. Il y était aussi et même
plus populaire qu'en France, où la spirituelle élégance, le vernis des belles manières et le prestige
d'une élocution facile et brillante sont en général pour
la multitude la mesure du mérite d'un homme. M. de
Gérando était simple et même agreste dans ses vêtements. Son ameublement était presque rustique. C'é-
tait le Fabricius moderne. Mais sous cette écorce

grossière, quelle politesse réelle, quelle délicatesse
du cœur et même de manières ! Quelle douceur et
quelle urbanité !

A Hambourg, où je dînais un jour chez M. Sieveking, sénateur et l'un des syndics de cette ville,
avec mon savant ami M. Eichhoff, bibliothécaire de la
reine des Français, je trouvai un second M. de Gérando, son rival heureux de bienfaisance, le docteur
Julius, le voyageur philanthrope et pénitencier des
États-Unis. Avec quel bonheur et quelle union nous
nous entendîmes pour faire l'éloge du philanthrope
français ou plutôt cosmopolite ; car la charité ne connaît pas de distinction de patrie, non plus que la bienveillance, ce langage universel qui se comprend
partout. Ce fut, en parenthèse, sous le toit hospi-
talier de l'aimable amphitryon de Hambourg et de sa
charmante et gracieuse compagne qui en fait si bien
les honneurs, que nous essuyâmes, mon ami et moi,
le rude assaut d'un docteur hollandais de la Frise,
voyageur comme nous ou autrement, avec sa respectable moitié. On parlait naturellement voyage,
et nous nous applaudissions d'être venus si loin,
puisque nous trouvions bon accueil, bon gîte et de
si dignes commensaux de pérégrination.

« Messieurs, nous dit brusquement le docteur en
« nous apostrophant devant le spirituel syndic, notre
« hôte, qui se mit à rire d'un début qui promet-
« tait, le docteur Julius, le baron de Gérando et
« moi peut-être, nous sommes vraiment voyageurs ;

« Car nous avons un objet, un but utile, le bien et
« la philanthropie. Mais *vous,* messieurs, dans quelle
« vue courez-vous le monde? A qui profitent vos
« tours pittoresques? Je vous appelle des voyageurs
« de luxe tout à fait inutiles. » M. Sieveking riait à
gorge déployée et l'hilarité des convives commençait, à l'instar de celle des dieux de l'Olympe, à
devenir inextinguible. Tous riaient, excepté nous,
que cette incartade avait un peu surpris et décon-
tenancés. Mais pourtant, me remettant du choc et relevant le gant pour soutenir et venger notre dignité
de voyageurs : « Monsieur le docteur, repris-je, nous
« ne courons pas le monde pour redresser des torts
« comme don Quichotte, et nous sommes loin d'é-
« galer ces nobles précurseurs et vous, messieurs,
« avec qui nous n'avons jamais prétendu rivaliser;
« nous voyageons pour notre instruction et observer
« les curiosités :

> Qui mores hominum multorum vidit et urbes.

« Nous sommes heureux et fiers de vous avoir ren-
« contré. » A cette repartie, M. Sieveking éclata de
nouveau. Le docteur Julius donna un signe appro-
batif; le docteur frison se dérida lui-même en me
donnant avec la main sa carte et une invitation pour
Groningue, et pour gage de ce défi moins hostile,
nous bûmes tous à la santé d'un cher absent, le
baron de Gérando.

Ainsi je trouvais là, comme dans les autres pays du

monde, comme en Italie, comme en Angleterre, son
nom prononcé avec amour par le malheur et la
reconnaissance, béni par le chrétien et le philanthrope; et si M. de Gérando n'avait pas été au-dessus de ces faiblesses qui ne chatouillent que les petites
âmes, il se serait vu avec orgueil montrer partout
au doigt comme l'orateur grec, que les passants, dans
les rues d'Athènes, indiquaient en disant : « C'est
lui. »

Ajouter au portrait de M. de Gérando serait le dé-
layer et l'affaiblir. Il n'a pas besoin de panégyrique.
Ses œuvres parlent et peignent leur auteur. Il n'a
besoin d'aucun crayon pour tracer ses vertus qui se
manifestent dans les monuments élevés de ses mains
et agrandis sous ses auspices, dans la bouche naïve
des orphelins qui lui doivent une seconde existence.
Il n'a besoin que de lui-même pour se proclamer.
Une odeur de charité le révèle à tous; un parfum de
vertu le trahit sous son enveloppe modeste.

Il fut, comme M. Allent, l'artisan de sa fortune et
s'éleva de son propre élan. Il fut multiple et complexe
dans ses fonctions, dans ses écrits, dans ses œuvres;
pair de France, conseiller d'État, jurisconsulte, professeur, membre de l'Institut, philologue, écrivain
pur et châtié, fondateur d'asiles et d'ouvroirs, surtout
promoteur de l'Institut des Sourds-Muets, son plus
beau fleuron, sa plus noble couronne et aussi l'objet de sa prédilection et de sa constante sollicitude.
Comme il encourageait, comme il caressait cette in-

stitution, qui.ne fut pas plus chère à l'abbé de l'Épée, son auteur et son père, à l'abbé Sicard, son glorieux promoteur! Quelle tendresse, que de soins, que d'attentions pour ses enfants adoptifs, dont il faisait sa propre famille! Comme il était jaloux de montrer son institution chérie aux étrangers, qui la prendront toujours pour modèle! Aussi s'empressait-il de les appeler aux leçons publiques qui avaient lieu chaque semaine. Me sachant moi-même en rapport avec des familles anglaises, il m'associait à son patronage pour mieux populariser cette œuvre chez nos voisins d'outre-mer. Chaque jeudi, il me chargeait de billets que je me hâtais de répandre, et j'étais bien payé de mes démarches par la joie paternelle de l'excellent M. de Gérando, que je remerciais plutôt moi-même d'avoir daigné me demander mon modeste, mais zélé concours.

Mais pourquoi chercher à louer, par de frivoles anecdotes, l'homme que louent bien mieux ses écrits, productions philosophiques essentiellement morales, au-dessus de l'analyse, et qui trouvent leur meilleur éloge dans elles-mêmes et dans leur application? Car elles sont dans toutes les bibliothèques, dans toutes les mains et surtout dans les cœurs. Les diverses facultés de l'esprit humain y sont presque toutes représentées par ce fidèle et consciencieux interprète de la nature humaine sous son plus noble aspect.

La philosophie y est représentée : 1° par l'*Histoire comparée des systèmes de philosophie;* 2° par la *Généra-*

tion des connaissances humaines ; 3° par Les signes et l'art de penser.

La morale : 1° par le *Perfectionnement moral* ou l'*Éducation de soi-même ;* 2° par *Les progrès de l'industrie considérés dans leurs rapports avec la moralité de la classe ouvrière.*

L'administration, par son grand et capital ouvrage, les *Institutes du droit administratif français.*

Les sciences : 1° par le *Cours normal des instituteurs primaires* ou *Directions relatives à l'éducation physique, morale et intellectuelle dans les écoles primaires ;* 2° par l'*Éducation des sourds-muets de naissance.*

L'économie politique : 1° par *Le Visiteur du pauvre ;* 2° et *La Bienfaisance publique,* l'œuvre consciencieuse de trente années, qui appartient au genre humain, c'est-à-dire à tout ce qui sent, tout ce qui souffre et a besoin de soulagement.

Mais puis-je citer, même en courant, cette foule d'autres jets précieux d'une plume inépuisable, toujours guidée par la philosophie et la morale, ces deux conseillères, ces deux Égéries célestes dont il s'est inspiré toute sa vie ?

Telles furent les élucubrations du penseur, du moraliste, de l'écrivain. Nulle de ses pensées ne fut une chimère, ni une idée stérile ou désorganisatrice, une de ces utopies éphémères de rénovation ou de prétendu perfectionnement, qui périssent faute de base et de vérité, en ébranlant la société tout entière.

Nulle de ses conceptions ne fut mystique ou irréalisable, puisque toutes sont traduites et en action. Entrez dans le temple des lois, dans la chaire des écoles, vous trouvez de Gérando lu, étudié, appliqué. Pénétrez dans le sanctuaire de la philosophie, de Gérando vous console et vous réjouit; une seule de ses pages réconcilie avec l'humanité. Assistez aux séances de nos académies, l'éloge de de Gérando, dans un concert d'hommages, est proclamé et couronné. Visitez les asiles, les hospices, la cabane du pauvre; s'ils possèdent une bibliothèque, de Gérando l'occupe et la remplit. Il en est l'âme. C'est le manuel du directeur, du fondateur de toutes les sociétés philanthropiques et charitables, et si le pauvre n'a pu lire son *Visiteur,* le nom en est venu jusqu'à lui. Que dis-je? C'est son ange qui lui est apparu. Il l'a secouru, il l'a soulagé; l'apôtre infatigable de la bienfaisance lui a réservé jusqu'à la dernière heure d'une si précieuse vie, terminée le 10 novembre 1842, *les restes d'une voix qui tombe et d'une ardeur qui s'éteint.*

BOULAY (DE LA MEURTHE).

La capacité, la probité, le courage et l'application
font la perfection du conseiller d'État, et le concours
de toutes ces qualités doit se rencontrer en sa personne (*Testament politique du cardinal de Richelieu*).

Après plus de deux siècles ces mêmes qualités sem-
blent avoir été réunies et vérifiées à un degré éminent
dans la personne de M. Boulay (de la Meurthe),
l'homme capable et probe par excellence, le patriote
courageux et éclairé, le parfait conseiller d'État.
Chez lui ces qualités furent mises en action et con-
spirèrent pour le bien public. Napoléon jugeant
à Sainte-Hélène l'illustre père du vice-président de
la république par ces mots : « Boulay est certaine-
ment un brave et honnête homme », a sanctionné ce
rare et beau caractère.

Ces vertus de famille, ces qualités paternelles se
sont révélées dans ses deux estimables fils dont la
France aujourd'hui s'honore. Dignes héritiers de
l'ami de l'empereur, ils ont le droit d'adopter la devise que leur a conférée une bouche impériale, cet
oracle sacré de la France.

Antoine-Jacques-Claude-Joseph Boulay (de la
Meurthe) naquit à Chaumousey, village des Vosges,

20

le 19 février 1761. Resté de bonne heure orphelin, il fut recueilli par un oncle curé aux environs de Nancy, qui, employant son modeste héritage aux frais de son éducation, l'envoya au collége de Toul. Il y fit de solides études, fut reçu avocat en 1783 et vint à Paris exercer sa profession.

La révolution, près d'éclater, lui réservait un brillant avenir. Sacrifiant néanmoins dans la première crise, à la patrie en danger, ses études si chères et le barreau où il commençait à se faire un nom, il s'enrôla comme volontaire en 1792, sous Kellermann qui le conduisit à la bataille de Valmy. Une maladie grave le ramena dans ses foyers, où nommé juge au tribunal de Nancy, sa modération le fit destituer presque aussitôt après. Reprenant alors du service dans un bataillon dirigé sur les lignes de Wissembourg, il fut promu au grade de capitaine.

Les mesures de réorganisation de l'armée rappelèrent de nouveau M. Boulay dans les murs de Nancy. Mais persécuté par le parti exagéré de l'époque, frappé d'un mandat d'arrêt, il dut fuir et se réfugier dans une retraite isolée des forêts des Vosges.

Il lui était réservé, comme à tous les hommes de conscience et de cœur qui surgirent alors, de mériter dans sa vie les honneurs d'un double ostracisme. Proscrit par la terreur de 1793, il devait l'être plus tard par la restauration de 1815; car Boulay, après vingt-deux ans, était resté toujours le même.

Le 9 thermidor lui permit de quitter son asile et

de revenir à Nancy. Il ne tarda pas à y être nommé président du tribunal civil et peu après accusateur public du département, fonctions dans lesquelles il s'attira la confiance et l'estime générales.

En l'an V, Boulay, élu député au conseil des Cinq-Cents par le département de la Meurthe, se déclara dès son début le partisan de la liberté des cultes; il en réclama la tolérance illimitée, sans entrave et sans persécution, avec la restriction du serment des prêtres; par une sagacité inconcevable, pressentant la crise du 18 brumaire, il osa dès lors prédire que plus tard un homme se rencontrerait *d'une profondeur d'esprit incroyable, politique habile,* qui se ferait des prêtres réfractaires des instruments et des appuis en leur garantissant la liberté de l'autel.

Boulay, secrétaire du même Conseil en l'an VI, appuya le projet relatif à la formation des listes des jurés, et opina sur la faculté de destituer les accusateurs publics; il fut aussi le défenseur zélé des associations populaires repoussées avec fureur par le parti clichyen, comme l'un des obstacles les plus insurmontables à ses projets.

Nommé rapporteur de la commission du salut public, qui devait instruire sur la conspiration du 18 fructidor, il en signala le fil, les ressorts les plus cachés, les agents, le but, et indiqua la déportation comme le moyen le plus efficace pour purger la république. L'horreur du sang lui faisait proscrire l'échafaud, et ce fut à la condition que l'échafaud ne

serait point relevé que le généreux Boulay s'était
chargé du rapport sur cette conspiration.

M. Boulay fut élu le 1er nivôse de la même année
président du Conseil des Cinq-Cents. Réélu président
du même Conseil en l'an VII, il fit ajouter au serment
de fidélité à la république et à la Constitution de l'an
III, la clause ayant pour objet de s'opposer au rétablissement de la royauté et au retour de toute espèce de
tyrannie.

Dans un moment où le mot de constitution est à
l'ordre du jour et dans toutes les bouches, il est curieux de voir Boulay (de la Meurthe), dans la séance
du 8 thermidor an VII, en donner une définition
exacte, qui peut être à la fois une leçon instructive.
Puisse l'à-propos et l'instantanéité de cette question
nous faire pardonner une courte digression dans
notre course :

« Qu'est-ce que la Constitution? demandait l'orateur. C'est un code de lois fondamentales contenant
l'organisation de pouvoirs séparés et distincts, se
maintenant dans une indépendance mutuelle et dans
une balance égale. Cet état n'est-il pas l'opposé de
celui d'anarchie? Ainsi jurer fidélité à la Constitution, n'est-ce pas implicitement promettre de s'opposer au retour de l'anarchie? Il pourrait donc paraître aussi inutile de parler, dans le serment, de
royauté que d'anarchie; ces expressions de haine à
une institution monarchique et à un état de désorganisation insupportable, succédant au vœu de fidé-

lité à la république et à la Constitution de l'an III, sont de véritables doubles emplois, des redites, des pléonasmes.

« Considérons le peuple français et voyons quelles sont les affections, les sentiments, l'espoir ou les craintes de telle ou telle partie.

« La plus grande partie conçoit une horreur légitime et louable du système monarchique; elle en regarderait avec raison le retour comme le plus horrible fléau. Il lui faut une garantie dans le serment dont nous nous occupons contre le retour de cette royauté qu'elle abhorre et dont elle serait la victime. Cette garantie, j'ai dit qu'elle la trouvait dans le serment de fidélité à la république; mais dans cette classe de citoyens patriotes, comme dans toutes les autres, il est une foule d'individus incapables de concevoir le sens et la valeur d'une idée métaphysique et surtout d'en tirer une conséquence. Le serment de s'opposer au retour de la royauté parle beaucoup mieux à leurs sens et à leur imagination, il leur offre une garantie plus réelle, il calme mieux leurs inquiétudes. Ces hommes sont, pour la plupart, des amants passionnés de la liberté; ils sont jaloux, je dirai même exclusifs. Il faut leur donner une garantie particulière, et je la trouve dans cette formule : Je promets de m'opposer de tout mon pouvoir au retour de la royauté en France.

« Il faut voir une autre portion du peuple français et calmer ses inquiétudes, lui offrir aussi la garantie

qu'elle réclame. Cette portion craint le régime de
1793 et le retour de la terreur. Je crois cette crainte
chimérique; nous serions nous-mêmes les victimes de
ce régime atroce; nous avons constamment proclamé
nos principes à cet égard; mais il faut respecter l'o-
pinion et, si on le veut, la faiblesse de la masse nombreuse, éclairée, amie de l'ordre, qui a besoin du repos et de l'industrie; elle veut une garantie contre le
retour de la terreur. Il faut la lui donner. »

A ces observations le sage législateur ajoute ces réflexions sur ce régime en lui-même et sur ses causes
véritables. « Le régime de 1793 n'est point l'ouvrage
des patriotes exagérés. Il est la faute du temps, des
dangers publics, d'une erreur commune; il est la
faute de tout le monde; l'ignorance des vrais principes, les passions portées au dernier degré d'exal-
tation, les haines, les vengeances, la soif ardente du
pouvoir, l'ambition démesurée et surtout la résistance opiniâtre des classes privilégiées appuyées des
forces de la coalition, voilà les causes du régime de
1793.

« Ce régime a fait incontestablement le plus grand
mal à la France. Je n'en dissimulerai pas les effets
remarquables, les grands résultats.

« Il semblait avoir mis la nature en fermentation
et ne pouvait plus produire que des prodiges; mais la
force même de son action devait en arrêter le mouvement. Il avait épuisé la France, dévoré toutes ses
ressources. Les législateurs les plus distingués, la

portion la plus courageuse du reste de la convention étaient mis hors la loi ou plongés dans les cachots; le reste était frappé de stupeur; le reste était dominé par le comité de salut public, dominé lui-même par la commune conspiratrice et par une société qui, livrée à des étrangers, dictait au sénat ses lois sanguinaires. Quel citoyen pouvait alors compter sur la liberté, sur la vie? Quel citoyen pourrait aujourd'hui être accusé pour en craindre le retour? Il faut donc aussi à cette classe une garantie formulée contre le retour de ce régime, dans la formule même du serment.»

L'éloquent orateur, après ces lignes, précis brillant et complet de nos annales révolutionnaires, énumérait les autres tyrannies qui avaient succédé à la tyrannie sanguinaire de 1793 :

Après le 9 thermidor, la tyrannie réactionnaire qui vengea par des crimes nouveaux les crimes de 1793;

Après le 13 vendémiaire, la tyrannie qui s'organisa dans les conseils et pesa sur le directoire;

Après le 18 fructidor, la tyrannie du directoire sous laquelle gémirent les deux conseils.

Il proposait donc d'élever contre cette tyrannie qui, à diverses époques et sous diverses formes, avait pesé sur la France, une barrière insurmontable dans la clause qui en abolissait pour jamais le retour.

Le vote du courageux Boulay contre elle fut le même que celui qu'il lança contre l'empire, vote toujours dicté par un patriotisme pur, par des prin-

cipes fixes et invariables, par une conscience droite
d'honnête homme.

Les séances des 27 et 28 fructidor an VII mani-
festèrent l'inébranlable fermeté de Boulay dans son
poste éminent et périlleux. Un projet de résolution,
conçu en ces termes, venait d'être proposé.

« Le corps législatif déclare au peuple français que
« la patrie est en danger, que sa liberté et sa consti-
« tution sont menacées par des ennemis intérieurs
« et extérieurs. »

Le président se prononça contre la motion.

Une foule de membres s'écrièrent : *Aux voix, l'urgence;* d'autres : *La question préalable*, demandant la
parole de leurs bancs ou se précipitant de leurs places à la tribune.

Augereau s'y élance en élevant la voix que les cris
et le désordre empêchent d'entendre. Chalmel lui
succède : à ses gestes, une partie des membres se
lèvent en criant : *Oui, oui, sauvons la patrie.*

Au milieu de cette scène de désordre, le président,
calme et digne, persiste dans son refus de mettre la
motion aux voix.

Augereau, ne se possédant plus, court vers lui, et
dans son langage militaire et énergique, accompagné
de la démonstration la plus menaçante, le somme de
mettre aux voix la proposition. « Non, lui répond
Boulay, non, je ne veux point mettre aux voix la proposition de déclarer la patrie en danger. » Son adversaire, bondissant de fureur, semble prêt à l'as-

saillir, lorsque Bérenger[1], bouillant alors de jeunesse
et d'ardeur, le repousse vigoureussement en faisant
un rempart de son corps à son collègue. Le président
se couvre ; la tribune est évacuée, et le calme par degrés
se rétablit. Le président se découvrit alors : « Je prends
« le Conseil à témoin, dit-il, que j'ai rempli mon devoir
« dans cette circonstance déplorable. Je dois rendre
« compte de ma conduite à la France entière. Je me
« suis couvert. J'ai dû le faire. Dans l'état de désor-
« dre où était le Conseil, il était impossible de déli-
« bérer. S'il y retombait malheureusement, si les
« mêmes écarts se manifestaient, je déclare que je me
« couvrirai de nouveau et qu'on m'arrachera du fau-
« teuil avant de me forcer à rien mettre aux voix. »

Le 28, on procéda à l'appel nominal sur la proposition de déclarer la patrie en danger; le résultat fut
contre.

Boulay, par sa résistance énergique, venait de sauver le pays d'un double péril, de la fureur du jacobinisme et de la réaction des royalistes ou, comme on
disait, des *Russes* du corps législatif. S'il avait cédé, le
premier parti triomphait et ses excès eussent amené
le déploiement d'une force extraordinaire pour servir
la contre-révolution, et peut-être l'invasion des hor-
des ennemies déchaînées et vomies sur la France.

---

[1] C'est ce même Bérenger, bonhomme simple et naïf, que nous
avons connu. *Quantùm mutatus ab illo!* Quelle âme sous cette rude
écorce ! Sa notice, et celles de trente conseillers d'État, sont prêtes à
éclore, si le public, en accueillant celles-ci, daigne encourager les
autres.

Cependant la Constitution de l'an III, vicieuse et faible digue contre le retour de dangers imminents et le reflux du flot révolutionnaire, était menacée tôt ou tard de s'affaisser sous un second régime de terreur.

Dès lors et comme d'un élan spontané, Boulay, Sieyès et tous les partisans d'une réforme se réunissent en faisceau pour résister au choc; mais en voulant affermir et sauver la république, ils préparent eux-mêmes et hâtent le 18 brumaire par lequel elle doit périr.

Boulay remplace Lucien Bonaparte à la présidence d'une commission législative intermédiaire créée dans la soirée du 19. Le 1er frimaire, il est chargé de développer les bases de la Constitution consulaire.

Ce devoir accompli, Boulay, suivant ses désirs, était entré au tribunat, lorsque le nouveau gouvernement lui ouvrit le Conseil d'État et le porta spontanément à la présidence de la section de législation.

Ce fut de cette sphère supérieure que, justifiant une si haute confiance, il ne cessa de déférer à la discussion du corps législatif les projets arrêtés dans la section de législation. Il apporta le tribut de ses lumières à l'élucubration du Code civil, le plus glorieux monument du siècle, dont il fut un des laborieux et habiles architectes.

Le 6 thermidor an IX, il présenta à la discussion le chapitre premier du projet de loi sur les *personnes* qui jouissent des *droits civils et sur celles qui n'en jouissent pas.*

« On peut, ajouta-t-il, d'autant moins refuser des
« droits civils au fils de l'étranger lorsqu'il naît en
« France, que la Constitution lui donne des droits
« politiques. »

Il présenta ensuite la section II instituée : *De la
perte des droits civils par une condamnation judiciaire.*

Tronchet objectait que la mort civile faisant cesser
les droits civils, on ne pouvait laisser au condamné
la portion de vie qui lui était nécessaire pour devenir
successible au préjudice de parents honnêtes, et que
ce serait donner à celui contre lequel s'élevait la présomption d'une condamnation la préférence sur celui qui jouissait de la plénitude de la vie civile.

« La loi criminelle, répondit Boulay, telle qu'elle
« existe aujourd'hui, ne frappe pas le condamné d'une
« mort civile absolue et telle qu'elle lui enlève tous
« ses droits, mais d'une quasi mort civile qui ne lui
« imprime que quelques incapacités. Ce système a
« été introduit en faveur de l'innocence; en effet,
« l'homme le moins coupable peut avoir de justes
« motifs de craindre les préventions; il peut vouloir se
« mettre à l'écart pour apprendre par la procédure
« s'il doit se confier à l'impartialité de ses juges ou
« redouter les manœuvres de ses ennemis.

« La question, au surplus, n'a d'intérêt que pour
« les héritiers appelés, à défaut du condamné, à re-
« cueillir les successions qui peuvent s'ouvrir pendant
« le délai de cinq ans. C'est en leur faveur que la sec-
« tion propose de suspendre pendant un temps les

« effets de la mort civile, afin que leur mort ne dé-
« pende pas de l'hypothèse de la révocation du juge-
« ment. »

Le 28 frimaire an X, Boulay succéda dans l'administration du contentieux des domaines nationaux à
Regnier, nommé grand juge, ministre de la justice.
Pendant cette administration, où il instruisit quatre
mille affaires, qui toutes furent jugées en conformité
avec ses conclusions, il eut le secret d'épuiser, par un
travail opiniâtre de neuf années, toutes les matières
de ce département, au point de le rendre inutile et de
le faire supprimer.

La restauration, plus tard, trouva la jurisprudence
qui garantissait les acquéreurs de biens nationaux
établie si régulièrement et sur des bases si équitables,
qu'elle dut la respecter. Le plus bel éloge de l'administrateur est dans la bouche ou plutôt dans le silence
de ses propres adversaires. Les émigrés, rentrant par
la réaction de 1815, ne conçurent pas un soupçon,
n'élevèrent pas le nuage d'un seul doute sur l'équité
qui avait présidé à la gestion de leurs biens.

Boulay (de la Meurthe), qui était absent au moment
du vote pour le consulat à vie et s'était prononcé au
Conseil d'État contre l'établissement de l'empire, embrassa néanmoins cette forme politique. Il s'attacha
par degrés au chef du gouvernement dont l'attrac-
tion irrésistible subjuguait invinciblement et enchaî-
nait à son char tout ce qui aimait la gloire. Il seconda
loyalement Napoléon sur le trône, comme il s'efforça

de le soutenir sur le piédestal au moment où la fortune l'en fit chanceler.

Il reprit, à la fin de 1810, la présidence de la section de législation. Appelé à siéger au Conseil privé, et plus tard au Conseil de régence, les avis qu'il y ouvrit, dans cette double attribution, montrèrent l'homme sage, courageux et indépendant.

En 1813, il conseilla à Napoléon de faire droit aux griefs du corps législatif; et s'opposant de toute son éloquence à sa dissolution en 1814, s'efforça de rétablir l'harmonie entre les pouvoirs.

A l'époque de la crise et de la catastrophe, quand le Conseil de régence agita la question du départ de l'impératrice, Boulay (de la Meurthe) soutint avec véhémence et énergie, que « bien loin de fuir, Marie-Louise, impératrice des Français, devait monter à cheval, prendre son fils entre ses bras, parcourir Paris, le faire insurger, et se réfugier ensuite à l'hôtel de ville, pour s'y défendre jusqu'à l'arrivée de l'empereur. » On a remarqué, en effet, que jusqu'au moment où il fut officiellement notifié que Marie-Louise avait abandonné la ville, les armées étrangères s'abstinrent scrupuleusement de diriger les feux sur le point où l'impératrice pouvait être atteinte.

Ces deux avis, dignes et patriotiques, si l'un ou l'autre avait été suivi, contenaient le salut de l'empire et peut-être les destinées de la France.

Pur de toute fonction publique pendant la première restauration, Boulay (de la Meurthe), lors des Cent-

Jours, fut nommé pour la troisième fois président de la section de législation et ministre d'État, et administra la justice concurremment avec Cambacérès. Il fut le principal rédacteur du rapport sur la déclaration du congrès de Vienne, du 13 mars 1815, et de la déclaration des principes du Conseil d'État, du 25 mars même année. C'est lui qui fut aussi l'auteur du fameux art. 67 de l'*Acte additionnel*.

Représentant du département de la Meurthe, il proposa à la chambre, le 7 juin, de prêter, dans la séance impériale du 8, le serment de fidélité à l'empereur, et annonça le 16 qu'une lettre datée du 15, trois heures du matin, adressée par Napoléon au prince Joseph, son frère, instruisait celui-ci de l'imminence des hostilités. Enfin, il communiqua à la chambre des députés le rapport fait au sénat par le duc de Vicence, ministre des relations extérieures, et appuya de toute son énergie, dans la séance du 23, la proposition de M. Defermon, tendant à ce que la chambre se prononçât par acclamation en faveur de Napoléon II. La chambre motiva l'ordre du jour qu'elle adoptait d'après les propositions de M. Boulay, sur ce que Napoléon II était empereur de droit et de fait, en vertu des constitutions existantes.

Après l'abdication de Bonaparte, il fut chargé, par la commission du gouvernement provisoire, du portefeuille de la justice; mais le retour du roi le lui fit bientôt perdre.

Enveloppé dans l'ordonnance de bannissement du

24 juillet 1815, et peu de jours après arrêté à Paris, il se retira à Nancy avec la permission du ministre de la justice; mais il fut enlevé par les Russes à l'instigation des autorités royales qui, s'étant alarmées de sa présence, le firent transporter à Saarbruck. Il laissa bientôt cet asile pour Halberstadt, qui fut sa résidence jusqu'en 1819, époque où il alla habiter Francfort.

A la fin de 1819, après quatre ans et demi de proscription, la France rouvrit ses portes à l'illustre exilé. Il se retira au milieu de sa famille, et voué désormais à des études silencieuses, il vécut étranger aux intrigues politiques, et s'abstint de toute concession au système aristocratique et sacerdotal du jour.

Les journées de juillet 1830 auraient pu engager Boulay (de la Meurthe) à reprendre ses anciennes armes si habilement maniées dans des temps critiques et difficiles. Mais il avait goûté la jouissance de lui-même et le calme vivifiant du travail du cabinet. Il se contenta de l'accueil honorable du nouveau roi, qui appela le second de ses fils au Conseil d'État, dont il est une des lumières.

Le législateur, conseiller d'État, fut encore un écrivain distingué et fécond. Ses ouvrages, frappés de main de maître, ont placé l'auteur au rang des historiens sérieux.

Les deux principaux sont :

1° « Un essai sur les causes qui, en 1649, ame-
« nèrent en Angleterre l'établissement de la répu-

« blique, sur celles qui devaient l'y consolider et sur
« celles qui devaient l'y faire périr. »

2° « Un tableau politique du règne de Charles II et
« Jacques II, derniers rois de la maison des Stuarts. »

L'auteur, dans le premier de ces ouvrages, sous le
voile des allusions, prédisait la chute du gouvernement dictatorial, et dans le second, fruit des médita-
tions de l'exil, annonçait avec la même sagacité le
renversement de la branche aînée des Bourbons.

Boulay (de la Meurthe) termina à Paris, le 3 février 1840, à l'âge de quatre-vingts ans, une pure et
utile existence que le citoyen et le politique peuvent
se proposer pour modèle. Peu d'hommes ont laissé
de si profonds et de si affectueux souvenirs. Les qualités privées du citoyen autant que les talents du politique ont inspiré une vive sympathie aux honnêtes
gens de toute la France. Il lui était réservé de la servir encore après sa mort, dans ses deux fils, auxquels il a transmis l'héritage d'un beau nom et d'un
noble caractère. Aussi est-il déjà jugé par l'opinion
non d'un public de coterie, comme disait Portalis,
mais du public de l'histoire, du public de la postérité.

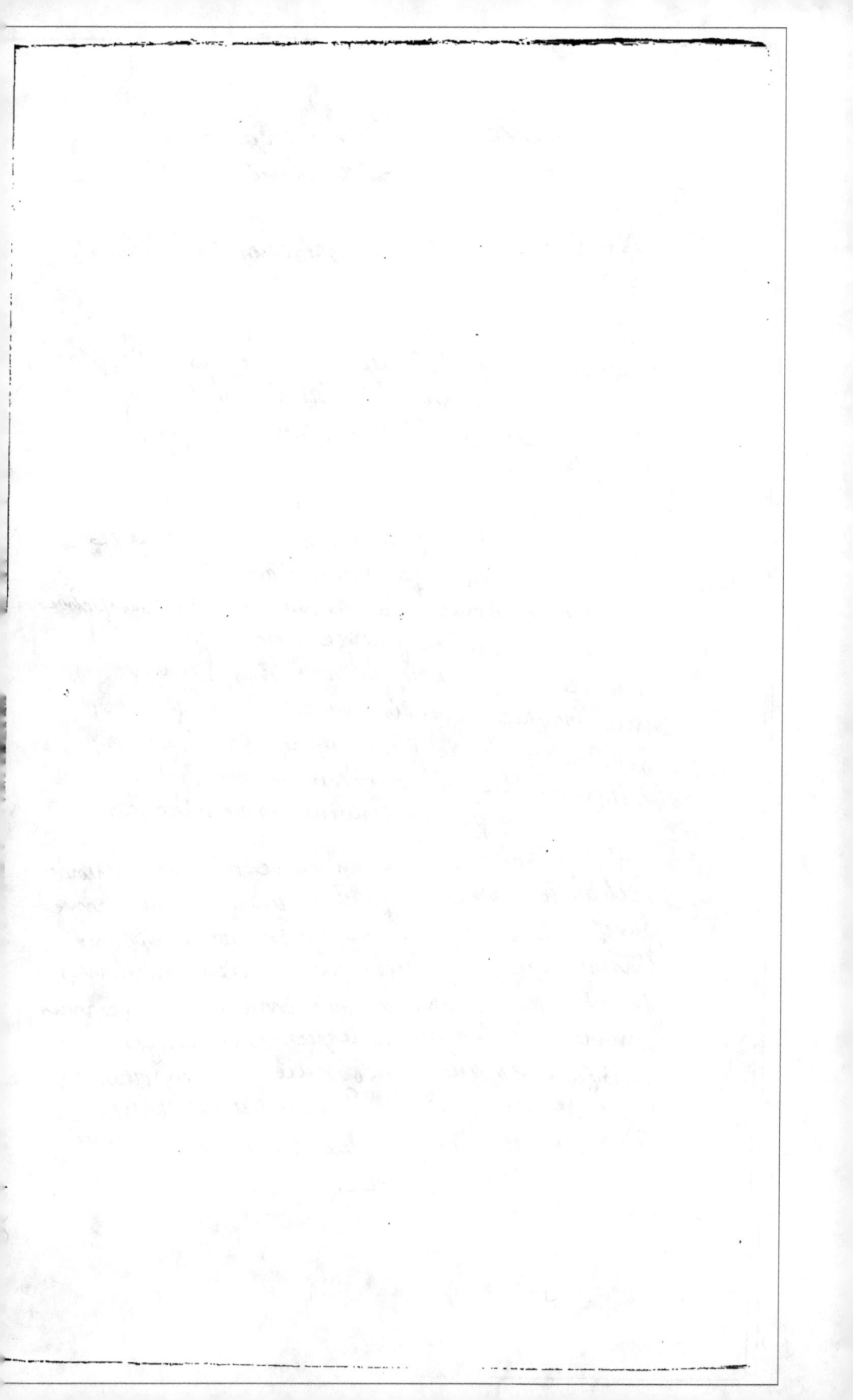

Lettre de Tronchet.
du 21 Floréal AN IX.

Au Citoyen Muraire président du Tribunal
De Cassation.

A une Beauté faire sa cour,
c'est fort bien fait quand on est sûr de plaire;
Mais pour servir les belles et l'Amour,
ne vous déplaise, cher Muraire,
il est fort mal d'oublier ses amis
et de manquer à ce qu'on a promis.
Trois fois au moins j'ai vu la Décade renaître
depuis que vous m'avez flatté
d'en donner une à mon réduit champêtre
animé par ce doux espoir
tout ici s'apprêtoit à vous bien recevoir.
mes bosquets reverdis ont repris leur parure;
Flore re avoit de fleurs chargé sa chevelure;
L'infidèle beauté, tout comme vous hélas!
promet souvent; et ne tient pas:

Mais, tandis que je m'amuse à rimailler pour
rechauffer votre indifférence, ou gourmander votre
paresse, le tems s'écoule; et je vois s'éloigner
l'instant que je désire.. prenez bien garde, vous
m'avez desja tant de fois trompé que je vous
persécuterai jusques à ce que vous m'ayez
satisfait et que j'aye obtenu par importunité
ce que je ne voudrois devoir qu'aux sentimens
d'estime et d'amitié que je vous ai voués.

Tronchet

TRONCHET.

« Tronchet était l'âme du Conseil d'État, il avait
« un esprit éminemment profond et juste. »

Tel est le jugement de Napoléon, dont la justesse
d'esprit fut elle-même si grande et la connaissance
des hommes si profonde, sur le jurisconsulte homme
d'État qui avait déjà parcouru la moitié de sa carrière quand il entra dans le conseil impérial. La révolution, en éclatant, l'avait trouvé sexagénaire. Partisan des réformes nécessaires qui devaient en sortir,
l'égalité des droits, l'égalité des impôts, l'abolition de
la féodalité et promoteur de toutes les améliorations qui
nous sont assurées aujourd'hui, il n'en était pas moins
un défenseur zélé de l'ordre public. Étranger à la fureur
inconsidérée des innovations dangereuses, il avait
attendu la crise de 1789 avec trente années de travaux
assidus et avec la plénitude du savoir et de l'expérience.

Tronchet, né à Paris le 23 mars 1726, se consacra
de bonne heure à la jurisprudence. Chez lui l'imper-

21

fection physique d'un organe sans timbre et sans vibration sonore le rendait plus propre aux études solitaires et au silence du cabinet. Ménageant donc ses forces pour les travaux des comités et surtout pour ceux de la législation civile, il abandonna aux nombreux athlètes parlementaires de cette époque les luttes politiques de la barre et l'éclat de la tribune. Toutefois, malgré ce défaut, il eut l'honneur de succéder à l'illustre Gerbier dans l'ordre des avocats, en 1789. Le corps électoral l'envoya à la constituante, dont il fut le président en 1791. Ce fut lui qui, dans la séance du 2 avril, annonça à l'assemblée nationale une nouvelle qui retentit douloureusement par toute la France.

« J'ai une fonction bien pénible à remplir, » dit-il (et un murmure sourd se répandit successivement dans toutes les parties de la salle; on entendit ces mots plusieurs fois répétés : « Ah! il est mort! »), « je dois vous annoncer la perte prématurée que vous « venez de faire de Mirabeau l'aîné. Je ne vous rap- « pellerai pas les applaudissements que vous avez « donnés si fréquemment à ses talents; il a des titres « bien plus grands à nos regrets et aux larmes que « nous versons sur sa tombe » (un morne silence régna dans toute l'assemblée). « On fait la motion, « ajouta Tronchet, d'envoyer une députation aux fu- « nérailles de Mirabeau » (un très grand nombre de voix s'écrièrent spontanément : « Nous irons *tous*, « *tous*. »

C'était l'illustre mort qui, présidant l'assemblée nationale, disait : « Messieurs, veuillez faire silence, M. Tronchet parle, et il n'a pas autant d'organe que de lumières. » Il lui avait cependant donné, pour son attachement aux principes et sa persévérance à les défendre, le surnom de *Nestor de l'aristocratie.* Il entendit par là, sans doute, plutôt le Nestor, patriarche imposant toujours à l'assemblée par son irrésistible ascendant, que le Nestor, l'éloquent orateur des lèvres duquel les mots coulaient comme le miel. S'il avait eu ce don céleste de la parole, il eût été peut-être un plus heureux défenseur d'une royale victime.

Louis XVI, accusé, réclama ses conseils, et Tronchet s'arracha de la retraite qui le cachait alors pour voler au secours de l'infortuné monarque, à qui il prêta l'appui d'une voix amie mais impuissante. L'autorité d'un défenseur politique plus que la plaidoirie d'un avocat eût peut-être sauvé Louis XVI, si Louis XVI avait pu être sauvé.

La place du jurisconsulte, le rôle du législateur avaient été déjà marqués dans les travaux de la Constitution naissante.

Les titres divers des *successions,* des *testaments,* des *partages,* de l'ordre *judiciaire,* des *jurés,* des *droits féodaux,* des *redevances foncières,* attestent éloquemment pour quelle part Tronchet concourut à leur rédaction.

L'an VIII le vit figurer à la tête de la commission des cinq cents pour la préparation du Code civil, où il

fit prédominer la plus grande partie de nos lois municipales sur les institutions du droit romain. Pres-
qu'au même instant la cour de cassation le choisissait
pour son président. La commission du Code civil
ayant été reformée, le réélut encore pour fonder ce
grand monument, auquel il était bien digne d'attacher
son nom. C'est dans les conférences du Conseil
d'État, dans ses laborieuses et profondes discussions,
qu'il faut chercher l'empreinte du talent du savant
jurisconsulte ; c'est là qu'il a gravé en caractères ineffaçables le cachet de sa haute capacité.

En ouvrant au hasard le volume où sont consignées
ces immortelles conférences, qui ne sont encore qu'un
pâle reflet de discussions palpitantes et lumineuses,
le 25 frimaire an II, la discussion du titre des *successions*, à l'art. 8, manifesta au grand jour la science approfondie du grave juriste, curieux investigateur de
l'ancien droit français.

Cet article saisissait de plein droit les héritiers
« légitimes des biens, droits et actions du défunt,
« sous l'obligation d'acquitter toutes les charges de
« la succession ; mais les enfants naturels, l'époux
« survivant et la république devaient se faire envoyer
« en possession par justice dans les formes qui se-
« raient déterminées. »

Le consul Cambacérès approuvait l'article en soi,
mais il voulait qu'on le rédigeât d'une manière moins
absolue, afin de ne rien préjuger contre l'institution
d'héritier.

« Il y avait dans l'ancienne législation, dit le citoyen
« Tronchet, cette différence qu'en pays de droit écrit
« la succession testamentaire était la première, et, par
« une suite de ce principe, l'héritier institué était
« saisi de plein droit; en pays coutumier, au con-
« traire, la qualité d'héritier n'était deférée que
« par la loi; ainsi l'on ne pouvait prendre que de
« la main de l'héritier les legs universels ou parti-
« culiers.

« Une autre différence encore était, qu'en pays de
« droit écrit on pouvait disposer par testament de
« l'universalité de ses biens, au lieu qu'en pays cou-
« tumier il existait des réserves, d'où il résultait que
« l'héritier naturel devait être saisi et délivrer les legs
« afin qu'il pût examiner si le testateur n'avait pas
« passé les bornes que lui donnait la loi.

« Le Code civil doit faire cesser cette diversité qui
« semblait diviser la France en plusieurs nations;
« mais comme il ne s'agit pas de rompre les habitudes
« des Français, et que le législateur est réduit à
« choisir, il a semblé juste de préférer les habitudes
« les plus universelles, qui sont celles des pays coutu-
« miers. [1] »

Un dernier trophée devait couronner les travaux
opiniâtres et les services éclatants de l'illustre disciple
de Montesquieu. Il fut porté sur la chaise curule du
sénat par le triple et unanime suffrage du tribunat,

[1] *Discussion du projet de Code civil.*

du corps législatif et du premier consul, qui déclara lui donner le sien comme au premier jurisconsulte de France.

Pour achever son portrait, puis-je mieux le finir qu'avec le pinceau de son éloquent collègue Delamalle :

« Cette supériorité de raison que nous lui recon-
« naissons pour qualité première et qui se compose
« de la pénétration, de la rectitude et de la force de
« l'esprit, le faisait triompher avec une étonnante
« facilité des questions les plus ardues et les plus
« compliquées.

« A travers l'exposé le plus embarrassé et les dé-
« tails les plus nombreux, comme tous les hommes
« forts il allait droit à l'obstacle; il touchait à l'instant
« la difficulté, la saisissait, la dénouait, et la simpli-
« cité de la solution paraissait un miracle.

« Telles furent ces fameuses réponses de l'école
« romaine, appelées *responsa prudentum* et devenues
« les lois de l'univers.

« Ses antagonistes pouvaient dire de lui ce que di-
« sait Démosthènes, quand Phocion se levait pour lui
« répondre : «Voici la hache qui va trancher mes dis-
« cours. »

« M. Tronchet avait encore cette qualité des esprits
« supérieurs que, quoiqu'il connût sa force, il n'avait
« ni présomption ni entêtement.

« Cette qualité précieuse fit rechercher avec em-
« pressement ses avis par le public et par ses propres

« confrères. Les plus habiles de son temps ne dé-
« daignèrent point de s'éclairer à ce flambeau.

« Les avocats chargés de plaider les causes dont il
« était le conseil trouvaient en lui un solide appui et
« des ressources infinies.

« Et toi aussi, le plus brillant de nos orateurs et
« le dernier de nos maîtres, Gerbier, tu sus appré-
« cier ce jurisconsulte ; tu désiras ses avis, tu le
« choisis pour second, et tu ne manquas point de
« nourrir ton éloquence de sa raison ; si la réplique
« de ton adversaire avait pu t'étonner, tu venais près
« de lui toucher la terre et prendre de nouvelles for-
« ces pour retourner au combat. »

Le digne successeur des Ulpien et des Papinien,
Tronchet, profond jurisconsulte, législateur éclairé,
l'auteur de plus de 1,800 mémoires et factums, Tronchet, historien et philosophe, joignait à ces titres graves et sévères la palme légère de la littérature. Dès sa
première jeunesse, pendant que Thémis occupait
son esprit, les Muses avaient eu son cœur. Poëte,
il sacrifiait aux Grâces, et le penseur sérieux, sous
une austère enveloppe, cachait un cœur tendre et
sensible qui se laissait surprendre par les charmes
de l'harmonie.

Ce fut dans cet asile sacré, dans ce port du repos
sur la terre, prélude du champ du sommeil suprême,
que s'éteignit l'amant toujours jeune des Muses,
le cygne eutonnant son hymne funéraire.

Tronchet, octogénaire, mourut à Paris, le 10 mars

1806. Ce fut le premier sénateur dont les restes eurent les honneurs du Panthéon. Mais le Conseil d'État cherche en vain aujourd'hui la statue dont la place avait été marquée au sein de cet aréopage, théâtre de ses longs et glorieux travaux.

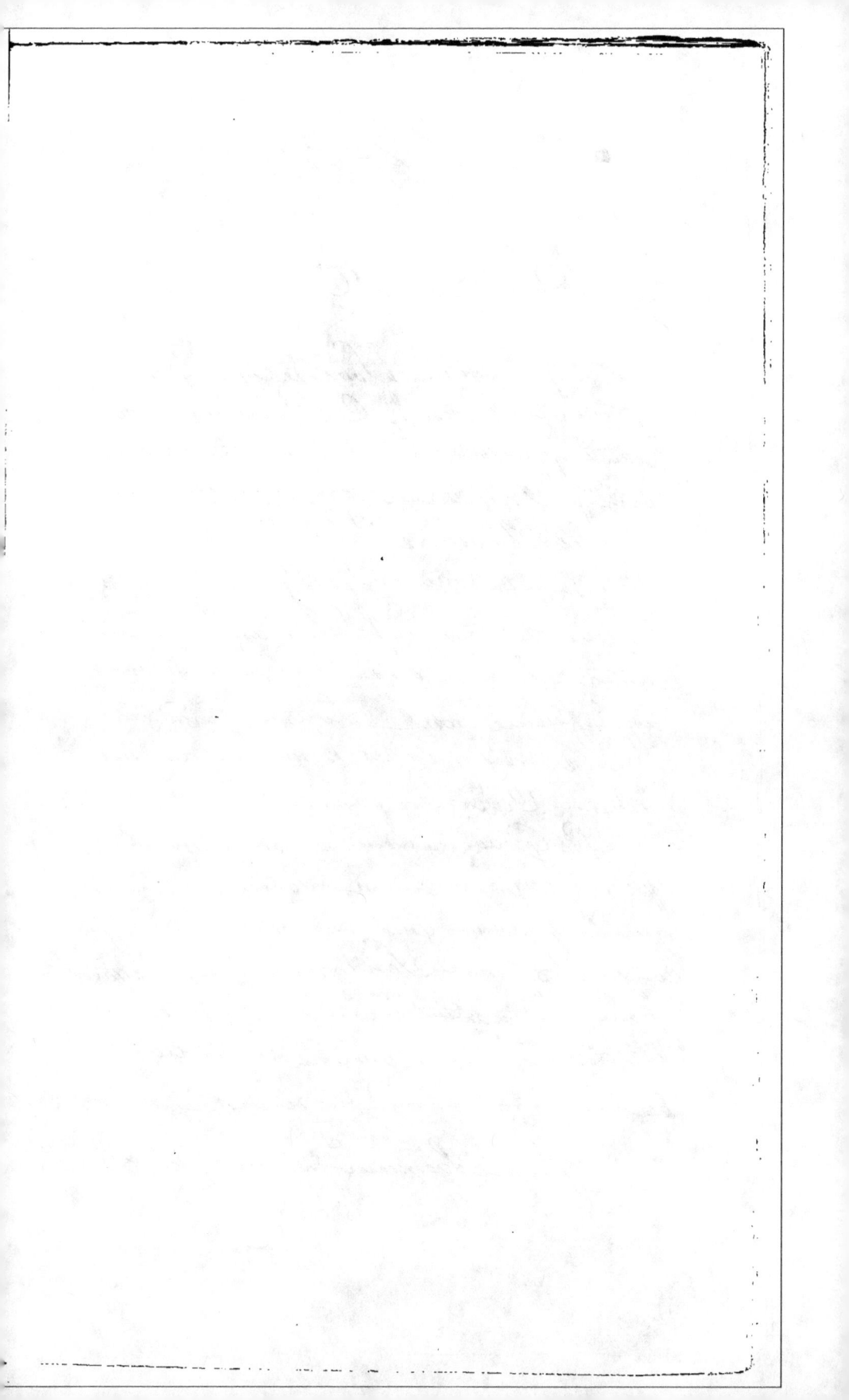

Lettre du C.te Portalis

du 13 frimaire AN 11

Au Président du Tribunal de Cassations.

J'ai mis sous les yeux du premier Consul, Citoyen Président, la question que vous m'avez proposée de vive voix, S'il n'y aurait point d'inconvénient à célébrer dans le Palais de Justice, une Messe Le jour où Le Grand-juge ira présider le Tribunal de Cassation. Des actes religieux sont libres, mais ils ont une influence utile, Surtout quand ils sont exercés par des hommes revêtus d'un Caractère public.

Le Gouvernement a pensé qu'il ne pouvait y avoir aucun inconvénient à ce que le premier Tribunal de la République, consacrât par Son Exemple le respect pour les institutions religieuses Si étroitement liées avec le maintien de la morale et des mœurs.

J'ai l'honneur de vous saluer.

Portalis

PORTALIS.

Ex ejus linguâ melle dulcior fluebat oratio.
CICÉRON.

Nommer Portalis, c'est désigner l'un des inter-
prètes les plus éclairés du Conseil d'État, l'un des
rayons les plus éclatants du consulat et de l'empire;
c'est proclamer le Code civil sorti en partie de ses
mains, et rappeler le Concordat, ce palladium des
libertés gallicanes; c'est, en un mot, exprimer l'orateur et l'homme vertueux par excellence.

Portalis (Jean-Étienne-Marie), né en Provence, à
Beausset, le 1er avril 1746, était le digne rejeton
d'une famille vouée depuis longtemps à la magistrature. Il avait, pour soutenir ces honorables traditions,
reçu de la nature les dons les plus précieux, une rare
vivacité d'esprit et une élocution d'une élégance exquise, reflet de l'éclat de son imagination. Il débuta
au parlement d'Aix, et dès l'âge de vingt-deux ans
il égalait les plus célèbres orateurs du barreau. Ses
progrès y furent si rapides que dans la suite, et tout
jeune encore, on lui adjugea par acclamation la palme
de l'éloquence.

Après la publication de divers écrits remarquables qui le mirent en relief, il attira sur lui, en 1782, l'attention publique et la renommée populaire par deux causes civiles fort importantes, qu'il plaida contre deux personnages fameux de cette époque, Beaumarchais et Mirabeau. La seconde se passa en présence de l'archiduc et de l'archiduchesse d'Autriche. Mirabeau se défendit lui-même contre sa femme, qui le poursuivait en séparation de corps. Portalis, avocat de cette dernière, battit son adversaire, à qui son ardente et fougueuse éloquence fit perdre son procès. Mais aux élections du tiers état, s'étant porté comme candidat en concurrence avec ce redoutable antagoniste, il éprouva cette fois la supériorité écrasante de ce rude et vigoureux athlète. Il dut céder aux circonstances. La nature tendre de Portalis, son genre de talent délicat et gracieux, son âme douce et sensible n'étaient point en harmonie avec le fracas d'une révolution, et quand la tempête de 1789 vint à éclater, il fut forcé de fuir et de se cacher à Lyon, à Villefranche et à Paris, qui le protégèrent en vain; découvert dans cette dernière ville, arrêté et jeté en prison, il ne dut qu'au 9 thermidor son retour à la liberté. Il fut député, en 1795, au conseil des anciens, par l'assemblée électorale du département de la Seine. Sur ce grand théâtre son éloquence, exercée par de vastes sujets, prit un sublime essor, mais toujours pour faire le bien et secourir un frère. Le premier essai de ce don de la parole, qui tenait chez lui du

prodige, l'initiative de cet ascendant d'un beau caractère, brillant par la vertu plus encore que par l'é-
clat du talent, furent consacrés au soulagement de
l'infortune et au salut du clergé non assermenté. Il le
sauva de la déportation, ainsi que les malheureux
émigrés jetés par la tempête sur les côtes de Calais;
mais à peine put-il se sauver lui-même. Proscrit par
le directoire, le 18 fructidor an V (4 septembre 1797),
il courut chercher un asile en Suisse et dans le Hol-
stein. Victime des événements et des hommes, cet
esprit doux et conciliant, dans l'exil comme au milieu de la tourmente, n'accusa jamais personne de
ses malheurs, qu'il n'imputa qu'à *la force irrésistible
des choses et aux chances inévitables des révolutions.*
Cependant le consulat apparaît et la France respire.
Tout ce qu'elle a de citoyens généreux et éclairés en
salue l'heureux avénement. Portalis, grâce au bienfait de celui qui l'a sauvée et la gouverne si glorieusement, y rentre lui-même en triomphe. Il inaugure
par un discours mémorable son retour et ses fonctions
de commissaire du gouvernement près le conseil des
prises. Il est dès lors constitué dans sa sphère et ne
tarde pas à s'y rendre utile en travaillant à un chef-
d'œuvre. De concert avec Maleville, Tronchet et Bigot
de Préameneu, en vertu de l'arrêté du 24 thermidor
an VIII, il rassemble les diverses législations existantes, mais éparses. Après un travail consciencieux
et une élucubration approfondie qu'il a poursuivis
avec une constance infatigable, il élève, avec ses di-

gnes collaborateurs, ce monument immortel qui a
fait luire l'ordre où régnait le chaos.

Portalis, après en avoir jeté la première pierre,
l'inaugure en ces termes au sein du Conseil d'État :

« Le moment est arrivé où votre sagesse va fixer
« la législation civile de la France. Il ne faut que de
« la violence pour détruire. Il faut de la constance,
« du courage et des lumières pour édifier. »

Si l'on veut dès lors suivre Portalis dans la carrière,
pour prendre un exemple entre mille, dans cette
question vitale du divorce, il faut voir ce législateur
remonter à son origine et tracer l'historique si curieux de cette institution antipathique du mariage,
la rechercher dès le principe comme une répudiation
de la femme par le mari, comme l'abus de la force
contre la faiblesse ; dans les mœurs sauvages, ayant
presque toujours la violence pour cause ; disparais-
sant chez les Romains pendant plus de cinq siècles
devant une loi répressive et vengeresse qui forçait
l'époux usant du divorce d'abandonner à la femme
répudiée la moitié de ses biens et l'autre moitié à la
religion. Il faut suivre l'historien jurisconsulte montrant la religion chrétienne qui survient et influe sur
la matière ; Justinien qui, pour se rapprocher des
préceptes religieux, défend le divorce par consentement mutuel et ne le permet que pour les causes
les plus importantes.

Il est piquant de voir le grave censeur citer Juvé-
nal disant d'une femme qui avait l'habitude d'user

du divorce, qu'elle pouvait compter le nombre de ses
années par le nombre de ses maris[1]; mais, reprenant bientôt son caractère de réformateur, prouver, les documents à la main, que dès qu'on voulut
rétablir les mœurs par l'austérité des lois on mit des
entraves au divorce, et, chose étonnante! que l'Évan-
gile qui l'interdit a été suivi en ce point par tous les
législateurs; preuve la plus forte peut être que les
mœurs corrompues ne repoussent pas toujours les
lois sévères. Car tous les hommes aiment naturellement la morale, quoique peu la pratiquent; et les lois
morales ont du moins l'avantage de restreindre les
vices en leur imprimant une flétrissure d'opinion qui
les rend moins actifs en les forçant à se cacher.

Le majestueux édifice, le Code Napoléon, était debout. La France avait eu son Justinien et ses Trebo-
nien s'entredictant leurs sages réglements, traduits
bientôt en des actes de justice et de raison. Elle demanda un législateur religieux. Portalis, en 1802,
présenta au corps législatif son *Concordat*, qui fut
adopté en 1804.

Pour récompenser son mérite et ses vertus, le
grand Napoléon lui confia, en 1806, le ministère des
cultes, aux applaudissements de la France entière. A
quelles mains plus dignes que celles de l'auteur du
Concordat pouvait se remettre une mission aussi délicate?

[1] Sic crescit numerus, sic fiunt octo mariti
Quinque per autumnos... (Juv. *Sat.* VI).

Le Conseil d'État, dans ses travaux les plus impor-, tants, avait pu apprécier ce beau talent, digne des premiers orateurs de Rome et d'Athènes.

Un des épisodes de l'administration de Portalis est le rapport qu'il présenta à l'empereur, le 19 février 1806, sur le double anniversaire du couronnement et de la bataille d'Austerlitz, qui dut être célébré le 1er décembre dans toute l'étendue de l'empire.

« Sire, disait le ministre des cultes, deux grandes « fêtes doivent être, au milieu de nous, les signes « permanents des grandes choses opérées par votre « génie. L'une rappellera l'union sainte de la paix et « de la justice; la France réconciliée avec elle-même; « le christianisme reprenant sa divine et salutaire in- « fluence; la morale recouvrant ses tribunaux; les « tribunaux, une puissance qu'ils ne tiennent pas des « lois; les lois, une sanction céleste; un Code nouveau « adapté aux progrès des idées et à la stabilité des « principes; une organisation nouvelle de tout l'or- « dre social rajeuni, quoique replacé sur ses anti- « ques bases, vivifié par un nouvel esprit et par de « nouvelles formes; en un mot, elle sera destinée à « perpétuer le souvenir de notre régénération inté- « rieure.

« L'autre célébrera le rétablissement de ce gouver- « nement vraiment national, qui donne un père à la « patrie et qui, supprimant les convulsions intestines, « communique à l'ordre politique la marche douce et « paisible de l'ordre de la nature; cette splendeur qui

« rejaillit du trône sur les citoyens et les embellit
« aux yeux des nations étrangères. »

Portalis passa, vers la fin de 1807, au ministère
de l'intérieur, et aurait continué longtemps encore à
servir l'administration et le pays qu'il avait doté de
si riches institutions ; mais des travaux plus qu'humains et absorbant toute une existence avaient usé
dans cette nature vivace un organe dont une soif insatiable de science l'avait fait abuser. Un affaiblissement sensible de la vue le menaçait d'une complète
cécité. Cette affliction mêlait d'amertume ses jours
d'ailleurs si fortunés.

Portalis, en effet, devint et dut rester aveugle. Le
vertueux chrétien se courba sous la volonté divine.
Sa constance et sa résignation sublimes, son calme
et sa sérénité, sa douceur et son égalité d'âme l'accompagnèrent même encore au sein de ses fonctions
qu'il reprit, et le ramenèrent au milieu de ses collègues, qu'il ne vit plus, mais qu'il voulut encore entendre.

Comme le vieil Appius de l'antiquité : « *Senex et*
« *cæcus, intentum animum tanquam arcum habebat.* »

L'empereur daigna, de ses bienveillantes paroles
et de ses bontés impériales, adoucir cette cuisante
et irremédiable affliction.

Portalis supportait donc son état sans impatience,
et sa bonne santé faisait espérer qu'on le posséderait
encore longtemps, lorsqu'il fut frappé, en 1807, d'une
mort inopinée. La sensation qu'elle produisit fut im-

mense et profonde, en détruisant l'illusion qui avait
flatté l'attente générale.

Sa famille, ses collègues, le Conseil d'État et l'empereur lui-même, qui l'avait en si haute estime, lui
payèrent un tribut de regrets. Napoléon, pour mieux
honorer sa mémoire, commanda que son image fût
empreinte sur le marbre et la toile, comme elle est
gravée dans les cœurs.

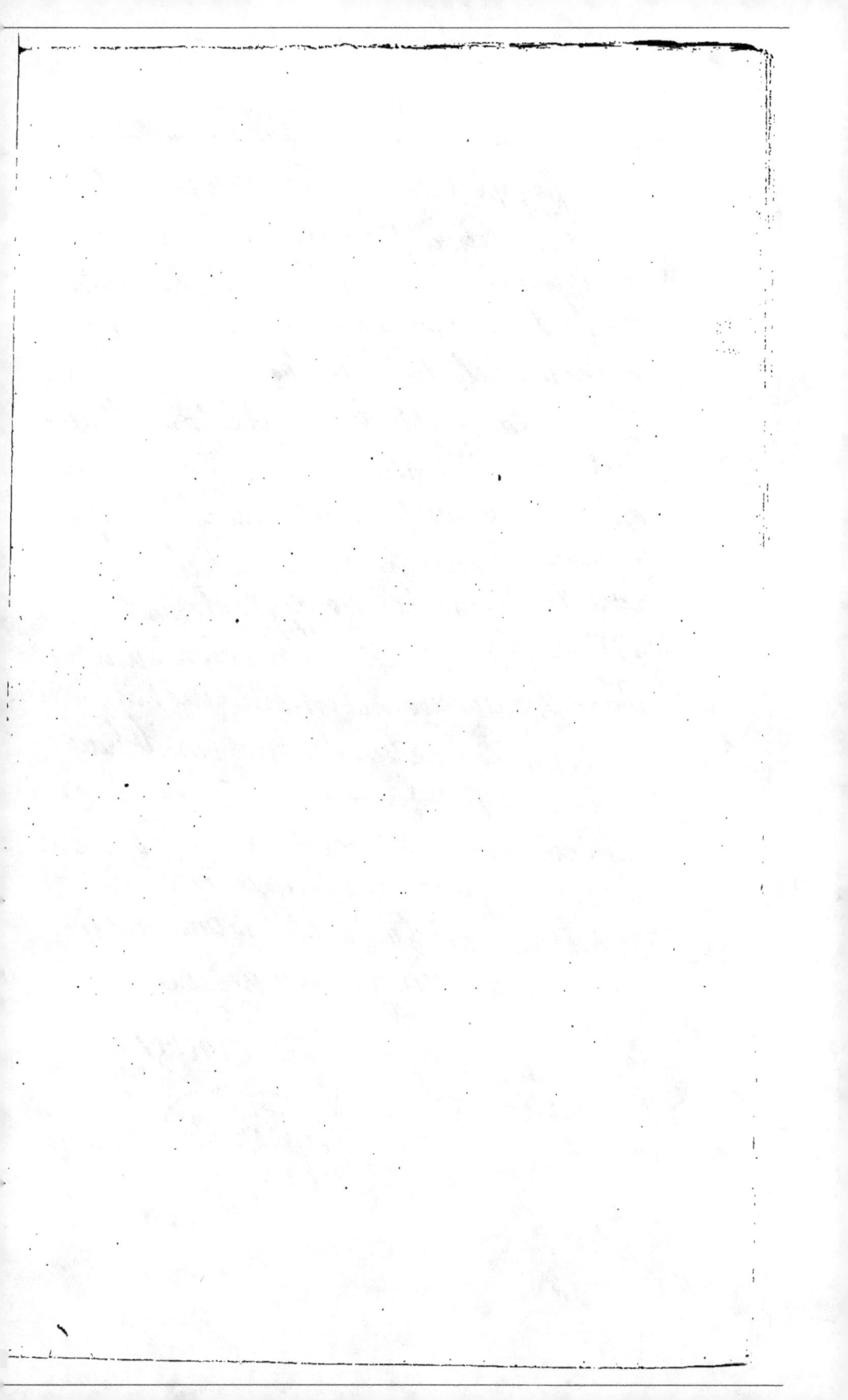

Je prie La Commission de
l'instruction publique de vouloir
bien prendre en considération les trois
objets suivans relatifs au Citoyen
d'ajou sculpteur célèbre

1° L'affaire de la partie de son attelier
cédé au C.^{en} Deseine sculpteur, et que
le Cit. Dajou réclame comme lui appartenant, puisqu'il a acheté La
construction de cet appartement.

2° Le Buste de Beauvais en marbre
dont l'éxecution lui est attribuée par Décret.

3° une Statue de marbre blanc
faisant pendant à celle d'houdon,
et qui représente l'étude. Le C.^{en} Dajou
demande qu'on lui prenne cette
Statue qui lui a été commandée
par l'ancien gouvernement.

30 Ventose an 3.

Fourcroy
Reprisant.
du peuple

FOURCROY (DE).

Quid est jucundius *sapientis vitâ* stipatâ studiis juventutis?

CICÉRON.

Il y a un puissant intérêt, mais aussi une difficulté de plus à tracer l'esquisse d'une vie multiple ou à double facette, celle du conseiller d'État apôtre de la science. Fourcroy, ainsi que Cuvier, nous offre cet attrait séduisant ou plutôt cet écueil; car, au lieu de glisser sur le savant, malgré mon indignité, je me plais trop souvent avec lui et j'oublie mon sujet et mon but, le Conseil d'État.

Antoine-François, comte de Fourcroy, né à Paris le 15 juin 1755, eut à lutter dès l'enfance contre la mauvaise fortune, et fut réduit pour vivre à une humble place de scribe. Il avait même été sur le point de se faire comédien, et le serait devenu sans l'exemple d'un de ses camarades, qui fut injustement et impitoyablement sifflé devant lui. La vue d'un tel châtiment non mérité le dégoûta de cette ingrate carrière.

Le grand anatomiste Vicq-d'Azyr décida sa vocation pour la médecine. Il l'encouragea et le soutint au dé-

22

but de cette profession épineuse qui allait coûter au jeune adepte six années d'études assidues, au milieu des besoins les plus pressants et dans un état profond de dénûment et de détresse ; mais, comme tous les esprits fermes et persévérants, il vainquit les préjugés et la fortune. Les obstacles s'aplanirent devant l'ardeur généreuse et le travail opiniâtre de l'intrépide sectateur de la science.

Admis à exercer la médecine et pressé d'arriver au but, il choisit pour l'atteindre la voie des travaux scientifiques, dont pour lui les branches principales furent la chimie, l'anatomie et l'histoire naturelle.

Ayant été reçu anatomiste en 1785, il s'attacha néanmoins de préférence à la chimie. Un jour, fasciné, entraîné par Bucquet, le professeur, qui pressentait dans le jeune Fourcroy l'héritier de son talent, il monta en chaire, ému d'abord et le cœur palpitant ; mais se rassurant bientôt et maîtrisé par son sujet, possédé du *dieu qui le domptait,* il parla deux heures devant un public étonné et charmé de trouver, dès le début, dans le néophyte un professeur consommé. Le savant chimiste lui prêta plus tard son amphithéâtre et son laboratoire.

Lorsque la chaire de chimie, par la mort de Macquer, vint à vaquer en 1784, Buffon, intendant du Jardin du Roi, reçut, en faveur de Fourcroy, plus de cent lettres des autorités les plus graves. L'opinion et la voix publique le portaient à cette chaire, recherchée en même temps par un antagoniste redoutable, le célèbre Berthollet. L'illustre patron de l'histoire naturelle hésita d'abord entre ces dignes rivaux; mais les recommandations déterminèrent son choix pour le brillant professeur. Celui-ci, en cette occasion, remporta le double triomphe du suffrage public et les applaudissements de son concurrent lui-même, qu'il devait servir à son tour en propageant ses propres découvertes.

L'amphithéâtre du Jardin des Plantes fut pour M. de Fourcroy, pendant plus de vingt-cinq ans, l'arène de ses expériences et comme son unique patrie.

Le grand Cuvier compare les établissements publics où des maîtres célèbres ouvrent à la jeunesse studieuse les trésors de la science, aux écoles de l'antiquité fréquentées par des disciples choisis, de toutes les sectes, mais admirateurs du talent et du génie sous toutes les formes de la parole et de l'éloquence.

« Il faudrait être, dit-il, Platon et Démosthènes « pour donner une idée des leçons de Fourcroy. » Sans aller aussi loin, une page de Cuvier lui-même peint ces leçons en traits graphiques et profonds :

« Enchaînement dans la méthode, abondance dans « l'élocution, noblesse, justesse, élégance dans les « termes, comme s'ils eussent été longuement choi-« sis ; rapidité, éclat, nouveauté, comme s'ils eussent « été subitement inspirés ; organe flexible, sonore, « argentin, se prêtant à tous les mouvements, péné-« trant dans tous les recoins du plus vaste auditoire :

« la nature lui avait tout donné. Tantôt son discours
« coulait également et avec majesté ; il imposait par la
« grandeur des images et la pompe du style. Tantôt,
« variant ses accents, il passait insensiblement à la
« familiarité ingénieuse et rappelait l'attention par
« des traits d'une gaieté aimable. Vous eussiez vu
« des centaines d'auditeurs de toutes les classes, de
« toutes les nations passer des heures entières pres-
« sés les uns contre les autres, craignant presque de
« respirer, les yeux fixés sur les siens, suspendus à
« sa bouche, *pendent ab ore loquentes*. Son regard de
« feu parcourait cette foule ; il savait distinguer dans
« le rang le plus éloigné l'esprit difficile qui doutait
« encore, l'esprit lent qui ne comprenait pas ; il re-
« doublait pour eux d'arguments et d'images ; il va-
« riait ses expressions, jusqu'à ce qu'il eût rencontré
« celles qui pouvaient les frapper ; la langue semblait
« multiplier pour lui ses richesses. Il ne quittait une
« matière que quand il voyait ce nombreux auditoire
« également satisfait. »

L'amphithéâtre du Jardin des Plantes dut être élargi
deux fois, toujours trop étroit pour cette foule accou-
rue de la capitale, des villes étrangères, de tous les
pays les plus éloignés qui envoyaient leurs missionnaires pour entendre cet apôtre de la nouvelle chimie.

Fourcroy entra comme député, en 1793, dans la
convention nationale. Que n'eut-il pas à souffrir, en
contact avec ce nouvel ordre de choses, et ces hom-

mes zélés persécuteurs des Condorcet, des Lavoisier, de tous ceux qui honorent la science et l'humanité? Il eut au moins la sagesse de se taire et répondit par un digne et victorieux silence aux reproches publics dont il fut assailli. Il resta calme et impassible au milieu de l'orage.

Ce ne fut que plusieurs mois après le 9 thermidor, au sortir de tant de secousses violentes, qu'on le voit respirer et reprendre sa noble attitude et son majestueux caractère.

L'instruction publique mutilée, détruite, veuve de ses colléges, de ses académies, de ses universités, et privée même d'un organe pour faire connaître ses maux et exprimer ses souffrances, demandait une main salutaire et réparatrice pour guérir ses plaies nombreuses et profondes. L'on sentait le besoin impérieux de rétablir les écoles de médecine supplantées par des *écoles de santé*, de leur rendre leurs examens et leurs diplômes, et de faire revivre les médecins, les chirurgiens, titres supprimés par l'égalité, persécutrice des choses et des noms.

De Fourcroy, membre du comité de l'instruction publique et du conseil des anciens, participa à la création des trois écoles fondamentales appelées à réorganiser la France : l'École polytechnique, dont l'idée fut conçue et exécutée primitivement par l'illustre Monge, sous le titre d'*École centrale des travaux publics*, devait disséminer les hautes sciences et les populariser dans toute la France.

Les *Écoles centrales* allaient infiltrer l'instruction dans chaque département, et l'*École normale* planter la pépinière des maîtres; mais celle-ci ne fut alors qu'ébauchée dans ces derniers jours du règne désorganisateur de la convention.

L'Institut reconnaît et honore M. de Fourcroy comme un de ses fondateurs. C'est d'après le plan original et en conformité avec les magnifiques conceptions de sa pensée créatrice que cet illustre corps, chargé de la mission de développer les progrès des sciences et de régler la marche de l'enseignement public, devait faire propager les lumières par ceux mêmes qui les avaient fait jaillir.

Sorti en 1798 du conseil des anciens, il profita de cette suspension de ses travaux législatifs pour rédiger et écrire en dix-huit mois, tout entier de sa main, l'ouvrage immense des *Connaissances chimiques.* Mais le savant quitta sa retraite et ce loisir éphémère, toutefois si fécond, pour rentrer dans l'éclat de la vie politique.

Ayant échappé ainsi aux écueils révolutionnaires des assemblées nationales, contre lesquels le savant pacifique vint se heurter sans y périr comme les Bailly, les Condorcet et les Lavoisier, Fourcroy fut appelé au Conseil d'État sous le gouvernement consulaire. La dignité de conseiller d'État lui fut conférée à vie. C'est là qu'il reprit la grande œuvre ébauchée de la restauration de l'instruction publique. C'était l'homme par excellence approprié à cette importante mission. Il sut la remplir éminemment et l'achever dans la sphère active qui venait de lui être assignée.

Parler de l'École polytechnique au Conseil d'État semble d'abord un non-sens. Mais Fourcroy, dans son rapport du 30 vendémiaire an IV, au nom des comités de salut public et d'instruction publique, nous y amène par une transition heureuse et facile.

Ce rapport commençait ainsi :

« Les besoins de la guerre et la nécessité non moins pressante de rétablir des parties importantes de l'instruction nous déterminèrent, au mois de ventôse de l'an II, à créer une école centrale des travaux publics, afin d'avoir un dépôt assuré d'où l'on pût tirer en tout temps les ressources que les sciences et les arts offrent au service de l'État.

« Cette superbe institution, appelée depuis l'École polytechnique, a été élevée avec tous les soins qu'elle méritait.

. . . .

« Depuis ce temps, d'une part la diminution de la guerre et sa tendance à une cessation prochaine, d'autre part l'organisation générale de l'instruction publique qui a été préparée, et surtout l'expérience acquise par les premiers essais, ont mis vos comités dans le cas de combiner une nouvelle organisation de l'École polytechnique. Ils se sont pénétrés de l'extrême importance de donner un enseignement au niveau des lumières actuelles à ceux qui ont besoin des sciences et des arts pour servir la patrie. »

Le sage réformateur accomplit dans l'espace de cinq années les créations de douze écoles de droit, l'érection de plus de trente lycées et la restauration ou l'établissement de trois cents colléges et plus.

Nul homme ne pouvait donc mieux que Fourcroy répondre à la haute mission de directeur général de l'instruction publique.

L'université, réunissant plus tard sous ses ailes maternelles toutes ses écoles éparses, compléta cette admirable conception et, rattachant entre eux ses mille réseaux, en fit un corps unique et compacte.

Toutefois, le Conseil d'État, où de Fourcroy exécuta tous ces travaux et rendit des services si réels et si éclatants, n'envahit pas sur les sciences, l'objet de ses premières et constantes sympathies, ni sur le Muséum d'histoire naturelle, qu'il aimait par prédilection. Doué d'une force d'esprit extraordinaire, d'une riche variété de connaissances, possédant l'heureux secret de doubler le temps, il le partageait avec une égale économie entre le sanctuaire de la législation et le foyer de l'étude. Mais la nature ne put suffire plus longtemps à tant d'efforts, à cette double et dévorante activité. De Fourcroy s'était depuis longtemps senti frappé du mal dont il devait mourir; il n'en était pas resté moins fidèle à ses chères études, où le sage se réfugie comme dans un port, *prêt aux événements* et attendant le coup fatal. Enfin il en reçut le choc au moment où il signait des dépêches. « Je suis mort! » dit-il; il succomba en effet à cette crise

foudroyante, le 16 décembre 1809, cruel et douloureux contraste, le matin même d'une fête de famille
que lui préparait une tendre épouse. Il expira dans
les bras de cette épouse chérie, entouré de ses enfants, de ses sœurs, de ses anciens élèves, de ses plus
chers amis, de ses dignes collaborateurs.

Cette famille orpheline et inconsolable, l'amitié dé-
solée, pleurèrent celui dont l'absence leur faisait un si
grand vide; ses fidèles disciples, un maître qui, dans
son enfance, malheureux lui-même, avait su comprendre leurs peines et compatir à leurs souffrances;
le corps entier du Conseil d'État, pénétré de douleur,
se tut par respect et interrompit la solennité de ses
séances.

La science, veuve et en deuil, gémit éplorée, appuyée sur son urne cinéraire et ses impérissables
monuments. Elle s'est plu à lui chercher des successeurs à l'Institut, au Muséum d'histoire naturelle,
à l'École polytechnique et à la Faculté de médecine,
dans Thénard, dans Laugier, Gay-Lussac et Vauquelin.

Le Conseil d'État, il y a un demi-siècle, saluait en
lui l'un des collaborateurs du Code civil et le régénérateur de l'enseignement; s'il ne jouit plus aujour-
d'hui de l'homme de la tribune, de cet esprit vif et
subtil, de cette verve étincelante, qui éclataient dans
l'orateur, il a recueilli dernièrement, lors du renouvellement de la législation universitaire, il recueille

encore chaque jour, dans une richesse inépuisable,
non de mots, mais de faits, les fruits savoureux et
toujours sains de cette intelligence d'élite.

Paris 28 mars 1785

Monseigneur,

j'ai reçu la lettre dont vous m'avez honoré le 17 de ce mois, et par laquelle vous avez la bonté de m'annoncer que le Roi a bien voulu m'accorder une pension de 1000[#] sur le fond des invalides de la marine à compter du premier janvier 1783.

je vous supplie Monseigneur, d'en agréer mes très humbles remerciemens.

je suis avec respect

Monseigneur

Votre très humble et très obéissant serviteur

Laxer Ch^{er} de Fleurieu

FLEURIEU (DE).

Lorsque les mers nous étaient fermées, elles s'ouvraient à sa voix pour nos expéditions savantes.
            CUVIER. *Éloge de Banks.*

Le premier consul nomma, pour traiter avec les
ministres des États-Unis les conseillers d'État Joseph
Bonaparte, Rœderer et Fleurieu.
            Mémoires de Napoléon (neutres).

Charles-Pierre Claret, ancien capitaine de vaisseau,
sénateur, comte de l'empire, grand officier de la Légion d'honneur, membre de l'Institut et du bureau
des longitudes, naquit à Lyon, le 2 juillet 1738, d'une
famille honorable de cette ville, où son père avait
rempli des emplois importants dans l'administration
et la magistrature. Il est du petit nombre des élus et
favoris de la science que Napoléon plaça dans son Conseil d'État, double avantage pour ce corps d'élite qui
en fit la conquête, et pour l'homme qu'il accueillit
dans son sein; double bonheur pour celui qui ose
parler de tous deux et les trouve réunis.

Voué par une vocation irrésistible à l'étude des
sciences exactes et de la mécanique, de Fleurieu opposa une résistance invincible aux vues de ses parents
qui le destinaient d'abord, comme le dernier de neuf
enfants, à l'état ecclésiastique; mais lorsque plus
tard ils cédèrent à ses désirs en lui ouvrant eux-
mêmes, dès l'âge de treize ans, la carrière qui l'attirait,

il entra dans le corps de la marine et servit dans la guerre de sept ans.

Une fois lancé sur son élément, le jeune marin, passionné pour son métier, sut en mettre à profit les ressources, et ne laissa pas s'écouler un moment sans en faire un emploi fructueux.

Il s'appliqua de tous ses efforts aux travaux qui ont pour objet le perfectionnement de la navigation; la paix de 1763 lui permit de s'y livrer avec plus d'assiduité et de succès.

Les savants et les artistes de la France et des pays étrangers étaient, à cette époque, préoccupés du problème des longitudes. Lacaille, de retour d'un voyage au cap de Bonne-Espérance, avait proposé la forme d'almanach nautique, appuyée de l'expérience et de l'autorité de Maskeline, et adoptée aujourd'hui sur tout le globe.

Monnies et Pingré proposaient la méthode des angles horaires. Mayer venait de publier ses premières tables lunaires; Euler, Clairaut et d'Alembert travaillaient au perfectionnement de la théorie des mouvements de la lune.

Harrison, Berthoud et Leroy cherchaient dans l'horlogerie une solution du problème plus appropriée à la généralité des navigateurs.

C'est à quoi visa dès l'origine le studieux théoricien. Le duc de Choiseul, l'appréciateur et le Mécène français des talents inconnus et difficiles à éclore, le fit venir à Paris pour lui faciliter la science prati-

que, sans laquelle les efforts du jeune adepte pouvaient rester infructueux. Admis par Berthoud dans
son atelier, formé par lui dans l'exercice de son art,
il fut initié à toutes les confidences de l'artiste et de
l'ami qui, dans ses épanchements, n'eut pour lui aucun secret. De Fleurieu, sous cette douce influence
amenant à maturité le premier fruit de ses médita-
tions et d'un travail opiniâtre, produisit une horloge
marine, une pendule à secondes qui, pendant plus de
quarante ans, n'a rien perdu de sa régularité, et dont
la marche invariable survécut même aux derniers
moments de son inventeur. Ce fut le modèle des horloges marines, les premières, qui, sauf une seule
exception, avaient été fabriquées en France, et de
Fleurieu, alors lieutenant de vaisseau, en fit l'essai
lui-même en 1768, à bord de la frégate *l'Isis*, qu'il
commanda en personne. Les résultats et le succès de
cette épreuve surpassèrent ses espérances, et il revint de cette longue navigation, satisfait et fier d'un
pas heureux et d'un progrès sensible vers la perfection de l'art nautique.

S'il borna ses courses à ce voyage, ce fut pour accélérer l'impulsion qu'il venait d'imprimer à la science;
son zèle trouva une nouvelle direction et ses travaux
un nouvel aliment.

Laissant aux marins français le soin de remplir avec
éclat des missions importantes, et l'attrait d'une vie
active et aventureuse entourée de périls et impatiente
de repos, il se voua au silence et à la monotonie du

cabinet, aux études patientes, aux calculs longs et abstraits. Il affronta le dégoût d'exhumer de la poussière des dépôts et des cartons les journaux de voyages, et s'imposa le devoir, pour le profit des voyageurs à venir, de tirer des anciennes expéditions et des grands voyages déjà exécutés, toutes les conséquences qu'on avait négligé jusqu'ici d'en déduire. Il sacrifia donc à ce plan si vaste, qui absorberait la plus longue existence, son grade d'officier de la marine. Le gouvernement, qui connaissait trop bien cet homme précieux pour le perdre, et ne pas se l'attacher et le retenir, lui donna en échange l'emploi de directeur général des ports et des arsenaux, qui fut exprès créé pour lui.

En possession de ces nouvelles fonctions, qui n'exigeaient pas de déplacements, il put se livrer en liberté à son goût pour l'histoire de la navigation et à la discussion de ses nombreux et importants problèmes. Entouré de tous les moyens qui lui étaient nécessaires, il put déployer autour de lui une riche et unique collection de cartes et d'ouvrages de géographie et de navigation, dus à l'amitié de l'un de nos géographes les plus habiles. En retour, de Fleurieu eut l'insigne honneur et la douce satisfaction de se voir et de s'entendre attribuer les efforts heureux par lesquels notre marine tentait de se relever de sa décadence.

Toujours navigateur, s'il n'était plus marin, toujours maître de la boussole restée dans ses mains habiles et exercées, ce fut lui qui, sur un plan de découverte tracé par Louis XVI, fut l'auteur des instructions données au malheureux La Pérouse et à d'Entrecasteaux son successeur, non moins infortuné, chargé d'aller à sa recherche et de poursuivre ses découvertes.

La confiance publique et la faveur royale l'appelèrent au ministère de la marine, dont il n'accepta les fonctions qu'à la condition de la formation des colonies en un ministère à part; il s'acquitta avec la même supériorité de cette administration si délicate en des temps de fermentation, et trouva dans le témoignage des honnêtes gens une consolation puissante des calomnies et des dénonciations auxquelles il fut en butte. Il sollicita instamment sa retraite et ne l'obtint que pour être nommé gouverneur du prince royal; mais ces fonctions, qu'il eut à peine le temps d'inaugurer, lui furent enlevées à la chute de la Constitution; elles lui attirèrent l'accusation de la qualité de suspect et une détention de quatorze mois, qu'une épouse chérie vint partager et adoucir par ses plus tendres épanchements.

Le retour de M. de Fleurieu à la liberté fut son entrée à l'Institut; l'hommage d'un corps savant qui lui décernait spontanément un honneur mérité le vengeait de l'injustice des hommes. Il fut élu membre du conseil des anciens en l'an V (1797).

Les temps devenus plus calmes et le ciel plus serein laissaient enfin respirer l'homme de bien et de science, qui pouvait l'être inpunément et consacrer à son pays son patriotisme et ses lumières ; il fut appelé au Conseil d'État, où il rendit de grands services par sa science éminemment pratique ; par ses connaissances hydrographiques, dans lesquelles il excellait ; par son intelligence de tous les voyages et de toutes les publications étrangères, qu'il lisait dans l'original ; enfin par son habitude de comparer entre elles les relations des voyageurs, il devint spécial dans un corps délibérant dont l'élite de ses membres faisait un corps savant.

Il apportait, en outre, aux délibérations des affaires du Conseil, une sûreté parfaite de jugement et d'appréciation, et à leurs discussions les plus embrouillées et les plus ardues une justesse d'esprit rare, une logique difficile à mettre en défaut, une netteté de vues profondes et lumineuses. C'est avec cette supériorité de talents qu'il remplit concurremment plusieurs emplois dans lesquels il fut également indispensable. Le Conseil d'État, l'Institut, le bureau des longitudes, se partageaient sa spécialité rare et éprouvée dans chacune de ces sphères. Tel est le privilége de la science : loin d'être accablé de ces travaux multiples et complexes, de Fleurieu revenait à chacun d'eux avec une ardeur nouvelle.

Inaccessible aux séductions des voyages et aux entraînements de l'imagination, il était demeuré, dans le cabinet, toujours navigateur exact comme le compas mathématique. On peut reconnaître cette qualité éminente dans ses diverses œuvres, *Les découvertes des Français dans le sud-est de la Nouvelle-Guinée,* dans sa relation de son propre voyage sur *l'Isis,* entrepris pour essayer les horloges marines et dans le *Voyage autour du monde pendant les années* 1790, 1791 *et* 1792, par Marchand, qu'il a illustré d'une savante introduction. Mais son titre le plus glorieux et l'objet de sa plus vive prédilection était le *Neptune du Cattégat et de la mer Baltique,* grand et magnifique atlas, accompagné d'une analyse et d'un texte. Il l'avait commencé vingt ans avant sa mort. Les soixante-cinq planches qu'il avait presque achevées sur soixante-onze qui devaient le composer sont gravées sur le cuivre dépositaire fidèle et ineffaçable des figures qu'il leur confiait. Il en dirigeait l'exécution lui-même et y traçait les échelles et les divisions des cartes en y plaçant jusqu'aux points principaux.

Il espérait mettre la dernière main à cet ouvrage immense, et, pour le perfectionner, n'épargnait ni les soins, ni le luxe, ni le zèle d'un labeur opiniâtre, seul capable de triompher du temps, le plus grand ennemi qu'un auteur ait à combattre; car si le travail est court, l'œuvre périt, faute de base, éphémère et bâtie sur le sable; si elle se prolonge dans les lenteurs mortelles d'une élaboration trop minutieuse, elle peut être prévenue et surpassée par d'autres concurrents, et l'est parfois et fatalement par l'inexorable mort, jalouse des chefs-d'œuvre.

De Fleurieu avait à craindre ces deux écueils. Les navigateurs du Nord qui visitaient alors ces mêmes parages pouvaient être tentés de suivre les exemples qu'il leur donnait de loin et lui ravir le fruit d'une longue et laborieuse entreprise.

Il se flattait de la terminer [1] lorsqu'un matin, le 18 août 1810, ayant reçu les embrassements de ses deux charmantes jeunes filles que j'eus le bonheur de connaître et dont il venait de partager les jeux enfantins, il fut frappé d'un coup rapide comme la foudre, qui le priva de ses sens et de la vie.

Ses douces vertus, ses mœurs pleines d'aménité, et la bonté de son cœur que n'avaient point desséché l'étude et le travail, ont fait bénir sa mémoire, chère à tous ceux qui l'ont connu dans la vie intime. Son talent supérieur et ses œuvres consciencieuses lui assurent un nom durable dans l'éclat du monde savant et dans le Conseil d'État, dont il fut, si je puis m'exprimer ainsi, dans sa sphère, comme la boussole et le fanal.

[1] Grâce à l'aimable obligeance de MM. les conservateurs du dépôt général des cartes et plans de la marine, qui ont daigné m'admettre dans leur trésor et développer devant moi le *Neptune du Cattégat*, j'ai jeté un coup d'œil sur cette relique sacrée de M. de Fleurieu. J'en ai pu reconnaître sur une des épreuves la richesse et la beauté, et en déplorer à la fois les nombreuses lacunes, plusieurs planches restées à l'état de projet, le millésime lui-même à peine apparent au bas d'un pompeux frontispice.

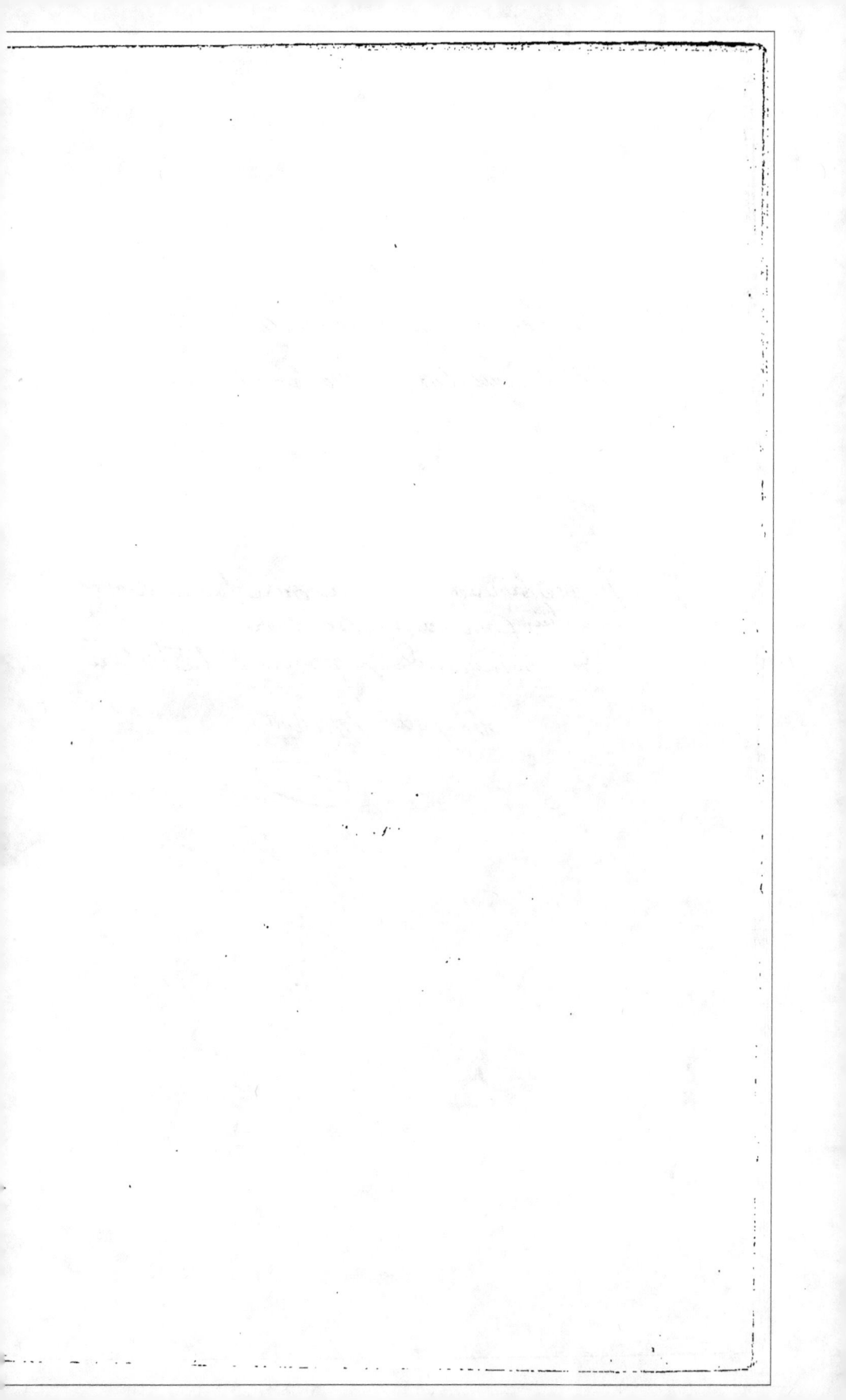

Réponse de Maleville à Muraire
qui l'informait d'une visite à faire au Cardinal Légat

Je me trouverai ici a onze heures, comme
j'en suis convenu — avec Merlin.
Je m'adjoindrai deux membre de la Section

bonjour Maleville

MALEVILLE.

Tâchons de réunir la vérité de la ressemblance à
la modestie du style ; plus son éloge sera simple,
moins il sera indigne de lui.

Éloge de Pothier.

Le 22 novembre 1824, la mort venait encore éclair-
cir les rangs des dernières célébrités du consulat et
de l'empire, en frappant à l'âge de 83 ans, à Domme,
département de la Dordogne, Jacques marquis de
Maleville, pair de France, grand officier de la Légion
d'honneur, l'un des quatre conseillers d'État rédacteurs du Code civil.

Il était entré dans la lice politique en brumaire de
l'an IV.

C'était l'époque où la cause de la justice et de
l'ordre social se relevait pour lutter contre l'anarchie sanguinaire, que venait d'imposer à la nation
la tyrannie au nom de la liberté ; une partie des législateurs revenait de l'exil ou sortait des cachots. Ce
fut alors que M. de Maleville parut au conseil des
anciens.

Digne compagnon d'armes de ces courageux champions qui soutinrent pendant deux ans cette lutte

vive et acharnée livrée, dans les deux conseils, entre les sages modérateurs de la liberté et les apôtres fougueux de la licence, on vit cet homme éminent attaquer de toute son énergie la loi du 9 floréal an III, qui avait ordonné le partage de présuccession des biens des ascendants d'émigrés. Il réclama contre l'injustice monstrueuse d'une loi qui rendait *la république héritière de toute la nation.*

Il combattit avec une égale vigueur pour faire abroger celle non moins odieuse du 3 brumaire an IV, qui mettait en état de prévention et de surveillance une multitude innombrable de Français; cette loi, en excluant de toutes fonctions électorales les parents et les alliés d'émigrés, proscrivait *en masse,* suivant le mot de Portalis, des classes entières de citoyens, créait des impôts, des priviléges et des esclaves.

Échappé à la catastrophe de cette fatale et mémorable journée du 18 fructidor, contre laquelle il ne protesta pas moins solennellement, il osa défendre avec un zèle heureux les droits sacrés de la propriété mis en péril dans la question vitale des domaines congéables. Il plaida en avocat ainsi qu'en honnête homme pour le rétablissement de la contrainte par corps, qui, au milieu de l'affaiblissement de toutes les garanties morales, pouvait, selon la juste expression de ce même Portalis, *faire rentrer le commerce dans le sein de la probité ;* il flétrit également de sa parole vengeresse cette législation adultère, qui, profanant le mariage, prodiguait les avantages de la légitimité aux fruits déplorables de ces unions réprouvées par la morale, désavouées par la loi.

M. de Maleville combattait ainsi les progrès de la désorganisation législative et sociale, et se posait déjà même en réparateur de l'édifice que plus tard l'architecte put consolider et embellir. Il fut appelé dès 1795, par le suffrage de ses concitoyens, au tribunal de cassation et par le choix de ses collègues, à la présidence de cette compagnie, qui eut l'honneur insigne et la courageuse indépendance de résister aux volontés despotiques du directoire. Ce gouvernement arbitraire, qui mettait en jugement des hommes absous par les lois ou enlevait des citoyens à leur juridiction naturelle et légale pour les traduire devant les tribunaux militaires, avait renouvelé les abus du vieux droit féodal ou les actes odieux du pouvoir insensé des Domitien et des Caligula.

Le directoire, par sa brutale violence, étouffa la voix du tribunal de cassation ; le consulat, par sa sagesse réparatrice et salutaire, lui rendit sa noble indépendance. Le sénat rappela M. de Maleville dans la cour suprême, et ses collègues le réintégrèrent dans la présidence, en remplacement de Tronchet élu sénateur.

Un jour heureux avait lui pour la France et faisait refleurir la justice et les fonctions judiciaires, qui désormais pouvaient s'exercer impunément. Si M. de Maleville en de mauvais jours avait montré dans des combats périlleux et sanglants le courage du soldat, il allait, dans des luttes plus pacifiques, déployer les lumières du jurisconsulte.

Après s'être opposé aux principes désorganisateurs d'une société en ruines, il pouvait enfin de ces mêmes mains triomphantes restaurer le sanctuaire et le réédifier sur les bases de l'ordre et de la loi.

Le 24 thermidor an VIII, le gouvernement consulaire institua une commission pour rédiger un projet de Code civil. Honneur au consulat qui réalisait le vœu unanime d'une législation nationale codifiant nos lois et nos coutumes! Ce vœu, transmis dans notre vieille France en des échos lointains, d'abord par Agobard, archevêque de Lyon au neuvième siècle, à Philippe le Long au quatorzième siècle, compris et renouvelé par le profond Louis XI, avait été traduit dans un traité spécial par le savant Dumoulin; appuyé des autorités des Lamoignon et d'Aguesseau et confirmé par le royal suffrage de Louis XIV, les cahiers et les mandats délibérés dans les bailliages l'avaient enfin reproduit lors de la convocation des états généraux.

Ce projet de Code élaboré au sein de la commission eut sa discussion solennelle au Conseil d'État, où M. de Maleville se révéla dans toute la pureté de sa mission de magistrat intègre et consciencieux, et dans sa science vaste et approfondie de jurisconsulte.

Nourri dans l'interprétation des lois romaines, pénétré de l'esprit conservateur de l'ordre et de la famille, la famille et l'ordre étaient pour lui la base fondamentale de la constitution de l'État; nul n'était plus propre à la construction de cette grande œuvre régénératrice.

De Maleville et ses dignes collaborateurs s'efforçant de réformer les mœurs par les lois et de ressusciter l'esprit de famille, rétablirent la puissance paternelle et l'autorité conjugale, et solennisèrent le mariage; ils entravèrent les accès du divorce en autorisant la séparation de corps en faveur de la liberté de conscience, et repoussèrent les enfants naturels du sein des familles, dont ils embarrassèrent l'entrée même par la voie de l'adoption. Enfin, ils firent revivre le droit de tester, et abolirent la représentation à l'infini, tendant à la division à l'infini des propriétés et au nivellement de toutes les fortunes.

Au titre Ier de la Distinction des biens, de Maleville donne une excellente définition du contrat de bail à rente foncière, et fixe irrévocablement sa *nature* et son *objet.*

« Ce bail est un contrat par lequel un propriétaire qui a des fonds incultes ou qu'il ne peut facilement cultiver, les cède à un autre, à la charge par celui-ci de lui payer en argent ou en denrées une rente convenue pour tout le temps qu'il possédera le fonds. »

Ce contrat était connu des Romains, qui l'appelaient *Emphyteusis* [1], c'est-à-dire bail pour améliorer : ce n'est en effet que des fonds en friche, et dont on ne

----

[1] Ἐμφύω, *ingenero, insero.*

retire presque aucun profit, que l'on donne communément à rente; s'ils étaient en rapport, on les donnerait à ferme ou on les vendrait.

« Le pauvre habitant des campagnes, qui n'a pas
d'argent pour acheter, qui n'a de capitaux que ses
bras, recherche beaucoup les baux à rente, parce qu'ils
lui assurent une propriété, un établissement stable, et
il les préfère, sans contredit, à un bail à ferme dont il
prévoit toujours la fin, et dont l'expiration laisse sa
famille sans asile assuré.

« C'est ce contrat de bail à rente foncière qui a re-
peuplé les Gaules dévastées par les barbares et par les
guerres intestines et non moins funestes de la première et de la seconde race; c'est par le moyen de ce
bail que la grande majorité du peuple est redevenue
propriétaire, a pu racheter sa liberté, a défriché les
forêts et desséché les marais qui couvraient la surface
de l'empire.

« Il est vrai qu'avec la rente foncière, les bailleurs
stipulèrent des droits seigneuriaux pour maintenir
leur supériorité; mais ces droits ne sont pas essentiels
à ce contrat, et les Romains ne les connurent jamais.

« D'après ces données et cette expérience, il est difficile de concevoir quelque raison solide qui puisse
empêcher de rétablir la faculté de donner des fonds à
rente foncière. N'y a-t-il donc plus en France de ter-
rains en friche? Le nombre des propriétaires est-il
trop grand pour sa surface? Et n'est-il pas au contraire du plus grand intérêt de l'État de multiplier ce

nombre? Sa tranquillité, son immutabilité, sa puissance, ne dépendent-elles pas essentiellement du meilleur emploi de son terrain et de l'attachement des citoyens pour le sol qui les a vus naître? Un homme qui n'a que ses bras est citoyen du monde, et par cela même ne l'est d'aucun pays particulier [1]. »

Ce magnifique et riche corps de droit renferme des dispositions admirables empruntées soit au droit romain, soit à la coutume de Paris, ou aux ordonnances du chancelier d'Aguesseau, sur l'état civil, sur l'absence, sur les contrats, sur les donations et les testaments, sur la communauté; souvent même, par respect pour les termes consacrés et les idées reçues, la rédaction a retenu et calqué l'expression simple et claire du maître, le grave et docte Pothier. Honneur éternel aux immortels légistes créateurs du Code! Hommage et respect à l'arche sacrée où il s'éleva!

Si l'on montre à Saint-Denis les tombeaux des rois et leurs froides reliques; si l'on montre à Venise la galerie des Doges et la salle des Dix; à Lubeck, à Hambourg, la salle des Sénateurs; à Francfort, la Bulle d'or et les portraits des électeurs; comment le Conseil d'État du Code civil n'ouvre-t-il pas aux étrangers son enceinte solennelle, et n'expose-t-il pas à leur admiration les bustes de ses législateurs à la pensée sublime et créatrice, de ses orateurs à la bouche d'or?

[1] *Conférences du Code civil.*

M. de Maleville couronna son œuvre par une profonde et lumineuse analyse de la discussion du Code civil, dont il est ainsi le rédacteur et à la fois l'interprète.

Après ces grands travaux, l'illustre législateur entra, en 1806, au sénat, où la restauration le trouva et le maintint.

Créé pair en 1814, il fut décoré, en 1817, du titre de marquis, et élevé au grade de grand officier de l'ordre royal de la Légion d'honneur.

Le savant jurisconsulte, le magistrat pur et intègre, l'homme de bien par excellence, ne pouvait être qu'un bon et loyal pair; parvenu aux dernières limites d'un âge avancé, on le vit, tant qu'il en eut la force, combattre dans le sanctuaire le saint combat des libertés publiques, jusqu'au moment où il revint avec bonheur à la maison paternelle, au foyer de la famille, qu'il avait défendue toute sa vie avec amour; la famille, cette petite patrie, qui fait que l'on s'attache à la grande. Là, goûtant ses dernières douceurs, il s'endormit du sommeil du juste, dans le berceau natal, à l'ombre de son Code, protecteur de la famille et du foyer domestique.

J'ai vu Bonaparte hier avec Arnault.
Nous avons... nous accueillir & nous ouvrir
sa porte une bienveillance parfaite
En l'embrassant nous avons éprouvé une
émotion très forte, Et vous le croirez sans
peine. J'ai particulierement causé un
trois quart d'heure avec lui je ne reviens
pas sur mon 1er Jugement. Cet homme
est grand, et ne fera pas de petites choses.
Il est parti sur la nouvelle de la défaite de
Jourdan & de Scherer. Il a pris le prétexte
d'un voyage dans le Delta et n'a fait
sa confidence qu'aux chefs qu'il a laissés.
Kleber Desaix, menou dugua - Il a
ramené Denon, perceval - Eugène beauharnois,
berthier, Marmont murat, lane;

enfin une assés grand nombre d'hommes
choisis par bienveillance, ou par
talent. — Il paroit qu'il se destine
à commander sur le Rhin, et il
m'a dit qu'avec 40000 hommes &
4 mille chevaux d'artillerie il ira à
vienne — nous en causerons plus au
long le neuf. je vous aime plus que
les heros, et je vous embrasse ainsi que
notre enfant.

R Des D

REGNAUD (DE SAINT-JEAN-D'ANGÉLY).

Sylla, quamdiù in urbe fuit secum habuit Pomponium,
captus viri et humanitate et doctrinâ. Tanta autem sua-
vitas erat sermonis, ut appareret in eo nativum quemdam
leporem esse, non adscitum. Quibus rebus factum est ut
Sylla nusquàm eum ab se dimitteret cuperetque secum
deducere.
CORNELIUS NEPOS. *Atticus.*

Regnaud (de Saint-Jean-d'Angély) naquit en 1760,
à Saint-Fargeau. Il embrassa la profession du barreau, qu'il exerça avec honneur, et représenta, quoique fort jeune, aux états généraux, le tiers état du
pays d'Aunis. Jusqu'au 9 thermidor, sans repousser
les réformes appelées par le vœu unanime, il opposa
toutefois aux excès révolutionnaires une modération
qui le rendit suspect, et mit sa vie en danger. Arrêté
à Douai, dans sa fuite, il resta incarcéré jusqu'à la
chute de Robespierre. Dès le 13 vendémiaire, Bonaparte l'associa à sa fortune naissante, l'emmena en
Égypte, et n'en fut séparé que l'espace de huit mois,
pendant lesquels Regnaud séjourna à Malte en qualité
de commissaire du gouvernement. Le 18 brumaire,
qui le vit de retour en France, lui permit de prendre
part au coup décisif qui fit éclater l'étoile de Napoléon, et le dévouement à toute épreuve de Regnaud
au premier consul et à l'empereur.

Dans le sein du Conseil d'État, dont il forme une des grandes figures, Regnaud (de Saint-Jean-d'Angély) a eu la gloire d'attacher son nom à la collaboration du Code civil.

Dans la question palpitante du divorce, il émettait ainsi ses convictions de juriste et d'honnête homme.

Maleville avait proposé, d'après le consul Cambacérès, de ne pas admettre le divorce par consentement mutuel, lorsqu'il y avait des enfants, et dans ce cas avait conclu qu'il ne devait plus y avoir lieu qu'à *séparation* de corps.

« La séparation, répliqua Regnaud (de Saint-Jean-d'Angély), n'est ni plus morale, ni moins dangereuse que le divorce. En effet, le mariage subsiste, et cependant chaque époux jouit de son côté d'une ancienne liberté. Chacun d'eux donne de mauvais exemples aux enfants communs. Ils n'en sont pas moins, et le plus souvent encore, exposés à l'abandon et aux malheurs qui le suivent. »

Entre les titres nombreux qu'illumina sa facile et saisissante discussion, ressort celui de l'*adoption*. Il en fut l'éloquent et chaleureux défenseur, concurremment avec Napoléon, contre Boulay, qui la repoussait comme une institution étrangère à nos mœurs, contre Bigot de Préameneu, qui la rejetait comme une entrave aux successions, et la trouvait de plus immorale, en plaçant un enfant entre sa fortune et l'abandon de ses parents; contre Tronchet enfin, qui objectait que l'adoption, loin d'imiter la nature, pou-

vait allumer la haine entre le père et le fils adoptif,
entre celui-ci et les enfants naturels, et faire éclater
des discordes capables de troubler longtemps la famille entière.

Après avoir rappelé que, lors de la première discussion, le principe de l'adoption avait été admis par
le Conseil d'État, Regnaud (de Saint-Jean-d'Angély),
dans la séance du 27 brumaire an XI, ajoutait :

« Il ne s'agit plus que de se déterminer avec les
trois opinions relatives à la forme. Les uns veulent
que l'adoption s'opère par un sénatus-consulte, d'autres par un acte du corps législatif, d'autres enfin par
l'autorité des tribunaux. Peut-être le dernier mode
serait-il le meilleur, parce qu'il serait le plus facile ;
mais le Conseil a paru pencher pour le second. Or,
parmi les motifs qui portent aujourd'hui la section
à proposer le rejet de l'adoption, l'un des principaux
est qu'elle serait entourée de trop d'embarras et de
difficultés, si elle ne pouvait être consommée que par
un acte du corps législatif.

« L'adoption, poursuivait l'orateur, offre, il est
vrai, quelques difficultés par rapport aux successions ;
mais ces difficultés ne sont pas insurmontables. Elle
ne peut avoir d'ailleurs les effets immoraux qu'on lui
a prêtés ; car, loin d'obliger l'enfant adoptif à renoncer à l'affection qu'il doit à son père naturel, l'adoption lui facilite au contraire les moyens de soulager
son père dans son infortune. »

Le premier consul, abondant lui-même dans le

sens de Regnaud (de Saint-Jean-d'Angély), résumait la discussion avec sa clarté et sa précision ordinaires, en disant « que l'effet le plus heureux de l'adoption « serait de donner des enfants à celui qui en est privé, « un père à des enfants devenus orphelins; de lier « enfin à l'enfance la vieillesse et l'âge viril. La trans- « mission du nom est le lien le plus naturel en même « temps qu'il est le plus fort pour former cette al- « liance. »

Le projet fut donc renvoyé à la section de législa- tion pour préparer une rédaction conforme aux ob- jections faites dans le cours de cette discussion mé- morable.

La séance de l'Académie de législation, du 13 sep- tembre 1805 (26 fructidor an XIII), à laquelle assis- taient MM. de Ségur et François de Neufchâteau, et plusieurs membres du Conseil d'État, inspira à Re- gnaud (de Saint-Jean-d'Angély), qui la présidait, une allocution brillante qui fit une vive sensation sur l'as- semblée. Le sujet de cette réunion, qui était la distri- bution des prix de l'Académie à ses élèves, fera peut- être excuser une légère digression dans laquelle l'ora- teur me couvrira de sa parole dorée. Nous sommes toujours d'ailleurs sur notre terrain. Il s'agit de légis- lation. L'orateur s'exprimait en ces termes :

« La science conjecturale du médecin et la science mathématique de l'ingénieur, l'art puissant de la pa- role et l'art brillant de la mélodie, la science ensei- gnée par Newton et Pline et le talent révélé par

Apelles et par Phidias; enfin, tous les arts libéraux ou mécaniques, toutes les sciences sociales ou naturelles ont vu concourir leurs élèves et triompher les vainqueurs.

« L'Académie de législation est la seule institution où l'étude des lois puisse assurer une récompense éclatante, où la science du droit, enseignée dans toutes ses branches, voie ses élèves animés par l'émulation dans le cours de leur carrière, couronnés après l'avoir parcourue avec distinction.

« Et à quelle époque a-t-il été plus nécessaire d'appeler par toutes les considérations, d'exciter par tous les encouragements à l'étude des lois, qu'au moment où fut fondée l'Académie de législation ?

« Il ne suffit pas d'éclairer les esprits, il faut réchauffer les cœurs; il ne suffit pas d'apprendre aux élèves à connaître la loi, à l'expliquer aux autres, il faut leur apprendre à l'aimer et à la faire aimer; il faut les instruire pour que leur savoir aide à la paix de la société, et qu'il n'en trouble jamais l'harmonie.

« On ne confie des armes qu'à ceux qui promettent d'en faire un usage utile, généreux, protecteur. La science du droit est une arme aussi, et une arme dont l'honneur, l'humanité, la bienfaisance, le patriotisme doivent régler l'usage.

« Placez-vous toujours entre l'intérêt touchant de l'humanité et l'intérêt sacré de l'ordre social. Ne sacrifiez jamais l'un à l'autre. Défendez l'homme qui vous a confié son honneur et sa vie; mais n'accusez jamais la

loi sur laquelle reposent la vie et l'honneur de tous les
citoyens. En parlant pour le salut d'un individu, ne
compromettez jamais le salut de la patrie. Que le coupable, armé déjà de son audace et de sa science du
mal, ne soit pas encore armé contre la justice, de votre
habileté et de votre science de la loi, et n'offrez jamais
à nos cours le scandaleux et déplorable tableau du
flambeau du savoir et de l'éloquence uni avec la
torche du crime. »

L'illustre académicien concluait en félicitant son
brillant essaim d'auditeurs de ce que l'époque de leur
jeunesse s'était éloignée des temps des malheurs de
leur pays et de leurs pères, pour se rapprocher de
l'ère mémorable de la réorganisation de l'ordre social
et de la réédification de l'instruction publique dans
toutes ses parties. Pour sa péroraison, il s'inspirait
de la pensée inséparable de l'homme qui présidait à
cette réformation générale!

« Un ancien, disait-il, rendait grâces aux dieux
d'être né dans le siècle de Socrate, pour l'entendre et
devenir meilleur. Rendez grâces à la Providence qui
vous a donné de voir le siècle de Napoléon; à la Providence qui lui a départi le génie qui fait la guerre et
le génie qui fait les lois; à la Providence qui lui a
donné la pensée active qui crée et la pensée calme
qui conserve; à la Providence qui lui fait réunir au-
dedans les moyens de rédiger et d'enseigner tous les
codes qui forment le droit civil et le droit des citoyens,
en même temps que les moyens de défendre au-

dehors les principes qui composent le droit des gens,
le droit des nations! »

La présidence de la section de l'intérieur, à laquelle
Regnaud fut appelé le 27 fructidor an X, fit encore
ressortir dans une application pratique de tous les
moments ce double et rare talent d'orateur et de rédacteur, qui le rendit si cher à son impérial Mécène
et en fit comme son confident intime.

Un autographe curieux et intéressant, que je dois
à l'extrême obligeance du général Regnaud (de Saint-
Jean-d'Angély), montre au grand jour comme son
illustre père sut au premier coup d'œil deviner, juger
et admirer le jeune Bonaparte. Tous les actes de sa vie,
en harmonie avec ce document, justifient sa fidélité
politique et un attachement personnel et inviolable à
un maître dont il suivit les diverses fortunes dans
leurs phases et leurs vicissitudes. Rayonnant dans son
auréole, éclipsé et dans l'ombre au coucher du soleil
impérial, ce beau caractère défie le reproche même
d'une adhésion à la première restauration, qu'il ne
servit à aucune époque.

Aussi les honneurs et les récompenses vinrent-ils
chercher en foule cet heureux favori devenu successivement secrétaire d'État de la famille impériale,
grand procureur près de la haute cour, comte de l'empire, et dès 1803 membre de l'Académie française.
En 1814, il refusa l'offre de fonctions royales, et mérita ainsi la continuation des emplois et des bienfaits
de l'empire, jusqu'au moment où, par suite de la ca-

24

tastrophe de Waterloo, un arrêt de proscription enveloppa Napoléon et son fidèle serviteur. Il sortit de
France, et n'y rentra que le 10 mars 1849, pour y
venir terminer, avant soixante ans, une vie active
inaugurée par les débats des états généraux, précurseurs des assemblées législatives, exercée par les luttes
révolutionnaires, et glorieusement couronnée par les
majestueuses et pacifiques discussions du Conseil
d'État.

Lettre de Mr. le Cte. Defermon

Rouen 25 8bre 1818.

tu auras appris à bruxelles, mon cher ami,
la nouvelle de mon rappel, si tu en as su voir le Duc
Cambacérès, nous ne nous attendions pas qu'il fut si
promptement décidé. le min. de la police en m'adressant
l'avis officiel, ajouta une lettre particulière fort obligeante
le G.al Dessolles et M. Boissy d'Anglas m'ont aussi
témoigné fort amicalement la part qu'ils prennent
à cette heureuse nouvelle. j'ai répondu de suite au
ministre, et en attendant que je puisse aller remercier
mes anciens collègues, je te prie d'aller les voir de
ma part. rappelles moi au souvenir de sophie et de no-
vieux amis.

je t'embrasse de tout mon cœur

Defermon

DEFERMON.

Nos autem, quoniam leges damus populis liberis...,
accommodabimus hoc tempore leges ad illum quem
probamus civitatis statum.

CICERO. *De Legibus.*

Defermon des Chapellières naquit en 1752 à Mau-
musson (Loire-Inférieure). Destiné par ses parents au
barreau, il s'y prépara par de solides et patientes études
de jurisprudence et acheta jeune encore une charge
au parlement de Bretagne.

Il partagea les idées de réforme qui germaient alors
dans tous les esprits et les professa ouvertement quand
elles éclatèrent lors de la convocation des états généraux, et de sa nomination par le tiers état à la députation de la sénéchaussée de Rennes. Insistant principalement sur les réformes économiques, il voulut
la réduction des pensions qui s'élevaient au-dessus
de mille écus, en même temps qu'il laissait au roi la
faculté de fixer sa liste civile. Il demanda plus tard
la suppression de tous les parlements sans distinction, et proposa de consacrer en principe la nécessité du vote populaire pour l'émission de tout pa-
pier-monnaie, ainsi que pour l'établissement de
l'impôt. Il combattit le mode d'éligibilité, en prenant

pour base une imposition égale à trois journées de
travail, comme devant amener l'aristocratie des richesses. Les grandes questions d'administration, telles
que l'organisation municipale, les finances en matière
de contributions personnelle et mobilière, d'imposition foncière et d'enregistrement, l'occupèrent surtout
dans les comités plus qu'à la tribune où il parut rarement. Il présenta aussi un décret sur l'organisation de
la marine, pour laquelle il proposa la suppression des
emplois d'intendants et d'administrateur, comme de
dispendieuses et inutiles sinécures. Il vota encore
celle des droits d'entrée perçus sur les villes, voulant
rendre uniforme la perception des contributions. S'é-
tendant aussi aux questions législatives et judiciaires,
Defermon s'opposa à la création des tribunaux de
commerce, comme tribunaux d'exception, et à l'institution du jury, en matière civile.

L'orateur, dans la séance du 29 avril 1790, distin-
guait en ces termes clairs et précis le jury civil du
jury criminel :

« La discussion des jurés en matière civile est im-
« praticable et inutile. Elle n'est d'aucune influence
« sur la liberté. En multipliant l'inquiétude des plai-
« deurs, elle multipliera les frais. Il n'est pas de par-
« tie de l'Europe où la procédure soit plus dispen-
« dieuse qu'en Angleterre. C'est en vain qu'on prétend
« induire de la possibilité d'établir les jurés au cri-
« minel la possibilité de les établir au civil. La justice
« en matière civile ne concerne qu'un petit nombre

« de citoyens; en matière criminelle, elle intéresse
« toute la société. Au criminel, le fait est simple; au
« civil, il ne peut être connu que par la comparaison
« des lois. Il faut au criminel prendre plus de pré-
« cautions, dût-on sauver des coupables. »

Defermon figura d'une manière saillante dans les
événements de la révolution.

Dans la séance du soir du 31 juillet 1790, il osa
réunir sa voix à celle de Malouet pour stigmatiser
Marat et Camille Desmoulins, dénoncés comme écri-
vains incendiaires.

Malouet avait lu un fragment d'une feuille de l'*Ami
du peuple*, intitulé : *C'en est fait de nous.* La fin de ce
paragraphe était conçue en ces termes atroces et hor-
riblement célèbres : « cinq à six cents têtes abattues
« vous auraient assuré liberté, repos et bonheur. »

Defermon, à ces mots révoltants, avait laissé éclater sa sensibilité dans ces accents de son indignation :

« Mon âme n'est pas moins oppressée que celle de
« M. Malouet des horreurs que nous venons d'en-
« tendre. Je demande qu'on joigne les *Actes des apôtres*
« et la *Gazette de Paris* aux auteurs qui viennent de
« vous être dénoncés. » Nommé président de l'Assemblée nationale le 19 juillet 1791, il sut conserver sa
dignité et sa modération au milieu du tumulte des
séances les plus orageuses et ne se retira qu'après la
dissolution de l'assemblée, et quand ses membres ne
purent être réélus. En 1792, il reparut comme représentant, à la convention nationale, du département

d'Ille-et-Vilaine. Ayant été nommé dès l'ouverture de la session un de ses secrétaires, puis un des juges de Louis XVI, il demanda qu'un siége à la barre fût disposé pour l'auguste et malheureux prévenu. Élu président, ce fut lui qui dirigea le dernier interrogatoire dans lequel il fit preuve de modération et d'humanité. Aussi Jullien (de la Drôme) l'accusa-t-il de partialité et même de connivence avec les avocats; il se justifia en exposant que sa marche à suivre à la barre avait été le seul objet de sa conférence avec Malesherbes et les autres défenseurs du roi. Il demanda l'appel au peuple pour rendre l'arrêt, déclarant, quant à lui, qu'il n'avait pas, comme législateur, le pouvoir de voter la mort, et comme homme, le droit d'ôter la vie à son semblable. Il conclut donc à la détention et au bannissement. Louis ayant été condamné, Defermon s'efforça aussi vainement d'obtenir le sursis de l'exécution.

Ce fut encore lui qui prit la défense de Lanjuinais accusé d'avoir opéré la contre-révolution à Rennes; mais accusé lui-même, le 18 juillet, par Levasseur de la Sarthe, pour une lettre écrite aux citoyens d'Ille-et Vilaine, et mandé à la barre, où il refusa de comparaître, il fut déclaré traître à la patrie, décrété d'accusation pour avoir signé les protestations des 6 et 19 juin, et mis hors la loi. Ayant longtemps erré sans asile, pendant la tempête, il se cacha dans la paroisse de Campesnac, aux environs de Ploermel et de Josselin, au milieu des chouans, qui le protégèrent jusqu'au mois de décembre 1794. Il reparut alors à la

convention nationale armé de sa fermeté et de ses
principes que n'avaient pu fléchir tant de malheurs,
et poursuivit avec une égale énergie et sans distinction les terroristes et les royalistes outrés. Mais nommé
membre du comité de salut public, il se rallia au premier parti, quand, après avoir suivi longtemps le système de Tallien et de Fréron, il reconnut que leur
politique exposait les républicains de diverses nuances
et donnait au royalisme des chances de succès et de
triomphe.

Avocat de la cause des noirs, qui avaient combattu pour la liberté à Saint-Domingue, il obtint un
décret en leur faveur. On le vit plus tard, après la
session conventionnelle, entrer au conseil des cinq-
cents, qu'il présida au mois de mai 1796, et où il
ne traita guère que d'objets de finances. Il en sortit
en 1797, pour remplir les fonctions de commissaire de la trésorerie. Zélé partisan du 18 brumaire, il avait été vivement recommandé par Regnaud
(de Saint-Jean-d'Angély), qui le désignait par
d'excellentes notes au premier consul, pour sa conduite louable dans les assemblées nationales, la pureté et la simplicité de ses mœurs, pour sa probité
irréprochable et son inflexible moralité, sa facilité
dans le travail et enfin pour ses connaissances étendues et approfondies des branches les plus importantes
de l'administration; Regnaud fit surtout militer en
sa faveur son active coopération dans la révolution
qui venait de porter Bonaparte sur le piédestal. Un

témoignage aussi éclatant ouvrit à Defermon les portes
du Conseil d'État, où il fut élu président du comité
des finances dès le commencement de l'année 1800.
Il y fit adopter une loi pour l'établissement d'un octroi
de bienfaisance. Il présenta le budget de l'an IX, et
prononça un discours devant le corps législatif sur le
projet de loi relatif aux biens et rentes de la République affectés aux hospices; il exposa un autre projet
tendant à mettre leur administration en possession
des rentes et des domaines nationaux usurpés par
des particuliers; et, à l'occasion des contributions de
l'an X, présenta un projet de loi relatif aux contributions arriérées, et un moyen de régulariser la
comptabilité des années antérieures à l'an IX. Orateur du gouvernement, il soutint devant le corps législatif le projet de loi sur la dette publique, et réfuta
les objections du tribunat. Nommé, le 14 juin 1802,
directeur général de la liquidation de la dette publique, il appliqua tous ses soins et toutes ses lumières aux moyens de la réduire; il se concerta avec
Napoléon qui, surpris et effrayé de l'énormité de cette
dette allant chaque jour en croissant, se préparait
d'abord à de nouveaux expédients à de plus grands
sacrifices, mais avisa ensuite à un remède plus prompt
et plus efficace. Defermon s'occupa en conséquence
de dresser l'état de finance vainement demandé par
le directoire au ministre de cette époque, et de ce
travail résulta enfin le décret impérial du 21 février
1808, qui mit à l'arriéré toute la dette antérieure au

1ᵉʳ février 1801. Il avait pris également part à la discussion du Code civil, digne collaborateur des Maleville, des Tronchet, des Portalis, des Boulay (de la Meurthe).

Dans la délibération du 24 thermidor an IX, sur le titre 1ᵉʳ des droits civils, le citoyen Réal insistait sur la nécessité d'une législation particulière pour les déportés et leurs familles, et le premier consul disait qu'on ne devait plus hésiter à faire des lois spéciales pour peupler un nouveau monde en purgeant l'ancien.

Defermon s'exprimait ainsi :

« L'objet principal est de se servir de la déporta-« tion, pour faire une colonie. On n'y parviendra « qu'en donnant aux enfants des déportés un grand « intérêt à y acquérir et à n'acquérir que là. C'est ce « qui arrivera infailliblement; la mère transportera « sa fortune dans la colonie pour y former l'établis-« sement de ses enfants. »

Tronchet ayant demandé si le citoyen Defermon entendait conserver à ces enfants des droits sur les biens que leur mère leur laissait en France; qu'alors le but serait manqué, si l'on permettait à ces enfants de recueillir des successions en France, ils y repasseraient et ne formeraient pas d'établissements dans la colonie.

« Les enfants de déportés, répliqua Defermon, ne « pourront s'établir dans la colonie qu'autant que « leur mère aura porté à leur père des moyens d'y

« former un établissement ; quand ils y auront trouvé
« cet avantage, et qu'ils s'en seront servis pour s'en-
« richir, ils tiendront à la colonie par leurs habi-
« tudes. »

Le législateur avait raison, et son opinion est plei-
nement vérifiée par l'exemple des déportés anglais.
Ceux-ci non-seulement fondaient, acquéraient, mais
transplantaient dans la colonie les biens qu'ils avaient
dans la mère-patrie. Leurs fils venaient chercher sur
le vieux continent des épouses qui se fixaient avec eux
dans le monde nouveau, y trafiquaient ou y exerçaient
des professions ; et les familles, par la succession des
années, s'enracinaient et croissaient sous le ciel qui
les avait adoptées.

Nommé ministre d'État, ce fut Defermon qui, en
1807, félicita l'empereur sur la paix de Vienne. Déjà
en 1804, le 2 décembre, au couronnement de Napoléon, il avait eu l'honneur d'être conduit devant le
trône, dans l'église de Notre-Dame, comme le plus
ancien des présidents du Conseil d'État, et fut encore
son interprète, en 1810, au mariage de l'empereur.

Comte de l'empire et grand-officier de la Légion-
d'honneur, il fut créé sénateur en janvier 1811, et
le 23 avril 1813 grand'-croix de l'ordre impérial de
la Réunion. L'empereur n'oubliait pas celui qui, après
la campagne de Russie, avait proposé au sénat la levée de cent quatre-vingt mille hommes et la création
de quatre régiments des gardes d'honneur. Cet illustre et fidèle serviteur, lors de la chute du trône impé-

rial, étant rentré dans la vie privée, reparut, après le
20 mars 1815, au conseil de l'empereur. Nommé directeur général de la caisse extraordinaire, il signa,
comme président de la section des finances, la délibération du 15 mars 1815, dont l'objet était de prouver la nullité de l'abdication de l'empereur, et d'é-
tablir que la souveraineté résidait dans le peuple
français.

C'était une déclaration noble et digne par laquelle
le Conseil d'État, en reprenant ses fonctions, croyait
devoir exposer les motifs qui faisaient la règle de ses
opinions et de ses actes.

Élu député d'Ille-et-Vilaine à la chambre des représentants, il s'y prononça ouvertement contre la
maison de Bourbon, déclarant l'un des premiers,
après l'abdication de Napoléon, qu'il reconnaissait
Napoléon II pour empereur. Mais le gouvernement
provisoire s'étant installé pendant qu'on traitait avec
les puissances alliées, on vit Defermon, fidèle jusqu'à
la dernière extrémité à la cause de l'auguste proscrit,
reprocher en termes durs, mais mérités, à Fouché,
qui flattait la famille rentrante, de *trafiquer du sang
et de la liberté des Français*. Il appuya, le 23 juin, la
proposition de M. Dupin, tendant à imposer aux ministres du gouvernement provisoire le serment de
fidélité aux *lois* et à la *nation*, et celle qui voulait que
tous leurs actes fussent contre-signés par un ministre
responsable. Le 6 juillet, dans la discussion de l'art.
29 de la Constitution, relatif aux ministres d'État, dont

la suppression était réclamée, il insista sur la nécessité de leur existence dans un grand empire en démontrant qu'ils servaient à affranchir de la tutelle des chefs de bureau, et de leur entremise dans les affaires d'une grave importance, les ministres à portefeuille, absorbés déjà et chargés de tant de détails minutieux. Il concluait toutefois en protestant qu'il renonçait lui-même à ce titre d'ailleurs honorifique, puisque ni lui ni ses collègues n'avaient touché que le traitement de conseiller d'État.

La deuxième restauration fit comprendre Defermon dans l'ordonnance du 24 juillet 1815, qui condamnait trente-huit personnages de l'empire à sortir, dans trois jours, de la ville de Paris, et l'enveloppa dans celle du 17 janvier 1816, qui prononçait contre eux le bannissement. Il se retira à Bruxelles, où il résida quelque temps. Rappelé en France, vers 1822, il vécut loin des affaires publiques, et resta étranger à la révolution de 1830; il termina dans la retraite et le silence, le 15 juillet 1831, une vie si longtemps agitée et exercée par les événements extraordinaires qui firent jaillir les hommes politiques, les habiles administrateurs, les grands jurisconsultes. Defermon avait joué ces trois rôles à un degré éminent.

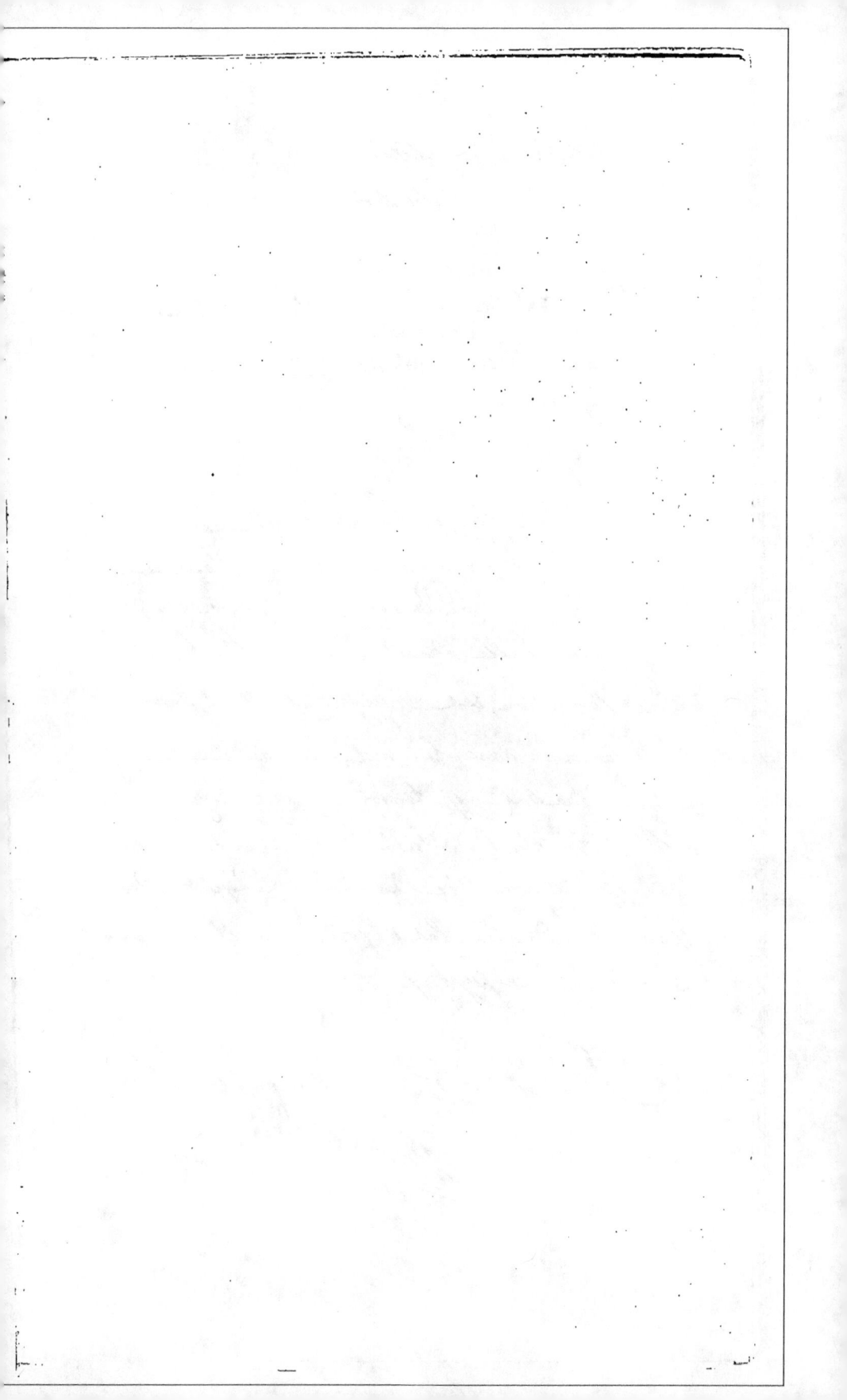

Lettre de Chaptal Ministre de l'Intérieur.
du 2 frimaire AN 11.

Au Citoyen Muraire,
Conseiller d'État Président du Tribunal
De Cassation.

Je viens Citoyen Président, d'après votre
lettre du 29 Brumaire dernier, d'autoriser
le C.en Moreau Architecte, à faire dans
la grande Salle d'audience du Tribunal
De Cassation, les dispositions dont vous
êtes convenu avec lui à l'occasion de la
Séance que doit y tenir le grand Juge,
Ministre de la Justice. Je l'ai même
autorisé à prendre dans le Dépôt des
Fêtes Nationales les objets dont il pourrait
avoir besoin à ce sujet.

J'ai l'honneur De vous Saluer.

CHAPTAL.

Le siècle de Louis XIV, illustré par tous les genres de gloire, fut aussi celui des progrès de l'industrie et du commerce. Ce monarque, convaincu que la prospérité d'une grande nation repose principalement sur le commerce, s'associa Colbert pour exécuter ses desseins. On vit en peu d'années ce que peut un grand monarque secondé par un grand ministre (*Discours préliminaire, Industrie française*, par Chaptal).

Le savant Chaptal (Jean-Antoine) naquit le 5 juin 1756 à Nozaret, petite ville du département de la Lozère, d'une famille aisée et honorable. La bibliothèque paternelle, composée de quelques livres de médecine et d'histoire naturelle, l'initia aux premiers éléments des sciences, sous la direction de l'un de ses oncles, habile médecin. La célèbre école de Montpellier, cette Salerne française, fille elle-même des Grecs et des Arabes, developpa ses études chimiques qu'il vint perfectionner à Paris aux leçons des illustres maîtres fondateurs de la chimie moderne.

Pourvu de tous ses degrés, il habita pendant quatre ans la capitale dans le commerce des savants et des hommes de lettres les plus distingués, les Cabanis, les Roucher, les Delille, les Fontanes. Leurs préceptes et leur exemple lui enseignèrent non-seulement la science, mais aussi l'art heureux d'en exprimer pour la première fois, dans une méthode simple et lucide, dans un style élégant et pur, les problèmes les plus mystérieux, les vérités les plus abstraites.

Cependant les états du Languedoc, à l'appel unanime des compatriotes du jeune Chaptal, après quatre ans, encore tout émus de ses brillants essais et d'une thèse remarquable qu'il avait soutenue pour le doctorat, créèrent à son intention et à son insu une chaire spéciale de chimie à la Faculté de Montpellier.

Ce fut dans cette chaire qu'il révéla, dans l'improvisation d'un cours oral articulé par un organe expressif et sonore, une étude naissante, abandonnée aux seuls adeptes de la médecine et de la pharmacie. Ce fut là qu'il popularisa chez les classes éclairées de l'Europe étonnée une science encore au berceau dont il donna le secret et la clef à tous les peuples qui lurent dans leurs langues nationales les *Éléments de chimie* destinés d'abord aux seuls élèves des écoles. C'était le résumé de son cours présentant pour la première fois un système complet de découvertes nouvelles expliquées dans le langage d'une nouvelle nomenclature.

Non content d'un succès électrique, universel, s'il ne venait seconder ses vues patriotiques, et n'admettant la science que comme la bienfaitrice de l'humanité, Chaptal dirigea toute la force impulsive de ses connaissances dans les sciences naturelles vers l'invention

des arts utiles, et sa fortune personnelle vers le travail et l'industrie producteurs pour son pays d'une
source de biens et de prospérités. Grâce à un héritage
de 300,000 francs qu'il venait de recueillir, il établit
à Montpellier de vastes manufactures où, par des produits nationaux, il sut affranchir la France, devenue
par lui indépendante, du tribut qu'elle payait à l'industrie étrangère.

La révolution fit éclater la science expérimentale et
l'héroïque patriotisme de l'illustre chimiste. En 1793,
la France menacée, attaquée par l'Europe entière,
allait refuser, faute de ressources, à ses nombreux
défenseurs, des armes, des projectiles et de la poudre.
Chaptal, ne voyant que la patrie éplorée se dresser
devant lui, mit à la servir et à la défendre toutes les
ressources de son génie inventif.

Par ses efforts, 35 millions de poudre ou de sal-
pêtre furent fabriqués dans les ateliers nationaux de
Grenelle dont il fut nommé le directeur.

Après de tels services ou plutôt ces miracles, il obtint pour récompense la faveur de retourner à Montpellier et d'y professer de nouveau la science qu'il
avait associée aux arts de la guerre, consacrée désormais aux arts de la paix.

A cette époque l'École polytechnique, la grande
pensée de Monge, fut instituée et reçut Chaptal à côté
des Berthollet, des Vauquelin, des Guyton et des
Fourcroy.

Ce fut par ces degrés qu'il entra glorieusement à

l'Institut. Dès 1798, l'industrie nationale, sous un ciel plus calme et plus fécond, produisait et présentait ses produits à l'émulation publique.

Chaptal, juge et rapporteur du concours, présidait à cette première exposition. Le Colbert du dix-neuvième siècle eût été digne et heureux de présider à celle qui vient de s'ouvrir dans le grand bazar des nations où elles se donnent la main pour le concours des intelligences et du travail, où, s'il est absent lui-même, son génie du moins plane sur cette association universelle.

Cependant un autre génie avait pris son essor, et, s'appuyant sur les forts instruments, sur les puissants leviers qui pouvaient servir ses projets, avait déjà jeté son coup d'œil d'aigle sur Chaptal en lui confiant comme essai l'instruction nationale. Celui-ci, entre autres systèmes d'amélioration des écoles, depuis l'enseignement primaire jusqu'à l'instruction spéciale, proposa des institutions faites pour populariser les connaissances utiles aux arts.

Bientôt l'illustre savant fut appelé au Conseil d'État. Ce fut comme son organe qu'il défendit devant le tribunat et le corps législatif le projet de circonscription et d'administration des départements, des arrondissements et des communes.

Un plus vaste champ, un théâtre plus approprié à cette large intelligence, à son infatigable activité, s'ouvrirent à Chaptal dans le ministère de l'intérieur.

Ce fut sous ses auspices que les arts industriels virent éclore la première école spéciale d'arts et métiers établie d'abord à Compiègne, puis transférée à Châlons ; les grandes collections classées au Conservatoire des arts et métiers et livrées à l'étude curieuse des citoyens ; la Société d'encouragement de l'industrie nationale.

Ce fut sous son ministère que les travaux publics virent s'opérer l'immense et urgente restauration des voies publiques en France; en trois années cent routes principales dégradées et impraticables rendues à la circulation; commencer et finir les routes gigantesques et impériales du Simplon, du mont Cenis et du mont Genèvre.

Ce fut dans le même temps que des ponts hardiment légers et élégants s'élançaient sur la Seine et sur tous les grands fleuves de la France, que la dérivation de l'Ourcq à Paris venait alimenter de nombreuses fontaines jaillissantes, assainir la capitale et unir la navigation de la Seine à l'Oise.

C'est enfin au ministère Chaptal que se rattachent les travaux pour l'achèvement du Louvre, pour l'érection du musée Napoléon, et les premiers projets, bases de ces créations magiques et grandioses des rues de Rivoli, de Castiglione et Mont-Thabor, et le plan de la place où dominait la Bastille.

> . . . . sic fortis Gallia crevit,
> Scilicet et rerum facta est pulcherrima Roma.

25

Un cachet de philanthropie large et patriotique caractérisait tous les actes de l'homme public. Ainsi le ministre, à peine arrivé au pouvoir, apprend que les orphelins de Filangieri, le Montesquieu napolitain, sont venus demander un asile à la France ; il propose au premier consul, qui ratifie cette pensée généreuse, de les élever dans le Prytanée français.

La ville d'Orléans, toujours fière de sa Jeanne d'Arc qui l'avait délivrée en chassant les Anglais, pleurait l'antique fête abolie par la révolution.

Le ministre Chaptal, bravant les temps et l'opinion, rend cette fête à l'amour des fidèles Orléanais.

5,000 livres sterling venaient d'être accordées au docteur Smith qui se disait inventeur d'un procédé pour désinfecter l'air des hôpitaux et des prisons. Le savant, dans un rapport aux consuls, revendique pour la France et adjuge à un Français, Guyton de Morveau, cette découverte salutaire et précieuse à l'humanité.

Son cœur, aussi bien que les devoirs de son ministère, lui indiquait, au milieu des intérêts publics, des misères privées à soulager. Ainsi mademoiselle Clairon, la célèbre actrice, contemporaine de la royauté depuis 1723 et de l'empire jusqu'à 1803, forcée par le besoin de s'adresser au ministre de l'intérieur, alla remettre elle-même à sa porte le placet suivant :

« Citoyen ministre,

« Je cherche en vain depuis un mois un protecteur
qui m'approche de vous. Mais s'il est vrai que l'humanité vous soit chère, c'est à vous seul que je dois
m'adresser. Agée de soixante-dix-neuf ans, accablée
d'infirmités, prête à manquer du nécessaire, célèbre
autrefois par quelques talents, j'attends à votre porte
que vous daigniez m'accorder un instant. »

Elle fut introduite sans nul doute, et sa demande
accueillie; car l'original de ce billet autographié dans
l'isographie porte : « Bon pour 2,000 francs *à payer
de suite*. Chaptal [1]. »

Ainsi vivaient en lui, par une heureuse dualité, la
nature de l'homme sensible et celle de l'homme de
science, sans que l'une nuisît à l'autre, sans que chez
lui l'esprit desséchât le cœur. Tour à tour philanthrope, administrateur et savant, après être descendu
dans le sein de l'infortune, Chaptal se relançait dans
les sphères supérieures de l'intelligence, même dans
celles qui n'étaient pas de son domaine. En l'an XII,
il conçut et exécuta, dans l'intérêt des sciences phy-
siques, un voyage aérien auquel s'associèrent d'un
mouvement spontané Biot et Gay-Lussac.

« Partis du jardin du Conservatoire des arts et
métiers dans un aérostat muni d'instruments divers
propres à l'observation, ils découvrirent que la puis-

[1] *Revue Rétrospective*, première série, tome III.

sance magnétique du globe n'éprouvait point de diminution sensible jusqu'à quatre mille pieds au-dessus
de la surface terrestre; que l'excès d'électricité libre
de l'atmosphère allait en augmentant suivant certaines lois jusqu'à cette même hauteur [1] »

La mode et la fantaisie ont enfanté depuis et fait
pulluler des myriades d'aéronautes; mais où trouver
parmi eux des Chaptal et des Saussure ?

Cependant l'illustre et paternel édile sorti du ministère passa immédiatement aux fonctions du sénat.
Le titre de comte lui fut conféré avec érection en majorat de sa terre de Chanteloup.

C'est dans ce magnifique domaine, autrefois le séjour inerte et inanimé du luxe fastueux d'un grand
seigneur, qu'il perfectionna les arts utiles et sema ses
fertiles bienfaits. C'est à Chanteloup, lieu de délices
converti en ateliers agricoles, que Chaptal cultiva cette
plante rivale heureuse de la plante exotique dont le
génie de la guerre, pour la première fois fécond et
générateur, avait demandé la fabrication au génie des
sciences.

A la chute de l'empire, Chaptal rentra dans la vie
privée et dans le silence de ses études chéries, la consolation du sage, le port d'où il repousse, s'il ne peut
les conjurer, les tempêtes politiques.

La révolution des cent-jours l'y arracha et le fit
nommer directeur général du commerce et des arts et

[1] *Journal des Savants.* Juin 1850.

des manufactures. La deuxième restauration le fit descendre de nouveau, pour la troisième fois depuis 1814, de ses plus hautes fonctions à la modeste condition de citoyen.

En 1816 il fut élu membre de l'Académie des Sciences.

En 1819 il recevait enfin le prix, certes bien mérité, de travaux si constants et si féconds, de tant de vertus si utiles à l'humanité : il fut appelé à la chambre des pairs, et parcourut quatorze ans cette nouvelle carrière avec le même zèle, avec la même activité qu'autrefois celles du savant, du chimiste et de l'administrateur.

Le comte Chaptal fut un membre indispensable de toutes les commissions appelées à statuer sur les lois du commerce, des fabriques et de l'agriculture. Le feu sacré de l'étude et du travail ne pouvait s'éteindre dans cette noble vie qu'avec la vie même.

Cette existence virile se termina enfin le 27 juillet 1832, dans la sérénité de la paix du juste. Après soixante-seize années, dont soixante consacrées à servir et illustrer la France, il descendit dans la tombe, honoré de toutes les palmes de gloire dignes d'exciter la noble ambition du citoyen et du savant.

La mémoire de Chaptal est bénie comme celle des Franklin et des Larochefoucaud ; il a légué à son pays une foule d'industries nouvelles et de perfectionnements ingénieux et positifs, qui ont donné au peuple de meilleurs vêtements, une nourriture plus

saine, un degré sensible de bien-être. Il est du petit
nombre de ceux qui ont exploité la science et l'humanité au profit de notre belle patrie, qu'il a dotée
des fruits de ses innocentes victoires et de ses pacifiques conquêtes.

Paris 8. Juillet 1815

Monsieur le Comte,

Votre lettre et les intérieurs que vous avez bien voulu m'envoyer dans la conjoncture importante où nous nous trouvons me font un sensible plaisir. Je ne puis oublier que vous m'en avez montré de semblables il y a trois mois, et c'est à regret que je n'ai pas été vous en remercier avant mon départ forcé de Paris. Tout ce que j'ai vu à mon retour et que j'avois bien prévu, m'a persuadé que le dépôt dont j'avois été chargé ne pouvoit être en de meilleures mains. J'ai eu occasion hier de faire connoître au gouvernement votre zèle et votre prudence en les soins dont il a été informé. Je vous le dis aujourd'hui par une juste reconnaissance; c'est pour que vous soyez bien persuadé que je vous rends tout ce qui vous en est dû, pour que vous ne puissiez douter de la sincérité des sentimens que j'ai voués avec de ma haute considération.

Marbois

BARBE-MARBOIS (MARQUIS DE).

Eines Mannes Tugend
Erprobt allein die Stunde der Gefahr.
SCHILLER. *Marie Stuart.*

De Barbé-Marbois, né à Metz le 31 janvier 1745, inaugura sous le règne même de Louis XV la carrière diplomatique, où il fut successivement secrétaire de légation à Ratisbonne, et chargé d'affaires auprès des électeurs de Saxe et de Bavière. Mais la rupture de la bonne intelligence des cours de Paris et de Vienne mit fin aux diverses fonctions qu'il avait remplies en Allemagne pendant l'espace de dix ans.

Alors le comte de Vergennes, ministre des affaires étrangères, qui l'avait pris dans une haute estime, le nomma secrétaire des légations auprès des États-Unis d'Amérique, et l'investit, avec le titre de consul général, de la mission d'y organiser tous les consulats français.

L'intendance générale de la colonie de Saint-Domingue à laquelle M. de Marbois fut appelé, en 1785, lui fournit l'occasion d'y déployer son caractère, de se déclarer ennemi des abus et de leur faire une guerre ouverte. Bientôt les finances refleurirent sous l'impulsion active et énergique du réformateur financier, et

Louis XVI daigna lui en témoigner, dans une lettre de
sa main, sa royale satisfaction. En 1789, l'intendant
général vint lui-même exposer l'état de la colonie,
qui fut en 1790 l'objet d'informations nouvelles, mais
impuissantes contre l'explosion des troubles dont l'île
de Saint-Domingue fut bientôt ensanglantée.

Après sa rentrée en France, Barbé-Marbois fut
nommé ministre auprès de la diète de Ratisbonne,
siége de ses débuts diplomatiques, et partit chargé
d'une mission secrète pour la cour de Vienne, dont le
ton hautain et menaçant portait des paroles de guerre.
L'habile diplomate parvint à la détourner, et termina
heureusement cette délicate mission.

Mais la tempête qui grondait en France l'accueillit
au conseil des cinq-cents dont il fut élu membre en
l'an IV. Tallien osa le dénoncer, comme rédacteur du
fameux traité de Pilnitz. « Moi! rédacteur du traité de
« Pilnitz! s'écria Marbois, dans sa vive indignation,
« je n'y ai participé ni directement ni indirectement.
« J'ai employé l'année 1794, pendant laquelle on
« pense qu'il a été conclu, à l'étude et à la pratique
« de l'agriculture. J'étais à plus de cent cinquante
« lieues de Pilnitz et loin des affaires publiques. »

Armé de cet alibi décisif et péremptoire, Barbé-
Marbois, avec une noble fierté, invoque les juges qui
doivent le convaincre ou l'absoudre de ce forfait politique. « Oserait-on dire, ajouta-t-il, que je dois être
« compris dans l'amnistie?... Mais le législateur s'est
« bien gardé de l'étendre au plus grand crime qui

« puisse être commis contre la société, celui de vou-
« loir la dissoudre en suscitant contre elle des puis-
« sances ennemies, en la livrant aux horreurs de la
« guerre. Que des coupables, que des artisans de
« fraude et d'imposture se réfugient donc, s'ils le veu-
« lent, sous cette égide transparente ; pour moi je dois
« la rejeter. Je la rejette avec horreur. Je paraîtrai
« devant les juges que la constitution me donne, sans
« autre défense qu'elle et la vérité. »

Fort de ce langage éloquent, le cri de sa conscience,
Barbé-Marbois confondit ses calomniateurs, qui, d'a-
bord écrasés par l'évidence, se relevèrent toutefois, et
se servirent des souvenirs de Pilnitz pour faire prononcer plus tard contre lui la déportation.

Associé en ce moment au parti modéré pour arrêter
la fougue révolutionnaire des cinq-cents, il forma un
faisceau de force et d'union avec Lebrun, Dupont (de
Nemours), Tronçon - Ducoudray, Dumas, Maleville,
Torcy, etc., et fut l'âme de cette ligue compacte qui
exerça longtemps une salutaire influence, dans le
choix des présidents et des secrétaires, sur l'assemblée docile à son active impulsion. Les embarras du
trésor de la république firent éclater son patriotisme
et son talent financier, et lui arrachèrent de dures
vérités qui sauvèrent à l'État des milliards. Il empê-
cha de les voter avant que l'on connût la situation du
trésor.

Si les bornes de cette notice permettaient d'entrer
dans les détails de son existence politique si active et

constamment vouée au bien public, je rappellerais ici
les discussions de l'orateur sur tant d'objets divers
résultant d'une époque de crise, le discours qu'il prononça en 1796 sur l'organisation de la marine, discours dans lequel le législateur, trop passionné, mais
inspiré d'un patriotisme antique, s'éleva, avec la verve
d'une philippique démosthénienne, contre notre rivale
acharnée, l'Angleterre. Je rapporterais sa belle défense des rentiers, ses attaques contre la loi du 3 brumaire an IV, qui excluait des fonctions publiques les
nobles, les Vendéens et les émigrés; mais je l'amène
directement au coup d'État du 18 fructidor (4 septembre 1797), qui le frappa d'un arrêt d'ostracisme. Lui
et ses collègues se virent enfermés dans des cages de
fer pour être transportés à Rochefort et de là déportés
à la Guyane. Il y devait succomber comme la plupart
de ses compagnons d'infortune, si déjà par bonheur,
acclimaté au ciel de Saint-Domingue, il ne se fût par
cette première épreuve préservé des miasmes délé-
tères et mortels de l'île de Cayenne et de Sinnamari.
Mais l'illustre exilé, comme le héros de Sénèque, lut-
tant contre l'adversité, et se jouant presque d'un ciel
d'airain et d'un sol implacable, prend la plume, et,
jour par jour, depuis son arrestation jusqu'à son retour, a la force de tracer tout ce qui lui arrive, et
chacune de ses sensations. « Il se consolait, dit son
illustre panégyriste, le comte Siméon, qui place ce
journal à côté des vies du vieux Plutarque, il se consolait de son sort en écrivant sous la zone torride, à sa

femme et à sa fille Sophie, comme Caton l'ancien se
consolait de sa vieillesse. »

> Si mes persécuteurs pénétraient ce mystère,
> Je pourrais payer cher une ombre de bonheur :
> Pour les pôles glacés, Barras en sa colère
> Me ferait arracher aux feux de l'équateur.

Ce fut ainsi que les fantaisies de l'imagination, les
rêves de la poésie, et aussi l'ingénieuse fraternité de
ses compagnons d'exil surent adoucir et charmer
d'affreuses réalités.

Cependant Cayenne était menacée du sort de Saint-
Domingue par les noirs affamés prêts à brûler les
habitations, à égorger les propriétaires et à renouveler
des scènes atroces et sanglantes. Mais les blancs et les
mulâtres, réunis pour leur commune défense, investi-
rent de leur confiance Barbé-Marbois et Laffon-Ladébat, qui furent les conseils et les sauveurs de la
colonie destinée à devenir leur marâtre et à leur servir
de tombeau.

Heureusement le directoire fut renversé par Napoléon qui, abolissant les effets du 18 fructidor, rappela de
Marbois et les autres proscrits. Dès son retour, celui-ci
fut nommé conseiller d'État, avec la mission de réorganiser les finances en Bretagne.

La France, en retrouvant ses fils qui lui revenaient
de l'exil, recueillait déjà le fruit d'une expérience si
chèrement acquise.

Une probité incorruptible, alliée au talent financier

du premier ordre, ouvrit bientôt à Barbé-Marbois les
hautes fonctions de cette branche de l'administration.
En l'an X il fut nommé directeur de la trésorerie, et
ensuite ministre du trésor public.

La diplomatie lui réservait aussi un rôle important.
La Louisiane, cédée par la France à l'Espagne, en
1768, et rétrocédée en 1804 à la France, par le cabinet
de Madrid, était restée jusqu'en 1803 sans défense
et sans possesseur réel. L'Angleterre, trouvant cette
belle province ainsi désarmée et dénuée de garnisons
nécessaires, se disposait à l'envahir, lorsque Napoléon, pour ne pas laisser échapper de ses mains cette
possession si riche, mais jusqu'ici purement fictive et
nominale, résolut de la céder aux États-Unis. Ce fut
M. de Marbois qu'il chargea de cette négociation délicate. Celui-ci l'accomplit avec un succès inespéré;
car au lieu de 50 millions, chiffre demandé par Napoléon, le négociateur obtint 80 millions pour la cession
de la Louisiane. Aussi le premier consul, dans sa justice, mit à sa disposition 192,000 francs *pour suppléer
à l'insuffisance de son traitement, et lui témoigner sa
haute satisfaction de ce qu'il avait procuré à la république 10 millions en sus de ce que portaient ses instructions.*

Barbé-Marbois avait été moins heureux dans une
autre transaction. L'issue incertaine de la campagne de
1804 avait porté atteinte au crédit public. Pour y remédier, le ministre avait approuvé une opération qui
se trouva défavorable au trésor. L'empereur punit

cette erreur en nommant à sa place le conseiller d'État Mollien. Mais cette disgrâce passagère fut bientôt effacée et réparée par la première présidence de la cour des comptes, création heureuse qui remplaçait la comptabilité nationale. M. de Marbois fut pendant vingt-sept ans le premier président de cette institution, gardienne vigilante et jalouse de la fortune publique. Fait comte de l'empire en 1809, et sénateur en 1813, la restauration, pardonnant au serviteur de Napoléon, ne vit en lui que l'homme de mérite, le citoyen utile et dévoué, le législateur expérimenté et l'excellent conseiller d'État. Elle le récompensa par les honneurs de la pairie et le portefeuille du ministère de la justice. Il quitta bientôt ce poste pour reprendre celui de premier président de la cour des comptes, qui lui fut conservé jusqu'à sa mort, en 1837.

Dans ces hautes et dernières fonctions de sa vie politique, le marquis de Barbé-Marbois ne cessa de manier, avec l'application et l'active intelligence de l'âge mûr, les questions les plus délicates et les plus épineuses du domaine financier. Il en était devenu le zélé défenseur, et prêchait à la tribune la sévère économie des deniers publics, terminant ses discours par cette conclusion ordinaire : « Gardez-vous des emprunts et des dépenses, » comme le vieux Caton répétait jusqu'à satiété sa péroraison du *delenda est Carthago*.

Rarement existence aussi dramatique, aussi aventureuse se prolongea dans un déclin plus calme et

plus majestueux. Le patriarche politique, presque
centenaire, porta jusqu'à la fin le poids des ans et des
infirmités de l'âge. En continuant de vaquer aux affaires, dont l'agitation est la vie et la santé morale de
ces natures énergiques et ardentes, il fit dans ses loisirs
ses délices des belles-lettres qui l'avaient abrité contre
l'orage. Outre le *Journal d'un Déporté*, et le *Récit du
complot du major Arnold et de Sir Henry Clinton contre
les États-Unis et le général Washington*, l'*Histoire de
la Louisiane* révèle dans le tableau même des institutions américaines l'attachement de l'auteur pour la
France, qu'il se fit un devoir et un bonheur de servir
à toutes les époques de sa vie; soixante-sept ans en
avaient été employés aux travaux diplomatiques,
administratifs et de législation. Dans un corps affaibli, usé par les fatigues, avec une vue presque éteinte,
il avait conservé toutes ses facultés qui, suivant la
belle et poétique expression du comte Siméon son
éloquent nécrologue, *brillaient comme une vive lumière au milieu d'un temple en ruine.*

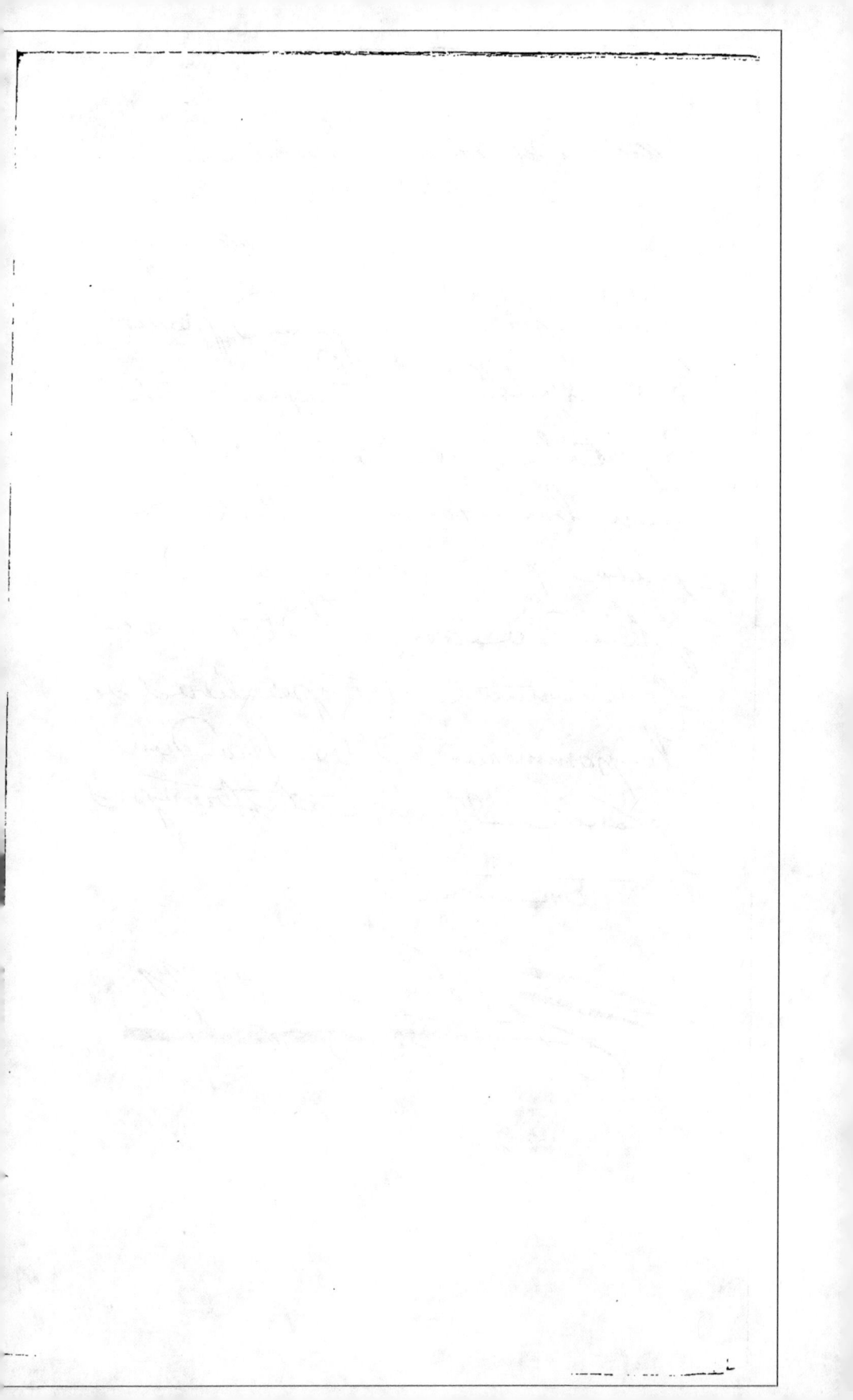

Lettre de Bernadotte au Maréchal Brune
du Quartier Gal de Hambourg.
Le 13 Septembre 1807.

J'ai appris avec grand plaisir
que l'isle de Rugen avoit
Capitulé, je t'en félicite de
bien bon Coeur ; C'est une
prise qui fera grand
plaisir à l'empereur, tout en
couronnant tes operations de
la pommeranie elle sera d'une
grande utilité à tes troupes.

ton ami

Jn Bernadotte

BERNADOTTE.

Dux virtute regnum est adeptus.
CORNELIUS NEPOS.

Bernadotte (Jean-Baptiste-Jules) naquit à Pau, le 26 juillet 1764. Jamais, après Bonaparte et à la fin plus que Bonaparte lui-même, jamais soldat heureux de notre révolution n'eut une fortune plus rapide, plus brillante et surtout plus durable; car il est le seul de ses enfants couronnés qui se soit maintenu, affermi et soit mort sur le trône.

Son audace, sa bravoure, ses talents et ses succès éclatèrent dans les degrés et les progrès de cette fortune ascendante et invariable, qui le vit successivement :

En 1780, soldat volontaire au régiment royal-marine;

En 1794, général de la république française;

En 1798, ambassadeur à Vienne;

En 1799, ministre de la guerre;

En 1800, conseiller d'État et général en chef de l'armée de l'Ouest;

En 1804, maréchal de l'empire, dès la création de cette dignité;

En 1805, général en chef de l'armée et gouverneur
de Hanovre;

En 1806, prince de Ponte-Corvo;

En 1807, gouverneur des villes anséatiques et général en chef de l'armée destinée à coopérer aux
mouvements de la Russie et du Danemark contre la
Suède;

En 1810, prince héréditaire élu par les états-généraux
de Suède, et adopté pour fils par le roi Charles XIII;

En 1818, proclamé roi de Suède et de Norwége.

Ses parents l'avaient destiné au barreau, mais sa
vocation le jeta dans l'état militaire, dont l'attrait lui
fit vaincre l'opposition de sa famille. Officier de mérite avant la révolution, son début, quand elle éclata,
fut un trait de bravoure, de dévouement et d'hé-
roïsme. Il sauva M. d'Ambert, son colonel, insulté
par le peuple à Marseille, et sur le point d'être attaché à un réverbère. Le jeune Bernadotte, sans autres
armes que l'éloquence du courage, sut le soustraire à
une mort infâme.

Dès l'an IV, il s'était fait connaître en concourant
à une victoire sur la Lahn, et continua de se distinguer
en diverses actions à l'armée de Sambre-et-Meuse par
une prise sur le Mein, par celle d'Altorf, et dans une
retraite du corps dont il commandait l'avant-garde.
Bonaparte le députa pour présenter au directoire les
drapeaux oubliés à Peschiera, après la bataille de Rivoli, et saisit cette occasion de faire son éloge. En
l'an VI Bernadotte, chargé d'aller à Marseille arrêter

les assassinats et les efforts de la réaction, après s'être acquitté de sa mission, revint se mettre à la tête de sa division en Italie.

Nommé ensuite ambassadeur à Vienne, il fut admis à l'audience de l'empereur et visita l'archiduc Charles. Insulté et attaqué par le peuple jusque dans l'hôtel de l'ambassade, où il se défendit lui-même en tirant quelques coups de pistolet sur les premiers assaillants, il obtint une réparation éclatante dans une proclamation de François II. Ce prince convoqua même son Conseil d'État, et entama des négociations relatives aux événements, cause du départ de l'ambassadeur.

A Radstadt, Bernadotte justifia la conduite de l'empereur, en rejetant les torts sur le baron de Thugut. De retour à Paris, il refusa le commandement de la cinquième division militaire, et nommé ambassadeur à La Haye, donna sa démission dans une lettre qu'il écrivit au directoire.

En l'an VII, élu général en chef de l'armée d'observation, il somma le commandant de la forteresse de Philisbourg, dont il fit suspendre le bombardement, et, prenant sous sa protection l'université de Heidelberg, chassa de Francfort les agents de l'Autriche et ordonna aux émigrés de se retirer à vingt lieues au delà des avant-postes de l'armée française.

Lorsqu'il fut appelé au ministère de la guerre, il s'acquitta de ces fonctions avec une fermeté égale à ses talents. Dans une adresse aux armées, il exhorta

26

les généraux au civisme, au zèle dans leur devoir et à l'unité d'action.

Ce fut lui qui annonça au général Championnet sa nomination au commandement des armées réunies des Alpes et de l'Italie. Sa lettre est empreinte du style napoléonien, qui rappelle les *conciones* des im- perator de Rome, et qui envoyait nos soldats à la victoire.

Le ministre de la guerre au général Championnet.

« L'armée des Alpes est réunie à celle de l'Italie.
« Le directoire exécutif vous a nommé pour comman-
« der l'une et l'autre. Championnet succède au répu-
« blicain Joubert. L'Italie sourit à son nouveau libé-
« rateur. Elle attend celui qui a renversé le trône
« de Naples.

« Rome rendit des actions de grâce à ce consul qui
« n'avait point désespéré du salut de la République;
« Rome a détruit Carthage et fait la conquête du
« monde. Loin de nous ces pensées de l'ambition.
« Fonder notre liberté, secourir nos alliés, faire une
« paix durable, voilà notre ambition. Vos moyens
« sont grands pour la réaliser.

« La terrible armée du Danube flanque votre gau-
« che. L'intrépide Lecourbe est prêt à vous donner
« la main. Vous avez avec vous de valeureux soldats
« et des généraux éclairés. Les Delmas, les Saint-Cyr,
« Grenier, Suchet, Duhesme, Victor et tant d'autres

« sont vos dignes compagnons. Que ne pouvez-vous
« avec l'union de pareils hommes ?

   « Je sais combien cette union est le premier besoin
« de votre âme. Vous fûtes un des braves de cette
« glorieuse armée de Sambre-et-Meuse; nous avons
« vu quatre-vingt mille hommes présenter l'image
« d'une seule famille; on n'y connaissait qu'une ri-
« valité, celle du bien public. Probité, sobriété, disci-
« pline austère et nerveuse; tels sont les puissants
« mobiles qui la conduisirent à sa haute renommée;
« ils vous conduiront encore à la victoire. »

Bernadotte maintint constamment, avec une in-
tense énergie, le nerf de cette discipline, non-seulement avec les jeunes soldats, mais même à l'égard de
l'âge et de la vétérance des anciens officiers blanchis
dans le service militaire.

C'est dans ces termes nobles et touchants que le
généreux Bernadotte excitait l'armée d'Italie à venger
la mort de Joubert :

   « Tombé de cheval, disait le ministre, il vous criait
« en expirant : *Camarades, c'est aux ennemis qu'il*
« *faut marcher!* Vous avez entendu sa voix mourante;
« vous avez juré sur sa tombe de le venger; vos lar-
« mes ne seront point stériles.

   « Si dans ce fatal combat, qui n'est point une dé-
« faite, il a été commis une faute, c'est celle de la
« bouillance immodérée. Je n'ai qu'un conseil à vous
« donner, c'est la sagesse dans le courage.

. . . .

« Braves amis, avancez, la patrie vous appelle.
« Non, quoi que fasse la coalition, la source des géné-
« raux n'est point tarie. On a pu dire sous des rois
« que la nature se repose, quand elle a produit un
« grand homme; je vois parmi vous plus d'un Bona-
« parte et plus d'un Joubert. La liberté a changé la
« nature. »

Quel effet magique devaient produire de telles
paroles, même quand Bernadotte ne faisait que les
écrire, sur une armée veuve de son jeune et chevale-
resque capitaine, victime de son ardeur bouillante et
tombé juste quinze jours après son mariage! Hélas!
il ne fut pas sauvé par son talisman, le portrait de sa
jeune épouse, qu'il portait le jour de la bataille, attaché autour de son col avec une chaîne d'or. Il avait
dit avec trop de justesse, en le regardant : « *Je vain-
crai, je l'ai promis à la république et* A ELLE, *ou je
mourrai.* »

Dès l'an VIII, Bernadotte devint successivement
général de division, conseiller d'État, attaché à la
section de la guerre, et général en chef de l'armée de
l'Ouest. Il marcha sur Quiberon, pour s'opposer au
débarquement des Anglais. Dans une lettre il donna
des détails sur cet événement, et indiqua les mesures
prises pour les attaquer.

En l'an XII, fait maréchal de l'empire, il se rendit
au Hanovre, qu'il préserva de la disette, occupa la
Bohême en 1806, prit possession d'Anspach pour la
Bavière, et fut fait prince de Ponte-Corvo. Maître de

Brandebourg, il poursuivit le prince de Hohenlohe, attaqua et défit plusieurs fois l'arrière-garde ennemie près de Jabel, fit prisonnier un corps suédois et partit de Lubeck pour Berlin.

En 1807, il marcha sur Biezun et sur Grodno.

En 1809, il entra en Bohême, à la tête de l'armée réunie de France et de Saxe ; puis, se portant sur Agra, livra près de Lintz le combat de Tafar, où il donna des éloges aux généraux qui s'y étaient distingués, et prit ensuite le commandement de l'armée sur l'Escaut.

En 1810, jeté par les circonstances et aussi par les combinaisons d'une sage prévision de l'avenir, qui savait deviner juste, sur un autre coin de l'Europe, où ses destinées l'attendaient, il fut élevé à la dignité de prince royal de Suède, fait généralissime de toutes les forces de terre et de mer, et reçut les plus grands honneurs du roi de Danemark, qui l'avait créé dès 1808 chevalier de l'ordre de l'Éléphant.

En 1814 et 1815, Bernadotte avait disparu des cadres de l'armée française et du territoire de la France, qu'il eut le malheur de désavouer et contre laquelle il fit cause commune avec ses ennemis.

Naturalisé Suédois et adopté par le roi Charles XIII, il fut appelé au trône en 1818, après le décès de ce prince, et fut proclamé sous le nom de Charles Jean XIV.

Son règne, sage et populaire, sous lequel fleurit un double royaume à l'ombre des lois et des arts, fut à

peine agité, pendant vingt-six ans, par des troubles
ou des conspirations. Durant cette période, on vit un
prince légitime, de la maison dynastique des Wasa,
implorer d'un roi électif des lettres de naturalisation
pour vivre dans un de ses propres États.

La longue diète de 1841, la dernière du règne de
Charles-Jean, fut marquée à sa clôture par les discours d'usage, entre autres celui de l'orateur de l'ordre des paysans. Cet ordre, en Suède, a un cachet
particulier et distinct auquel rien ne ressemble dans
le reste du continent. C'est lui qui fournit à la fois
des soldats, des laboureurs et des conducteurs de voitures publiques [1].

Tels étaient les vœux de l'ordre des paysans, ex-
primés par leur interprète à S. M. suédoise :

« Que le Tout-Puissant accorde à la vieillesse de
« Votre Majesté de nombreuses années de force em-
« bellies par la santé, par l'état heureux et pacifique
« du pays, par la confiance non interrompue dans
« l'amour du peuple, par le développement successif
« des lumières et des vertus de ses jeunes rejetons,
« par les trésors augmentés des souvenirs d'une vie
« glorieuse, victorieuse, riche de bénédictions et par
« l'appel tranquille à un avenir où la vérité pure et

---

[1] Dans le voyage que nous fîmes en Suède en 1835, à chaque station
il nous fallait envoyer chercher le cultivateur occupé aux champs;
transformé alors en cocher, il attachait le simple char-à-bancs, et
sans autre fouet qu'un bâton dont il n'usait jamais, laissait courir,
sur une route aussi bonne qu'en Angleterre, son cheval, qu'il n'excitait pas même de la voix.

« inaltérable prononce son jugement final sur les
« monarques.

Le roi leur répondait :

· « Bons paysans, je suis heureux d'entendre que
« vos souvenirs vous rappellent encore les soins que
« j'ai voués à la patrie. Vous êtes à même de recon-
« naître et d'apprécier la protection dont la Provi-
« dence a daigné bénir mes entreprises, qui toutes
« avaient pour but de vous rendre indépendants et
« heureux autant qu'on peut l'être sur cette terre.
« Le bonheur consiste souvent dans l'imagination, et
« la réalité faiblit presque toujours lorsque l'amour
« du changement, l'espérance d'un bien-être idéal
« tourmentent la pensée de l'homme. »

Certes, pour le prince qui tenait ce langage, le bonheur, vingt-six ans auparavant, consista plus que
dans l'imagination, et la réalité grandit lorsque l'a-
mour du changement et l'espérance de brillantes
destinées, tourmentant la pensée de l'homme, lui
firent abandonner la France et le héros dont l'étoile
avait pâli.

Le maréchal d'empire, général en chef, prince de
Ponte-Corvo, parent de l'empereur, mécontent néanmoins et se plaignant de son sort, s'était cru supérieur
à sa situation. Celui qui avait dit autrefois dans une
proclamation à l'armée d'Italie, que parmi ses frères
d'armes il voyait *plus d'un Bonaparte*, celui-là s'était
senti digne aussi de porter une couronne. La fortune

offrit celle de Charles XII au soldat heureux, qui la saisit et sut la conserver.

La royauté élective de Charles-Jean XIV, légitimée par la volonté nationale, s'acheva tranquille et prospère. Plus heureux que celui dont il avait été le glorieux lieutenant, il put la remettre, en 1844, aux mains d'un cher et digne héritier, son fils, Oscar Ier, né Français et comme lui adopté par la Suède.

Si l'inflexible histoire, ou plutôt si le pays généreux pouvait jamais pardonner à Bernadotte d'avoir quitté la France, ce serait pour avoir fondé avec son génie, sur le trône des Goths et des Scandinaves, une dynastie française.

Lettre de Bigot Préameneu.
du 4 Nivose AN X

A Ses collegues, Membres du Tribunal de
Cassation   Citoyens collegues

Je viens d'être nommé Conseiller d'État,
un des Sentimens les plus vifs que j'aye éprouvé
en apprenant cette nouvelle, a été celui de la
douleur, en voyant ainsi cesser mes fonctions auprès
du Tribunal. Je ne retrouverai nulle part
la Satisfaction personelle dont j'ai Constamment
joui avec vous. Pourroit il en être une plus
grande que celle d'être placé entre le Gouvernement & le Tribunal & de n'avoir à leur rendre
reciproquement que les sentimens de l'accord le
plus parfait pour le bien public. Et à cet égard,
lorsque je vous ai exposé les heureux effets
de cette harmonie, je n'ai pû vous exprimer
aussi energiquement que l'a toujours fait le
premier Consul Son affection personnelle, la
grande part que vous avez au retablissement
de l'ordre, l'exemple imposant que vous
donnez depuis deux ans à toute la france.

Quoique mes fonctions cessent d'être communes avec les vôtres, je serai toujours au milieu de vous. Conservez moi, je vous en conjure, ces sentimens d'estime & d'amitié qui ont fait & qui feront toujours mon bonheur. Ce ne sera pas seulement une jouissance pour mon cœur; je ne saurois avoir de plus beau titre ni un plus solide appui dans la place où le sort m'élève.

Salut, profond respect et Dévouement entier

Bigot Préameneu

BIGOT DE PRÉAMENEU.

The pure and impartial administration of justice is
perhaps the firmest bond to secure a cheerful sub-
mission of the people and to engage their affection
to government.
JUNIUS's *Letters.*

Bigot de Préameneu (Félix-Julien-Jean), né à Rennes
en 1747, exerçait les fonctions d'avocat au parlement
de Paris avant la révolution qu'il accueillit et embrassa
avec faveur, mais toutefois avec mesure. Il sut faire
la distinction entre les événements calamiteux, maintenant effacés de cette époque mémorable, et ses
fruits qui durent dans les plus belles conquêtes de la
France au profit de la liberté.

Élu en 1790 juge du quatrième arrondissement de
la capitale pour l'établissement des premiers tribunaux destinés à remplacer les anciennes cours, il
reçut, dans cette situation qui l'avait mis en relief
aux yeux du nouveau ministère, la mission d'aller à
Uzès, en qualité de commissaire, réprimer des troubles élevés dans cette ville. En 1791, nommé l'un des
quatre députés de Paris à la première législature, il
fit voter et organiser par son influence l'institution
du jury au tribunal de la Seine et déclarer l'incom-
patibilité des fonctions de juré et de législateur. Il

montra l'indépendance d'un beau caractère dans un
discours qu'il prononça le 7 janvier 1792, et par lequel il prouva, sous les huées et les sifflets des tribunes, que le roi, autant que l'assemblée, représen-
tait le peuple.

Il ne se ralentit pas un seul instant dans ses efforts
pour résister au choc révolutionnaire qui allait en-
traîner le trône; mais cédant à la fin au torrent qui
avait rompu les digues, il se tint caché pendant le
règne de la terreur.

Il ne sortit de sa retraite que le 18 brumaire, jour
de résurrection générale.

Il fut nommé commissaire du gouvernement par la
cour de cassation, et appelé dans la même année au
Conseil d'État, où la section de législation l'eut pour
président. Il fut l'un des quatre rédacteurs du Code
civil. Au nombre des titres qu'il a élaborés et qu'il
discuta devant le corps législatif sont les *contrats* ou
les *obligations conventionnelles en général*.

Telle était l'opinion de Bigot de Préameneu dans la
discussion du projet sur *l'adoption* :

« Celui qui s'est chargé de l'enfant doit le mettre en
état de pourvoir à ses besoins par son travail. Ainsi
les secours qu'il est obligé de donner ne pourront
s'étendre au delà de la majorité de l'enfant. *Une bonne
éducation est déjà une richesse.* Elle ne peut soumettre
ceux qui l'ont donnée à porter plus loin leur munificence. Jamais un bienfait n'impose l'obligation d'un
bienfait nouveau. »

Napoléon, empereur, à l'époque de son couronnement, gratifia son ancien et digne collaborateur des titres de comte et de grand-officier de la Légion d'honneur, et lui donna, en 1808, la place de l'illustre Portalis, dans le ministère des cultes. En 1814, s'étant réfugié en Bretagne, il perdit ainsi son portefeuille dont il fut dépouillé par un arrêté du gouvernement provisoire qui déclarait déchus tous les fonctionnaires fugitifs. Il ne le recouvra qu'après le retour de Napoléon en mars 1815, sous la dénomination plus modeste de *direction générale des cultes*. Créé en même temps membre de la pairie impériale, il se vit une seconde fois enlever ses dignités par la restauration et termina ainsi sa carrière politique. Il ne sortit plus de la vie privée et de la retraite que pour visiter les prisons et les hospices dont il fut un des administrateurs et surtout le bienfaiteur le plus actif. Ce fut lui qui, à l'Académie française dont il avait été élu membre dès l'année 1800, répondit au discours de réception de l'évêque d'Hermopolis. C'est la seule production littéraire connue de l'académicien.

Mais c'est surtout le jurisconsulte qu'il faut envisager dans le comte Bigot de Préameneu; ses lumières et sa gravité magistrale lui assurent une place au premier rang dans la cour suprême et au Conseil d'État, où le Code civil reçut le tribut de son habile et lumineuse collaboration, aux côtés de ses illustres rédacteurs, les Tronchet, les Portalis, les Maleville, dont les noms reviennent sans cesse et resteront impérissables comme ce monument des progrès du temps, de la raison et de la sagesse humaine.

Bigot de Préameneu mourut à Paris le 30 juillet 1825, suivi des regrets de tous ceux qui avaient connu soit l'homme public jadis armé du courage politique, ferme et debout au milieu des orages révolutionnaires, soit l'homme privé que faisaient chérir ses vertus domestiques, l'aménité de son caractère, et l'inaltérable sérénité de son âme.

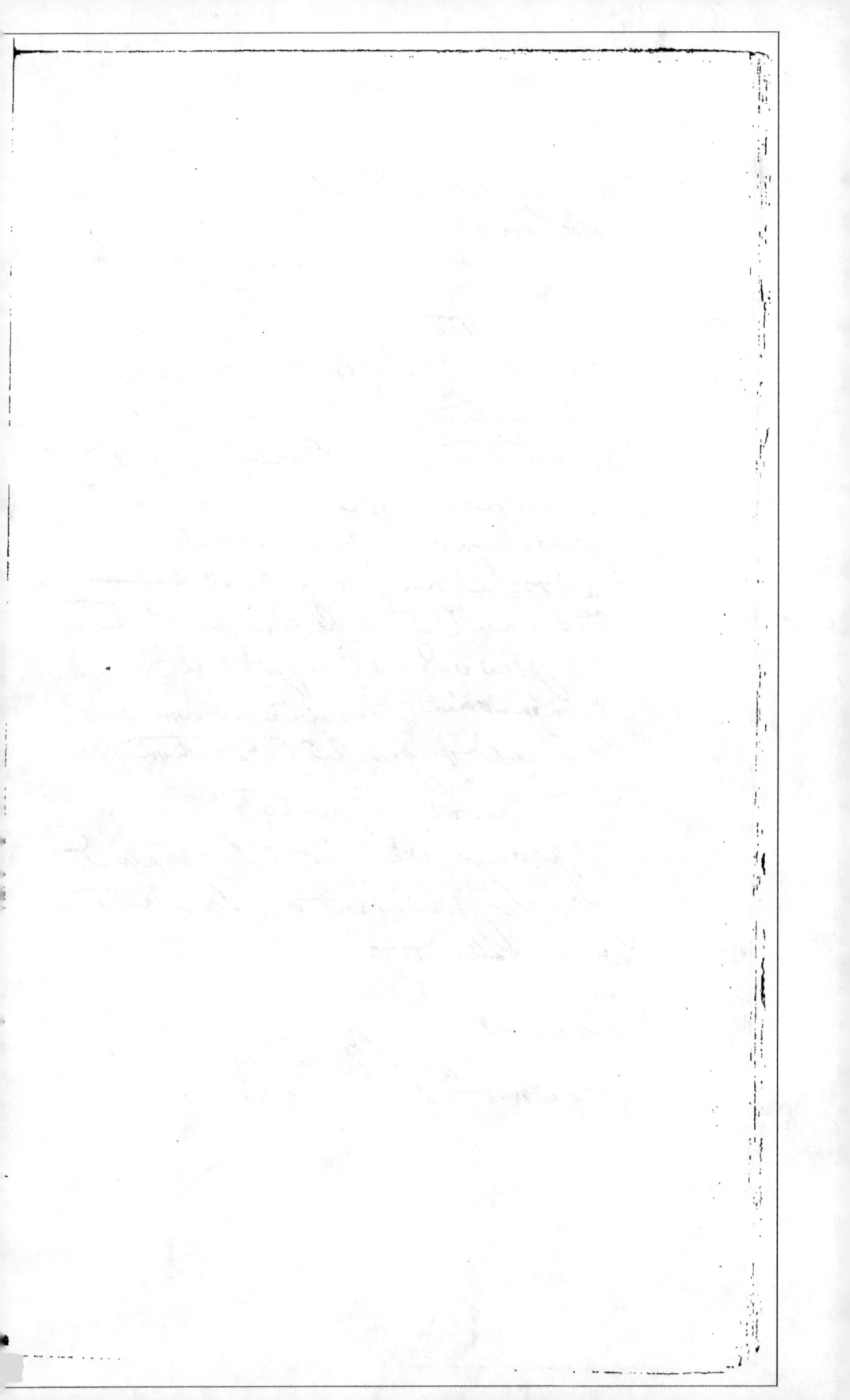

tu as vu Mon cher maleville les lettres relatives à la visite à faire demain, par députation, au cardinal légat. Nous avons pensé et nous le proposons que la députation soit de neuf membres du tribunal: trois de chaque section, les présidens compris, et du commissaire. ainsi tu nommeras les deux juges de la section qui te seront adjoints.

je vais prévenir, à la même fin, le président de la section criminelle.

Bonjour
21e germ.   Muraire

MURAIRE.

Muraire (Honoré), né à Draguignan le 5 novembre 1750, était déjà un avocat célèbre lorsque
la révolution vint à éclater. Président du tribunal du
district de sa ville natale, il fut envoyé en 1791, par
le département du Var, à l'assemblée législative, où il
siégea au côté droit parmi les royalistes constitutionnels, et sut y faire marcher de front ses principes
sagement révolutionnaires avec une modération conciliatrice. Il fut plusieurs fois rapporteur dans des
questions d'un intérêt capital, soumises à l'examen
du comité de législation, qui le comptait parmi ses
membres. Entre autres, il proposa, en 1792, d'attribuer aux municipalités le droit de constater l'état
civil, qui jusqu'alors avait appartenu à l'autorité ecclésiastique. Dans son rapport, à l'article du mariage,
il maintenait, en s'appuyant des anciennes autorités
de Cassiodore et de Marculfe, que la législation française devait abolir l'usage des dispenses octroyées
actuellement par la cour de Rome, et être seule offi-

ciellement investie du droit et du pouvoir de régler et de fixer les cas d'empêchement ou de permission de mariage dans le sein d'une même famille.

En effet, les prohibitions et les dispenses étaient originairement tout entières dans le domaine du droit civil. Les plus anciennes remontent aux lois grecques et romaines. Ce fut Théodose qui introduisit la dispense du mariage entre la tante et le neveu. C'étaient des institutions tellement civiles que Claude avait été obligé d'obtenir un sénatus-consulte pour épouser sa nièce Agrippine. Muraire demanda également que le mariage fût affranchi des cérémonies sacramentelles, et fit décréter qu'il pourrait avoir lieu à l'âge de vingt et un ans sans le consentement des père et mère, et enfin être dissous par le divorce en vertu de principes découlant de la morale et de la déclaration des droits.

Le hardi législateur ne fut pas toutefois élu à la convention. Pour se soustraire aux périls de la terreur, il dut se retrancher dans le silence et l'inaction d'où il ne sortit qu'en 1795; la députation du département de la Seine le fit reparaître au conseil des anciens. Épousant alors et plaidant la cause des parents des émigrés, il eut le noble courage de stigmatiser les actes iniques et spoliateurs du directoire, qui s'en vengea par l'édit de proscription dont il l'enveloppa le 18 fructidor. Il s'y déroba par la fuite, et se réfugia dans l'île d'Oleron, l'asile sacré des martyrs politiques de ces jours néfastes.

Mais, en 1800, à l'époque d'une heureuse renais-
sance, les consuls le rappelèrent, et le nommèrent
commissaire du gouvernement près le tribunal d'appel, puis membre du tribunal de cassation, qui,
par son organe, félicita Bonaparte d'avoir miraculeusement échappé à l'explosion attentatoire de la
machine infernale. Muraire vit dès lors sa fortune
croître et s'élever, surtout sous l'influence protectrice
de Joseph Napoléon. Il fut d'abord créé, en 1801,
membre de la commission chargée d'examiner le
projet du Code civil, et y déploya ses talents, qui
n'attendaient qu'un grand théâtre pour éclater.

Au milieu de cette foule de questions vitales, celle
des *donations et testaments* nous montre le législateur
opinant à ce que la saisine appartienne à l'héritier
testamentaire, et s'autorisant de l'axiome *le mort saisit
le vif* comme étant reçu dans le pays de droit écrit,
ainsi que dans les pays coutumiers, où la saisine
s'opérait de plein droit dans la personne de l'héritier
institué.

« Pourquoi, disait l'orateur, lui serait-elle refusée,
« puisqu'il réunit tout ce qui avait décidé à l'accorder
« à l'héritier *intestat*, ayant pour lui, comme ce der-
« nier, la volonté de la loi ; il a un avantage de plus,
« c'est la priorité d'affection dans les sentiments du
« testateur. L'héritier *ab intestat* n'a lui-même de
« droits que par la volonté du défunt qui s'est abstenu
« de tester.

« L'erreur vient de la supposition d'un concours

« entre ces deux sortes d'héritiers. Cependant il n'y
« en a pas; car si la loi institue l'héritier du sang
« quand il n'y a pas de testament, elle institue de préfé-
« rence l'héritier testamentaire. Il n'existe donc point
« de concours. Il n'existe pas de premier héritier
« saisi de droit, de la main duquel l'héritier institué
« doive nécessairement prendre les biens. Les deux
« sortes d'héritiers ont les mêmes droits au moment
« où s'ouvre la succession. »

« D'ailleurs, dans le système contraire, la succession
la plus claire se trouve d'abord et nécessairement
embarrassée par un procès. Il faut s'attendre, si l'héritier *ab intestat* est d'abord saisi, qu'il emploiera les
chicanes et les moyens dilatoires pour écarter par des
dégoûts l'héritier institué et percevoir les fruits. Le
même héritier *ab intestat* ne viendra pas disputer la
succession à l'institué, si ce dernier est d'abord saisi.

« Enfin on a raisonné pour soutenir l'opinion oppo-
sée, « dans la supposition que la présomption était
« contre le testament. On doit présumer au contraire
« que le testament est valable tant que la nullité n'a
« pas été prononcée. »

Au chapitre **VI**, *des partages faits par père et
mère*, etc., Muraire avait combattu la proposition de
laisser aux parents la faculté de disposer de la portion
disponible, en abandonnant à la prévoyance et à la
tendresse éclairée des pères de famille la distribution
économique de leurs biens, suivant la portion de chacun de leurs enfants. « Je doute qu'on doive admettre

« l'exception proposée, répliquait le législateur : le
« calcul qu'on a fait pour la justifier est exact ; mais
« il faut supposer au père l'intention d'être équitable
« envers ses enfants, et non celle d'ajouter, par le
« partage, aux avantages qu'il a déjà faits à l'un d'entre
« eux. Il lui serait facile, s'il était dans d'autres dis-
« positions, de frauder la loi par des voies indirectes
« et détournées.

« Il importe de conserver cette manière simple et
« régulière de faire les partages, car elle prévient les
« procès ; et cependant, en admettant l'article, il suffi-
« rait d'une erreur involontaire pour que le partage
« devînt nul. »

Muraire préludait ainsi aux fonctions de conseiller
d'État, qu'il inaugura en 1803 avec celles de président de la cour suprême. Créé successivement président d'honneur de l'université de jurisprudence,
comte et grand officier de la Légion d'honneur en 1804,
conseiller d'État à vie en 1807, grand'croix de l'ordre
impérial de la Réunion en 1813, tant de dignités et de
glorieuses récompenses firent éclater la gratitude et
le dévouement du serviteur fidèle, que chaque épisode
brillant de l'empire trouva constamment à la tête de
la cour de cassation pour porter ses félicitations aux
pieds d'un auguste rémunérateur et maître.

Jusqu'en 1814 il conserva le poste éminent dans
lequel lui succéda de Sèze, et le reprit au mois de
mars suivant à la rentrée de l'empereur, mais pour le
quitter sans retour à la seconde restauration. Étranger

27

depuis à toutes fonctions publiques ou politiques, la révolution de 1830 aurait pu l'y réintégrer si son âge avancé ne l'eût éloigné du temple dont il avait pendant quinze ans exercé le noble sacerdoce.

Le sage magistrat, qui avait fleuri sous l'empire, termina, le 22 novembre 1837, à l'âge de quatre-vingt-sept ans, sa longue et honorable carrière, en laissant à ses enfants ses dignités et ses mœurs patriciennes.

Paris ce 7 juillet 1812

Sire

Je puis enfin dire à Votre Majesté que les circonstances difficiles dans les-quelles se sont trouvées plusieurs parties de l'empire relativement aux subsistances — approchent de leur terme et que tout — annonce que nous sortirons de la crise sans que la tranquil-tité ait été un instant troublée.

Le C.te de Sussy

COLLIN DE SUSSY.

Le monde commerçant se présente sous une forme
nouvelle ; il s'agit moins aujourd'hui de chercher à
rétablir ce qui existait que de bien étudier notre position
actuelle, pour reconstituer des relations commerciales
d'après les changements survenus.

CHAPTAL. *De l'Industrie française.*

Le trait caractéristique de la vie publique de M. de
Sussy fut la loyauté administrative, et le plus bel
éloge à sa mémoire est d'avoir eu pour panégyriste le
savant et excellent Chaptal.

La simple et courte notice de l'illustre chimiste doit
abréger encore la nôtre.

Collin de Sussy naquit à Sainte-Menehould (Marne),
le 1er janvier 1750. Son père était capitaine général
des fermes du roi. Avant la révolution le mérite financier du futur administrateur s'était déjà révélé dans
les hautes fonctions de cette nature où l'avaient appelé la confiance et la considération générales. Pendant
la tourmente politique, il s'éclipsa avec les autres
hommes de bien ; mais, dès que l'horizon s'éclaircit,
le souvenir des vertus du citoyen et des talents de
l'homme public le fit rappeler sur la scène, après que
la France, lasse des excès révolutionnaires, fut revenue
à l'ordre et à l'esprit d'une sage liberté.

M. de Sussy concourut à la réorganisation admi-

nistrative dans les attributions qui lui furent successivement confiées comme préfet du département de
Seine-et-Marne en l'an IX, directeur général des
douanes en 1805, conseiller d'État à vie en 1807, et
ministre du commerce, des manufactures et des subsistances en 1811.

L'empereur lui avait accordé de prime abord sa
confiance pleine et entière. Elle respire dans les lettres
de Sa Majesté à ce fidèle et intelligent conseiller et
ministre, à qui il envoyait des instructions du fond
des pays étrangers, aussi librement que de Saint-
Cloud, de Trianon ou de Fontainebleau.

« Monsieur le comte, lui écrivait-il de Saint-Cloud,
« le 15 juin 1810, apportez au Conseil de lundi l'état
« des exportations de blé qui ont eu lieu en 1809, et
« l'état des exportations de blé en 1810. Tâchez d'a-
« voir des renseignements qui aillent jusqu'au 1er juin,
« en établissant des bâtiments en chargement, et ceux
« qui doivent être expédiés actuellement. »

« Je reçois votre lettre sur les subsistances, lui
« disait plus tard Napoléon dans une lettre datée de
« Dantzig, du 11 juin 1812 ; je vous sais gré de tout ce
« que vous faites pour surmonter les circonstances. »

Enfin, l'empereur témoignait une préférence marquée au comte de Sussy, ministre des manufactures et
du commerce, comme celle qu'il donnait aux intérêts
de l'édilité sur les arts du luxe, dans la longue instruction qu'il lui adressait de Ghloubokoe, le 19 juillet 1812 :

« Déjà j'ai ordonné depuis bien des années la con-
» struction d'un magasin d'abondance du côté de l'Ar-
« senal ; je ne sais par quelle fatalité cette construction
« avance si lentement ; ce ne sont pas les fonds qui
« manquent, car les fonds faits pour une année ont
« toujours servi pour deux. Je désire que vous voyiez
« le ministre de l'intérieur pour qu'on presse les tra-
« vaux, et qu'on sache me dire s'il ne serait pas pos-
« sible de les terminer d'ici à un an : l'Arc-de-
« Triomphe, le pont de Iéna, le Temple de la Gloire,
« les Abattoirs, peuvent être retardés de deux ou trois
« années, sans inconvénient, au lieu qu'il est de la
« plus grande importance que ce magasin d'abondance
« soit terminé. »

Mais remontons au début de M. de Sussy dans la
carrière où il devait figurer avec tant de distinction.

Bien administrer alors était sans doute beaucoup ;
mais ce n'était pas assez. A une époque d'aigreur et
d'irritation succédant au paroxisme du délire et de la
frénésie, il fallait une administration bienveillante et
conciliatrice pour fermer des plaies encore saignantes.

M. de Sussy, nommé à la préfecture de la Drôme,
puis à celle de Seine-et-Marne, apporta à ses adminis-
trés ou plutôt à ses enfants une bonté toute paternelle, des manières pleines de douceur et d'aménité
pour tempérer l'autorité d'une magistrature grave et
répressive, une fermeté imposante mais non rigide
pour ramener les mécontents et encourager les bons
citoyens ; en un mot, une conduite droite et pure,

exempte de passions et d'intrigues, propre à désarmer les factieux et à se faire à lui-même et au gouvernement de vrais et nombreux amis.

La pensée et la sollicitude du chef de l'État étaient alors fixées sur la réorganisation des douanes, cette branche délicate et protectrice de l'industrie nationale et à la fois productrice du revenu public.

Il en confia la direction générale à M. de Sussy qui sut concilier habilement ce double intérêt, pourvoir aux besoins du commerce, y proportionner les taxes, et en même temps éviter le choc dangereux de la concurrence des productions étrangères.

L'administration de M. de Sussy, sans être fiscale, fut intelligente et prospère.

Son nom se rattache à une date mémorable de l'empire, en matière de douanes, le *blocus continental*. La France, maîtresse du continent européen, était nulle et paralysée dans son commerce maritime. A cette époque difficile, en 1811, M. de Sussy fut appelé au ministère du commerce qui venait d'être créé à cette occasion.

Le sage et habile administrateur, instruit par une longue expérience dans la grande école des douanes, s'était convaincu que l'Europe seule ne peut alimenter les peuples, et que la liberté est le premier élément, le ressort le plus actif de la prospérité nationale.

On avait recours à la *licence;* mais cette ressource était à peine efficace et suffisante pour faire importer par la voie de l'Angleterre les productions exotiques.

Tout en regrettant la politique du chef du gouvernement qu'inspirait surtout l'ambition d'abaisser une
puissance rivale, dominatrice des mers, M. de Sussy,
du moins, sut adoucir, en y obéissant, la rigueur des
mesures qui lui étaient prescrites.

Pour satisfaire à la fois aux exigences de l'empereur et aux exigences des temps, sans exciter les
susceptibilités impériales ni soulever les plaintes ou
les murmures du commerce, il fallut une dextérité
plus que financière; il fallut une finesse vraiment diplomatique. Aussi la voix publique déclara-t-elle habile
et à la fois honorable une telle administration ; aussi
la munificence de Napoléon fit-elle pleuvoir sur l'administrateur les honneurs et les dignités. M. de Sussy
fut nommé grand officier de la Légion d'honneur et
ministre du commerce en 1811, grand'croix de l'ordre
impérial de la Réunion en 1812, ministre d'État et
premier président de la cour des comptes, le même
jour 24 mars 1815, et commissaire extraordinaire
pour les départements composant la première division
militaire, le 22 avril 1815. Cette triple distinction fut
accompagnée d'un buste de Napoléon, chef-d'œuvre
de Canova, envoyé par l'empereur lui-même, et d'une
lettre mémorable, monument non moins durable et
précieux qui peint le donateur et l'illustre personnage
objet de ces insignes récompenses[1] :

[1] Je dois à la gracieuse obligeance de M. le comte H. de Sussy la
vue de ce buste admirable et la communication de cette lettre ori-
ginale.

« Monsieur le comte de Sussy, je viens de signer
« deux décrets par lesquels vous êtes nommé ministre
« d'État et premier président de ma cour des comptes.
« Je ne saurais avoir trop de confiance en votre mérite
« et en votre dévouement. Sur ce, je prie Dieu qu'il
« vous ait en sa sainte garde.

« Au palais des Tuileries, le 24 mars 1815.

                              « NAPOLÉON.

« J'entends que ces décrets reçoivent dès demain
« leur exécution. »

M. de Sussy continua de remplir sa mission avec
d'autant plus de zèle et d'habileté qu'elle devenait plus
difficile et plus critique jusqu'à la catastrophe de 1815.
Alors il céda aux événements qui le firent rentrer dans
l'obscurité de la vie privée. Il y demeura jusqu'en 1819,
où sa longue et utile carrière fut couronnée par les
honneurs de la pairie. La noble chambre put apprécier
dans ce nouvel auxiliaire ses vastes connaissances, ses
lumières étendues, sa capacité de conseiller d'État, le
sens spécialement pratique et l'esprit supérieur d'analyse qui avaient porté M. de Sussy aux postes éminents dont l'avait investi la confiance impériale.

Le rapport de l'illustre pair, en date du 16 juillet 1822, sur le projet de loi relatif aux douanes, rapport qui eut les honneurs de l'impression, atteste éloquemment la supériorité en cette matière et les larges
vues de celui qui avait porté dans des conjonctures
difficiles une lourde et immense responsabilité.

Après avoir abordé l'article 1er qui avait pour objet
de venir au secours de nos colonies des Antilles
et examiné la question « si l'augmentation des droits
« devait assurer la préférence aux sucres de nos co-
« lonies sur ceux de l'Inde, et si, cette préférence
« assurée, elle aurait pour résultat certain de tirer les
« colonies de l'état fâcheux où elles étaient réduites, »
l'orateur passait à la question de l'abandon ou de
la conservation de nos colonies mêmes : « Sans doute,
« disait-il, on ne mettra jamais en doute si la con-
« servation des colonies est utile à la France. Elle
« importe à celle de notre marine, parce qu'une na-
« vigation continuellement active peut seule former
« de bons matelots, parce que leurs ports offrent à
« nos escadres, si les circonstances les appellent dans
« les mers de l'Amérique, un lieu de relâche, où elles
« peuvent faire reposer leurs équipages à la suite
« d'une longue croisière, y prendre des rafraîchisse-
« ments, soit enfin dans une guerre maritime, pour
« éviter des forces supérieures, ou s'y radouber à la
« suite d'un combat.

« Les grands événements qui se passent en ce mo-
« ment dans le nouveau monde ajoutent beaucoup à
« l'importance de nos colonies des Antilles, puis-
« qu'elles sont voisines du continent de l'Amérique
« méridionale, dont la nouvelle situation politique
« offrira un vaste champ aux spéculations du com-
« merce européen.

« On peut prévoir que le temps n'est pas très éloi-

« gné où il faudra aborder une grande question, celle
« de savoir s'il ne serait pas avantageux à la France,
« comme à ses colonies, d'adopter pour ces dernières
« un système plus large et moins exclusif, sous des
« conditions propres à concilier leurs intérêts avec
« ceux de la métropole ! »

La chambre des pairs n'eut pas le bonheur de jouir
longtemps de cette haute intelligence, et se vit, avec
douleur, enlever un cher et illustre collègue qui, lui-
même, avait soutenu de sang-froid les poignantes
approches de la mort.

M. de Sussy termina sa carrière, en juillet 1826, à
l'âge de soixante-dix-sept ans.

« Homme d'autant plus simple et modeste qu'il
« eut un mérite plus solide et plus réel, d'autant plus
« digne du rang supérieur auquel il était parvenu
« qu'il n'avait fait aucun effort pour y monter. Bon,
« équitable, droit, et toujours vrai, » il fut le servite r
éclairé, intègre et loyal du gouvernement, comme il
fut le père de la grande administration qu'il fut appelé
à régir et à faire prospérer dans un temps où la France
florissait tout entière.

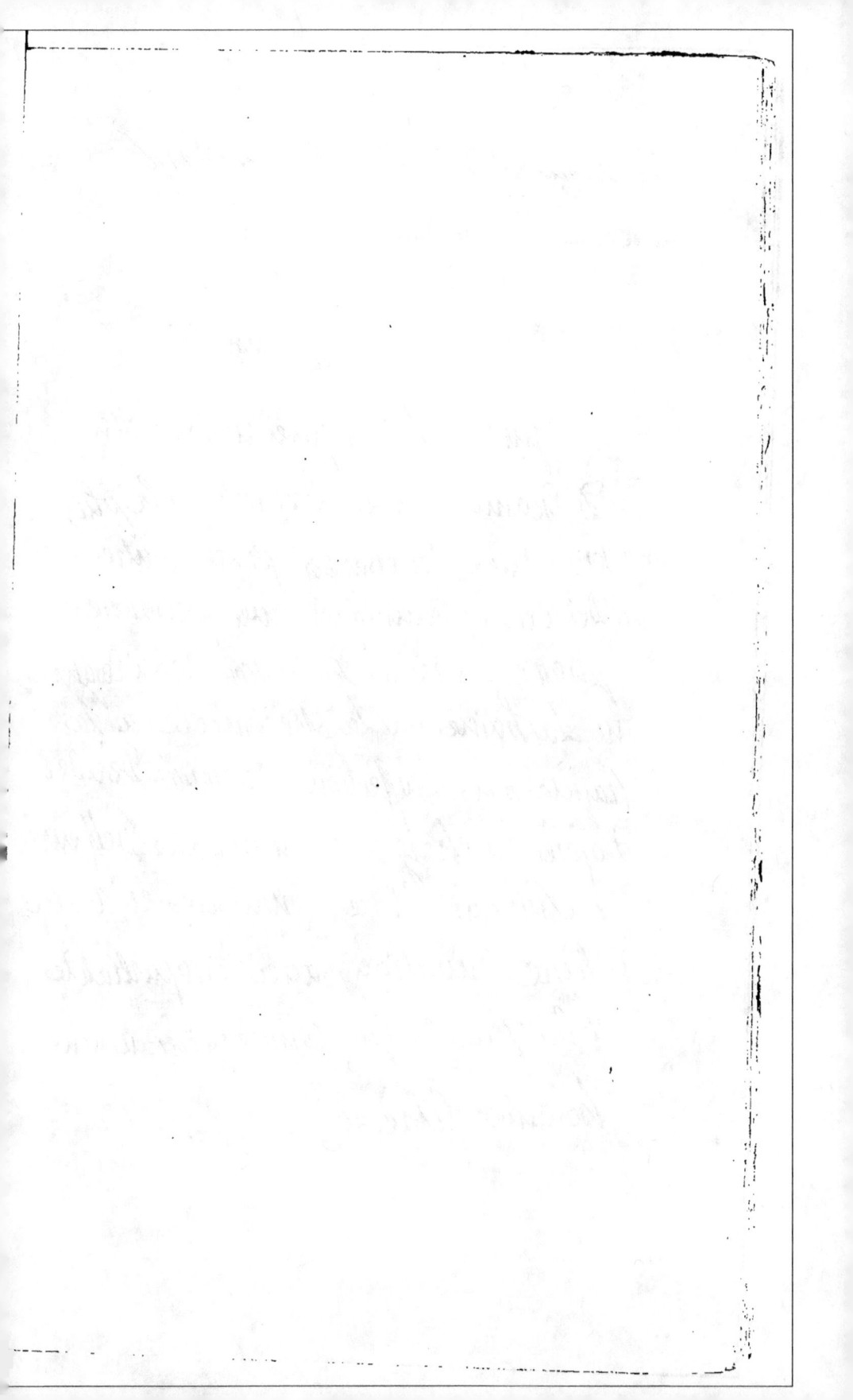

Projet de serment pour les Jurés soumis au Conseil d'État.

Serments

jurés « Vous jurés et promettés

D'Examiner avec L'attention la plus

« Scrupuleuse, les charges portés Contre ....

« De n'en Communiquer avec personne,

jusqu'après votre Déclaration. De n'Ecouter

ni La haine ou La Mechanceté, ni La

Crainte ou L'affection. De vous Décider

D'après les charges et moiens de Deffense,

et Suivant Votre Conscience et Votre

intime Conviction, avec L'impartialité

et la Fermeté qui conviennent a un

homme Libre.

TREILHARD.

Puissent tous ceux, à qui sera confiée l'exécution des lois criminelles, se pénétrer de l'importance de leurs fonctions et assurer à leurs concitoyens par leur activité et leur prudence une heureuse tranquillité, premier objet de ces lois comme elle est le premier objet de la société.

TREILHARD.

Treilhard (Jean-Baptiste) naquit à Brives (Corrèze) le 2 janvier 1742. Avocat au parlement de Paris, député de cette ville aux états généraux, il fut envoyé à l'assemblée constituante par les mêmes électeurs qui y avaient appelé Tronchet. Il s'y fit remarquer, dès 1789, par ses opinions conciliatrices pour la réunion des *trois* ordres, et pour la création d'une seule chambre avec le *veto* suspensif; mais, d'un autre côté, républicain enthousiaste, la séance du 8 mai 1791 exposa au grand jour ses opinions exaltées, à l'occasion d'une lettre où l'on demandait que les cendres de Voltaire, déposées dans l'abbaye de Sellières, près Romilly, fussent transférées dans l'église de cette commune le 30 mai, jour de l'anniversaire de la mort du philosophe réformateur.

Regnaud de Saint-Jean-d'Angély avait proposé le décret de translation. Lanjuinais, citant les paroles d'un écrivain célèbre, Bayle, qui avait dit que *Voltaire avait mérité les remercîments, mais non l'estime du genre humain,* avait opiné, comme étant plus sage, de passer à l'ordre du jour.

Treilhard rappela que Voltaire, en 1764, dans une lettre particulière qu'il écrivait, avait annoncé la révolution française. Il sentait qu'elle pourrait être encore retardée, que ses yeux n'en seraient point les témoins, mais que les enfants de la génération d'alors en jouiraient dans toute sa plénitude. « C'est donc à « lui, ajoutait l'orateur, que nous la devons, et c'est « peut-être un des premiers à qui nous devons les « honneurs que vous destinez aux grands hommes « qui ont bien mérité de la patrie. Je demande que « vous mettiez sur-le-champ aux voix la motion faite « par M. Regnaud. »

— « Renvoyez-le, s'écria un député, à l'abomina-» tion de la désolation. »

— « On compare Voltaire, dit un autre représen-« tant, à un prophète. Je demande que ses reliques « soient envoyées en Palestine. »

Après que Treilhard eut ajouté ces mots : « Voltaire « a été pendant sa vie déchiré par l'ignorance et le « fanatisme; il n'est pas étonnant qu'il puisse encore « y être en proie; » l'assemblée adopta la motion de Regnaud de Saint-Jean-d'Angély.

Réélu, en 1792, à la convention nationale par le département de Seine-et-Oise, Treilhard vota par un *oui* fatal *la mort du tyran.*

En 1793, il fit adopter l'échange des représentants

et des ministres français détenus en Autriche contre
la fille de Louis XVI. Réélu en l'an IV, on le vit célébrer l'anniversaire de la mort de ce prince, et terminer son discours par le serment de haine à la
royauté, donner l'accolade au président de l'Institut
qui avait prononcé le même serment, et proposer de
décréter la peine capitale contre quiconque deman-
derait le rétablissement de la monarchie.

Les bornes de cette notice m'empêchent de suivre
le conventionnel dans les attributions multiples de sa
vie politique, et me forcent de glisser sur les diverses
missions du diplomate au-dehors. J'omets également
son rapport sur un nouveau traité avec la Prusse, et
sa proposition de ratifier la convention conclue avec
l'Espagne. En l'an V, nous le voyons chargé par le
directoire d'assister aux conférences de Lille, avec
Malmesbury, pour traiter de la paix avec l'Angleterre;
en l'an VI, nommé ministre de la République française à Naples; passer ensuite comme plénipotentiaire
au congrès de Rastadt, où Jean de Bry le remplace
quand il est élu directeur.

En l'an VIII, vice-président du tribunal d'appel du
département de la Seine, son président en l'an X, on
le vit haranguer le premier consul au nom de ce tribunal, à l'occasion de la paix d'Amiens; il prononça
ces mots remarquables : « Citoyen premier consul,
« vous avez forcé la paix par la victoire. Vous avez
« pendant la guerre accoutumé la nation aux plus
« grandes merveilles; elle attend de vous aujourd'hui

« des prodiges d'une autre nature. Son espoir est
« sans bornes ; il sera cependant comblé parce qu'il
« n'est pas au-dessus de la sagesse qui gouverne. »

Certes, Treilhard n'était pas flatteur ; mais ce républicain sévère s'était adouci et s'inclinait devant le
génie du César français. Ce génie, qui discernait avec
une sagacité instinctive les hommes supérieurs nés
pour l'aider et pour le servir, eut bientôt appelé en
l'an X l'ex-conventionnel dans le Conseil d'État où
celui-ci apporta le tribut de ses vives lumières et de
ses profondes connaissances à la grande élucubration
du Code civil.

Le 12 ventôse an XI, Treilhard exposait en ces
termes, devant le Conseil d'État, le projet de loi sur la
jouissance et la privation des droits civils :

« L'éclat de la victoire, la prépondérance d'un gou-
« vernement également fort et sage donnent sans
« doute un grand prix à la qualité de citoyen français ;
« mais cet avantage serait plus brillant que solide ; il
« lui laisserait encore d'immenses vœux à remplir, si
« la législation intérieure ne garantissait pas à chaque
« Français une existence douce et paisible, et si, après
« avoir tout fait pour la gloire de la nation, on ne
« s'occupait pas avec le même succès du bonheur des
« personnes.

« La *sûreté*, la *propriété*, voilà les grandes bases de
« la félicité du peuple. C'est par la loi seule que leur
« stabilité peut être garantie, et l'on reconnaîtra sans
« peine que la conservation des droits civils influe

« sur le bonheur individuel bien plus que le maintien
« des droits politiques, parce que ceux-ci ne peuvent
« s'exercer qu'à des distances plus ou moins éloignées
« et que l'action de la loi civile se fait sentir à tous les
« instants. »

Dans la séance du 19 pluviôse an XII, où le titre
du régime hypothécaire engagea des discussions vives
et prolongées, Treilhard vint répandre sur cette
question ardue, à peine résolue aujourd'hui, la clarté
d'une logique précise et lumineuse :

« On a perpétuellement confondu dans le cours de
« cette discussion, dit-il, l'obligation qui peut pro-
« duire l'hypothèque avec l'hypothèque elle-même.

« De ce que celui qui s'oblige, s'oblige sur tous ses
« biens, on a conclu que toute obligation devait né-
« cessairement produire une hypothèque générale.
« C'est une erreur ; une obligation peut exister sans
« produire d'hypothèque ; les engagements sous seing
« privé et ceux qui naissent d'un fait sont un exemple
« de cette vérité.

« En considérant les choses dans leur essence, on
« aperçoit facilement que, sans la publicité et la spé-
« cialité de toute espèce d'hypothèques, l'hypothèque
« devient illusoire. En effet, on ne prend un immeuble
« pour gage qu'afin d'assurer son payement ; mais cette
« précaution devient inutile si elle ne donne une en-
« tière sûreté. L'hypothèque cependant peut-elle avoir
« un tel résultat, lorsque celui qui prend cette garan-
« tie est hors d'état de vérifier la situation de celui

« avec lequel il traite? Des créanciers antérieurs et
« inconnus paraissent tout à coup et absorbent le gage
« où l'on croyait trouver sa sûreté. C'est ce qui a fait
« imaginer la publicité et la spécialité.

  « On demande où est la différence entre les hypo-
« thèques légales et les hypothèques convention-
« nelles.

  « Ces dernières ne sont pas moins sacrées que les
« autres ; car l'état social suppose nécessairement des
« conventions, et les conventions des sûretés. Ce
« n'est donc point sous ce rapport qu'on peut établir
« une différence entre les deux sortes d'hypothèques ;
« ce qui les distingue, c'est la cause qui les produit ;
« les unes naissent de la convention, les autres de la
« loi. »

L'illustre jurisconsulte fut nommé en l'an XIII
membre du conseil de discipline de l'École de droit
de Paris, et présenta, en 1806, au corps législatif, les
deux premiers livres de la première partie du Code
de procédure dont il développa les motifs. Il discou-
rut en 1807 sur le Code de commerce. Président de
la section de législation en 1808, il exposa les divers
titres du livre II du Code d'instruction criminelle, et,
en 1809, le Code des délits et des peines. La rigueur
du Code de 1810 porte l'empreinte des principes et de
la doctrine du sévère criminaliste. Mais cette doctrine
et ces principes venaient chez lui d'un sentiment de
justice et d'équité, qui se traduit dans les belles paroles prononcées au corps législatif par le grave ju-

risconsulte, organe du Conseil d'État. Ces paroles
dont nous avons fait notre texte sont un écho lointain
mais sonore de la voix et de la pensée des Lycurgue et
des Solon.

L'infatigable législateur ne pouvait être arrêté dans
ses travaux que par la mort. La veille même, le 30 décembre 1810, il assistait encore aux séances du
Conseil d'État. Il ne s'en exila que pour se reposer
au champ du sommeil.

Dans toutes ses phases politiques, Treilhard jouit
de la plus haute considération et reçut les témoignages
de la confiance de ses concitoyens : dès le début,
comme avocat, plus tard en quittant l'assemblée
constituante, dans la présidence du tribunal criminel
de la Seine où il déploya ses nouveaux talents; ensuite à l'assemblée nationale qui l'écoutait avec faveur au milieu de ses assemblées les plus dissonantes
et les plus fougueuses. La fermeté de son caractère,
son attachement aux vrais principes, guides fidèles
et sûrs de l'homme de bien, et le respect que commandaient ses vertus, peuvent seuls faire excuser les
excès de son âpre mais pur républicanisme. Du directoire, où il ne fit que passer, il rentra volontairement
dans l'abnégation de la vie privée pour en sortir et
briller d'autant plus au Conseil d'État dans la plénitude et l'éclat de son beau caractère et des distinctions qui vinrent s'accumuler sur lui; nommé successivement président de la section de législation,
grand-officier de la Légion d'honneur, chevalier de

l'ordre royal de la Couronne de Fer et ministre d'État, le titre de comte avec majorat vint couronner cette brillante série de faveurs méritées. Plus heureux que Berlier et d'autres encore, il eut le bonheur de ne pas survivre à l'empire, car il aurait expié comme eux la mort de Louis XVl, tandis qu'il eut la gloire de se voir mourir au sein même du triomphe.

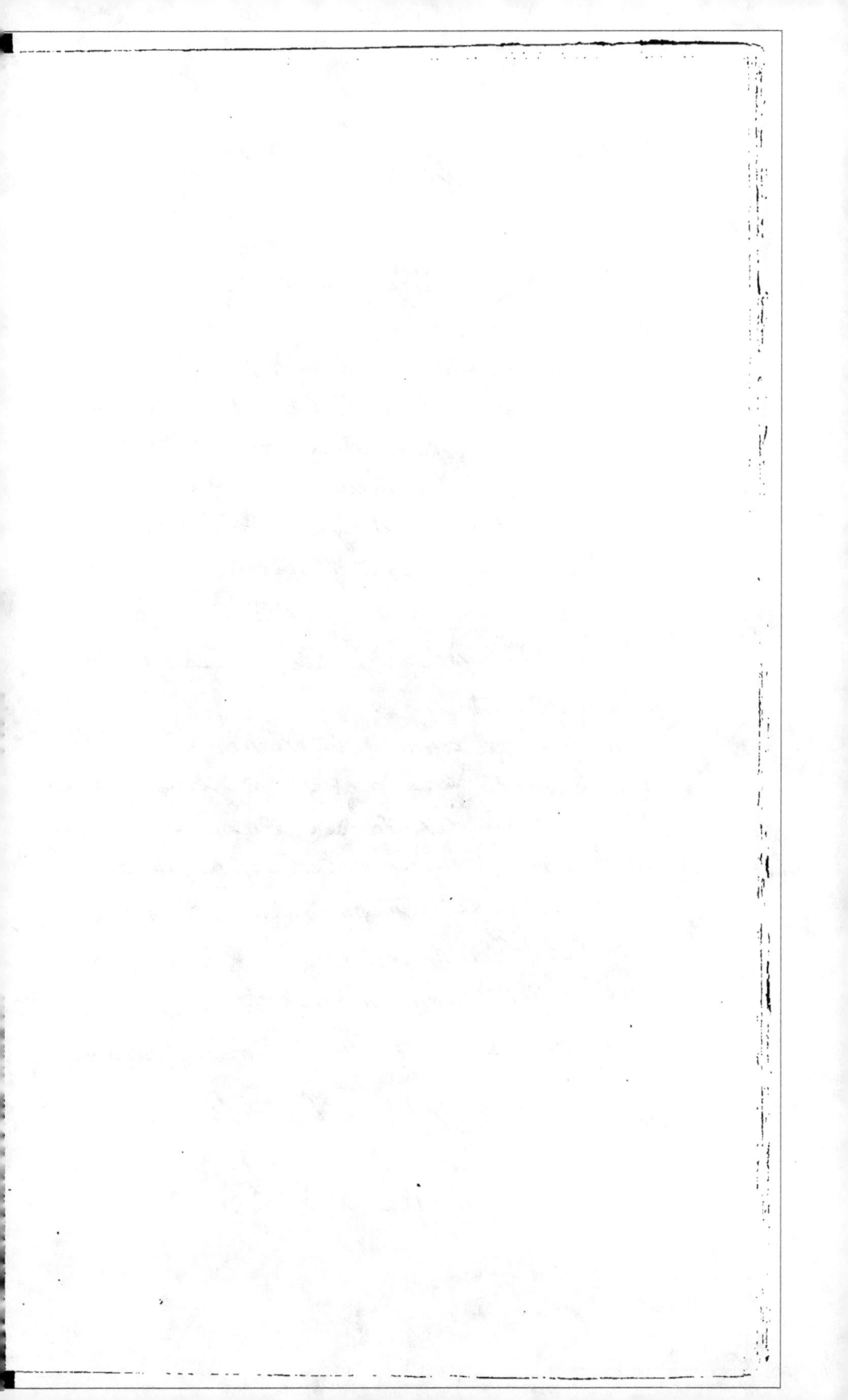

Lettre du Cte de Segur.

Conformément aux ordres de S. M. l'Impératrice
-Régente, Le Grand-Maître des Cérémonies
a l'honneur de prévenir Monsieur le
Comte Muraire que la Cour de Cassation
est invitée à assister en Corps Dimanche
prochain 23, à la Cérémonie du Te Deum
qui sera chanté en l'Église Métropolitaine
de Notre Dame, à l'occasion de la
Victoire de Lützen, et auquel sa
majesté l'Impératrice Régente se rendra
en grand Cortège.

On sera en grand Costume complet.
Une escorte sera assez à temps au
lieu ordinaire des Séances de la Cour de
Cassation, pour que ce Corps puisse se
mettre en marche à onze heures et demie.

Le Grand-Maître a l'honneur de
renouveller à Monsieur le Comte Muraire
l'assurance de sa haute Considération

Le Cte de Segur

Ce Jeudi 20 mai 1813.

SÉGUR.

Au milieu de ces noms glorieux qui honorèrent
la magistrature, l'épée et les belles-lettres, le Conseil d'État réclame Philippe, comte de Ségur. Il naquit
à Paris en 1753. De brillantes études ne l'empêchè-
rent pas de prendre du service dans la guerre de l'indépendance américaine. Promu au grade de colonel,
il se distingua dans deux campagnes qu'il fit à la tête
de son régiment. A son retour, il commanda le régiment de dragons qui portait son nom. Il partit en 1783,
investi de la mission de ministre plénipotentiaire, et
sut se concilier par ses qualités séduisantes la faveur
de l'impératrice Catherine II. Il employa cette heureuse
influence à réconcilier les deux gouvernements, et à
faire conclure entre la France et la Russie un traité
de commerce, qui assurait à la première de grands
avantages aux dépens de l'Angleterre. La révolution
le rappela en France; il y fut nommé, en 1791, maréchal de camp. Ayant refusé le ministère des affaires
étrangères que lui offrait Louis XVI, il repartit pour

Berlin, avec la mission diplomatique d'empêcher la guerre avec la Prusse. Après avoir terminé heureusement sa négociation, de retour à Paris, il se vit dépouillé de tous ses biens et persécuté par les ennemis des honnêtes gens; mais il fut réintégré par le consulat, vengeur du vrai mérite. Élu membre du corps législatif, le Conseil d'État s'empressa de l'admettre dans son sein, et l'Institut national le compta parmi ses membres. Il fut créé par Napoléon grand-maître des cérémonies, et porté, en 1813, au rang de sénateur. La première restauration le nomma pair de France; mais il fut déchu de cette dignité pour avoir repris, dans les cent jours, ses fonctions de grand-maître auprès de l'empereur; il ne la recouvra qu'en 1818, et la conserva jusqu'en 1830, époque de sa mort.

Philippe de Ségur appartient, comme écrivain, à l'école du dix-huitième siècle. Ingénieux, fin, élégant, et riche par la pensée comme par le style, le cœur a chez lui autant de part que l'esprit à ses ouvrages aussi nombreux qu'utiles. Entre autres, son *Histoire universelle*, qui souvent a remplacé celle de Rollin, fait oublier non pour l'érudition, mais pour l'éclat et la pureté du style, le vieux maître de l'université.

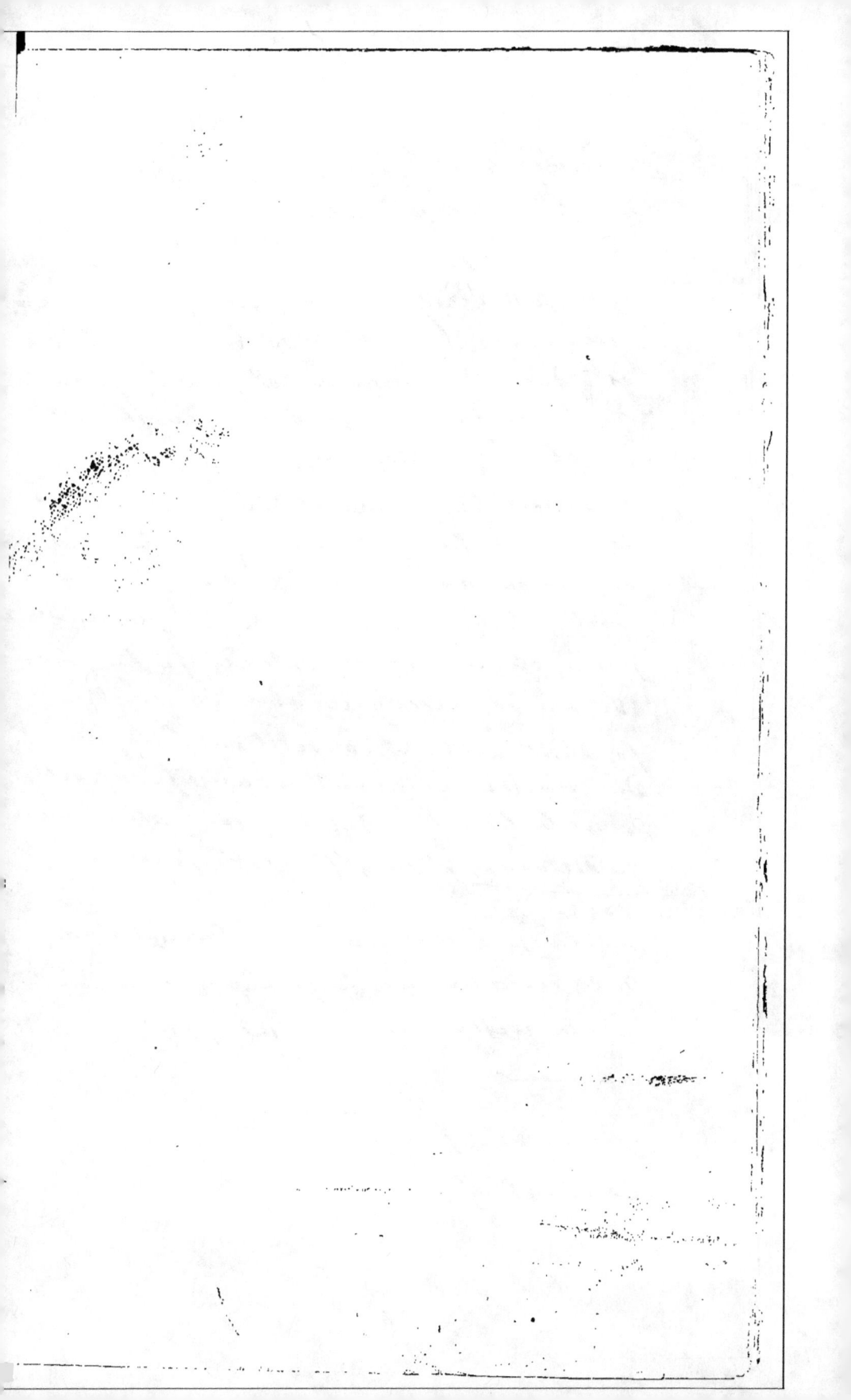

Un plaideur me fournit mon cher
Muraire l'occasion de t'écrire. il en
est donc d'aimables, et pour le plaisir
qu'il me procure je désire qu'il ait
un bon procès. j'attends avec respect
les oracles de france et les tiens. mais
je sollicite ta justice puisqu'on le veut;
et puisqu'on croit à ton amitié pour
moi, et que le bruit j'en est répandu
jusqu'en ces fières contrées, je te prie
de me répondre avec amitié que tu
seras attention et expédition. l'éloquence
de Mailhe qui plaide la cause le rapport
de m. Lacheze ton équité, et l'_alea
judiciorum_; me c'est favorable pour le
reste.
adieu mon cher ami je ne désespère pas
de te revoir un jour. la france vaut mieux
que la Westphalie. je t'embrasse de tout
mon cœur

Siméon.

Cassel 26 9.bre 1808

SIMÉON.

Siméon (Joseph-Jérôme) naquit à Aix en Provence, le 30 septembre 1749, il y a un siècle, dans l'année qui précéda la publication de l'*Esprit des Lois*.

Fils d'un avocat célèbre, qui le destina lui-même à la carrière du barreau, il s'y distingua de bonne heure par l'heureuse alliance de l'étude du droit et de la culture des lettres, auxquelles il joignit la pratique de l'administration. Siméon inaugura dans le conseil des cinq-cents, comme représentant du département des Bouches-du-Rhône, sa vie politique qui devait être si active et si prolongée. Ce fut lui qui, en l'an V, après un rapport sur l'infortuné Lesurques, condamné à mort, fit adopter l'ordre du jour, décréter diverses dispositions sur les stipulations légales et détruire l'effet rétroactif donné à des lois prohibitives; il soutint l'art. 19 du projet sur les successions collatérales et proposa d'annuler l'effet rétroactif de la loi sur la successibilité des enfants naturels. En opinant sur le divorce et en se faisant l'avocat du mariage, devenu une véritable prostitution, il vota la suspension de cette loi.

Dès son entrée dans la carrière politique, on voit la première lueur de cet esprit généreux s'élevant contre les excès et les atrocités de la révolution, dans le récit pathétique qu'il fait le 18 germinal, au conseil des cinq-cents, de la barbarie des chauffeurs contre lesquels il demandait la peine réservée aux homicides.

« Théoriciens trop froids, s'écrie-t-il, entrez avec « moi dans cette maison des champs qu'habite, sous « le respect et la garantie des lois, un cultivateur « aisé. Une troupe de brigands vient de s'y introduire « à main armée. Leur irruption, leurs pistolets et « leurs poignards ont glacé d'effroi toute la famille « consternée ; tout ce qu'ils voient, tout ce qu'ils peu- « vent trouver est à leur merci ; leur cupidité n'est « pas satisfaite.

« Les foyers auprès desquels cette famille infor- « tunée devait trouver un asile vont leur fournir la « plus cruelle des armes. Le feu est rallumé ; il est len- « tement et violemment appliqué à interroger tantôt « le père, tantôt le fils ou la fille, sur les endroits se- « crets où ils tiennent l'or et les effets précieux qu'on « leur suppose.

« Ainsi, un moyen que la justice employait autre- « fois contre le crime pour lui arracher, au profit du « public, le nom de ses complices ; ce moyen que « l'humanité a justement proscrit malgré son utilité, « le crime lui-même l'a saisi ! Juge et bourreau, il « commande par la force et par les supplices. Il fait « grâce de la mort parce qu'elle lui serait moins utile.

« Témoins des cris que jettent les victimes de ces
« brigands, vous les perceriez de mille coups sur le
« moment, châtiment trop doux de leur atrocité, et
« vous voulez que la loi, plus indulgente, couronne
« leur spéculation en leur conservant la vie, parce
« que leur ingénieuse cruauté a dédaigné de ne spo-
« lier qu'une maison déserte, de ne dépouiller que
« des cadavres muets et insensibles, parce qu'elle a
.« aimé mieux torturer des êtres vivants et les rendre
« indicateurs et en quelque sorte complices des vols
« qui leur sont faits ! »

Siméon fut condamné, le 18 fructidor, à la déportation qu'il subit à Oleron jusqu'en l'an VIII. Sur sa demande de rentrer en France pour y rétablir sa santé, il
obtint cette faveur avec la restriction de demeurer
sous la surveillance du ministre de la police générale.

Il fut élu membre du tribunat en l'an IX. Nommé
président de ce conseil, il y parla dans la discussion
engagée sur l'arrêté du 12 brumaire an IX, taxé d'illé-
galité, comme prescrivant la vente à la folle enchère
de biens nationaux dûment acquis. Ce fut dans le
cours de cette discussion qu'il avança, sur la question au fond, que « les *avis du Conseil d'État*, faisant
« partie du gouvernement, n'avaient ni force ni pu-
« blicité par eux-mêmes; qu'ils n'en recevaient que
« du gouvernement, quand il les adoptait, et que cette
« adoption, aussitôt qu'elle était manifestée, devenait
« nécessairement un acte du gouvernement »

En l'an X, Siméon opinait en faveur du projet de

loi relatif aux actes de l'état civil ; puis successivement rapporteur et organe d'une commission instituée pour examiner le projet de loi sur le concordat,
il soutenait le projet de l'instruction publique, qu'il
portait et défendait devant le corps législatif.

A l'occasion du traité d'Amiens, ce fut lui qui proposa une députation au gouvernement, haranguant
les consuls au nom de cette députation, et qui, se faisant l'avocat de la question du consulat à vie, provo-
quait sur cet objet un message du gouvernement.

La session de l'an XI fut signalée par son rapport
sur le projet de loi, titre XI du Code civil, et par son
discours au corps législatif sur le titre I du livre III
et sur les successions.

En l'an XII, il exposa devant la même assemblée
les moyens de sanction, par le tribunat, du projet de
loi respectif au mariage. Enfin, il porta au corps législatif le vœu formé par le tribunat lui-même, de
voir adopter la réunion des lois civiles en un seul
corps, sous titre de *Code civil des Français.*

C'était sous sa présidence, au comité de législation,
que le système de législation le plus complet et le plus
méthodique qui ait jamais existé, et le plus capable
de populariser les connaissances des droits civils, était
sorti majestueusement des savantes et laborieuses discussions engagées par les jurisconsultes et les hommes politiques de la France dans le Conseil d'État.

Cependant les événements ouvraient chaque jour
la carrière plus large devant Siméon. Celui qui avait

déjà défendu la question du consulat à vie devait soutenir la motion du citoyen Curée, tendant à confier le gouvernement de la république à un empereur.

L'auteur de cette motion avait déclaré ne voir pour le chef du pouvoir national aucun titre plus digne de la splendeur de la nation que le titre d'empereur, et si ce titre signifiait *consul victorieux*, il avait demandé qui méritait mieux de le porter, quel peuple, quelles armées étaient plus dignes d'exiger qu'il fût celui de leur chef; en outre il avait proposé au tribunat de reporter au sénat le vœu national.

Siméon, à la tête des tribuns, appuya cette motion, et armé des arguments tirés de l'histoire, des noms sonores de ses héros classiques, faisait retentir ces paroles en plein tribunat, dans la séance extraordinaire du 10 floréal an XII :

« La motion que vous venez d'entendre et que je « seconde présente une opinion qui se formait de- « puis plus de deux ans et que les événements ont « mûrie. Elle éclate de toutes parts, il est temps qu'elle « soit accueillie et solennellement consacrée. Quelle « longue et triste expérience nous avons faite ! »

L'orateur ici décrivait la situation de la France depuis l'écroulement du trône, le vaisseau de l'État flottant incertain au milieu d'écueils opposés, jusqu'au moment où une main victorieuse et ferme était venue en saisir le timon et diriger sa marche vers le port. C'est là qu'il devait s'abriter pour y réparer ses désastres et en prévenir d'autres.

Dix années de sollicitudes et de malheurs, quatre ans d'expérience et d'améliorations avaient assez fait connaître les inconvénients du gouvernement de plusieurs et les avantages du gouvernement d'un seul.

Siméon adressait, le 9 prairial an XII, à ce même tribunat qu'il avait servi et illustré une lettre d'adieux et de regrets, en lui annonçant son appel au Conseil d'État, auquel il allait désormais consacrer ses talents et ses lumières.

C'était toujours le Conseil d'État qui finissait par absorber les intelligences d'élite et éprouvées. Napoléon s'en faisait un faisceau et une auréole; il voulait gouverner à la fois avec l'éclat de son génie et avec le rayonnement du génie des hommes de son temps, complices de sa grandeur et de sa gloire.

Cependant une magnifique mission fut confiée, en 1807, à Siméon. Il fut nommé ministre de la justice et de l'intérieur du royaume de Westphalie. Napoléon avait jeté les yeux sur lui pour réconcilier avec le nom français les habitants de cet État fondé par la main impériale. Le législateur devait féconder la pensée créatrice du conquérant et du politique, en introduisant dans ce pays francisé de nouvelles lois, en y préparant des innovations inévitables, en rapprochant les esprits et désarmant les passions par sa modération conciliatrice. Aujourd'hui que le traité de Vienne a démembré ces États, la mémoire de Siméon a survécu et anime encore chacun de leurs tronçons palpitants. Les habitants, reconnaissants des bienfaits d'une sage et paternelle administration, et par la seule sympathie restés toujours Français, en ont fidèlement gardé le souvenir gravé dans tous les cœurs.

Après sa résignation libre et volontaire de ces fonctions diplomatiques, Siméon terminait, en 1814, sa carrière politique sous l'empire dans la préfecture du Nord. Il la rouvrait comme conseiller d'État en 1815, et en 1819 comme inspecteur général des écoles de droit; il la poursuivait en 1820 par l'acceptation des sceaux qu'il avait refusés en 1818, et la complétait dans les hautes fonctions de ministre de l'intérieur à partir du 21 février 1820 jusqu'à 1821; à cette époque il se retirait de l'administration avec une modique fortune, et couronnait enfin ses dignités par le titre de ministre d'État et les honneurs de la pairie, dont la sphère élevée, pour lui, n'en fut pas moins active.

Depuis cette époque jusqu'en 1840, sans une pause, sans une interruption, cet athlète politique, membre de toutes les commissions, rapporteur infatigable, orateur indépendant dans les questions d'une haute portée morale et politique, représentant jaloux d'un corps dont il soutint la dignité en combattant ses abus, sut tout embrasser, suffire et répondre à tout. Il m'en coûte d'abréger tous les détails de cette vie publique, que j'avais suivie, recueillie avec un vif intérêt; mais l'inexorable notice semble m'arrêter par ce mot solennel : « Tu n'iras pas plus loin. »

En 1840, la chambre des pairs le revoyait encore

mêlé à ses travaux ; mais en 1841 elle interrogeait un
siége vide, et en 1842 ne trouvait, hélas! qu'une
place vacante, où ne devait jamais reparaître un digne
collègue ; il n'était plus. Après une carrière de qua-
tre-vingt-douze ans, il n'avait mis pour le repos que
l'espace d'une année entre la vie et la mort. On vit
dans une même et fatale journée le convoi funèbre de
l'honorable Siméon croiser, sur la voie de la dernière
demeure, celui d'un autre noble pair, octogénaire
aussi, M. le duc de Castries, fils du célèbre maréchal
de ce nom. Il appartenait à notre illustre et vénérable
patriarche de donner au public le spectacle rare et
touchant d'un deuil mené par son fils, et son arrière-
petit-fils. Trois générations successives confondaient
leurs derniers devoirs et leurs larmes filiales sur la
tombe de leur auteur commun, et excitaient la même
sympathie chez tous les assistants, parents, amis,
hommes d'État de toute nuance, savants, magistrats,
artistes, citoyens de toutes les conditions assemblés
autour d'un cercueil comme une seule et même famille. Cette famille éplorée se groupait avec amour
autour du conseiller d'État, du préfet, du ministre,
du pair de France, du premier président de la cour
des comptes, du membre de l'Académie des sciences
morales et politiques, mais surtout autour d'un ami
et d'un père.

J'ai reçu, mon cher ami,
ta lettre de Schönbrunn.
il paroît que tu dois être
arrivé avant hier onzième à
Braunau. voici la seule
lettre que le courrier d'auj.ourd'hui
apporte pour toi. Écris
moi de tes nouvelles. je n'en
ai pas reçu une de Paris

je t'embrasse

ce 14 9bre 1806

DARU.

> La moitié de ma vie, disait Daru, a été consacrée à l'étude des lettres ; l'autre moitié s'est passée au milieu des affaires. Entre les deux il n'y a pas eu de place pour les mathématiques....
>
> Essayez toujours de nous donner un poëme sur l'astronomie, nous vous aiderons, fut la réponse de M. de Laplace.
>
> . . . . , ce superbe géant
> Quel est-il ? une *étoile*, un atome, un néant...

Les belles-lettres qui, dans tous les âges, chez les Grecs ou les Romains, récréèrent l'homme d'Etat et la guerrier, ont charmé l'existence de l'illustre Daru, à la fois académicien, administrateur, conseiller d'État, ministre, pair de France, et ont guidé comme par la main, jusqu'à la dernière demeure, leur ami constant, leur compagnon fidèle et inséparable.

Pierre-Antoine Bruno, comte de Daru, naquit en 1756, à Montpellier, où des succès littéraires et d'estime eussent satisfait la modeste ambition du jeune poëte, si la révolution, qui poussa tant d'hommes comme de vive force, ne l'eût porté lui-même en avant.

Daru, nommé commissaire des guerres, fit la campagne de 1792, mais fut arrêté tout à coup par de perfides dénonciations dans la carrière qui s'ouvrait

devant lui. Retenu pendant dix mois dans les cachots
de la terreur, il y aurait langui longtemps encore, si
le 9 thermidor ne fût venu le rendre à la liberté et
à l'air pur de la poésie. En l'an IV, il fut promu au
grade de chef de division au ministère de la guerre,
et, l'année suivante, envoyé à l'armée en qualité de
commissaire ordonnateur en chef. Mais, loin d'être
accablé de ces fonctions pénibles et laborieuses, il y
puise un nouvel attrait pour s'adonner à ses études
chéries, et le divin Horace, son confident et son ami,
qui le suit partout dans ses voyages, trouve en lui,
au milieu du tumulte de l'administration militaire,
un élégant et fidèle interprète. L'homme des camps,
comme l'homme de lettres, voit tout ensemble s'accroître ses grades ainsi que ses triomphes. L'inspecteur aux revues chante Delille, et, alternant encore,
du sanctuaire des Muses passe dans l'arène du tribunat.
Le premier consul qui, après la journée de Marengo,
avait pu apprécier Daru, empereur se rappela ses
services, et en reçut de non moins signalés au Conseil
d'État, où il consulta ses lumières; dans sa maison
militaire, dont il le fit intendant général; dans la
mission qu'il lui confia de faire exécuter le traité de
Tilsitt, et dans la haute fonction de ministre plénipotentiaire à Berlin. Pour comble d'honneur, l'empereur lui ordonna de le suivre en Russie comme ministre de la guerre. Ce fut surtout dans cette retraite,
trop célèbre et trop désastreuse, qu'il justifia la confiance du Charles XII français, qui jugeait et peignait

Daru avec ces termes énergiques : « Au travail du
« bœuf, Daru joint le courage du lion. »

Il demeura fidèle à ses deux affections, à la cause
de Napoléon, qu'il servit jusqu'au moment où il lui
fut inutile, et aux lettres qui le payaient de retour.

Il lui appartenait de jeter des fleurs sur la tombe
d'un illustre savant, le marquis de Laplace, qui, le
premier, avait encouragé l'auteur du poëme de l'*Astronomie*.

« C'est ici, disait le chancelier de l'Académie fran-
« çaise, c'est ici, au milieu de tout ce qui atteste le
« néant de l'humanité, que nous venons déposer des
« cendres, animées hier par l'un de ces beaux génies
« que la nature produit de loin en loin pour consoler
« les hommes en leur montrant toute la sublimité de
« l'intelligence.

« Ce génie si étendu, qui avait consacré sa vie aux
« vérités susceptibles de démonstration, et à la con-
« templation des phénomènes célestes, avait senti que
« les lettres sont aussi pour l'espèce humaine un
« moyen de perfectionnement et de bonheur. C'était
« un spectacle propre à resserrer la noble alliance des
« sciences et des lettres que celui d'un grand géo-
« mètre se passionnant pour les beautés de l'élo-
« quence ou de la poésie. »

Mais l'amant des muses savait les quitter sur le seuil
de la lice parlementaire.

La discussion à la chambre des pairs sur le projet
de code de la juridiction militaire, donna au comte

Daru l'occasion de déployer en cette matière toute son
intelligence pratique.

L'article 2 disait que la justice militaire s'exerçait à
l'armée : 1° par des conseils de guerre; 2° par des
conseils d'annulation; 3° par des prévôtés d'armée.

« Les prévôtés d'armée, disait Daru, étant une juri-
« diction toute spéciale, il est nécessaire que leur
« compétence soit déterminée par la loi de la manière
« la plus précise. Or trois éléments concourent, en
« général, à déterminer la compétence d'un tribunal
« quelconque, savoir : la nature du délit, la qualité
« du prévenu et le lieu où le délit a été commis.....
« En résumé, l'attribution donnée aux prévôtés, sous
« le rapport de la nature des délits, est trop large : elle
« est injuste en ce qui concerne les personnes, elle est
« trop vague en ce qui concerne le territoire. »

La politique, plus tard, céda son champion tout entier et sans partage aux studieux loisirs et au laborieux enfantement de travaux consciencieux : l'*Histoire de Venise* et celle des *Ducs de Bretagne,* qu'il
couronna de son poëme sur l'*Astronomie,* le dernier
jet de sa plume.

Le comte Daru mourut en 1829, jeune encore pour
la vie et les lettres qu'il avait cultivées avec tant d'a-
mour et de bonheur, et qui auraient dû pendant de
longues années nourrir en lui le feu sacré de l'étude et
de la poésie.

Lettre du C.te Merlin

du 3 Avril 1815.

Je vous envoie, mon cher premier président,
l'avis du Conseil d'État que nous lisions
ensemble ces jours derniers, au sujet de la
question que vous devez juger aujourd'hui,
et dans lequel vous avez pris bien
remarqué que le principe que le fisc, lorsqu'il
succède par déshérence, et tant qu'il n'a pas
possédé pendant 30 ans, représente dans
l'administration du bien, les héritiers
du défunt qui ne sont pas encore connus,
principe d'où découle naturellement
la conséquence, que les jugements rendus contre
le fisc, pendant sa possession, ont l'autorité
de la chose jugée contre les héritiers
qui viennent par la suite à le représenter.

Agréez, mon cher premier président,
l'assurance de mon très sincère et
inviolable attachement.

Merlin

MERLIN (de Douai).

Οὐκ ἐστιν οὐδὲν κρεῖττον ἢ νόμοι πόλει καλῶς
τιθέντες.

Εὐριπίδου Ἱκετιδις.

Nihil est præstantius quàm leges civitati rectè
positæ.

EURIPIDES. *In Supplicibus.*

Merlin (Philippe-Antoine) naquit le 30 octobre 1754,
à Arleux, petite ville du Cambrésis, d'un père cultivateur, et reçut les premiers éléments de l'éducation des
bons religieux de l'abbaye d'Anchin, qui l'envoyèrent
au collége de ce nom, à Douai. A l'âge de dix-sept
ans il avait terminé ses études classiques, et dès vingt-
un ans était avocat au parlement de cette ville. Sa
première cause fut la dette de la reconnaissance qu'il
paya en plaidant pour ses bienfaiteurs qui lui confièrent
les intérêts de leur opulente abbaye. A vingt-cinq ans,
Merlin, qui passait déjà pour une des lumières du
barreau de Douai, était, à l'âge de trente ans, invoqué
par celui de Paris, comme une autorité. Beaumarchais et Dupaty lui firent l'honneur d'être ses clients;
ces deux notabilités littéraires mirent encore plus en
relief et en vogue le jurisconsulte, jeune d'années,
mais riche et vieux de la science des Pothier, des Do-
mat et des d'Aguesseau, dont il fut le zélé sectateur et

29

l'imitateur enthousiaste dans leurs travaux rudes et opiniâtres. Collaborateur dès l'âge de vingt-quatre ans, dans le *Répertoire universel et raisonné de jurisprudence,* dont Guyot avait commencé la publication en 1776, il avait fourni de nombreux articles remarquables pour l'exactitude des recherches, la méthode et la clarté du style. Dans le *Traité des Droits,* etc., dont la pensée fut conçue par le même Guyot, les quatre premiers volumes, presque entiers, sortis de la plume de Merlin, révèlent une érudition profonde, une vigueur de logique et une clarté de rédaction tout à fait hors de ligne.

Cependant les états généraux ayant été convoqués, les électeurs du tiers état le députèrent à l'assemblée constituante. Le vrai début de Merlin, sur la scène législative, date de cette fameuse nuit du 4 août, dans laquelle l'assemblée entière, même avec le côté droit, immola, suivant le langage du temps, tous les titres et priviléges féodaux sur l'*autel de la patrie.* Membre du comité féodal, il présenta, le 28 septembre, un projet de décret concernant la suppression des droits seigneuriaux des princes d'Allemagne, en Alsace, sauf indemnité. Son rapport est très curieux comme document historique de tous les traités qui, depuis le commencement du dix-septième siècle, garantissaient les droits récemment abolis par la révolution.

« Le 28 février 1791, le comité de Constitution ayant proposé une loi contre les émigrants, Mirabeau, qui s'était réconcilié avec la cour, réfuta Merlin, dé-

fenseur du décret. Celui-ci, s'appuyant de l'autorité
de J.-J. Rousseau, avait cité ces lignes empruntées
au *Contrat Social* : « Dans les moments de trouble,
« les émigrations peuvent être défendues. ».

  « La barbarie de la loi qu'on vous propose, s'écria
« son fougueux adversaire en concluant un éloquent
« plaidoyer, est la plus haute preuve de l'imprati-
« cabilité d'une loi sur l'émigration...

  « . . . . La loi sur les émigrations est une chose hors
« de votre puissance, parce qu'il est hors de votre
« sagesse de faire une loi qu'il est impossible de faire
« exécuter, même en anarchisant toutes les parties de
« l'Europe. Si vous faites une loi contre les émigrants,
« dût-elle être sanctionnée par l'assemblée nationale,
« je *jure de n'y obéir* jamais. » Les murmures de l'extrémité de la partie gauche ayant redoublé, Mirabeau, sans se laisser déconcerter par ces interruptions
continues, foudroya l'assemblée de son tonnerre et
de ces mots célèbres : « *Silence aux trente voix.* »
Merlin avait été enveloppé dans cette apostrophe écrasante.

  Mais le grand orateur m'entraîne loin de mon sujet;
je reviens au grand jurisconsulte.

  On vit Merlin, dans ces jours d'effervescence, provoquer toutes les mesures révolutionnaires, et dans
une discussion qui s'engagea sur la peine de mort,
demander qu'elle fût réservée pour les criminels de
lèse-nation, les assassins, les empoisonneurs, les
incendiaires et les faux monnayeurs. Ce fut aussi

de sa bouche que sortit cette prophétie fatale dont
l'accomplissement éclata dans l'écroulement du
trône. « Je crains qu'une nouvelle législature ne
change la constitution, et que, si elle ne la change
pas, elle ne la laisse périr. » La constitution expi-
rait un an plus tard dans la sanglante agonie du
10 août 1792. Au mois de septembre de cette année,
élu député de Douai à la convention nationale, il
adhéra à la destruction de cette constitution qu'il avait
contribué à faire établir. Il poursuivit bientôt avec un
égal acharnement le procès de Louis XVI, et vota contre
l'appel au peuple pour la peine de mort. Le systéma-
tique jurisconsulte la fit prévaloir par de captieux so-
phismes, entraînant le duc d'Orléans lui-même dans
ce vote régicide.

Vers le 31 mai, il écrivait de la Vendée, où il avait
été député en qualité de commissaire avec Gillet et
Cavaignac, une lettre dans laquelle ils approuvaient
la proscription des girondins; mais il fut rappelé de
Bretagne pour coopérer au nouveau code civil, dont
la rédaction avait été confiée au comité de législation,
qui nomma Merlin son secrétaire,

Le 31 août, il présenta cette loi sinistre et trop célèbre des *suspects* dont l'odieux a rejailli sur lui-même,
bien que Danton en eût été le promoteur. Cette loi
poursuivait impitoyablement et sans distinction tout
ce que la France avait de citoyens vertueux, riches ou
pauvres, nobles ou prolétaires. *Suspects*, tout était
examiné.

Le jurisconsulte révolutionnaire continue dès lors
sa tâche avec une infatigable activité, et fait annuler
une loi de 1791 sur le jury, laquelle portait qu'en cas
de partage des voix pour un jugement criminel, on
suivrait l'avis le plus modéré. Il propose dans la loi
sur le divorce, et fait décréter par l'assemblée que
l'époux divorcé aura la faculté de se remarier immédiatement après la déclaration du divorce, et l'épouse
six mois plus tard.

Comme membre du comité du salut public, Merlin
joua un certain rôle dans les relations extérieures,
et ne fut pas sans influence sur la dissolution de la
coalition européenne.

Cependant le conventionnel allait rendre un service
important et décisif à la France menacée.

Le 12 vendémiaire, les sections marchent en armes
contre l'assemblée, et cette insurrection formidable
fait surgir un comité de cinq membres chargés de
veiller sur la convention; parmi eux est Merlin. Sur
la proposition de ce dernier, Barras est investi du
commandement des troupes conventionnelles. Bonaparte, en cet instant, dépouillé de tout emploi, son-
geait à quitter son pays, et venait demander ses
passe-ports au comité de salut public, pour passer en
Turquie et servir dans l'armée ottomane. Mais heureusement, Merlin les lui refuse, et lui fait rendre
justice. Barras demande un commandant en second,
et le jeune officier, l'étoile de la France, est agréé.
Il sauve la convention et la patrie en faisant mitrailler

les sections; et Merlin, qui avait désigné leur défenseur, proclame, le soir du 13 vendémiaire, la victoire et les vainqueurs, à qui il fait décerner l'honneur d'avoir bien *mérité de la patrie.*

Le jurisconsulte avait poursuivi, au milieu des raffales politiques, le travail silencieux du Code des délits et des peines. Ce recueil de toutes les lois refondues et émanées des trois assemblées représentatives, contenant 646 articles, fut décrété en deux séances sans aucune discussion. C'est ce code présenté par Merlin, le 5 brumaire (27 octobre 1795), ou plutôt cette loi d'instruction criminelle, qui, réuni au Code de la constituante, a eu vigueur de loi jusqu'en 1811.

La convention venait de couronner ses travaux en fondant l'Institut national, qui élut Merlin pour membre de la section des Sciences morales et politiques. Au même instant les suffrages de quatre-vingts assemblées électorales l'appelaient au conseil des cinq cents, où il ne siégea qu'un jour, le directoire l'ayant nommé par son premier arrêté ministre de la justice. Dans le court exercice de ses fonctions, le jurisconsulte rendit des services signalés : il établit l'ordre dans une législation confuse et tortueuse où s'égaraient les tribunaux, les directeurs du jury, les officiers du ministère public et les juges de paix. La célérité du travail et de la correspondance, un soin consciencieux présidèrent à la classification des affaires importantes examinées avec une profonde attention et à la coordination des actes que le juriste ne signait qu'après les avoir révisés.

Le lendemain du 18 fructidor, qu'il avait provoqué, Merlin succéda, comme président, à Barthélemy dans le directoire. Il le présidait à l'époque de la fête funéraire célébrée en mémoire des trois plénipotentiaires français assassinés à Rastadt. Il y prononça un discours emphatique et virulent contre le gouvernement d'Autriche, « que le peuple français proclamait l'irré-« conciliable ennemi des nations, appelant malheur, « opprobre et anathème sur l'atroce maison dont les « attentats ont déshonoré le siècle de la raison et des « lumières. » Merlin resta directeur jusqu'au mois de juin 1799, quand les revers désastreux de nos armées sous Schérer en Italie et Jourdan en Allemagne vinrent déconsidérer le gouvernement et Merlin lui-même, dont la destitution fut demandée par les membres du conseil des cinq cents. Cédant à l'orage, le jurisconsulte de Douai se retira du directoire, le 18 juin 1799, et retourna dans son pays, ne conservant de tous ses emplois que le titre de membre de l'Institut. C'est là que le 18 brumaire il lut à la deuxième classe un mémoire sur la nécessité d'*un code universel* pour toute la France. Il exprimait le vœu, depuis accompli, que le gouvernement consulaire établît une législation uniforme dans un pays que la révolution avait rendu homogène. Toutefois, Merlin, malgré son immense talent et sa grande célébrité, n'eut pas l'honneur de concourir dans le sein du Conseil d'État avec les Portalis, les Tronchet et leurs illustres collaborateurs, à la grande œuvre de nos codes, dont l'éloignaient alors la prévention des hommes du gouvernement et la défaveur publique.

Mais le jurisconsulte devait faire oublier le politique des temps révolutionnaires, et bientôt nous voyons sa fortune monter plus prospère et surtout plus durable. Dès 1801, il est nommé commissaire du gouvernement et procureur général près de la cour de cassation, où, par un jeu bizarre des circonstances, lui, l'un des cinq directeurs, venait de remplir les fonctions de simple substitut. En 1804, il est créé commandant de la Légion d'honneur, en 1806, comte, conseiller d'État, et successivement grand-officier, commandant de l'ordre de la Réunion, membre du comité pour les affaires contentieuses de la couronne et pour celles du domaine privé de l'empereur. Telles furent les récompenses brillantes et accumulées que la main impériale laissait tomber sur l'auteur du *Répertoire de jurisprudence,* des *Questions de droit,* double fanal des tribunaux, l'oracle infaillible des membres du barreau et des législateurs, dont on a dit que les arrêts devaient être la dernière raison de la loi.

Les événements politiques devaient encore frapper un homme qui avait tranché d'une manière trop saillante pour les traverser impunément. Il fut exclu du Conseil d'État en 1814, et destitué en 1816 des fonctions de procureur général à la cour de cassation. Na-

poléon le rappela le 24 mars, par un décret daté de
Lyon, en le nommant un de ses ministres d'État.

Il fut bientôt après compris sur la liste des vingt-
huit bannis, par l'ordonnance du 24 janvier 1815, et
dans la loi vengeresse des régicides. Il se réfugia d'a-
bord en Belgique que le roi des Pays-Bas lui enjoignit
de quitter sur un ordre des puissances alliées ; s'étant
adressé ensuite vainement à l'Angleterre qui lui refu-
sait un asile, et à la Prusse dont il sollicita la même
faveur, n'en recevant aucune réponse, il s'embarqua
pour les États-Unis, avec son fils le général. Mais le
navire qui le portait fit naufrage sur les côtes de Flessingue. Le proscrit, après avoir échappé comme par
miracle, obtint un refuge du roi des Pays-Bas, qui le
traita en suppliant, et lui permit d'habiter, sous un
nom supposé, Harlem, Amsterdam, et plus tard
Bruxelles. C'est là qu'il reprit le travail de toute sa vie,
en refondant et complétant le *Répertoire de jurisprudence* et les *Questions de droit*.

Sous la restauration, le nom même de Merlin, condamné avec celui qui le portait à l'ostracisme, fut
vengé et proclamé victorieusement, par l'écoulement
de vingt mille exemplaires de ces deux ouvrages capitaux, et par le titre glorieux de *Prince des jurisconsultes* que lui décernait un illustre commentateur du
Code civil. Ramené en France par les événements
de 1830, à l'âge de soixante-douze ans, il ne reparut
plus que sur la scène académique, où il se montra fort
assidu jusqu'en décembre 1838, époque de sa mort.

Merlin eut le bonheur de revoir la France, que l'exil rend encore plus chère, et de la revoir dotée des bienfaits de cette révolution dont il avait été l'un des champions les plus chevaleresques. Il s'éteignit dans l'arène littéraire, le port du repos le plus assuré pour une existence aussi aventureuse. Le silence de la tombe dans lequel il avait voulu rester enseveli ne fut violé que par l'éloquent panégyriste d'une autre noble existence, couronnée d'une fin tragique, celle du comte Rossi. Je n'ajoute qu'un seul trait au caractère de Merlin, en disant qu'il partagea avec Thibaudeau, une autre illustration du Conseil d'État, Chénier et Boissy d'Anglas, la belle action de sauver notre grand peintre David de l'exil, peut-être de la mort.

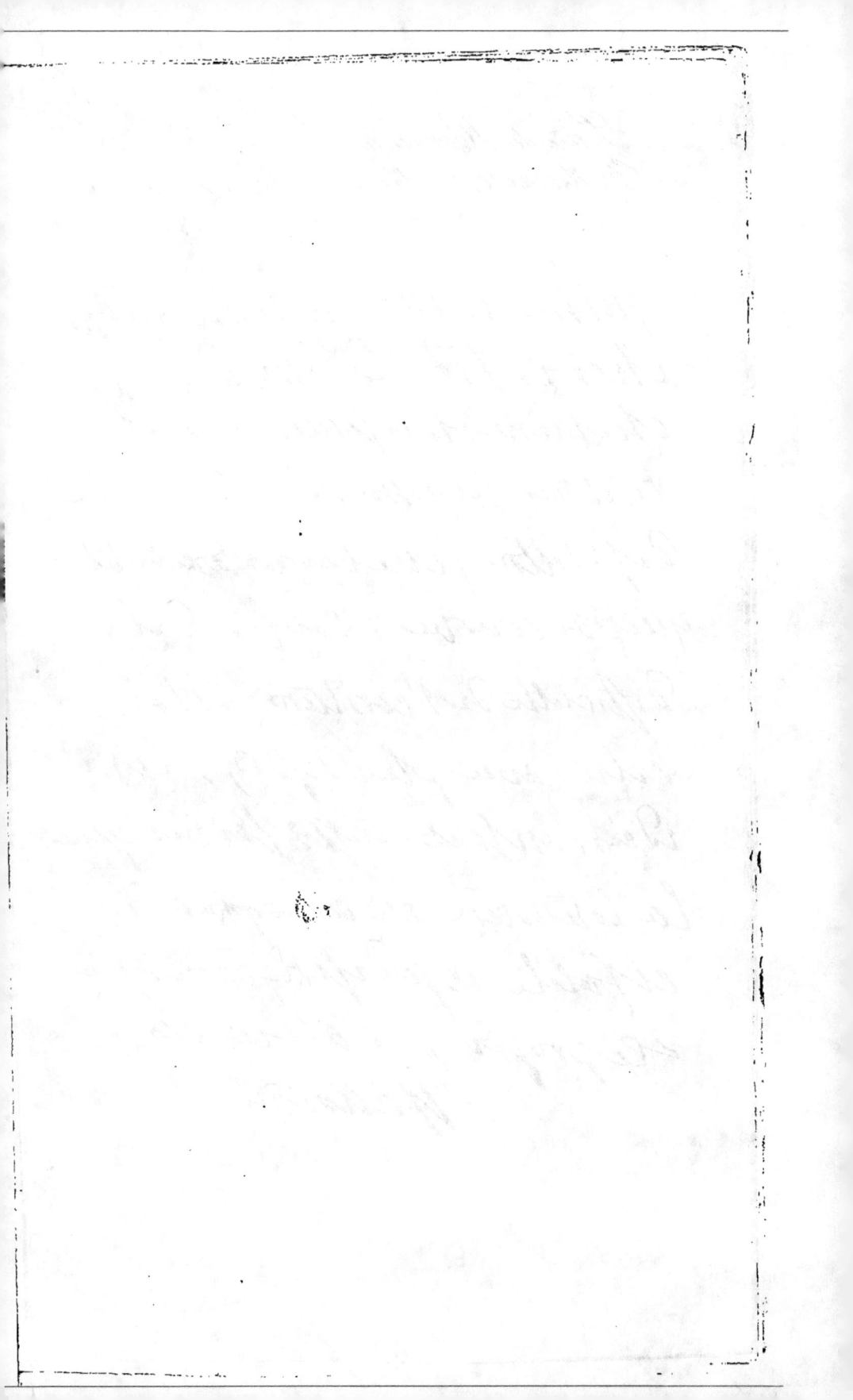

j'ai l'honneur d'assurer mon
cher président de mon attachement bien sincère et de lui
renvoyer ses armoiries et la minute
de sa lettre; je me bornerai d'abord
que par courrier ou aussi de la
difficulté de l'écriture, je l'ai
relue avec plus d'efforts. Les
idées en sont aussi serrées que
la tournure en est agréable
et facile. et je désire bien que
ce projet soit exécuté

                                    Henrion

HENRION DE PANSEY.

Eò magis præfulgebat quòd non visebatur.
Tacite.

Henrion de Pansey a prouvé, par une heureuse et rare exception, que les fonctions de conseiller d'État ne sont pas incompatibles avec la magistrature. Le premier président de la cour de cassation, disciple des Pothier et des Dumoulin, membre à la fois du Conseil, occupa deux sphères distinctes avec une égale supériorité. L'auteur savant de *l'Autorité judiciaire* a su mieux que tout autre faire ressortir dans la réalité les limites qu'il avait fixées dans ses belles œuvres par une ligne si bien tranchée entre la justice et l'administration.

Henrion de Pansey (Pierre-Paul-Nicolas) naquit le 28 mars 1742, près de Ligny en Lorraine (Vosges), d'une famille de robe. Après sa première éducation faite au collége de Ligny, il fut envoyé à Pont-à-Mousson pour y étudier le droit civil et canonique. Il arriva en 1762 avec son petit bagage d'instruction dans la capitale où il se fit recevoir avocat le 10 mars 1763.

Mais les quatre années de stage imposées par le rè-

glement ne lui permirent pas de plaider avant 1767.
Les clients pauvres lui donnèrent sa première cause,
dans cet âge d'or des avocats novices qui débutaient
par la défense généreuse et gratuite du faible et de
l'orphelin. Fidèle au précepte de d'Aguesseau, et appuyé sur Dumoulin, son guide le plus sûr, et à ses
yeux le modèle le plus digne d'être médité [1], Henrion
ne s'égara point dans les ambages d'une science obscure et tortueuse. Dans sa conviction que la féodalité
sage et modérée est la base d'une monarchie paternelle, il puisa dans les sources de l'ancien droit français pour y former un corps complet de doctrines sur
la législation féodale. Ce fut pendant dix années d'é-
tudes sérieuses et patientes dans le silence de son cabinet que le laborieux adepte courbé sur de poudreux
in-folios qu'il interrogeait comme les vieux monuments de notre histoire et armé de la rigide opiniâtreté
du bénédictin, finit par acquérir un trésor d'érudition, le seul qui puisse former le jurisconsulte et le
magistrat.

Son goût naturel et le caractère de ses travaux l'é-
loignaient de l'éclat du forum et des luttes judiciaires;
il ne plaida qu'une seule fois pour un pauvre nègre
que son maître avait amené en France, sans remplir

---

[1] Henrion prononça dans une conférence *l'éloge* de Dumoulin.
Cet éloge contient ce beau portrait de l'avocat : « Libre des entraves
« qui captivent les autres hommes, trop fier pour avoir des protec-
« teurs, trop obscur pour avoir des protégés, sans esclave et sans
« maître, ce serait l'homme dans sa dignité originelle, si un tel
« homme existait encore sur la terre. »

les formalités voulues par les lois pour continuer de faire peser sur lui en terre franche la chaîne de l'esclavage. Le serviteur sut profiter adroitement de cette omission pour s'affranchir ; Henrion se chargea de soutenir sa réclamation devant la table de marbre de l'amirauté [1], et obtint un succès complet, en procurant à son client la liberté, et en flétrissant du stigmate d'un jugement solennel un trafic infâme protégé par l'égide des lois.

Malgré ce beau triomphe du talent dans la cause de l'humanité, Henrion ouvrit un cabinet de consultations, où il écrivit des mémoires nourris d'une érudition bien appliquée, d'un style pur et correct, d'une logique claire et serrée où dominait un ton de sagesse et de modération.

C'est là qu'il enfanta ses grandes œuvres : *Le Traité des fiefs*, traduit de Dumoulin, analysé et conféré avec d'autres feudistes ; *le Répertoire de jurisprudence* et *l'Encyclopédie méthodique* ; *la Dissertation du droit féodal*, par ordre alphabétique, dont les deux premiers volumes parurent et furent annoncés dans les journaux, le 3 août 1789, la veille même du jour où la féodalité fut abolie par l'assemblée constituante.

---

[1] C'est un nom commun à trois juridictions de l'enclos du Palais de Justice à Paris, savoir : la connétablie, l'amirauté et le siége de réformation générale des eaux et forêts.

Cette dénomination vient de ce qu'anciennement le connétable, l'amiral et le grand maître des eaux et forêts, tenaient en effet leur juridiction sur une grande table de marbre qui occupait toute la largeur de la grande salle du Palais.

Henrion passa le régime de la terreur dans une retraite profonde à Pansey, propriété paternelle dont il ne sortit qu'en 1798.

A cette époque, les directeurs Treilhard et Merlin qui l'avaient connu à Paris, mais qui s'en étaient éloignés à cause de ses opinions modérées et monarchiques, le firent nommer administrateur du département de la Haute-Marne, à Chaumont. Il s'y distingua pour son impartialité, et sa justice supérieure à toutes considérations politiques et même aux influences ministérielles. Appelé quelque temps après à la chaire de législation de l'école centrale du même département, il y fonda d'excellentes méthodes d'enseignement. Le sénat conservateur l'ayant élu en 1800 aux fonctions de conseiller à la cour de cassation, il n'apprit que par le *Moniteur* cette nomination qu'il n'avait point cherchée. En 1807, il devint président de l'une des chambres de cette cour; il publia pendant cette nouvelle magistrature divers ouvrages de droit, dont le mérite et la réputation contribuèrent à le faire nommer, en 1807, président de l'une des chambres de la cour de cassation. C'est là que ses collègues lui entendirent recommander l'utile précepte de « ne « jamais grossir les *arrêts* de plusieurs *considérants*, « mais d'énoncer avec précision et clarté les princi « paux motifs, afin de ne pas donner prise à la chicane « et à la cassation. » En 1810, l'empereur ayant convoqué à Trianon une commission pour délibérer sur les demandes de grâce et sur d'autres points de légis-

lation, avait ouvert lui-même un avis que la commission adopta à l'unanimité, sauf Henrion qui seul s'y
opposa; les raisons fortes et convaincantes dont il
s'appuyait entraînèrent Napoléon lui-même : « Pour-
« quoi ce vieux bonhomme, dit-il à Daru, n'est-il
« pas de mon conseil? Faites tout de suite le décret. »
Henrion, ayant reçu son titre de conseiller d'État, se
rendit chez le grand juge, s'excusant de ne pouvoir accepter cette place à cause de la faiblesse de sa vue et
surtout parce qu'il ne voulait pas abandonner la magistrature. Le dimanche suivant, après la messe de la
chapelle de la cour où se trouvait Henrion, l'empereur s'étant approché de lui : « Je n'entends pas,
« mon cher président, lui dit-il, que vous quittiez la
« cour de cassation, je ne vous demanderai que des
« conseils de vive voix. Il y a dix ans que vous devriez
« être de mon conseil. » Les grands et importants
travaux de Henrion et surtout son *Autorité judiciaire*
lui avaient préparé l'entrée du Conseil d'État. C'est
dans ce dernier ouvrage que se révélait l'immense
savoir du jurisconsulte, au milieu des notions historiques si curieuses sur notre ancien ordre judiciaire et des théories saines et pratiques sur l'art de
rendre la justice. Henrion accepta donc ces nouvelles
fonctions qu'il sut admirablement remplir et concilier
avec la magistrature, et dans les deux charges il
conserva une égale indépendance et la même liberté
de convictions. Dans une affaire importante de la ré-
gie, Napoléon, n'ayant pas voulu qu'on formât légère-

ment un pourvoi en cassation, chargea son procureur
général de consulter le président. Henrion, après avoir
examiné l'affaire et délibéré avec la chambre des requêtes, estima qu'il n'y avait pas lieu d'admettre le
pourvoi. « Mais que répondrai-je à Sa Majesté, s'écria
« le procureur général? Répondez, dit Henrion, qu'il
« vaut mieux que Sa Majesté perde plusieurs millions,
« que la cour de cassation ne se déconsidère par une
« injustice. » L'empereur, loin de s'offenser de ce
langage indépendant et fier, nomma baron le magistrat.

Le gouvernement provisoire l'appela en 1814, sur
la proposition de Talleyrand, au ministère de la justice; pendant le court exercice de ses fonctions, il fit
tout le bien que permirent cette brièveté de temps et
la difficulté des circonstances : il ouvrit à un grand
nombre de détenus politiques les prisons et les ba-
gnes, et rédigea lui-même le décret de suppression
des cours prévôtales et des bureaux de douanes. Les
employés de son ministère lui ayant été présentés :
« Messieurs, leur dit-il, avec cette bonté qui lui était
« propre, il est probable que je ne resterai pas avec
« vous assez longtemps pour vous faire beaucoup de
« bien, mais au moins soyez sûrs que je ne vous ferai
« pas de mal. » Lorsque les sceaux furent remis à
Dambray, nommé par Louis XVIII chancelier de
France, Henrion retourna à la présidence de la cour
de cassation, section des requêtes, avec la charge de
conseiller d'État, qu'il conserva toujours.

Dans les cent jours on le vit avec presque tous ses
collègues rester fidèle à son mandat, et, en présence
des événements, siéger immobile sur la chaire curule
de la justice, dont le cours ne doit pas être détourné
par les passions politiques ou par les discordes civiles.

En 1816 le roi le nomma chevalier de l'ordre de
Saint-Michel, qui venait d'être établi par ordonnance
du 16 novembre, puis officier et commandant de la
Légion d'honneur.

Il succéda, en 1828, à l'illustre Desèze dans la première présidence; il n'en put remplir que peu de
temps les éminentes fonctions, par suite d'une cécité
presque complète, et d'une affection de poitrine qui,
se joignant aux souffrances d'une autre maladie dou-
loureuse, le fit succomber le 23 avril 1829. Il mourut
en dictant quelques pages nouvelles de son *Histoire des
Assemblées nationales,* dont il préparait une autre édition publiée depuis.

Jamais magistrat ne mérita mieux que lui le surnom de Nestor de la magistrature, il en fut vraiment
le patriarche, par son respect profond pour la religion, qu'il appelle dans son Éloge de Dumoulin : « La
« sanction la plus inviolable des lois, la seule que
« l'homme porte toujours avec lui, la seule qui place
« le supplice dans l'âme du criminel, aussi puissante
« dans la nuit du secret qu'à la face de la terre, et qui
« fait que le despote est étonné de trouver une puis-
« sance supérieure à la sienne. »

Nommer, pour les amis de Henrion, les Chaptal,

30

les Berthollet, les de Laplace, c'est assez dire quelle fut
l'élévation de ses affections; ces hommes ne sentirent
et n'exprimèrent qu'un regret, dans l'épanchement de
ces nobles amitiés, et ce regret est un reproche pour
la France, celui de n'avoir point vu siéger Henrion
à leurs côtés sur les bancs de la chambre des pairs et
de l'Institut. Mais il y brilla d'autant plus par son
absence : « *Eò magis præfulgebat quòd non visebatur.* »
Il vivra, d'ailleurs, dans ses œuvres nombreuses et solides qui, en traversant les vicissitudes des événements
politiques et les phases des révolutions législatives ou
judiciaires, sont destinées à servir de guides et de lumière à ses dignes successeurs, comme Dumoulin fut
lui-même son précurseur et son flambeau.

Lettre de Mr Tarbé de Vauxclairs.

Paris le 2 mai 1838.

Mon cher Camarade,

Je ne puis trop vous remercier, ainsi que
Monsieur votre frère de votre aimable empressement
à me faire connaître la nomination des deux
jeunes boursiers auxquels je m'intéresse. Cette
bonne nouvelle m'a été d'autant plus agréable
que j'avais, pour ainsi dire, perdu tout espoir.
Permettez moi de joindre à mes expressions
de gratitude l'assurance du plus sincère attachement

Tarbé

TARBÉ DE VAUXCLAIRS.

Per varios usus artem experientia fecit,
Exemplo monstrante viam...
(Épigraphe du Dictionnaire des travaux publics.)

Tarbé de Vauxclairs (Jean-Bernard), né à Sens en 1767, appartenait à une nombreuse famille dont le chef, humble et laborieux imprimeur, avait inspiré et légué pour fortune le même amour du travail, le même sentiment du devoir à chacun de ses sept fils; aussi tous firent valoir leur patrimoine par le labeur, ce précieux trésor, ce *fonds qui manque le moins.*

L'aîné, Pierre Hardouin, premier commis des finances sous les ministres de Calonne et Necker, eut même plus tard l'honneur de leur succéder dans leurs éminentes mais périlleuses fonctions.

Le jeune Bernard prit sa part de cet héritage qui le paya avec usure. Admis en 1780 à l'école des ponts-et-chaussées, qu'il laissa momentanément en 1784, pour une commission de sous-inspecteur des états de Bretagne, il y rentra pour perfectionner son éducation d'ingénieur, sous l'illustre Perronnet, qui

avait remarqué ses dispositions précoces. Il fut envoyé en 1786 à Cherbourg, où il fit sous l'ingénieur
Cessart une campagne fructueuse. Il assistait comme
simple élève à la fête qui fut donnée à Louis XVI, pour
l'inauguration de la fameuse digue, dont il devait plus
tard, en qualité d'inspecteur général, exposer devant
Napoléon les merveilleux travaux. Il reçut à la fin de
cette année, pour la cour de Russie, une mission diplomatique qui lui fournit au moins l'occasion d'un
brillant voyage couronné par une présentation à l'impératrice Catherine II.

A son retour, le suffrage populaire lui ayant assigné,
dans l'emploi de sous-ingénieur, l'administration
du département des Ardennes, et Sedan pour son
poste définitif, il choisit volontairement pour sa destination son pays natal, où il servit à Saint-Florentin
(Yonne), en qualité d'ingénieur, pendant les six années de la période la plus révolutionnaire. Toutefois,
cette retraite obscure ne le protégea point. Il y fut
dénoncé en l'an VII, pour la modération de ses principes, et dut, en même temps, à cette persécution,
l'avantage d'un changement de résidence, et un théâtre
plus étendu, plus digne de son talent.

Bonaparte, mis par le 18 brumaire en possession
du suprême pouvoir, rendit, dès l'abord, l'élan aux
travaux publics suspendus et paralysés par la terreur;
plus tard, sous son règne, moins heureux d'ailleurs
en opérations maritimes, il imprima cette même impulsion aux travaux des ports, sous l'active et intel-

ligente direction des plus habiles ingénieurs, entre
autres Vauxclairs, qui, ayant demandé du service dans
la marine, y fut, d'après son seul renom, accueilli
avec un vif empressement.

Lancé dès lors dans la carrière et y courant d'un
pas rapide, celui-ci, du port de Dieppe, où il avait en
l'an VIII exercé les fonctions de sous-ingénieur, et révélé dès son début toute sa capacité, fut dirigé sur
celui de Brest, avec les attributions d'ingénieur en
chef. Il y déploya une telle supériorité de talent qu'en
1807 M. de Montalivet, alors directeur général, le
créa inspecteur divisionnaire de la division de Lille,
l'une des plus importantes de l'empire; distinction
sans exemple dans le corps des ponts-et-chaussées,
et au-dessus non des forces de M. Tarbé, mais de son
âge; il avait alors quarante ans.

Ingénieur déjà consommé, éminemment doué, en
outre, du double talent de la rédaction et de la parole,
et d'une méthode claire et lumineuse, il joignait à ces
qualités naturelles et acquises des formes et des manières pleines d'aisance et de distinction, et le don le
plus heureux de tous, celui d'un esprit conciliant et
modéré. Tant d'avantages avaient su lui gagner l'estime
et l'affection du préfet maritime, des directeurs généraux et des ministres, et ne pouvaient non plus
échapper à la sagacité de l'empereur, appréciateur de
ce genre de mérite qu'il saisissait comme une bonne
fortune. Il fut donc nommé, en septembre 1809, membre de la commission des travaux de défense d'An-

vers et de l'Escaut, et accompagna en 1810 Napoléon
dans son voyage de Belgique et de Hollande, et plus
tard dans la visite des travaux de Cherbourg. Mandé
plus d'une fois à Saint-Cloud et aux Tuileries, et admis
dans la confiance de l'empereur, qui redevenait lui-
même dans cet épanchement l'ingénieur et le géo-
mètre, il était initié par son auguste collaborateur à
ses grandes et vastes conceptions. Aussi ne tarda-t-il
pas à recevoir des témoignages éclatants de la confiance impériale. Nommé le 1ᵉʳ janvier 1811 directeur de la route de Wesel à Hambourg, et du canal de
la Seine à la Baltique, il embrassa les départements
anséatiques dans son inspection qui s'étendait sur le
littoral, depuis la Somme jusqu'à Flessingue, et fut
chargé d'organiser le service des ponts-et-chaussées
à Hambourg, à Brême et à Lubeck. Tarbé venait de
parcourir la plus brillante partie de son active carrière. En 1812, il se voyait conférer le grade magnifique d'inspecteur général des travaux maritimes.

Il allait concourir à l'exécution du plan, conçu par
Napoléon, de la jonction de la Seine et de la Baltique,
lorsque la catastrophe de 1814 vint faire échouer ce
projet fabuleux que voulait réaliser le génie vainqueur
de l'impossible.

Déjà huit cents ans passés, un autre empereur des
Français, qui aussi ne concevait rien que de grand,
avait imaginé qu'il était possible d'ouvrir une route
aux vaisseaux de la Méditerranée jusqu'à l'Océan par
des canaux dérivés du Rhin et du Danube, ce fleuve,

tributaire de la mer Noire, où il verse soixante rivières, la plupart navigables. Un défaut de persévérance et surtout des préoccupations de guerre avaient fait abandonner à Charlemagne cette entreprise commencée. La réalisation de ce vaste projet, deux fois conçu, et qui deux fois a échoué, à huit siècles d'intervalle, est-elle donc réservée à un autre génie, celui de la vapeur?

Tarbé de Vauxclairs rentra dans l'administration intérieure avec son grade d'inspecteur général. Placé dès lors dans l'opinion au premier rang des ponts-et-chaussées, il en fut le président pendant seize années successives, jusqu'au moment où, cédant au besoin du repos, il offrit à ses collègues la résignation du poste que leur confiance lui avait assigné, et ne lui retira qu'après avoir été vaincue par ses prières.

M. Tarbé de Vauxclairs fut nommé maître des requêtes en 1817, et associé dans le comité du contentieux à MM. Allent, Favard de Langlade et de Gérando, en leur prêtant son actif et lumineux concours. Chargé de presque tous les rapports sur les matières d'alignements, de cadastre, de canaux, de navigation, de cours d'eau, et une foule d'autres, contenues dans son savant répertoire, il fut un de ceux qui firent éclore et jaillir ces questions à peine sorties du néant. Il les décidait au Conseil avec la même autorité pratique qu'il les avait appliquées sur le terrain. Au milieu des problèmes les plus embrouillés de la liquidation de l'indemnité des émigrés, sa finesse et

sa perspicacité surent aussi toujours démêler un fil
conducteur pour le diriger à travers ce tortueux dédale.

Des services aussi éminents et soutenus, une telle
supériorité de talent lui valurent enfin, en 1828, le
titre de conseiller d'État, dont par anticipation il avait
rempli l'office, et possédait d'ailleurs toutes les qualités spéciales.

Dès 1824, M. Tarbé avait pris part, le plus souvent
comme président, aux travaux de la commission chargée de toutes les affaires relatives aux grands travaux
de canalisation; et depuis 1816 jusqu'à 1831 il
siégea dans la commission mixte des travaux publics
établie auprès du ministère de la guerre. Membre
de toutes celles qui furent instituées temporairement
pour préparer des règlements d'administration, il fut
investi de missions extraordinaires sur différents
points du royaume; entre autres celles d'inspecter les
canaux du littoral de la Méditerranée, les travaux du
canal de Bourgogne, ceux de Boulogne et de Dunkerque. Ce fut encore M. Tarbé qui, vers la fin de 1830,
fut envoyé dans les départements de l'Ouest, pour y
organiser des ateliers et les préserver de la guerre civile. Mais le monument le plus utile, le plus honorable
des travaux de l'illustre ingénieur, est sans doute son
rapport sur le canal de l'Ourcq, destiné à l'approvi-
sionnement et à l'embellissement de la capitale. Ce
rapport, profond et lumineux, présenté en 1816, vint
débrouiller un chaos en y portant la lumière, et tira

le gouvernement et la ville de Paris d'un embarras
inextricable. Le nœud gordien de l'insoluble problème
fut tranché par la rédaction du savant ingénieur, et par
les chiffres du calculateur exact, cet argument décisif
et irréfragable; la dépense, qui, dans l'origine avait
été évaluée à 16 millions, fut portée à 24. Il fut chargé,
en conséquence, avec le titre de commissaire du roi,
de la surveillance des travaux à entreprendre pour
l'achèvement des canaux de l'Ourcq et Saint-Denis; ce
fut M. Tarbé qui eut l'honneur de mener à fin et de
livrer à la navigation et au commerce cette canalisation, création de l'empire, restée longtemps suspendue
et stagnante, où l'illustre ingénieur fit dès lors circuler
le mouvement et la vie.

Déjà membre de la Légion d'honneur à sa création, et, depuis, commandant en 1836, gratifié sous la
restauration du cordon de Saint-Michel, il fut décoré de
l'ordre des Guelphes, que le roi de Hanovre lui envoya
en souvenir de son administration dans cette partie de
l'Allemagne conquise par les armes françaises; il eut,
de plus, l'honneur de succéder à l'illustre et savant
M. de Prony dans la direction de l'école des ponts-
et-chaussées créée par son ancien maître Perronnet,
et vit enfin ses distinctions couronnées par la pairie,
récompense due à ses fidèles et éminents services. Si
elle honora le savant, le savant l'honora à son tour, en
apportant aux travaux de la hautechambre parlementaire, pendant le peu de temps qu'il y siégea, le
tribut de sa riche expérience. Malheureusement, la

santé de M. Tarbé, qui pouvait espérer une longue carrière, s'altéra et déclina rapidement.

Il mourut en 1842, laissant après lui un monument durable de ses utiles et infatigables labeurs, le *Dictionnaire des travaux publics*, resté le guide et le manuel du Conseil d'État.

Commissions de surveillance des asiles d'aliénés.

I. De tous les services confiés à la sollicitude de l'autorité publique, il n'en est point peut-être qui, par la nature des besoins aux quels il s'applique, par la gravité des questions qui s'y rattachent, soit d'un intérêt et plus grand que celui des aliénés.

Qu'il s'agit peu en effet d'venir au secours de la plus affligeante des infirmités humaines, de préserver la société des désordres que les individus peuvent commettre dans les momens où leur raison est complètement troublée. Il faut les préserver eux même de leur propre fureur, les soustraire à tous les abus dont ils peuvent être victimes, garantir leurs personnes et leurs biens, et veiller en même tems à ce que les mesures prises pour empêcher les écarts de la folie ne dégénèrent pas en attentes contre la liberté individuelle des citoyens chez les quels, certains personnes pourraient être intéressées à supposer l'altération des facultés mentales.

(V. l'exposé de motifs de la loi à la ch. des députés, séance du 28 avril 1837.)

C'est à quoi il a été pourvu, Mm, dans notre législation par la loi du 30 juin 1838 et par l'ordonnance d'exécution, du 18. Xbre 1839.

La loi veut que des établissemens spéciaux soient ouverts à cette infirmité; et elle admet que ces établissemens peuvent être ou publics ou privés.

Elle établit que "chaque dépt. est tenu d'avoir un établisst."

L. Macarel

MACAREL.

Mihi quidem, quanquàm est subitò ereptus, vivit
tamen semperque vivet; virtutem enim amavi illius
viri, quæ exstincta non est.

CICERO. *De Amicitia.*

Le même sentiment qui me fit parler de MM. Allent
et de Gérando amène naturellement sous ma plume
le nom de Macarel, leur digne collègue, leur frère
pendant sa vie, leur compagnon dans le champ du
repos ; âme élevée, esprit éminent, cœur généreux et
sensible comme ceux de ces excellents modèles.

Les paroles touchantes et profondément senties de
M. le président du Conseil d'Etat sur une tombe
fraîche et humide des pleurs de la reconnaissance et
de l'amitié, me dispensent d'une notice oiseuse, quand
ces éloquentes paroles résonnent encore à nos oreilles
et remuent aujourd'hui nos entrailles, lorsque d'autres
voix amies couronneront quelque jour, par une notice
régulière et complète, les improvisations spontanées,
épanchements du cœur.

En présence de telles concurrences, je ne puis
tracer qu'une rapide esquisse. D'ailleurs, une ombre

est là qui se dresse et plane sur le Conseil; une place vide parle à l'imagination attristée, et proclame, par son silence, le nom de celui qui l'occupait naguère. Tout un aréopage écoute avec recueillement cette voix imposante qui, pendant tant d'années, remplit la scène administrative et dont l'écho s'y prolongera d'âge en âge.

Je me bornerai à effleurer cette belle existence en la prenant au milieu de sa carrière, quand l'avocat entra tout d'abord au Conseil, et franchit le seuil où il débuta comme maître des requêtes, pour se mettre simultanément en possession du titre, des fonctions et de l'autorité de conseiller d'État; *dux consummatus venit*. M. Macarel eut l'honneur de faire mentir un grand ministre qui avait déclaré, plus de deux siècles auparavant, qu'il fallait dix ans d'exercice pour faire un conseiller d'État[1].

Ce succès éclatant, enlevé par le mérite, et presque inouï dans les annales du Conseil, était le privilége et la récompense des travaux du jurisconsulte armé de la patience consciencieuse du bénédictin. Mais un tel honneur en fut-il le terme? Bien loin de là. Le conseiller d'État resta l'avocat laborieux, l'arrêtiste infatigable et méthodique, le rapporteur exact et minutieux, *curiosus indagator*. Que n'a-t-il, hélas! repris haleine et modéré ce zèle excessif auquel il devait succomber en martyr? Mais l'homme d'étude marchant

---

[1] *Testament politique de Richelieu.*

en avant, avec une ténacité persévérante, surtout
après avoir parcouru la période la plus épineuse de sa
carrière, sent toujours l'aiguillon qui le presse et s'é-
lance par-dessus le but sans apercevoir derrière et l'a-
bîme... et la tombe!

En possession pleine et entière des postes les plus
élevés, de titres réels avec fonctions; appelé chaque
jour à présider des commissions extraordinaires,
M. Macarel, vivant répertoire des connaissances administratives, sut répondre et suffire à toutes ses missions. L'administration départementale et communale
qui lui fut confiée roula sur lui comme sur le pivot de la
grande horloge aux mille rouages.

Les hommes de cette trempe et surtout de ce caractère traversent impunément les révolutions, ou
plutôt ils s'élèvent au-dessus. La monarchie s'en saisit
comme d'auxiliaires puissants pour une sage administration; le gouvernement électif les désigne également
au suffrage et les protége contre l'ostracisme.

M. Macarel, étranger à tout favoritisme, supérieur à
toutes les intrigues, et homme de bien par excellence,
fut, en 1849, élu à l'unanimité président de la section
d'administration. Il pouvait devenir député, même
ministre; il en avait les qualités essentielles : ferme,
capable, expérimenté dans le mécanisme administratif, doué d'un esprit conciliant, il aurait apporté à la
tribune le talent de la parole, la clarté d'une rédaction
dogmatique, et à la fois les grâces des formes parlementaires. Le Conseil d'État, où il a siégé vingt ans,

et démontré en pratique sa triple science d'administrateur économe, de financier consommé, d'organisa-
teur habile, l'eût prêté momentanément et envoyé au
banc des ministres avec cette spécialité complexe,
et sa discussion méthodique et lucide eût sans doute
éclairé les débats des assemblées nationales comme
elle avait illuminé la sphère du Conseil d'État.

Mais le ministère dont je lui parlais un jour, comme
d'un point de mire où il pouvait prétendre, semblait
effrayer l'homme d'étude et de méditation pour qui le
titre de président de section était le bâton de maréchal.

Le corps où il était entré si victorieusement avait
seul absorbé ses sympathies, et, comme M. Allent, il s'y
dévoua tout entier avec amour, avec bonheur. Cependant il avait quitté une fois ses drapeaux pour occuper le poste de directeur de l'administration départementale et communale; mais il y revint bientôt et ne
les abandonna plus, même lorsqu'il eut à recueillir
la succession de Gérando, dans la chaire du droit
administratif. Le parfait conseiller d'État devint naturellement un professeur accompli; car il sut, par un
heureux et facile échange, transporter l'École de
droit au Conseil, et le Conseil dans la chaire d'enseignement. Les questions qu'il avait expliquées scolas-
tiquement le matin à son auditoire attentif, venaient
naturellement s'appliquer aux affaires du forum administratif, et par les soins de l'intelligent interprète les
deux institutions se renvoyaient leurs lumineux reflets.

Mais la constitution de 1848, ennemie des cumuls,

même non rétribués, retira à **M.** Macarel, dont le professorat fut gratuit la dernière année, l'enseignement du droit administratif, et nous enleva malheureusement la suite et la fin des publications de son cours. Abandonnant l'École de droit, il s'absorba dans le Conseil et dans ses travaux multipliés, jusqu'au jour fatal où, retenu loin de la lice par l'intensité de la maladie, physiquement absent, il n'assista plus que par la pensée et par ses livres qui en sont l'expression naïve et pure, à ces travaux auxquels il s'était si activement mêlé, auxquels il avait consacré toutes ses forces.

Que n'ai-je le temps et le talent surtout, comme j'en ai la volonté, de refléter ici tant de nobles pensées toujours vraies, toujours réalisables? Dans ce riche trésor, il m'est permis au moins de choisir une perle. C'est une lettre intime dans laquelle on retrouve l'expression d'une âme élevée, d'un esprit pénétrant et délicat; elle est adressée à l'amitié la plus respectueuse et la plus dévouée.

. . . .

. . . .

« J'approuve, en elle-même, la censure des pièces de théâtre, et je crois qu'elle doit être remise entre les mains de l'autorité publique. Cet examen préalable me paraît indispensable à l'ordre public, au maintien des bonnes mœurs, au repos des familles. J'ai, dans le sein du Conseil d'État, qui a préparé, sur cette matière, une loi assez étendue, voté pour le rétablis-

sement de la censure, si imprudemment, si malheureusement abolie. En soi, concourir à cette œuvre de
morale et de police est donc une chose que j'approuve
et que je trouve honorable, et je voudrais qu'elle pût
être en quelque sorte élevée à la dignité d'une magistrature spéciale. Mais permettez-moi de vous faire
remarquer que, dans l'état des choses, nos institutions administratives ont réduit la fonction de censeur
dramatique à de bien petites proportions. Ce sont tout
simplement des commis, ou, si vous le préférez, des
employés subalternes du ministère de l'intérieur,
dépendant du directeur des beaux-arts, soumis lui-
même au ministre. Sans doute, ils ont cette espèce
d'indépendance que donne le droit d'apprécier, en
son âme et conscience, l'œuvre dont l'examen leur
est confié, et de répondre de leurs jugements par
leur signature; mais leur avis peut être négligé ou
rejeté par le directeur des beaux-arts, qui a mission
d'en faire rapport au ministre, lequel a seul la responsabilité de la décision.

« J'ajoute que le public, qui ne juge pas toujours
sainement les choses, ne porte pas beaucoup d'estime
à ces fonctions de censeur, qu'il les apprécie mal, et
que, pour la plupart du temps, elles sont odieuses aux
auteurs dramatiques : vous comprenez pourquoi!...

« Je vous avouerai donc, mon cher ami, qu'il me
plairait bien peu pour vous de vous voir remplir une
fonction que j'apprécie, il est vrai, autrement que le
public, mais dans l'accomplissement de laquelle, il y

a, à côté d'une satisfaction intérieure et morale, qui est beaucoup, des chances certaines d'attirer à soi beaucoup de petites haines et de colères peut-être!

« Je comprends bien qu'avec votre esprit élevé de moralité, avec vos connaissances littéraires et votre amour pour la saine littérature, la pensée vous soit venue de donner cette direction à vos travaux et à vos efforts pour le bon ordre; mais je vous ai dit tout ce que je pense, de mon côté, sur votre projet, et vous m'excuserez de ma franchise.

« Quant à moi, je ne consentirais jamais, si j'étais dans votre position, à perdre mon indépendance et à compromettre mon repos, pour un emploi de cette nature.

« Que si, mon cher ami, vous sentez le besoin de vous occuper plus encore que vous ne le faites, je pourrai vous communiquer, à Paris, le plan d'un grand ouvrage, qui, je le crois, serait utile, et ferait honneur à la France; mais qui, pour être exécuté, exigerait le concours de plusieurs collaborateurs et les efforts de plus d'une vie! Vous êtes plus jeune que moi; vous pourriez avec moi, après moi, en prendre la direction; et cela me paraîtrait être aussi un moyen de continuer à honorer votre vie. — C'est un but noble, et qui même pourrait être fructueux. »

. . . .

Notre modeste bibliothèque eut le bonheur quelquefois de recevoir M. Macarel. Il encouragea avec un bienveillant intérêt ses faibles et lents accroissements; il y amena son jeune essaim des élèves d'Égypte et d'Athènes; jamais maître et disciples ne sympathisèrent mieux. Les présents que M. Macarel reçut du pacha d'Égypte témoignent assez de la haute confiance accordée au digne professeur par le donateur éclairé, comme les ordres royaux de Grèce et de Gustave Wasa de Suède proclamaient son nom et sa réputation si populaires chez l'étranger.

Parmi les ouvrages que nous tenons de la bonté de M. Macarel, nous lui devons le premier volume de l'administration communale de la Grèce, avec le texte grec d'Argyropoulos. Tout ce qu'il recevait ou produisait lui-même il le partageait avec nous avec une libéralité toute paternelle. Quelque temps avant sa mort cette même sollicitude lui avait fait rechercher un document précieux sur l'Algérie, qui fut utilement consulté dans de récentes discussions, et qui suppléait encore à une bouche défaillante et près de se fermer, hélas! pour jamais. Cette bibliothèque, silencieuse de la voix de ses généreux donateurs les Allent, les de Gérando, les Macarel, les retrouve dans leurs savants écrits, où vit empreint, en traits distinctifs comme un type modèle, leur noble caractère.

Si j'ai osé associer aux deux premiers leur vertueux et aimable collègue, c'est que ses encouragements me dirigèrent dans le plan même de cet opuscule. C'est donc avec une respectueuse douleur que j'offre à sa mémoire mon hommage tributaire, et si j'ai failli de la plume, j'ai du moins écrit avec le cœur.

Pouvais-je d'ailleurs séparer ces trois pensées et ces trois noms, ce triple ornement du corps illustre dont nous avons esquissé l'histoire? Je n'ai pas prétendu décrire leurs mérites éclatants dont la célébrité a trouvé un écho dans le monde administratif et judiciaire, et parmi tous les dignes collègues qui ont vécu avec eux, qui ont joui de leurs lumières et de leur longue expérience. Moi, pour qui leur douce clarté a lui seulement dans le sanctuaire d'une bibliothèque dont ils ont daigné s'approcher pour m'y prêter l'autorité de leurs conseils et quelquefois de leurs suffrages, je n'ai pu me rappeler que le souvenir de leur aménité, de leur familiarité toujours égale et sereine, de leur obligeance inépuisable, qui m'a permis sous leurs auspices d'accomplir de bonnes œuvres. Je ne pouvais les louer dignement comme membres du Conseil. Loin de moi une telle présomption! C'est comme les membres d'une même famille, dont nous sommes tous, puissé-je dire, les frères, que je chéris et bénis leur mémoire. Ces hommes rares disparaissent de plus en plus de notre horizon, dans ce siècle d'égoïsme où le positif étouffe chaque jour un sentiment, une pensée généreuse. Pour tous trois, obliger fut un bonheur, je dirai presque, un besoin. Qui n'en fit l'expérience? Aurais-je osé prendre la plume, si moi-même je n'en avais ressenti les heureux effets? Du haut de leur sphère de bienfaisance ces nobles cœurs laissaient émaner un doux parfum de charité qui descendait sur les plus humbles et les ranimait comme une rosée féconde.

Ce ne sont point des biographies que j'ai entreprises ; des plumes exercées, des talents supérieurs, des amitiés fidèles se sont chargés de ce devoir, qui a été dignement rempli. Ce sont des souvenirs que j'ai recueillis dans ma mémoire, heureux de les déposer sur ces feuilles qui, pour tempérer leur sécheresse, avaient besoin de quelques fleurs.

APPENDICE.

Origine du service hors des sections du Conseil d'État.

L'arrêté du 7 fructidor an VIII, portant règlement de l'organisation du Conseil d'État, avait distingué le service des conseillers d'État en service ordinaire, ou service du conseil d'État, et en service extraordinaire, consistant soit en missions permanentes, soit en missions temporaires.

Tous les trois mois, le premier consul arrêtait la liste des conseillers en service ordinaire.

Les conseillers d'État en service extraordinaire, de retour de leur mission, ne pouvaient prendre séance au Conseil d'État qu'au commencement du trimestre, où ils étaient portés sur la liste des conseillers d'État en service ordinaire.

En l'an X, le premier consul créa des conseillers d'État en service ordinaire, hors section.

MM. Dubois, préfet de police à Paris, et Muraire, premier président du tribunal de cassation, furent les premiers nommés par des décrets rendus le même jour, 14 floréal an X, dont le texte même mérite d'être rapporté :

« Bonaparte, premier consul de la république, voulant donner un témoignage de satisfaction au citoyen Dubois, préfet de police, pour sa conduite et le bon ordre qu'il a maintenu dans la capitale,

« Arrête ce qui suit :

« Le citoyen Dubois, préfet de police du département de la

Seine, est nommé conseiller d'État. Il ne fera partie d'aucune section. »

Le décret de nomination de M. Muraire est aussi motivé, mais dans des termes différents.

« Bonaparte, premier consul de la république,

« Voulant donner un témoignage d'estime et de satifaction au tribunal de cassation et à son président le citoyen Muraire,

Arrête ce qui suit :

« Le citoyen Muraire, président du tribunal de cassation, est nommé conseiller d'État. Il ne fera partie d'aucune section. »

Ainsi, à cette époque, le titre de conseiller d'État était non-seulement une haute récompense pour de grands services, mais encore un témoignage d'estime et de satisfaction du chef de l'État, pour un corps tout entier, pour la cour suprême, le tribunal de cassation.

A cette époque aussi où les fonctions publiques n'étaient confiées qu'aux hommes qui se dévouaient au bien public, et étaient fermées au crédit et à l'intrigue, les honneurs et les grâces allaient chercher le vrai mérite ; les faveurs l'annon-çaient ou le suivaient de près. Les talents, développés sous le consulat, préparaient ainsi les rémunérations éclatantes que bientôt l'empire, par les mains de l'homme élevé sur le bouclier militaire et proclamé souverain par la nation, allait distribuer aux ministres les plus dignes de son autorité, destinés à être eux-mêmes les canaux de ses largesses et de sa magnificence.

Voici à quelle occasion et de quelle manière eut lieu la création du service ordinaire, hors section.

Le ministre de l'intérieur, le préfet de police, et plusieurs conseillers d'État, examinaient et discutaient dans le cabinet du premier consul les projets d'organisation du commerce de la boucherie et de la boulangerie dans la capitale.

Les projets du préfet de police qui avaient reçu l'assenti-ment du premier consul étaient assez vivement attaqués :

« Eh bien ! dit le premier consul en terminant la discussion,

nous examinerons de nouveau ces projets au Conseil d'État; et
vous, Dubois, vous viendrez à la séance prendre part à la délibération. »

On fit observer au premier consul que le préfet de police
n'avait pas entrée au Conseil d'État; que les ministres seuls
avaient ce droit[1].

« C'est juste, » dit le premier consul, et, après un moment
de réflexion, il dicta à M. Maret le décret qui est rapporté ci-
dessus, et daigna en remettre lui-même l'expédition à M. Dubois.

Dans la soirée, voulant généraliser la faveur qu'il venait
d'accorder au préfet de police, et en faire naître ainsi une institution utile, le premier consul rendit le second décret qui
nommait également M. Muraire conseiller d'État, hors section[2].

Ce service hors des sections fut rempli pour l'an XI et pour
l'an XII par les mêmes citoyens Dubois et Muraire, qui se virent adjoindre, en l'an XIII, Frochot, préfet du département de
la Seine, et Montalivet, préfet du département de Seine-et-
Oise. A ces quatre conseillers d'État furent successivement
adjoints, en 1806, Merlin, procureur-général près la cour de
cassation; en 1807, Laumond, préfet du département de
Seine-et-Oise; en 1808, Asinari de Saint-Marsan; en 1810, Bérenger, Bergon, Collin de Sussy, Duchâtel, Français de (Nantes), Lavallette, Maret, Molé, Pelet de la Lozère, Portalis; et
en 1811, Pasquier, de Pommereuil et Quinette de Rochemont.

[1] A cette époque, les ministres ne faisaient pas partie du Conseil d'État; ils
avaient la faculté d'entrer aux assemblées générales, sans que leur voix fût
comptée.
[2] C'est à M. Eugène Dubois, maître des requêtes, que je dois ce renseignement curieux sur l'origine du service *hors section.*

Résumé des travaux du nouveau Conseil d'État depuis le 18 avril 1849 jusqu'au 18 avril 1850.

La dernière revue des travaux du Conseil d'État, faite par son habile statisticien M. Vivien, vice-président du Conseil, offre un tableau curieux du résultat de ses triples et nouvelles attributions, législative, administrative et politique. Dans celle-ci le Conseil d'État n'a vu qu'une seule affaire de haut fonctionnaire public déférée à son tribunal chargé d'examiner et d'apprécier les actes de M. de Lesseps, relatifs à la mission qui lui avait été confiée en Italie. Le diplomate français avait reçu les instructions suivantes : « Essayer d'entrer à Rome « d'accord avec les habitants, sans reconnaître les autorités « romaines, sans inquiéter la cour de Gaëte, et sans mettre « en question ses droits; prévoir l'éventualité d'une attaque « et n'en point compromettre les chances. » Telles étaient ses instructions formelles. Tel était l'objet précis de sa mission : M. de Lesseps l'avait-il exécutée? Y avait-il contrevenu?

Le Conseil d'État, après un examen approfondi de la conduite de M. de Lesseps, reconnut « que deux faits principaux avaient été constatés par cet examen :

« 1° L'opposition absolue entre les instructions de M. de Lesseps et l'application qu'il en avait faite;

« 2° La signature d'une convention dont les stipulations étaient contraires aux intérêts de la France et de sa dignité. »

Ainsi, les conclusions du Conseil érigé en haute cour ont été un blâme et une censure des actes de ce fonctionnaire public dans sa mission à Rome en 1849.

Le Conseil d'État a donné 418 avis sur autant de propositions de révocations de maires ou d'adjoints; 176 sur des cas de dissolution de conseils municipaux, et 9,000 sur autant de demandes de grâces, de remises partielles ou de commutations de peines, délibérées soit en assemblée générale, soit par la section de législation et la commission permanente des *recours en grâce*.

Le Conseil d'État, auxiliaire de la chambre législative dont il éclaire et seconde les travaux, a examiné 152 lois dont 123 relatives à des *intérêts locaux*. Douze projets de loi lui ont été renvoyés par l'Assemblée nationale : sur les patentes, les caisses d'épargne, les rentes et les brevets d'invention ; sur l'instruction publique, sur la fixation des heures d'ouverture des bureaux de douane ; sur l'admission et l'avancement dans les fonctions publiques ; sur le partage des terres vaines et vagues dans l'ancienne Bretagne ; sur la cour des comptes, les monts-de-piété, l'administration départementale et communale ; sur l'état de siége ; enfin sur la responsabilité des ministres et du président de la république. Vingt-neuf lois d'intérêt général ont été adoptées par le Conseil d'État ; ces lois capitales laborieusement étudiées et religieusement débattues ont occupé des séances prolongées pendant trente jours, comme le projet de la loi hypothécaire, par exemple, et des délibérations de six à sept heures. Le Conseil d'État dans la section d'administration et les trois éléments qui la composent a été saisi, dans cette même période de 12 mois, de 15,000 affaires, dont 388 ont été déférées à l'assemblée générale.

Le comité de l'intérieur, de la justice, de l'instruction publique et des cultes, a donné des avis sur 5,027 affaires relatives, pour 2,344, aux communes, et pour 942, aux hospices et bureaux de bienfaisance.

Le comité des finances, de la marine et de la guerre, a statué sur 8,565 affaires, comprenant 8,359 liquidations de pensions.

Le comité des affaires étrangères, des travaux publics, de l'agriculture et du commerce, a opiné sur 1,162 affaires, dont 82 autorisations d'établissements insalubres, 548 en matière d'usines et autres, et 210 relatives aux routes.

Enfin la section du contentieux, conseil distinct et complet dans le sein du Conseil d'État, a rendu 919 décisions. Cette statistique, dont je viens de tracer une rapide esquisse, présente 101 séances du Conseil en assemblée générale, 138 pour la section de législation, 47 pour celle d'administration, et 80 réunions de la section du contentieux.

Elle prouve victorieusement que le nouveau Conseil d'État a répondu pendant cette période à sa triple mission; elle atteste surtout les lumières et les forces intelligentes de ce corps d'élite, composé d'hommes spéciaux, d'un mérite éminemment pratique et d'application. Il en résulte enfin qu'il a été fidèle et religieux exécuteur de la loi, en même temps qu'on l'a vu, sous l'empire de la constitution, s'ériger lui-même et siéger en législateur.

Ainsi le Conseil d'État au milieu des circonstances politiques les plus diverses et les plus graves, étranger à toute préoccupation personnelle, mais gardien vigilant et jaloux des libertés publiques, et avant tout exclusivement dévoué à sa mission, celle de l'administration régulière et mesurée de la France, semble avoir adopté dans sa sphère cette devise homérique:

Εἷς οἰωνός ἄριστος, ἀμύνεσθαι περὶ πάτρης!

LISTE

DES MINISTRES, PRÉSIDENTS DU CONSEIL D'ÉTAT

DEPUIS L'AN VIII.

Barbé-Marbois (comte).
Barthe.
Bethmont.
Courvoisier, président du conseil des ministres.
Crémieux.
Dambray.
De Cazes (comte), président du conseil des ministres.
Dessoles (marquis), président du conseil des ministres.
Dupont (de l'Eure).
Hébert.
Henrion de Pansey (baron).
Martin (du Nord).

Mérilhou.
Pasquier (duc).
Persil.
Peyronnet (comte).
Portalis (comte).
Richelieu (duc de), président du conseil des ministres.
Sauzet.
Serre (de).
Siméon (comte), garde des sceaux intérimaire.
Teste.
Villèle (comte de), président du conseil des ministres.
Vivien.

LISTE GÉNÉRALE

DES MEMBRES DU CONSEIL D'ÉTAT

Depuis l'an VIII, époque de sa création, jusqu'en 1851.

Abancourt (Harmant, comte d'), pair de France, cons. d'ét. honor.
Abbema, audit.
Aboville (Alph.-Gabr., comte d'), pair de France, audit.
Abrial (André-Pierre-Étien., comte), pair de France, cons. d'ét., s. ext.
Adam (Antoine-Edmond), cons. d'ét.
Agay (comte), cons. d'ét. honor.

Agier (François-Marie), cons. d'ét.
Alban de Villeneuve (vicomte), cons. d'ét., s. ext.
Allard (Nelzir), maître des r., s. ext.
Albisson, cons. d'ét.
Albon (J.-Guigues-M.-Alex. d'), audit.
Allent, (chevalier), cons. d'ét., présid. de la section de guerre et marine.
Allonville (comte), cons. d'ét.

Alon (marquis d'), m. des r., s. ext.
Alphonse (baron), audit.
Alton-Shée (comte d'), cons. d'ét.
Amelot du Guepean (marquis), cons. d'ét. honor.
Amiot (Louis-Jacq., baron), m. des r.
Amy (Louis-Thomas-Ant.), cons. d'ét.
Andréossy (Antoine-François, comte), cons. d'ét., ambassadeur.
Andrey (Abel-Franç.), m. des r., s. ext.
Anglès (Jules-Jean-Baptiste, chevalier), cons. d'ét., ministre d'état.
Anglès (François-Ernest), audit.
Anisson-Duperron (Alexandre-Jacques-Laurent), m. des r., s. ext., pair de France.
Anisson-Duperron (Étienne-Eugène-César), audit.
Année (Antoine), m. des r., s. ext.
Anthoine (L.-Edm.), m. des r., s. ext.
Appelius, cons. d'ét.
Aragon (Ch.-Arm.-Fr., comte), audit.
Arbaut-Jouques (marquis d'), cons. d'ét., s. ext.
Arbelles (André d'), m. des r. honor., historiographe des aff. étr.
Arberg fils, audit., chambellan de l'empereur.
Ardant, m. des r., s. ext.
Argout (Antoine-Maurice-Apollinaire, comte d'), pair de France, cons. d'ét.
Argout (Louis-Léon-Maurice-Gaston-Charles d'), audit.
Arlincourt (C.-A.), maître des req.
Arlincourt (Victor, vicomte d'), maître des req.
Asinari Saint-Marsan (Antoine-Marie-Philippe, comte), cons. d'ét.
Asselin de Crevecœur, cons. d'ét. hon.
Aubé (Antoine-Guillaume), cons. d'ét.
Aubernon (Joseph-Victor), pair de France, cons. d'ét.
Aubernon (Jos.-Fr.-Georg.), audit.
Audiffret (Charl.-Louis-Gaston, marquis d'), pair de France, cons. d'ét.

Audiffret (Florim.-Louis d'), cons d'ét.
Audiffret-Pasquier (Ed.-Arm. d'), audit.
Augier (comte), cons. d'ét.
Aure (comte), cons. d'ét., s. ext.
Avril (S.-Ém.-Phil.), m. des r., s. ext.
Azevedo (Jules), préfet, m. des r.
Bacot, audit.
Bacot de Romand (baron), cons. d'ét., s. ext.
Baglioni Oddi, audit.
Baillardel de Lareinti (Hilaire-Julien-Félix), m. des r. honor.
Baillet, audit.
Bailly, m. des r., s. ext.
Ballainvilliers (baron), vice-président du conseil d'état, ministre d'état.
Ballyet (Auguste), m. des r.
Balsac (baron de), cons. d'ét.
Baradive (J.-Bern.), cons. d'ét., s. ext.
Barante de Brugières (baron), cons. d'ét. honor., s. ext.
Barbairon, cons. d'ét., s. ext.
Barbé-Marbois (comte), cons. d'ét., ministre des travaux publics.
Barennes, cons. d'ét., s. ext.
Barrairon, cons. d'ét. honor.
Barrin, audit.
Barthe de Thermes (de la), audit.
Barthélemy (Hyacinthe-Claude-Félix), m. des r., s. ext.
Barthélemy (Rémy-Désiré), audit.
Bartolucci (Vincent), cons. d'ét.
Bascle de la Greze, audit.
Bastard de l'Étang (J.-M.-Hy.-Arm.), m. des r., s. ext., pair de France.
Bastide, audit.
Batbie (Polycarpe-Anselme), audit.
Baude (Jean-Jacques), cons. d'ét.
Baudon (Adolphe-Charles), audit.
Baudon de Mony (Charles-Victor-Auguste), audit.
Baulny, m. des r.
Baumes, cons. d'ét.
Beauclair, audit.

Beaulieu, m. des r.
Beaumont (vicomte de), cons. d'ét.
Beaunier, m. des r., s. ext.
Beauvoir-Duroure, audit.
Becheu de la Sancy, m. des r., s. ext.
Becq de Fouquières, audit.
Becquey (Louis), cons. d'ét.
Bedoch (Pierre-Joseph), cons. d'ét.
Bege, cons. d'ét., s. ext.
Begouen (comte), cons. d'ét.
Behic, cons. d'ét.
Bejarry, audit.
Bellart, cons. d'ét.
Belleville (baron), m. des r., s. ext.
Bellocq, cons. d'ét. honor., ministre résident à Lucques et à Florence.
Bellon (Guillaume), m. des r.
Benezech, cons. d'ét.
Benoist (Pierre-Vincent), cons. d'ét., ministre d'état.
Benoist (Marie-Edme-Gustave), audit.
Béranger, cons. d'ét., s. ext.
Berard, cons. d'ét., s. ext.
Bérenger (Jean, comte), cons. d'ét., vice-président du comité des finances, pair de France.
Bergasse, cons. d'ét. honor.
Bergognié, cons. d'ét.
Bergou (comte), cons. d'ét.
Bergounioux, audit.
Berlier (Théophile, comte), cons. d'ét.
Berlioz, audit.
Bernadotte (Jean-Baptiste-Jules), maréchal d'empire, cons. d'ét., roi de Suède.
Bernon (Francisque-Prudent), audit.
Berthelemy (Rémy-Désiré), audit.
Berthier (François-Jean, du), m. des r., s. ext.
Bertier (Anne-Ferdinand, comte de), cons. d'ét.
Bertin, cons. d'ét., s. ext., et hors d'Europe.
Bertin de Veaux (Louis-François), cons. d'ét.

Bertrand (Dominique), cons. d'ét. hon.
Bertrand de Beaumont, audit.
Besson, m. des r., s. ext.
Bethmont (Eugène), président de la section d'administration.
Beugnot (Jacques-Claude, comte), cons. d'ét., ministre d'état.
Bignon, audit.
Bigot de Préameneu (comte), cons. d'ét., ministre des cultes.
Billiard, cons. d'ét.
Billot, m. des r., s. ext.
Blaire (Pierre-Paul-Sylvain-Lucien), cons. d'ét.
Blaire (Adolphe-Edmond), cons. d'ét., s. ext.
Blanchard des Roziers, audit.
Blanche (Alfred-Pierre), audit.
Blondel d'Aubers, cons. honor.
Blondel d'Aubers fils, m. des r., s. ext.
Boby de la Chapelle, m. des r., s. ext.
Boccardi, audit.
Bocher, m. des r., s. ext.
Bogne de Faye, m. des r., s. ext.
Bois-Bertrand (Tessières de), cons. d'ét., s. ext.
Bois-le-Comte (Charles-Édouard, baron), m. des r., s. ext.
Boissy d'Anglas (baron), m. des r.
Boivin, m. des r., s. ext.
Bonaparte (Joseph), cons. d'ét., roi de Naples, roi des Espagnes et des Indes.
Bonaparte (Louis), cons. d'ét., roi de Hollande.
Bonardière (baron), m. des r.
Bondy-Taillepied (comte), cons. d'ét., pair de France.
Bondy (François-Marie, vicomte), cons. d'ét. honor.
Bonnegens, audit.
Boquet de Saint-Siméon (Edme-Louis), m. des r., s. ext.
Borderie (de la), audit.
Boscary, audit.
Boselli (Benedetto-Jules), audit.

Bosredon (de), audit.

Boubers (comte de), cons. d'ét., s. ext.

Bouchené-Lefer, cons. d'ét.

Boucher, m. des r., s. ext.

Boudet (Paul), cons. d'ét., président de la commission des grâces.

Bouillerie (François - Marie - Pierre, baron de la), cons. d'ét., trésorier de la couronne.

Bouillerie (Alphonse-Sébastien-Louis de la), m. des r.

Bouillerie (François-Louis-Marie de la), audit.

Boula du Colombier, cons. d'ét., s. ext.

Boulage, m. des r., s. ext.

Boulatignier, cons. d'ét.

Boulay (Antoine-Jacques-Claude-Joseph, de la Meurthe), président de la section de législation, ministre d'état, ministre de la justice intérimaire.

Boulay (de la Meurthe), vice-président de la République, président du conseil d'état.

Boulay (François - Joseph, de la Meurthe), cons. d'ét.

Boullé, audit.

Bourblanc (comte du), cons. d'ét.

Bourcier (comte), cons. d'ét.

Bourdeau, cons. d'ét., s. ext.

Bourdonnaye de Blossac (Charles-Esprit-Marie de la), m. des r.

Bourdonnaye de Blossac (comte de la), cons. d'ét.

Bourgnon (chevalier), audit.

Bourjeot, m. des r., s. ext.

Bourlon de Rouvre (Léopold), audit.

Bourlon de Sarty (Ernest - Samuel-Henri), m. des r.

Bourqueney (Adolphe, baron), cons. d'ét. honor., ambassadeur.

Bourrienne (Louis - Antoine), cons. d'ét., ministre d'état.

Boursaint, cons. d'ét., s. ext.

Boursy, cons. d'ét., s. ext.

Boussingault, cons. d'ét.

Bouthilliers-Chavigny (marquis de), cons. d'ét., s. ext.

Bouthilliers (Charles-Léon-Gabriel), audit.

Boutillier de Beaumont, audit.

Boutaud de Lavilléon, m. des r., s. ext.

Bracci, audit.

Brame, m. des r., s. ext.

Brenier, m. des r.

Bresson, audit.

Bretonnière (baron de), c. d'ét., s. ext.

Breteuil (comte de), cons. d'ét. honor., pair de France.

Brevannes (le Pilleur de), cons. d'ét.

Brian (Jean-Charles), m. des r.

Briand (Pierre-Louis), audit.

Bricogne, m. des r., s. ordin.

Brière, cons. d'ét., honor.

Brignolle (comte), m. des r.

Brigode, audit., pair de France.

Broé (de), m. des r., s. ordin.

Broglie (prince de), cons. d'ét.

Brosses (comte de), cons. d'ét., s. ext.

Broval (chevalier), cons. d'ét., s. ext.

Bruix (amiral), cons. d'ét.

Brun de Villeret, lieutenant-général, m. des r., s. ext., pair de France.

Brune, maréchal d'empire, cons. d'ét.

Bruyère (chevalier), m. des r.

Bureaux de Pusy, cons. d'ét.

Buscheron de Boisrichard, audit.

Bussière (Léon, baron de), m. des r.

Cabre, cons. d'ét.

Caffarelli (Dufalga, comte), cons. d'ét.

Caffarelli (comte), cons. d'ét., pair de France.

Caffarelli (Eugène, comte), m. des r., s. ext.

Cagniard de Latour, auditeur.

Cahouet, m. des r., s. ext.

Calluaud, audit.

Calmon, cons. d'ét., s. ext., direct. gén. de l'enregistrement et des dom.

Calmon (Marc-Ant.), m. des r., anc. D.

Cambis, audit.

Cambon (marquis), cons. d'ét.

Camet de la Bonnardière, m. des r., s. ext.

Camet de la Bonnardière (Rémi-François-Eugène), audit.

Camille Jordan, cons. d'ét.

Campan, audit.

Camus Dumartroy (baron), cons. d'ét., s. ext.

Camus (Emmanuel, vicomte), m. des r.

Camus de Neville (baron), cons. d'ét.

Canouville, audit.

Capelle (baron), cons. d'ét.

Caraman, audit.

Cardon de Montigny, m. des r. surnuméraire.

Caré de Saint-Gemme, audit.

Carlhant, m. des r., s. ext.

Carné Coëtlogon, audit.

Carnin, audit.

Caroillon de Vandeul, m. des r., s. ext.

Caroillon de Vandeul (Alfred), audit.

Caron de Saint-Thomas, m. des r., s. ext.

Carrières, audit.

Carrion de Nisas (colonel), m. des r., s. ext.

Carrocciolo, audit.

Carteret, cons. d'ét.

Case, cons. d'ét. honor.

Cassaing, m. des r.

Casteja (comte), m. des r., s. ext.

Castelbajac (vicomte, Marie-Barthélemy), cons. d'ét., s. ext.

Castelbajac (Augustin-Marie), aud.

Castellane (comte), audit.

Castellane (Henri-Charles-Louis-Boniface), audit., député.

Cauchy, m. des r., s. ext.

Caussin de Perceval, cons. d'ét.

Caux (vicomte de), cons. d'ét., ministre de la guerre.

Cavallier (Paul-Auguste), audit.

Cavé (Auguste), m. des r., s. ext.

Cazes (vicomte de), cons. d'ét., s. ext.

Cazes-Delisle, audit.

Celles (comte de), cons. d'ét., s. ext.

Cerclet, m. des r., s. ext.

Cessac (comte), audit.

Chaban (comte), cons. d'ét.

Chabrol (Anne-François-Édouard, vicomte de), m. des r., s. ext.

Chabrol (baron), cons. d'ét., s. ext.

Chabrol-Crousol, cons. d'ét., ministre de la marine.

Chabrol-Crouzac (comte de), audit.

Chabrol-Tournoel (comte), m. des req.

Chabrol de Volvic (comte), cons. d'ét., s. ext., préfet de la Seine.

Chadelais, m. des r.

Challaie, m. des r.

Chalret-Durieu, audit.

Chambaudoin (de), m. des r.

Champagny (comte, duc de Cadore), cons. d'ét.

Champy (baron), audit.

Chantelou (de), m. des r.

Chanterac Lacropte (marquis de) m. des r., s. ext.

Chaptal (comte), cons. d'ét., ministre de l'intérieur.

Charency Gouhier (comte), cons. d'ét., s. ext.

Charrier de Sainneville, m. des r., s. ext.

Charton, cons. d'ét.

Chasseloup-Laubat (François, comte), cons. d'ét.

Chasseloup-Laubat (Prosper), cons. d'ét., ministre de la marine.

Chassenon, audit.

Chasseriau, m. des r., s. ext.

Chastellux (de), audit.

Chastenet de Puységur, audit.

Chastre (de la), audit.

Chateaubourg (Camille), audit.

Chateaubourg (Louis-François-Camille, baron), m. des r., s. ext.

Chaucheprat, m. des r., s. ext.

Chaudruc de Crazannes, m. des r.

Chaulieu, m. des r., s. ext.

Chaumelle (Curé de la), aud.

Chaumont de la Galaizière, cons. d'ét. honor.

Chauvelin (marquis de), cons. d'ét.

Chauvinière (Dufresne de la), m. des r., s. ext.

Chazelles (comte), préfet, m. des r.

Cheppe, de m. des r., s. ext.

Chevalier (Jean-Georges-Louis-Armand, baron), m. des r., s. ext.

Chevalier (Michel) (V. Michel).

Cheverus, archevêque de Bordeaux, cons. d'ét., s. ext.

Chèze (la), m. des r.

Choiseul (Maxime de), audit.

Choppin d'Arnouville (René-Paul), m. des r., s. ext.

Choppin d'Arnouville (Augustin), cons. d'ét., s. ext.

Claranges-Lucotte, m. des r.

Clarke (comte, duc de Feltre), cons. d'ét., ministre, pair de France.

Clauzel, audit.

Claveau, audit.

Cochelet, cons. d'ét., s. ext.

Coetlosquet (comte du), lieutenant général, cons. d'ét.

Coffinhal-Dunoyer, m. des r., s. ext.

Collenel (de), m. des r., s. ext.

Collin de Sussy, ministre, premier président de la cour des comptes, cons. d'ét.

Collomb.

Colonia (Pierre-Joseph), cons. d'ét.

Colonna d'Avella, audit.

Combes Sieyès, audit.

Condé, (de) audit.

Conny, (de) m. des req.

Connynck-Outerive, m. des r., s. ext.

Constant de Rebecque (Benj.), c. d'ét.

Constant de Moras, audit.

Contades, audit.

Conte, cons. d'ét., s. ext.

Coquebert, m. des r.

Corbin (Henri-René), audit.

Cordier (Pierre-Louis-Antoine), pa de France, cons. d'ét.

Cordier (Jacques-Louis-Adolphe), audit.

Cormenin de La Haye (vicomte de), président du cons. d'ét.

Cornelissen, audit.

Cornet d'Incourt, cons. d'ét., s. ext.

Cornudet, commissaire du gouvernement, m. des r.

Corvetto (comte), cons. d'ét., ministre des finances.

Costaz (baron), cons. d'ét.

Coste, audit.

Coste (de la) Duvivier, cons. d'ét., s. ext.

Couin de Grandchamp, aud.

Coulmann, m. des r.

Cour (de la), m. des r., s. ext.

Courpon (de), audit.

Courson de la Ville, m. des r., s. ext.

Court (de), m. des r., s. ext.

Courtivron, audit.

Courvoisier, cons. d'ét., s. ext., garde des sceaux.

Cousin (Victor), cons. d'ét., ministre de l'instruction publique.

Couturier de Vienne, audit.

Crépu, cons. d'ét.

Cretet (comte de Champenol), cons. d'ét., minist. de l'intérieur.

Cretu, m. des r., s. ext.

Creuzé de Lesser (baron), m. des r., s. ext.

Crèvecœur. (V. Asselin).

Crignon de Montigny, m. des r., s. ext.

Cromot de Fougy, cons. d'ét., s. ext.

Crouzeilhes (baron), cons. d'ét.

Curzay-Duval, m. des r., s. ext.

Cuvier (baron, Georges), vice-président du comité de l'intérieur et du commerce.

Cuvier (Frédéric-Georges), cons. d'ét.

Daclin, auditeur.

Dagnan, m. des r., s. ext.

Dailly (Charles-Alfred), audit.

Dalberg (Émeric-Joseph, duc), cons. d'ét., pair de France.

Dalpozzo, m. des r.

Dambray, cons. d'ét., s. ext.

Dampierre, m. des r. surnum.

Dampmartin, audit.

Darricau, cons. d'ét.

Daru (Pierre-Antoine-Noël-Bruno, comte), cons. d'ét., ministre d'état.

Dauchy (comte), cons. d'ét.

Daverne, m. des r.

David (Charles-Marie), cons. d'ét.

David (Isidore-Ambroise-Élysée), audit., préfet de Douai.

Debeyle, audit.

Debonnaire de Forges, m. des r., s. ext.

Debonnaire de Gif (Louis-Charles), m. des r.

De Cazes (duc), cons. d'ét., s. ext., ministre d'état, pair de France.

Decrusy (Nicolas), m. des r., s. ext.

Defermon (Jacques, comte), cons. d'ét.

Deffaudis (Antoine-Louis, baron), cons. d'ét. honor., pair de France.

Defresne, cons. d'ét.

Degove (Pierre-Philippe-Jules), audit.

Dejean (comte), cons. d'ét., sénateur.

Dejean (Benjamin-Barthélemy, vicomte), cons. d'ét., s. ext.

Delange, audit.

Delaborde (comte), cons. d'ét., chambellan de l'empereur.

Delaborde (Alexandre-Louis-Joseph), cons. d'ét.

Delaborde (Édouard-César, baron), audit.

Delacour (Denis-Albert), audit.

Delaire, cons. d'ét., s. ext.

Delaître, cons. d'ét., s. ext.

Delalleau, m. des r., s. ext.

Delamalle (Gaspard-Gilbert), chevalier de l'Empire, vice-président du comité de la guerre et de la marine.

Delamalle (Victor), audit.

Delamardelle (baron), m. des r., s. ext.

Delavau, cons. d'ét., préfet de police.

Delebecque, cons. d'ét., s. ext.

Delessert (Gabriel), cons. d'ét., s. ext., préfet de police.

Deloé (comte), cons. d'ét., sénateur.

Delorme, audit.

Delpon, m. des r., s. ext.

Demanche (Anne-Jean-Alfred), audit.

Demarcieu, audit.

Denoue, audit.

Deprez-Crassier, audit.

Desages, cons. d'ét., s. ext.

Desaugiers, cons. d'ét., s. ext.

Desbassyns de Richemont (baron), cons. d'ét., s. ext.

Desbassyns (Eugène, vicomte), m. des r.

Desclozeaux, cons. d'ét., s. ext.

Deseze (Adolphe, baron), m. des r.

Desjardins, audit.

Deslandes, audit.

Desmazis, audit.

Desmousseaux de Givré (Bernard-Jean-Erhard), m. des r., s. ext.

Desrenaudes, audit.

Desrotours, audit.

Desroys, audit.

Dessauret (Pierre), cons. d'ét., s. ext.

Dessoles (marquis de), cons. d'ét., ministre des affaires étrangères.

Dessoles, m. des r., s. ext.

Destouches (baron), m. des r., s. ext.

Desvarannes-Levesque (Pierre-Louis), m. des r., s. ext.

Desvernay (Louis-Benoît), audit.

Detas-Français (comte), cons. d'ét.

32

Devaisnes, cons. d'ét., pair de France.
Devaines, cons. d'ét. honor.
Devaux (Henri), cons. d'ét.
Devaux (Denis-Léon), m. des r., s. ext.
Devesvre, audit.
Devienne, audit.
Deyeux, audit.
Didier (L.-P.-A.), m. des r.
Didier fils (Louis-Paul), cons. d'ét.
Doazan, audit.
Dode, audit.
Dollé, audit. de 2e classe.
Dominique Bertrand, cons. d'ét. hon.
Dompierre d'Hornoy, cons. d'ét. hon.
Doria Dolce Acqua, audit.
Dormesson, m. des r. surnuméraire.
Dorvilliers, cons. d'ét. honor. et en serv. ext.
Doudan (Ximenès), m. des r., s. ext.
Doutremont, cons. d'ét.
Dubergier de Favars, cons. d'ét.
Dubois (des Vosges), cons. d'ét.
Dubois (Louis-Nicolas-Pierre-Joseph, comte), cons. d'ét., préfet de police.
Dubois (Eugène-Joseph-Napoléon, comte), m. des r.
Dubois de Jancigny (Marie-Louis-Alfred), audit.
Dubouchage (comte), cons. d'ét., s. ext.
Duboys, m. des r., s. ext.
Duchâtel (Charles-Jacques-Nicolas, comte), cons. d'ét.
Duchâtel (Napoléon-Joseph, vicomte), cons. d'ét., s. ext.
Duchâtel (Voy. Tanneguy).
Duchesne (Joseph-Esprit), audit.
Ducros, audit.
Dudon (Jean-François, baron), cons. d'ét., ministre d'état.
Dufaur de Rochefort, cons. d'ét. hon.
Dufaure, cons. d'ét. ord.
Dufort-Theverny, audit.
Dufour de Neuville, m. des r., s. ext.
Dufresne, cons. d'ét., directeur du trésor public.

Dufresne de Saint-Léon, cons. d'ét. honor.
Duhamel (baron), m. des r.
Dulauloy, cons. d'ét.
Dumas (Mathieu, comte), vice-président du comité de la guerre, pair de France.
Dumez, m. des r., s. ext.
Dumolard Bouvier, cons. d'ét., s. ext.
Dumon (Pierre-Sylvain), vice-président de la section de législation, ministre des travaux publics.
Dunoyer (Barthélemy-Charles-Pierre-Joseph), cons. d'ét.
Dunoyer (Joseph), m. des r., s. ext.
Dunoyer de Noirmont (Joseph-Anne-Émile-Édouard, baron), maître des requêtes.
Duparquet, m. des r.
Dupeloux, audit.
Dupin père, cons. d'ét., s. ext.
Dupin (Charles, baron), cons. d'ét., ministre de la marine, pair de France.
Dupin aîné (André-Philippe-Eugène), audit.
Dupleix de Mézy (Charles-Joseph-René), cons. d'ét., s. ext.
Dupleix (Louis-Ferdinand), m. des r., s. ext.
Dupont (Gaétan-Pierre-Marie), cons. d'ét., s. ext.
Dupont de Caperoy, audit.
Dupont-Delporte (Henri-Jean-Pierre-Antoine), cons. d'ét.
Dupont (de Nemours), cons. d'ét.
Dupuy (comte), cons. d'ét., sénateur.
Durand (Louis-Charles-Amédée), audit.
Durant de Mareuil (Joseph-Alexandre, baron), cons. d'ét., s. ext., membre du gouvernement provisoire.
Dussart, cons. d'ét.
Dutailly, audit.
Dutens, m. des r., s. ext.

Dutillet (Gabriel), audit.

Dutrambley fils, m. des r., s. ext.

Duval (Jean - Frédéric - Théodore), cons. d'ét., pair de France.

Duval de Fraville (Gustave), audit.

Duvergier, m. des r., s. ext.

Duvoisin (baron), cons. d'ét.

Émery - Grozieulx (comte de), cons. d'ét.

Entraigue-Godeau, cons. d'ét. honor.

Esmangart de Freysnes, cons. d'ét.

Espagnac (baron), m. des r.

Estève (Louis-Édouard-Roch), audit.

Estourmel (comte d'), cons. d'ét., s. ext.

Etchegoyen O'Connel, audit.

Étignard de la Faulotte, audit.

Évrard de Saint-Jean, m. des r., s. ext.

Fabas (Pierre-Théodore), m. des r.

Fabbroni, m. des r., s. ext., ingénieur, directeur de la route du Simplon.

Fain (Agathon-Jean-François, baron), cons. d'ét., s. ext., secrétaire archiviste de l'empereur.

Falguerolles (Alfred), audit.

Faré, audit.

Faulotte (Voy. Étignard).

Faure (Louis - Joseph , chevalier), cons. d'ét.

Faure (Joseph-Antoine-Félix), audit.

Favard de Langlade (Guillaume-Jean, baron), cons. d'ét.

Faye, m. des r., s. ext.

Felcourt (Philippe-Alexandre), audit.

Ferri-Pisani (comte), cons. d'ét.

Feutrier, cons. d'ét., s. ext.

Filleau Saint-Hilaire, cons. d'ét.

Finot, audit., préfet du Montblanc.

Fizan (Juin de), cons. d'ét. honor.

Fizeau (Jules-Jean-Marie), audit.

Flaugergues, m. des r.

Fleuriau (de), m. des r., s. ext.

Fleurieu, cons. d'ét.

Fleury de Chaboulon , cons. d'ét., s. ext.

Floirac de Lagrange-Gourdon (comte), cons. d'ét.

Floret, m. des r., s. ext.

Fluri, cons. d'ét. honor.

Forbin des Issarts, cons. d'ét.

Forest (Hector-Hippolyte), m. des r.

Forestier, cons. d'ét. honor.

Forfait, cons. d'ét., ministre de la marine.

Fermon (Louis), m. des r.

Foucher, m. des r., s. ext.

Foudras (Jean), cons. d'ét., s. ext.

Foullon de Doné, cons. d'ét. honor.

Foulon d'Écotiers, cons. d'ét. honoraire.

Fourcroy (Antoine-François, comte), cons. d'ét., directeur de l'instruction publique.

Fourier d'Himourt, m. des r. honor.

Français de Nantes, cons. d'ét.

Franchet-Desperey, cons. d'ét.

François (Alphonse), m. des r.

Fredy, audit.

Frémy (Louis), m. des r., s. ext.

Frenilly (Augustin-François, Fauveau de), cons. d'ét., s. ordin.

Frise de Villefrançon (Paul, comte), cons. d'ét., s. ext.

Freslon de la Freslonnière, m. des r.

Fréville (Jean - Baptiste - Maximilien, baron), vice-président du comité du commerce, pair de France.

Froc de la Boulaye, cons. d'ét.

Frochot (Nicolas - Thérèse - Benoît, comte), cons. d'ét. , préfet de la Seine.

Frochot fils (Étienne - Magloire , baron), m. des r. surnuméraire.

Froidefond de Belisle, m. des r.

Frondeville (marquis de), cons. d'ét. honor.

Frottier de Bagneux, audit., membre du magistrat du Rhin.

Fumeron d'Ardeuil (Marie-Louis-Maurice), cons. d'ét.

Fumeron de Verrière, cons. d'ét.

Galli de la Soggia (comte), cons. d'ét.

Galos, cons. d'ét., s. ext.

Galz de Malvirade, m. des r. surnum.

Gantheaume (Honoré, comte), contre-amiral, président de la section de marine.

Garnier du Bourgneuf, m. des r., s. ext.

Gasparin (Adrien-Étienne-Pierre, comte), cons. d'ét., s. ext., ministre de l'intérieur.

Gasparin (Agénor-Étienne de), m. des r., s. ext.

Gassendi (comte), cons. d'ét.

Gassaud (André-Charles-Jules), audit.

Gasson, m. des r., s. ext.

Gasville (Maurice, marquis de), cons. d'ét., s. ext.

Gau (chevalier), cons. d'ét. honor.

Gaudin (Émile-François), audit.

Gaujal (baron de), cons. d'ét., s. ext.

Gaulthier de Rumilly (Louis-Clair-Hippolyte), cons. d'ét.

Gauthier d'Uzerches (Julien-Alfred), audit.

Génie, m. des r.

Genin (Louis-Jean-Amédée), audit.

Genoude, m. des r., s. ext.

Genty de Bussy, cons. d'ét., s. ext.

Gérando (Joseph-Marie de, baron de Ramthausen), cons. d'ét., vice-président, pair de France.

Gerès (de), m. des r.

Germain (comte), m. des r., s. ext.

Germain (Pierre-Gilles-Anastase), m. des r.

Germiny (comte), m. des r., s. ext., pair de France.

Germiny (Gabriel-Charles, vicomte), m. des r., ministre des finances.

Gilbert de Voisins (baron), cons. d'ét., pair de France.

Girardin, cons. d'ét., s. ext., lieutenant général.

Giresse de la Beyrie (baron de), m. des r., s. ext.

Girod de l'Ain (Louis-Gaspard-Amédée), vice-président du conseil, pair de France.

Girod de l'Ain (Édouard), m. des r., s. ext.

Gisquet, cons. d'ét., préfet de police.

Giunti (Joseph), cons. d'ét.

Gogel (chevalier), cons. d'ét., ancien ministre des finances de Hollande.

Gomel, m. des r.

Gonyn de Lurieu, m. des r., s. ext.

Gossvin de Stassart, audit.

Goupil (Louis-Édouard), m. des r.

Goupillier (François-Étienne), audit.

Gourgaud, audit.

Gourgues (marquis de), petit-gendre de M. de Malesherbes, m. des r., s. ext.

Gourgues (Alexis-Joseph-Dominique de), m. des r.

Gourjault (Charles-Louis de), audit.

Goyon de Matignon (baron), audit.

Granvelle, cons. d'ét. honor.

Greterin (Théodore), cons. d'ét, directeur de l'administ. des douanes.

Grosbois (de), cons. d'ét. honor.

Grosourdy de Saint-Pierre, audit.

Guerard, m. des r., s. ext.

Guieu, m. des r., s. ext.

Guilhem, m. des r., ancien député.

Guilhermy (de), m. des r. honor.

Guillaume, audit.

Guizot (François-Pierre-Guillaume), cons. d'ét., ministre.

Guizot (Jean-Jacques), m. des r., s. ext.

Hains, cons. d'ét., s. ext.

Halgan, contre-amiral, cons. d'ét., s. ext.

Halgan (Cyprien-Constant), m. des r., s. ext.

Hallez-Claparède (baron), m. des r., ancien député.

Halligon (Antoine-Édouard), audit.

Hamel (Louis-Joseph, comte du), cons. d'ét., ancien député.
Hamon (René-Amédée), audit.
Harmant (Voy. d'Abancourt).
Haubersaert (Alexandre-Auguste, vicomte), cons. d'ét., ancien député.
Haussez (baron d'), cons. d'ét., ministre de la marine.
Hautefort (d'), audit. en mission.
Hauterive (Alexandre-Maurice-Blanc, comte d'), cons. d'ét.
Hauterive (Auguste-Maurice, vicomte d'), cons. d'ét.
Havin (Léonor-Joseph), cons. d'ét.
Haxo (François-Nicole), lieutenant général, cons. d'ét., s. ext., pair de France.
Hély d'Oissel (Abdon-Patrocle, baron), vice-président du comité de l'intérieur.
Hély d'Oissel (Félix-Antoine-Pierre), cons. d'ét.
Henrion de Pansey (baron), cons. d'ét., 1er président de la cour de cassation.
Hérolle (Daniel-Félix), audit.
Héricart de Thury (Louis-Étienne, vicomte), cons. d'ét., s. ext.
Herman (François-Antoine), cons. d'ét., s. ext.
Herman (Antoine-Édouard), cons. d'ét.
Héron de Villefosse, cons. d'ét.
Hincourt (d'), m. des r., s. ext.
Hocédé (Jules), audit.
Hochet (Claude-Jean-Baptiste), secrétaire général du conseil d'état, cons. d'ét. honor.
Hochet (Prosper), secrétaire général du conseil d'état, anc. député.
Houdetot (d'), audit.
Hulin (Pierre-Paul), audit.
Humann (Charles-Eugène), m. des r.
Hulleau d'Origny, m. des r.
Jacqueminot (comte de Ham), cons. d'ét., pair de France.
Jacqueminot (vicomte de Ham), audit.

Jacquinot, audit.
Jacquinot-Pampelune (Claude-François), cons. d'ét.
Jahan (Louis-Henri), m. des r., s. ext.
Janet (baron), cons. d'ét.
Janvier, cons. d'ét., ancien député.
Janzé (Henri-Anne-Désiré, comte de), cons. d'ét.
Janzé (Louis-Frédéric, baron de), audit.
Jaubert (François, comte), cons. d'ét.
Jaubert (Pierre-Amédée, chevalier), m. des r.
Jauffret (Joseph), m. des r.
Jayr (Hippolyte-Paul), cons. d'ét., ministre des travaux publics.
Jeanin (Louis-Charles, baron), audit.
Jessaint (baron de), m. des r.
Joinville (baron de), cons. d'ét., s. ext.
Jollivet (comte), cons. d'ét.
Joly (Claude-Philibert), audit.
Joly de Fleury (comte), cons. d'ét. hon.
Joly de Fleury (Gabriel-Jean-Guillaume, baron), m. des r.
Jordan (Augustin), m. des r.
Jourdan (comte), maréchal de l'empire, cons. d'ét., gouverneur de Madrid.
Jourdan (baron), cons. d'ét.
Jourdan, m. des r., s. ext.
Jouvencel, cons. d'ét., ancien député.
Jubelin (Jean-Guillaume), cons. d'ét., s. ext., sous-secrétaire d'état.
Juigné-Leclerc (comte de), m. des r.
Jullien (comte), cons. d'ét.
Jurien, cons. d'ét., s. ext.
Jussieu (Laurent-Pierre de), m. des r.
Jussieu (Christophe-Alexis), directeur général de la police du royaume, m. des r., s. ext.
Kératry, cons. d'ét., pair de France.
Kergariou (comte de), cons. d'ét., s. ext.
Kersaint, m. des r.
Kirgener de Planta, audit.
Labiche (Louis-François), m. des r.

Labesnardière (comte), cons. d'ét.
Labroue de Varcilles, audit.
Lachapelle (abbé de), cons. d'ét.
Lachèze-Murel, m. des r.
Lacoudrais (Frédéric-Adolphe), m. des r., s. ext., ex-député.
Lacropte (V. Chanterac).
Lacuée (comte de Cessac), cons. d'ét.
Lacuée (baron de Cessac), m. des r.
Ladoucette (Eugène-Dominique-François), audit.
Ladoucette (Louis-Napoléon-Lætitia), m. des r., s. ext., député.
Laferrière, cons. d'ét.
Laffon-Ladébat, m. des r.
Lafond, audit.
Lafond (Étienne-Edmond), audit.
Laforest (comte), cons. d'ét.
Lagarde (Pierre-Louis), cons. d'ét.
Lagarde Denis, m. des r., s. ext.
Lagrenée, audit.
Lajard, audit.
Lambert, aîné, cons. d'ét.
Lambert (baron), m. des r.
Lambert-Rivière, m. des r.
Lameth (baron), m. des r.
Lamy, colonel du génie, c. d'ét., s. ext.
Landrin, cons. d'ét.
Langlois (Charles-Henri-François), m. des r., s. ext.
Langlois-d'Amilly (Jules-Hyacinthe), cons. d'ét.
Lantivy (comte), m. des r.
Lanyer, cons. d'ét.
Laporte-Lalanne (Arnaud-Joseph de), cons. d'ét. honor.
Laporte (Emmanuel-Marie-Arnaud), audit.
La Preugne (de), audit.
Lareinti (Voy. Baillardel).
La Rochefoucauld (Olivier comte), m. des r.
Las Cases (comte), cons. d'ét.
Las Cases (Emmanuel-Pons-Dieudonné), cons. d'ét., s. ext.

Latil (comte de), archevêque de Reims, cons. d'ét., pair de France.
Latour-Maubourg (comte), m. des r., ambassadeur, pair de France.
Laumond (comte), cons. d'ét.
Launay le Provost, m. des r., s. ext.
Laurence, cons. d'ét., s. ext.
Laurent-Athalin, audit.
Lavalette (comte), cons. d'ét., directeur général des postes.
Lavenay (de), audit., secrét. gén. du minist. de l'agric. et du comm.
Lavergne, m. des r., s. ext.
Lavielle, m. des r., s. ext.
Lebeau, m. des r.
Lebertre, m. des r., s. ext.
Leblanc de Castillon, m. des r.
Leblanc-Pommard, audit. en mission.
Lebœuf, m. des r., s. ext., directeur de la grande chancellerie de la Légion d'honneur.
Lebrun , membre de l'Institut, pair de France, cons. d'ét.
Lechat, cons. d'ét.
Leclerc, m. des r., s. ext.
Lecouteulx-Canteleu, pair de France.
Lefranc de Pompignan, audit.
Legrand, vice-président du comité du commerce et des travaux publics.
Legrand de Villers, auditeur.
Legraverend, m. des r.
Lelorgne d'Ideville, m. des r., ancien député.
Lemarié, audit.
Lemercier, m. des r., s. ext.
Lepape de Trevern, évêque de Strasbourg, cons. d'ét., s.ext.
Lepasquier, m. des r., s. ext.
Le Peletier d'Aunay (Félix, baron), cons. d'ét.
Le Peletier d'Aunay (Honoré-Joseph-Gustave), m. des r., s. ext.
Lepelletier (Marie-Pierre), audit.
Le Riche de Cheveigné, m. des r.
Lerminier, m. des r., s. ext.

Leroux, audit.

Leroy (Ferdinand), m. des r.

Leroy (Pierre), audit.

Lescalier (baron), cons. d'ét.

Lesourd, m. des r., s. ext.

Lesseps (Charles), cons. d'ét.

Letellier, m. des r.

Leviez, audit.

Lezay-Marnesia, audit.

L'Homme-Dieu de Lignerolles, audit.

L'Hopital (Georges), audit.

L'Horme (baron), cons. d'ét., s. ext.

Liadières, cons. d'ét., ancien député.

Lignier, cons. d'ét.

Locard (baron), m. des r.

Locré, baron de l'empire, secrétaire général du cons. d'ét.

Loisson de Guinaumont, audit.

Longuève, cons. d'ét., s. ext.

Lorois, cons. d'ét., s. ext.

Louis (Joseph-Dominique, baron), cons. d'ét., ministre des finances, pair de France.

Louvigny (vicomte de), m. des r.

Louyer-Villermay, m. des r.

Loverdo (lieutenant général, comte), cons. d'ét., s. ext.

Lucas, m. des r.

Luçay (comte de), m. des r.

Lutteroth, m. des r., s. ext.

Macar, audit.

Macarel, président de la section d'administration.

Madier de Montjau, audit.

Magnier de Maisonneuve, cons. d'ét.

Mahérault, cons. d'ét.

Mahul, m. des r., s. ext.

Maigne, m. des r.

Maigne-Lagravière, m. des r.

Maillard, président de la section du contentieux, pair de France.

Maine de Biran, chevalier, cons. d'ét.

Maison (vicomte), m. des r., s. ext.

Maisonfort (de la, marquis de), cons. d'ét.

Maison-Neuve (Voy. Magnier).

Malartic (de), cons. d'ét., s. ext.

Malcor, audit.

Malet, audit.

Maleteste (marquis de), m. des r., s. ext.

Maleville (Jacques, marquis), conseil. d'ét.

Maleville (Pierre-Joseph), m. des r.

Mallac, m. des r., s. ext.

Mallat, m. des r., s. ext.

Malouet (Pierre-Victor, baron), cons. d'ét., ministre de la marine.

Malouet fils (baron), cons. d'ét., s. ext.

Mancel (Eugène), m. des r.

Mangin, cons. d'ét., préfet de police.

Mannay (baron), cons. d'ét., s. ordin.

Marbeau, audit.

Marbot, m. des r., s. ext.

Marchand, cons. d'ét.

Marchant (baron), cons. d'ét.

Marec, m. des r., s. ext.

Maret (comte), cons. d'ét.

Marmier (duc de), cons. d'ét. honor.

Marmont (duc de Raguse), maréchal d'empire, cons. d'ét.

Martin (Ernest, du Nord), audit.

Marquier (Jean-Pierre), m. des r.

Martignac-Gaye (Jean-Baptiste, vicomte de), cons. d'ét., ministre de l'intérieur.

Martineau des Chenez (François-Edme-Joseph), cons. d'ét., sous-secrétaire d'état au département de la guerre.

Martineau des Chenez (Philippe-Augustin-Joseph), audit.

Masson (Alexandre-Victor), m. des r.

Maurice (Jean-Frédéric-Théodore, baron), m. des r.

Maurice-Duval, cons. d'ét.

Mauzé (Baptiste-Adolphe de), audit.

Mayneau-Pancemont, m. des r., s. ext.

Mazour, m. des r.

Méchin (baron), cons. d'ét., s. ext.

Méchin (Alexandre-Lucien), m. des r.

Meilheurat, m. des r., ancien député.

Meinadier (Marc-Alexandre-Numa), m. des r., ancien député.

Meinadier (Jean-Louis-Auguste-Gaspard), audit.

Meneval, m. des r., s. ext.

Mercier (Nicolas), audit.

Mercier (Thomas-Louis), m. des r., s. ext.

Mérilhou (Joseph), cons. d'ét., garde des sceaux.

Mérimée (Prosper), m. des r., s. ext.

Merlet, m. des r., s. ext.

Merlin (Philippe-Antoine, comte), cons. d'ét., ministre d'état.

Méry de Contades, m. des r., s. ext.

Meurinne, audit.

Meynard de Franc, audit.

Meyronnet de Saint-Marc (Philippe-Louis, baron), cons. d'ét., s. ext.

Mezy (Léonce-René-Louis), audit.

Michel (Hugues-Bernard), audit.

Michel Chevalier, cons. d'ét., s. ext.

Mignet (François-Auguste-Alexis), cons. d'ét., membre de l'Académie française.

Milius (baron), m. des r., s. ext.

Milon de Mesne (comte), m. des r., s. ext.

Miot, cons. d'ét.

Mirbel-Brisseau (Charles-François), m. des r., membre de l'Académie des sciences.

Missiessy (Louis-Gaétan), audit.

Moiroud, m. des r., s. ordin.

Molé, cons. d'ét., ministre.

Mollien (comte), cons. d'ét., ministre du trésor.

Mongalvy, m. des r.

Monicault, m. des r.

Monnier, m. des r.

Montalivet (comte), cons. d'ét., ministre de l'intérieur.

Montaud fils, m. des r.

Montdragon (Voy. Pluvault).

Montesquiou de Fezensac, audit.

Montigny (Edmond-Charles, Carion de), m. des r., s. ext.

Montigny (Louis-Charles-François), m. des r., s. ext.

Montléard (prince de), audit.

Montlivault (comte), cons. d'ét., s. ext.

Montozon (Ernest), audit.

Moreau (Antoine-François-J.), m. des r., s. ext.

Moreau de Saint-Méry, cons. d'ét.

Moreau de Saint-Méry, audit.

Morisot, m. des r., s. ext.

Mosbourg (Michel-Pierre), audit.

Mottet, cons. d'ét., ancien député.

Mounier (Claude-Philippe-Bernard, baron), cons. d'ét.

Mounier (Jean-Joseph), cons. d'ét.

Mourgue (Edmond), audit.

Mouton-Duvernet, audit.

Moydier (de), m. des r.

Muraire (Honoré, comte), cons. d'ét., 1er président de la cour de cassation.

Murat (comte), cons. d'ét.

Musset (de), audit.

Nabon-Devaux, audit.

Najac (comte), cons. d'ét.

Narjot (Jules-Marie), m. des r.

Nau de Champlouis (baron), cons. d'ét.

Neri-Corsini (comte), cons. d'ét.

Nicolaï (marquis), audit., pair de France.

Nisard (Jean-Marie-Napoléon), m. des r., membre de l'Académie franç.

Noue, m. des r.

Nougarède, audit.

Nouguier (Pierre-Charles), audit.

Nouton, cons. d'ét.

Nugent (François-Louis-Basile), m. des r., s. ext.

Nugent (Nicolas-Charles), audit.

Odier (Gustave-Antoine), audit.

Odilon Barrot, cons. d'ét.

O'Donnell (Jean-Louis-Barthélemy, comte), cons. d'ét.

O'Donnell (Sigismond-Anatole), audit.

Onfroy de Breville, cons. d'ét., s. ext.

Ormesson (Marie-Henri-François de Paule, marquis), m. des r.

Ormesson (Emmanuel - Marie - Henri comte d'), m. des r.

Otto (comte), cons. d'ét., ministre d'ét.

Paganel, cons. d'ét.

Pagès, m. des r.

Pange, audit.

Panisse, audit.

Paravey, cons. d'ét.

Pascalis (Jacques-Joseph), m. des r., ancien député.

Pascalis (Henri-Char.-Ant.), m. des r.

Pasquier (duc), cons. d'ét., président de la chambre des pairs.

Pasquier (Jules), cons. d'ét., directeur de la caisse d'amortissement.

Passy (Antoine), cons. d'ét., s. ext.

Passy (Frédéric), audit.

Pastoret (Amédée, marquis), cons. d'ét., pair de France.

Patry, cons. d'ét., s. ext.

Paulze d'Yvoy, cons. d'ét. honor.

Peauger (Arsène), m. des r., préfet des Bouches-du-Rhône , directeur de l'imprimerie nationale.

Pelet (Prévôt-Joseph-Claramont, de la Lozère, baron), cons. d'ét., ministre des finances.

Pelet (comte), c. d'ét., pair de France.

Pépin de Belle-Ille (Louis), m. des r.

Périer, m. des r.

Pérignon (Eugène), m. des r., s. ext.

Pérignon (Alfred-Louis), cons. d'ét.

Pernety (Joseph(Marie, vicomte de), lieutenant général, cons. d'ét.

Perrot de Chezelles, audit.

Persil (Nicolas-Jules), audit., chef du cabinet du garde des sceaux.

Pétiet, cons. d'ét., ministre extraordinaire près la République ligurienne.

Pétiet, colonel d'état-major, m. des r.

Petit-Jean (Jules-Joseph), m. des r.

Peyronnet (de), m. des r.

Pichon (baron), cons. d'ét.

Pichon (Jérôme-Frédéric), audit.

Pille (Pierre-Charles-Louis du), audit.

Pillet (Léon), m. des r.

Plancy Godard (comte de), m. des r. hon.

Plancy (Charles, baron), audit.

Pluvault de Montdragon, cons. d'ét. hon.

Pommereul (baron), cons. d'ét.

Pons de l'Hérault, cons. d'ét.

Poret du Morvan, audit.

Portal (Pierre-Barthélemy), cons. d'ét., ministre de la marine, pair de France.

Portal (Pierre-Paul-Frédéric), cons. d'ét. hon.

Portalis (Jean-Etienne-Marie), cons. d'ét., ministre des cultes.

Portalis (Joseph-Marius), cons. d'ét., premier président de la cour de cassation, vice-président de la chambre des pairs.

Portalis (vicomte Joseph-Ernest), aud.

Portes (marquis de), cons. d'ét. honor.

Poupillier, aud.

Pouyer, cons. d'ét., s. ext.

Poyferé de Cère, cons. d'ét. hon.

Préval (vicomte de), lieutenant général, vice-président du comité de la guerre.

Prévost, m. des r.

Pron, audit.

Prugnon, m. des r., s. ext.

Puissan, m. des r., s. ext.

Puységur, audit.

Quénault, cons. d'ét.

Quinette de Rochemont (baron), cons. d'ét.

Rainneville, cons. d'ét.

Rambuteau (comte), cons. d'ét., pair de France.

Ramond (baron), cons. d'ét.

Randouin. m. des r., s. ext.

Rateau, cons. d'ét., s. ext.

Raulin, m. des r.

Ravaisson, m. des requêtes, s. ext.

Ravez, c. d'ét., président de la chambre des députés, pair de France.

Rayneval, cons. d'ét., ministre d'état, ambassadeur de France à Madrid.

Réal (Pierre-François, comte), cons. d'ét., préfet de police.

Réal (Félix), cons. d'ét.

Rebours (le), m. des r.

Redon (comte), cons. d'ét., sénateur.

Redon de Beaupréau (Philippe, comte), cons. d'ét., s. ext.

Redon de Beaupréau (Henri , comte de), m. dès r.

Regnaud de St-Jean-d'Angely (comte), vice-président du cons. d'ét.

Regnier (duc de Massa), cons. d'ét., grand-juge, garde des sceaux, pair de France.

Regnier fils, audit.

Reinhard, cons. d'ét., directeur des chancelleries au ministère des affaires étrangères.

Rendu (baron), cons. d'ét., s. ext.

Rendu (Ambroise-Modeste), m. des r., cons. tit. de l'université.

Renouard, cons. d'ét.

Rességuier (comte), m. des r.

Revellière, m. des r., s. ext.

Reverchon, m. des r.

Reynard, cons. d'ét., s. ext.

Reynaud, cons. d'ét., représentant du peuple.

Rhoné, m. des r., s. ext.

Ricard (comte), cons. d'ét.

Richaud, m. des r.

Richemont (baron), cons. d'ét., s. ext.

Rignon, audit.

Rigny Gauthier (Édouard), c. d'ét.

Rigny (Henri), chevalier, vice-amiral, c. d'ét., ministre de la marine.

Riquetti-Mirabeau, audit.

Rives, cons. d'ét. s. ext.

Rivet, cons. d'ét.

Rivière (Philibert), m. des r.

Rivière (Lambert), m. des r.

Robert (Charles-Frédéric), audit.

Robert-Saint-Vincent (Louis-Antoine), audit.

Robillard, m. des r., s. ext.

Robin , m. des r., ingénieur des ponts et chaussées.

Rochefort-Dufaur, cons. d'ét. honor.

Rocher, m. des r., s. ext., secrétaire général du ministère de la justice.

Rocheret (comte du), cons. d'ét., s. ext.

Rodier (baron), cons. d'ét., s. ext.

Rœderer (comte), cons. d'ét., ministre et secrétaire d'état du grand duché de Berg, pair de France.

Rœderer (baron), audit.

Rogniat (vicomte), lieutenant général, cons. d'ét., s. ext.

Rolland de Chambaudouin, m. des r.

Romer, m. des r., s. ext.

Romieu, m. des r., s. ext.

Rosman, m. des r., s. ext.

Roth, m. des r., s. ext.

Rouillard de Beauval, audit.

Rouillé d'Orfeuil (Gaspard-Marie-Louis), cons. d'ét., s. ext.

Rouillé d'Orfeuil (baron), cons. d'ét. honor.

Roussy (marquis de), m. des r., s. ext.

Roux (Charles-Henri), m. des r.

Roux (Alexis-Anatole), audit.

Royer-Collard, cons. d'ét.

Rozière, m. des r.

Rue (chevalier de la), m. des r., s. ext.

Ruty (Charles - Étienne - François, comte), cons. d'ét., pair de France.

Ruty (Anatole-Marie-Théodore, comte), audit.

Saglio, audit.

Sahune (de), m. des r., ancien député.

Saint-Aignan (Rousseau de), cons. d'ét.

Saint-Chamant (comte), cons. d'ét.

Saint-Cricq (Pierre-Laurent-Barthélemy), cons. d'ét., ministre du commerce.

Saint-Cricq (Jules-Charles-François), cons. d'ét.

Saint-Cyr Gouvion (comte), maréchal d'empire, cons. d'ét., ministre de la guerre, pair de France.

Saint-Géry (marquis), cons. d'ét.

Saint-Marc Girardin, cons. d'ét., cons. titul. du conseil de l'université, l'un des quarante de l'Académie française.

Sainte-Suzanne, général de division, cons. d'ét.

Salaberry (de), aud.

Sallé (baron de), cons. d'ét., s. ext.

Sallier, cons. d'ét., s. ext.

Salmon, m. des r., s. ext.

Salvandy (comte de), cons. d'ét., ministre de l'instruction publique.

Salviac de Vielcastel, m. des r.

Saulnier, cons. d'ét.

Saulty (Albert-Alexandre), audit.

Saur, m. des r., s. ext.

Sauteyra (Edouard), aud.

Sauvaire-Barthélemy (marquis), m. des r., pair de France.

Say (Horace-Émile), cons. d'ét.

Schiaffino (baron), m. des r.

Schmit, m. des r., s. ext.

Schramm (vicomte), cons. d'ét., ministre de la guerre.

Sedillot (Henri), aud.

Séguier, cons. d'ét., président de la cour royale de Paris.

Ségur (Louis-Philippe, comte), cons. d'ét , grand-maître des cérémonies, sénateur, pair de France.

Ségur (Anatole-Henri-Philippe), aud.

Ségur-d'Aguesseau (Raymond-Paul-Joseph), audit.

Sénac (Sylvain-Auguste-Louis), m. des r.

Senneville, m. des r., s. ext.

Senonnes de Lamotte (vicomte), cons. d'ét., s. ext.

Septenville (Edouard-Léon-Langlois de), m. des r., s. ext.

Serre (Pierre-François de), cons. d'ét., garde des sceaux.

Sers (Jean-André, baron), cons. d'ét., pair de France.

Sers (Joseph-Jean-Charles-Louis), audit.

Serurier (Charles-Maurice-François. baron), audit.

Shée (comte), cons. d'ét.

Sibuet (Joseph-Prosper), audit.

Siméon (Joseph-Jérôme, comte), cons, d'ét., ministre de l'intérieur, pair de France.

Siméon (Joseph-Balthasar, vicomte), cons. d'ét. honor.

Siméon (Henri, baron), m. des r., s. ext.

Simon (Jules-François), cons. d'ét.

Simon, audit.

Sirieys de Mayrinhac, cons. d'ét., directeur de l'administration générale de l'agriculture, des haras et des manufactures.

Soumet, audit., membre de l'Académie française.

Stourm, cons. d'ét., président du comité des finances.

Suchet (chevalier), m. des r.

Sugny, m. des r.

Suleau (vicomte de), cons. d'ét., s. ext.

Sully-Brunet, aud.

Sussy (baron de) m. des r., administrateur des monnaies, pair de France.

Tabarié, cons. d'ét., s. ext.

Tabary, m. des r.

Taboureau, cons. d'ét.

Talhouet, audit.

Talleyrand (baron de), cons. d'ét., s. ext.

Tanlay (de), audit.

Tanneguy-Duchâtel, cons. d'ét., ministre du commerce.

Tarbé de Vauxclairs (Jean-Bernard, chevalier), cons. d'ét.

Target (Paul-Louis), audit.

Tarlé, général, cons. d'ét.

Tascher (vicomte), m. des r., s. ext.

Taschereau, m. des r., s. ext.

Tassin de Monneville (vicomte), m. des r., s. ext.

Tayac (Philippe de), audit.

Tercier, cons. d'ét. honor.

Ternaux (Louis-Mortimer), m. des r., représentant du peuple.

Thénard, audit.

Thésan, audit.

Thibaudeau (comte), cons. d'ét.

Thierriet (Auguste-Charles), audit.

Thierry (Amédée), m. des r., membre de l'Institut.

Thiers (Louis-Adolphe), cons. d'ét., ministre.

Thil, audit., chef du cabinet du vice-président de la République.

Thirat de Saint-Aignan, m. des r.

Thomas (Joseph-Antoine), cons. d'ét. honor.

Thomas (Jean-Simon-Joseph), m. des r., s. ext.

Tirlet (vicomte), audit.

Tocqueville (comte de), m. des r., s. ext., pair de France.

Torcy, audit.

Tourangin (Denis-Victor), cons. d'ét., ancien préfet du Doubs.

Tournon (Camille de), cons. d'ét.

Tournouer (Jacques-Simon), c. d'ét.

Tournouer (Jacques-Raoul), audit.

Tranchant, audit.

Travers de Vauvert, m. des r., s. ext., secrétaire général du ministère de la guerre.

Treilhard (Jean-Baptiste), cons. d'ét.

Treilhard fils, audit., secrétaire général du département de la Seine.

Trinquelague (Charles-François de), cons. d'ét., s. ext.

Tripier fils, m. des r.

Tronchet, cons. d'ét.

Trouvé (baron), m. des r., s. ext.

Trubert (Étienne-Gustave), aud., conseiller référ. à la cour des comptes.

Trubert (Pierre-Eugène), audit.

Truguet (comte), vice-amiral, cons. d'ét.

Trumet (Jean-Baptiste), m. des r.

Try, m. des r., s. ext.

Tupinier (Jean-Marguerite, baron), cons. d'ét.

Vaines (Maurice de), audit.

Valée (Charles-Sylvain, maréchal, comte), cons. d'ét., s. ext.

Valsuzenay (baron), cons. d'ét. hon.

Van der Heim (Paul), cons. d'ét.

Vandeuvre (Guillaume), m. des r.

Vandeuvre (Gabriel-Guillaume-Gustave), m. des r., s. ext.

Van Maanen (Corneille-Félix), cons. d'ét., premier président de la cour impériale de La Haye.

Vanssay (baron de), cons. d'ét., s. ext.

Vatimesnil (Antoine-François-Henri de), cons. d'ét., grand-maître de l'université de France, membre du conseil des ministres.

Vatout (Jean), cons. d'ét., bibliothécaire du roi, directeur des monuments publics du royaume.

Vaublanc (comte de), cons. d'ét., ministre de l'Intérieur.

Vaublanc-Vienot (Victor-Henri-Vincent de), audit.

Vauchelle, cons. d'ét., s. ext.

Vaufreland (Antoine-Louis-Fortuné Piscatory de), cons. d'ét.

Vaulchier (marquis de), cons. d'ét., s. ext., direc. gén. des douanes.

Vauvilliers, cons. d'ét., secrétaire général du ministère de la marine.

Vérigny (de), cons. d'ét.

Verminac, cons. d'ét.

Véron (Adolphe), audit.

Vezet (Jean-Luc-Victor), audit.

Vialar, audit.

Vichy (comte de), cons. d'ét., s. ext.

Vidaillan (de), m. des r., s. ext., préfet des Basses-Alpes.

Vieillard, cons. d'ét. en 1848, non acceptant.

Vielcastel-Salviac, m. des r.

Vignolle (comte), lieutenant général, cons. d'ét.

Villebois (de), m. des r.

Villemain (Abel-François), cons. d'ét., pair de France, ministre de l'instruction publique, secrétaire perpétuel de l'Académie française.

Ville de Miremont (de la), m. des r., s. ext., ex-secrétaire de la présidence du conseil des ministres.

Villeneuve (baron), directeur général de l'administration des douanes, cons. d'ét., s. ext.

Villeneuve (Ferdinand, marquis), m. des r., préfet de la Somme.

Villeneuve de Bargemont (comte), préfet des Bouches-du-Rhône, m. des r., s. ext.

Villiers du Terrage (vicomte de), cons. d'ét., s. ext., pair de France.

Vincent (Marc-Antoine), cons. d'ét.

Vincens-Marnolia (Étienne, comte), préfet du département du Pô, cons. d'ét.

Vitet (Ludovic), vice-président du comité des finances, membre de l'Académie française.

Vivien (Alexandre-François), vice-président du conseil, ministre de la justice, ministre des travaux pub.

Vuillefroy (Charles-Amédée), c. d'ét.

Vuitry (Adolphe), m. des r., sous-secrétaire d'état des finances.

Wailly, m. des r., inspecteur général de la liste civile.

Walckenaër (baron), m. des r., s. ext., secrétaire général de la préfecture de la Seine.

Waters (comte de), m. des r., s. ext., préfet du Jura.

Wischer de Celles (comte), m. des r., s. ext., préfet.

Ymbert, m. des r., s. ext., chef de la division des gardes nationales du royaume.

Zangiacomi (Joseph, baron), cons. d'ét., pair de France.

Zedé (Amédée-Pierre), ingénieur de la marine, m. des r., préfet.

ERRATA.

Page 3, dernière ligne de l'épigraphe, au lieu de *Assemblée nationale*, lisez : *Assemblées nationales en France.*

Au titre de l'autographe de *Fleurieu,* au lieu du maréchal de *Castres,* lisez : de *Castries.*

APPENDICE.

SÉANCES D'INSTALLATION DU CONSEIL D'ÉTAT

DANS DIVERS CHEFS-LIEUX,

DEPUIS LE LUXEMBOURG JUSQU'AU PALAIS D'ORSAY.

**Séance du Conseil d'État du 4 nivôse an VIII (25 décembre 1799),
au palais du Luxembourg.**

A une heure, les conseillers d'État, sur la convocation des consuls, se réunissent dans une des salles du palais du Luxembourg.

Les consuls entrent et occupent les places préparées pour eux.

Le premier consul invite les conseillers d'État à se placer et ouvre la séance.

Le secrétaire d'État, par ordre du premier consul, donne lecture de l'arrêté suivant :

Liberté.—Égalité.

AU NOM DU PEUPLE FRANÇAIS.

Du 4 nivôse, l'an VIII (25 décembre 1799) de la république française une et indivisible.

Bonaparte, premier consul de la République,

Arrête :

33

ARTICLE PREMIER.

Sont nommés aux fonctions de conseillers d'État, chacun dans une des sections du Conseil d'État, établi par l'art. 52 de la Constitution, les citoyens ci-après désignés, savoir :

Section de la Guerre.

Les citoyens BRUNE, général de division ;
DEJEAN, général d'artillerie ;
LACUÉE, ex-législateur ;
MARMONT, général de division ;
PETIET, ex-législateur.

Section de la Marine.

Les citoyens GANTHEAUME, contre-amiral ;
CHAMPAGNY, ancien officier de la marine ;
FLEURIEU, ex-ministre de la marine ;
LESCALIER, commissaire ordonnateur de la marine ;
REDON, ex-commissaire de la marine ;
CAFARELLI-DUFALGA.

Section des Finances.

Les citoyens DEFERMON, ex-commissaire de la Trésorerie ;
DUCHATEL (de la Gironde), ex-législateur ;
DEVAISNE, administrateur de la Caisse des comptes courants ;
DUBOIS (des Vosges), ex-législateur ;
JOLLIVET, ex-législateur ;
REGNIER, ex-législateur ;
DUFRESNE, ex-directeur du Trésor public.

Section de Législation.

Les citoyens Boulay (de la Meurthe), ex-législateur;
   Berlier, ex-législateur;
   Moreau de Saint-Méry, ex-constituant;
   Emmery, ex-constituant;
   Réal, commissaire près l'Administration centrale du département de la Seine.

Section de l'Intérieur.

Les citoyens Rœderer, ex-constituant;
   Benezech, ex-ministre de l'intérieur;
   Cretet, ex-législateur;
   Chaptal, membre de l'Institut;
   Regnaud de Saint-Jean-d'Angely, ex-constituant;
   Fourcroy, membre de l'Institut.

ART. 2.

Le citoyen Locré, ex-secrétaire général du Conseil des Anciens, est nommé secrétaire général du Conseil d'État.

ART. 6.

Les citoyens ci-dessus nommés se rendront sur-le-champ au palais, pour prêter serment de fidélité à la Constitution et être installés.

Signé : BONAPARTE,
Par le premier Consul.

Le secrétaire d'État, *Signé :* Hugues B. Maret.

Dans cette séance, le président reçut les serments des citoyens Chaptal et Dufresne, membres du Conseil d'État, qui ne s'étaient point trouvés à la séance d'installation.

Il y avait donc eu une séance d'installation antérieure à celle du 4 nivôse an 3 ; mais le compte rendu n'existe point au procès-verbal qui ne commence que le 4 nivôse.

Le Conseil d'État fut transféré du Luxembourg au palais des Tuileries où il continua de siéger régulièrement sous la présidence des consuls ou de l'empereur, et, en son absence, sous celle de l'archichancelier.

En 1813, il fut présidé, mais nominalement, par l'impératrice régente, depuis le 4 mai jusqu'au 9 novembre inclusivement.

Le 11 novembre, l'empereur revint présider son Conseil d'État, qui le 19, par ordre de Sa Majesté *impériale et royale*, se réunit au palais de Saint-Cloud sous sa présidence.

Enfin l'empereur le présida pour la dernière fois le 31 décembre 1813.

La Restauration exila du palais des Tuileries le Conseil d'État dont les bureaux furent recueillis dans l'hôtel de M. Locré, secrétaire général, rue Saint-Honoré ; mais elle lui rouvrit son sanctuaire pour la séance royale solennelle d'inauguration, le mercredi 3 août 1814.

Séance du mercredi 3 août 1814.

MM. les conseillers d'État ordinaires, en service extraordinaire, et honoraires, et MM. les maîtres des requêtes ordinaires, surnuméraires et honoraires, nommés par l'ordonnance du 5 juillet 1814, d'après les lettres de convocation que le secrétaire général du Conseil d'État leur avait adressées par ordre de M. le chancelier de France, se réunirent, à une heure après midi, au palais des Tuileries, dans la salle près la chapelle.

A une heure et demie, M. le chancelier entra et se plaça
à un bureau posé diagonalement à droite et en avant du trône
du roi. Un moment après, M. le prince de Bénévent, ministre et secrétaire d'État des affaires étrangères; M. l'abbé de
Montesquiou, ministre et secrétaire d'État de l intérieur; M. le
lieutenant général comte Dupont, ministre et secrétaire d'État
de la guerre; M. le maréchal Moncey, duc de Conegliano;
M. le maréchal Oudinot, duc de Reggio; M. Ferrand, M. le
lieutenant général comte de Beurnonville, M. le lieutenant
général comte Dessolles, ministres d'État, entrèrent et se
placèrent suivant le rang qu'ils avaient entre eux et aux divers bureaux placés de chaque côté dans la longueur de la
salle et le plus près de l'estrade du trône.

MM. les conseillers d'État se placèrent au bureau, ensuite
MM. les maîtres des requêtes, sur des siéges derrière les
bureaux.

Le secrétaire général du Conseil d'État occupa un bureau
placé à gauche en arrière entre celui qu'auraient occupé les
princes de la famille royale et celui des ministres.

Un huissier du Cabinet annonça en ces termes l'arrivée de
Sa Majesté : *Le Roi*, *Messieurs!* Aussitôt MM. les ministres et
les membres du conseil se levèrent.

M. le chancelier quitta sa place et alla recevoir le roi au
delà de la porte d'entrée de la salle du conseil.

Sa Majesté entra précédée de *Monsieur*, frère du roi, et
suivie de son capitaine des gardes, de son premier gentilhomme de la Chambre, du grand-maître et du maître de sa
garde-robe, du grand-maître des cérémonies de France et
du major des gardes du corps de Sa Majesté.

Le roi s'assit sur son trône placé au fond de la salle.

Monsieur occupa un bureau placé à la droite de l'estrade.
Le bureau placé à gauche de l'estrade resta vacant, aucun
autre membre de la famille royale n'assistant à la séance.

Derrière le trône se placèrent sur une banquette le capitaine des gardes du corps de Sa Majesté; à sa droite, le pre-

mier gentilhomme de la chambre; à sa gauche, le grand-
maître et le maître de la garde-robe;

A droite du premier gentilhomme de la Chambre, sur un
tabouret, le grand-maître des cérémonies;

Derrière le capitaine des gardes, le major des gardes du
corps du roi.

Le roi, assis et couvert, prononça le discours qui suit :

« Messieurs, j'ai voulu réunir tous les membres de mon
» Conseil pour recevoir moi-même leur serment et donner
» plus de solennité à la cérémonie *religieuse* qui vous attache
» à mon service et à celui de l'État.

» Redoublez donc de zèle, Messieurs, joignez vos efforts
» aux miens; je compte sur vos lumières et sur votre expé-
» rience pour m'aider à rendre mes peuples heureux.

» Mon chancelier va vous faire plus particulièrement con-
» naître mes intentions. »

M. le chancelier prit, un genou en terre, les ordres de
Sa Majesté et, après s'être relevé, ordonna, au nom du roi,
de s'asseoir ; puis, s'adressant au conseil, dit :

« Messieurs, il est digne d'un monarque qui veut que la
» justice préside à toutes ses décisions de s'environner de con-
» seils sages et vertueux. Il a beau réunir aux lumières les
» plus étendues la science si rare de faire un bon usage des
» connaissances acquises par le travail et la méditation, si un
» génie supérieur suffit pour ordonner de grandes choses, il
» est impossible de suffire aux détails sans conseils.

» Il faut que des hommes éclairés et surtout des hommes
» vertueux discutent et préparent toutes les matières, re-
» cueillent toutes les plaintes, examinent toutes les réclama-
» tions, soumettent à l'autorité et lui proposent des avis
» parmi lesquels elle puisse choisir avec sûreté.

» La fortune des États, la gloire des souverains, le bonheur
» des peuples dépendent souvent de la sagesse des conseils.
» Vous êtes appelés, Messieurs, à faire aimer et respecter
» l'autorité du roi, sans jamais chercher à l'étendre, à con-

» server sa puissance, sans travailler à l'accroître. Le roi veut
» que votre expérience et vos lumières ajoutent à la force
» comme à la sécurité de ses ministres, en les garantissant
» des surprises qu'on pourrait faire à leur religion, en les
» éclairant sur les erreurs involontaires qui pourraient leur
» échapper, en préparant les lois et les règlements dont
» l'exécution leur est confiée. Le but de votre institution n'est
» pas, et votre nom l'indique assez, de former un *conseil*
» *qui prononce, mais un conseil qui dirige*; vous n'êtes pas
» appelés à *administrer*, mais à *éclairer* l'administration. Les
» assemblées générales du Conseil seront par là même *assez*
» *rares*, et c'est dans les comités particuliers qu'on éprouvera
» surtout votre salutaire influence.

» Celui de *législation* préparera les diverses lois civiles et
» criminelles dont Sa Majesté jugera à propos de lui confier
» la rédaction; il examinera les bulles et les actes du saint-
» siége et les actes des autres communions qui doivent être
» soumis à l'approbation du roi.

» Le comité du *contentieux* connaîtra des affaires qui étaient
» portées à la commission qu'il remplace, des conflits entre
» les autorités administratives et judiciaires, des pourvois
» contre les décisions des conseils de préfecture et autres ad-
» ministrations, dans les cas déterminés par la loi.

» Les actes interprétatifs et explicatifs des lois et des règle-
» ments seront préparés par le comité que la matière con-
» cerne; chaque ministre y renverra les affaires qu'il trouvera
» utile de lui soumettre.

» Les avis de ces divers comités seront rédigés en forme
» de lois ou d'arrêts, mais n'en recevront le caractère que de
» l'approbation que Sa Majesté leur aura donnée sur la pro-
» position des différents ministres, qui, jusqu'à ce qu'il en soit
» autrement ordonné, pourront seuls les rendre exécutoires
» par leur signature.

» Telle sera la marche provisoire des différents comités,
» en attendant que le travail y soit déterminé par un règle-

» ment général. C'est à ces comités que les membres du Con-
» seil vont être distribués. Que l'amour du bien y soit leur
» premier guide; qu'il y marche constamment avant l'amitié,
» la haine, l'intérêt personnel. N'y proposez jamais au roi,
» Messieurs, que ce qui vous paraîtra juste; que le désir
» même de lui plaire fasse place à celui de le servir; ne lui
» conseillez que ce qui peut le conduire à la seule gloire qu'il
» ambitionne, à celle de rendre ses peuples heureux. Donnez
» enfin par vos vertus privées, par la sagesse de votre con-
» duite, par la modération de vos principes, une haute opi-
» nion de la capacité de vos conseils. Vous offrirez ainsi au
» meilleur comme au plus juste des rois, la plus forte preuve
» de votre attachement et de votre fidélité, et vous verrez
» se fortifier chaque jour vos droits à l'estime publique, qui
» se mesure moins sur l'éclat que sur l'utilité des travaux. »

Ce discours terminé, M. le chancelier reprit les ordres du
roi et lut la formule du serment dont la teneur suit :

« Vous jurez devant Dieu de bien et fidèlement servir le
» roi et l'État à charge de conseillers d'État et maîtres des
» requêtes; garder ses édits et ordonnances et les règlements
» de son conseil; tenir secrètes et ne révéler à personne les
» délibérations d'icelui et les affaires qui vous seront commu-
» niquées concernant son service; avertir Sa Majesté de tout
» ce que vous connaîtrez importer à son honneur, sa per-
» sonne et son service, et faire tout ce qu'un homme de bien
» aimant son roi doit faire pour la décharge de sa conscience
» et le bien des affaires de Sa Majesté. »

Tous les membres du conseil répondirent : Je le jure !

Signé : DAMBRAY, chancelier de France.

Signé : Baron LOCRÉ, secrétaire général du Conseil d'État.

LES CENT-JOURS.

Les Cent-Jours rétablirent le Conseil dans son chef-lieu ordinaire.

Séance du 14 avril 1815.

M. le comte Defermon, en sa qualité de doyen de MM. les présidents de section, pria S. A. S. le prince archichancelier de l'Empire de prendre en considération l'exécution du décret du 8 avril 1815 qui ordonnait que dans la huitaine de sa publication, les membres du Conseil d'État prêteraient le serment prescrit par l'art. 56 du sénatus-consulte, du 28 floréal an XII. Il observa que ce délai était près d'expirer, qu'on avait espéré que S. M. viendrait présider la séance du 11 ou celle de ce jour, et qu'alors il serait permis de prêter le serment entre ses mains; mais qu'elle avait fait entendre à M. le comte Defermon, que probablement ses grandes occupations ne lui en laisseraient pas le loisir. En conséquence, M. le comte Defermon proposa d'arrêter 1° que S. A. S. le prince archichancelier serait prié de recevoir à l'instant le serment des membres du Conseil qui étaient présents. 2° Que le serment serait signé individuellement au registre par les membres qui l'auraient prêté. 3° Que la présente délibération serait notifiée par M. le secrétaire général du Conseil aux membres absents, afin qu'ils pussent envoyer leur serment, et qu'il serait fait mention de cet envoi dans le procès-verbal.

S. A. S. l'archichancelier de l'Empire dit qu'il ne s'était abstenu de recevoir le serment des membres du Conseil que par respect pour l'Empereur, et afin qu'il pût être prêté entre les mains de S. M.; mais puisque l'empereur avait déclaré qu'il lui était impossible de venir présider la séance, S. A. S. déclare qu'elle est prête à se rendre au vœu du Conseil. Les propositions de M. le comte Defermon furent adoptées. En conséquence, M. le secrétaire général fit l'appel nominal de MM. les conseillers d'État, maîtres des requêtes et auditeurs inscrits sur la liste. Chaque membre présent prêta et signa le serment dans les termes suivants :

« Je jure obéissance aux constitutions de l'Empire et fi-
» délité à l'empereur. »

(Voir pour les signataires le procès-verbal de la séance du 14 avril 1815.)

Séance du mardi 20 juin 1815.

Ce fut la dernière fois que le Conseil d'État, *sur l'ordre de Sa Majesté* se réunit au palais des Tuileries.

Le comte Regnaud de Saint-Jean-d'Angely présidait la séance.

Les projets qui furent délibérés et adoptés dans cette séance furent toujours discutés au nom de Napoléon.

Le 27 juin, le secrétaire général faisait lecture en séance du décret impérial suivant :

De notre camp impérial de Fleurus du 17 juin 1815.

NAPOLÉON, EMPEREUR DES FRANÇAIS ;
Nous avons décrété et décrétons ce qui suit :
Le chevalier de Chaboulon de Fleury, auditeur en notre Conseil d'État et notre secrétaire du cabinet, est nommé maître des requêtes.

Signé : NAPOLÉON.
Par l'empereur,
Le prince archichancelier de l'Empire,
Signé : CAMBACÉRÈS.
Certifié conforme,
Le ministre secrétaire d'État,
Signé : le duc de BASSANO.

Le serment que le chevalier Chaboulon de Fleury prêta entre les mains de son excellence le vice-président du Conseil, était cette fois conçu dans ces termes :

Je jure fidélité à la nation, obéissance aux constitutions de l'Empire.

La fidélité à l'empereur n'était plus même dans une formule!

Le 4 juillet 1815, le Conseil d'État se réunit comme d'ordinaire, à dix heures, au palais des Tuileries.

Le comte Regnaud de Saint-Jean-d'Angely présidait la séance.

Ce fut la commission du gouvernement, qui, le *Conseil d'État entendu*, arrêta les divers projets qui y furent adoptés.

Le 7 juillet 1815, ce fut cette même commission du gouvernement, qui arrêta neuf projets toujours sur le Conseil d'État entendu.

SECONDE RESTAURATION.

—

La seconde Restauration réinstalla le Conseil le mardi 14 novembre 1815.

Le Conseil d'État convoqué par M. le duc de Richelieu, président du Conseil des ministres, en exécution de l'ordonnance du roi, du 23 août 1815, se réunit dans l'hôtel de la Chancellerie, place Vendôme.

M. le duc de Richelieu présidait la séance.

M. le garde des sceaux, le ministre de la guerre, le ministre de la marine, le ministre des finances, le ministre de la police générale assistaient à la séance.

M. le duc de Richelieu prit la parole et dit que le dernier ministère empêché par le grand nombre d'affaires générales qui occupaient toute son attention, n'avait pu convoquer le

Conseil d'État; que le ministère actuel par les mêmes empêchements, et surtout par l'obligation où il s'était trouvé
d'assister aux séances des deux chambres n'avait pu encore
réunir le conseil; qu'il n'ignorait pas cependant qu'il devait
une égale attention aux affaires particulières comme aux affaires générales, et que c'était pour satisfaire à ce devoir qu'il
avait convoqué le conseil. M. le duc ajouta qu'il se félicitait
de présider une réunion de magistrats aussi distingués par
leurs lumières que par leur caractère personnel; qu'il s'esti-
merait heureux de prendre part à leurs utiles travaux et d'en
faire connaître au roi les importants résultats. Il craignait
cependant que les affaires multipliées dont il s'était chargé
ne lui permissent pas d'assister régulièrement aux séances, et
comme M. le garde des sceaux pourrait éprouver les mêmes
empêchements, le roi, afin que les travaux du Conseil ne
souffrissent plus d'interruption, avait rendu une ordonnance
dont M. le duc donna lecture.

Cette ordonnance instituait pour l'année, en cas d'absence
des ministres, un conseiller d'État pour présider la séance.

M. le baron de Balainvilliers, conseiller d'État, fut nommé
à cet effet pour cette année.

Ainsi le Conseil d'État eut ses pérégrinations,

Du Luxembourg au palais des Tuileries, en l'an VIII
(1799);

Des Tuileries à l'hôtel de la Chancellerie, le 14 novembre
1815, sous le ministère de M. Dambray, chancelier, garde
des sceaux de France;

De la Chancellerie au Louvre, le 28 octobre 1824, sous le
ministère de M. Peyronnet, garde des sceaux;

Du Louvre à l'hôtel Molé, le 19 juillet 1832, sous le ministère de M. Barthe, garde des sceaux;

Et de l'hôtel Molé au palais d'Orsay, siége actuel du conseil, le 14 mai 1840, sous le ministère de M. Vivien, garde
des sceaux :

M. le président du Conseil des ministres et MM. les ministres de la guerre, de la marine, de l'instruction publique et des finances, ainsi que M. le baron Girod (de l'Ain), vice-président du Conseil d'État, assistaient à cette séance d'installation.

M. le garde des sceaux l'ouvrit en rappelant, en quelques mots, les attributions du Conseil d'État et son histoire depuis quarante ans.

Après ce discours, les ministres se retirèrent, et M. le vice-président continua de présider la séance.

Le conseil d'État dissous le 2 décembre 1851, et reconstitué le 25 janvier 1852, eut au palais d'Orsay, le 1er avril suivant, sous les auspices du prince-président de la République, sa séance solennelle de réinstallation et de prestation de serment.

A une heure, le prince accompagné de ses ministres, à l'exception des ministres de la guerre et des finances, retenus au Sénat par leurs fonctions, se rendit au palais d'Orsay, où il fut reçu par le vice-président du Conseil d'État et les présidents des sections.

Il fut introduit dans la salle des séances et prit place sur une estrade, au fauteuil du président. Les membres du Conseil étaient debout.

Le prince-président prononça le discours suivant :

« Messieurs les membres du Conseil d'État,

« J'ai regretté, avant que la Constitution ne fût en vigueur,
» de ne pouvoir venir vous présider, car je regarde comme
» une de mes premières prérogatives, vous le savez, d'être le
» président de ce corps d'élite. Heureusement j'ai été remplacé par l'homme d'État distingué qui a traversé avec moi
» des temps bien difficiles, et qui s'est acquis une juste célébrité par le talent et le courage dont il a fait preuve dans
» la défense des grands principes sur lesquels repose notre
» société.

» Aujourd'hui que la Constitution est en vigueur, j'ai voulu
» recevoir moi-même votre serment ; car tout ce qui peut
» resserrer les liens qui nous unissent m'est précieux.

» Désormais je me rendrai souvent au milieu de vous,
» heureux de vous communiquer librement mes idées, de
» recevoir en échange vos avis et vos conseils ; car ne l'oubliez
» pas, chacun de vous par ses attributions, participe du mi-
» nistre et du législateur, et nous sommes tous responsables
» envers le peuple Français de l'utilité des travaux auxquels
» nous allons nous livrer. »

Après ce discours, le ministre d'État prit les ordres du
président et avertit les membres du Conseil d'État qu'ils
allaient prêter serment entre les mains du prince-président,
le serment prescrit par l'art. 14 de la Constitution.

Le ministre donna lecture du serment, en ces termes :

« Je jure obéissance à la Constitution et fidélité au pré-
» sident de la République. »

Il fit ensuite l'appel nominal. Chacun des membres du
Conseil d'État, le vice-président excepté, qui avait déjà
prêté serment aux Tuileries, leva la main et dit : *Je le jure !*

COMPOSITION DU CONSEIL D'ÉTAT.

—

1814-1815.

Maîtres des requêtes en service ordinaire.

MM.

CROMOT DE FOUGY.
GILBERT DE VOISINS.
Bon FAVARD DE L'ANGLADE.
MAILLARD.
Cte JAUBERT.
PORTAL.
Bon PELET.
Bon LABOUILLERIE.
B^{on} DE FRÉVILLE.
Bon COFFINHAL DUNOYER.
Bon ZANGIACOMI.
MALEVILLE.
BERARD.
FROIDEFOND DE BELLEISLE.
JOLY DE FLEURY.
AMYOT.
LEPILEUR DE BREVANNES.
Mis DE GASVILLE.
ROLLAND DE CHAMBAUDOIN.
Bon CAMUS-DUMARTROY.
BOISSY D'ANGLAS.
TABOUREAU.
DE LA BOURDONNAYE BLOSSAC.
DE MALARTIC.
BOURGEOIS DE JESSAINT.

MM.

D'ESPAGNAC.
Bon LAMBERT.
Bon MAURICE.
PEPIN DE BELLISLE.
SAUR.
DE PASTORET.
TABARY.
ESMANGART DE FREYSNES.
SALLIER.
DIDIER.
SAINT-CRICQ.
CH^{er} SUCHET.
DE RIGNY.
LE REBOURS.
CH^{er} JANZÉ.
JAUFFRET.
HENRY DE LONGUÈVE.
Bon DUHAMEL.
DE BLAIRE.
Bon CHAUDRUC DE CRAZANNES.
LA CHÈZE.
DELAIRE.
D'ARLAINCOURT.
ROUX.
LECHAT.

M. LOCRÉ, secrétaire général du Conseil d'État.

L'almanach royal n'article point de liste d'auditeurs pour 1814-1815.

—

1831.

Maîtres des requêtes en service ordinaire.

MM.	MM.
JAUFFRET.	DUPARQUET.
Vte DE JANZÉ.	SAINT-MARC GIRARDIN.
DE CHEVEIGNÉ.	Vte D'HAUBERSART.
Cte O'DONNELL.	TOURNOUER.
BRIÈRE.	DE CHASSELOUP LAUBAT.
FLAUGERGUES.	MOIROUD.
Bon JANET.	GUIZOT.

M. HOCHET, maître des requêtes, secrétaire général du Conseil d'État.

Auditeurs de première classe.	*Auditeurs de deuxième classe.*
MM.	MM.
D'ALBON.	Cte ANGLÈS.
FREDY (Ernest).	DE SAULTY.
CAUCHY (Eugène).	D'ETCHEGOYEN O'CONNEL.
PORTAL (Frédéric).	DE LA BORDERIE.
DE MARMIER.	DE SEPTENVILLE.
BOURLON (Ernest).	ANTHOINE.
JOUVENCEL.	DE PLANCY.
MARCHAND.	TERNAUX (Mortimer)
	BRIAN.
	GERMAIN.
	FRANÇOIS.
	HÉLY D'OISSEL.
	HUMANN.
	DE MEZY.
	MÉCHIN (Lucien).
	GUILHEM (Achille).
	MONTAUD fils.

1845.

Maîtres des requêtes en service ordinaire.

MM.	MM.
DE CHEVEIGNÉ.	PARAVEY.
DE JOUVENCEL.	PORTAL.
GERMAIN.	LUCAS.
Mis DE MARMIER.	Bon LELORGNE D'IDEVILLE.

MM.

Vte DEBONNAIRE DE GIF.
BOUCHENÉ LEFER.
PAGÈS.
TERNAUX (Mortimer).
GUILHEM (Achille).
HÉLY D'OISSEL.
RAULIN.
PÉRIGNON.
VUILLEFROY.
THIERRY.
LOUYER-VUILLERMAY.

MM.

CORNUDET.
FRANÇOIS.
MONTAUD.
MASSON.
Vte REDON DE BEAUPRÉAU.
BOULATIGNIER.
LAFFON DE LADEBAT.
DE SAHUNE.
GOMEL.
CALMON.
Bon HALLEZ-CLAPARÈDE.

M. HOCHET (Prosper), maître des requêtes, secrétaire général du Conseil d'État.

Auditeurs de première classe.

MM.

DUBOIS (Eugène).
DE VANDEUL (Eugène).
COUTURIER-DEVIENNE.
SALMON.
D'ORMESSON.
B^{on} DE CONDÉ.
RICHAUD.
HALGAN.
DE CHATEAUBOURG.
DUCHESNE.
DU BERTHIER.
PÉRIER (Ed.).
LADOUCETTE.
DUPLEIX DE MEZY.
FREMY.
REVERCHON.
DE LAVENAY.
DURAND DE BEAUREGARD.
PICHON (Jérôme).
COURPON.
JAHAN.
DAVID (Isidore).
LE PELETIER D'AUNAY.
JOLY.
DUFOUR DE NEUVILLE.
LEGRAND DE VILLERS.
MAUZÉ.

Auditeurs de deuxième classe.

MM.

BERGOUNIOUX.
BRIAND.
VÉRON.
DAILLY.
Cte DE PANGE.
Bon SERURIER.
PORTALIS.
CORDIER.
DE MISSIESSY.
CORBIN.
Vte CHASTENET DE PUYSÉGUR.
LEZAY MARNESIA.
Mis DE TALHOUET.
LAURENT-ATHALIN.
CLAVEAU.
ROUX.
L'HOMME-DIEU DE LIGNEROLLES.
TRUBERT.
BAUDON.
ÉTIGNARD DE LA FAULOTTE.
PASCALIS.
AUBERNON.
NABON DEVAUX.
LE PELETIER D'AUNAY.
HAMON.
BOURLON DE ROUVRE.
DELAMALLE.

34

Auditeurs de première classe.	*Auditeurs de deuxième classe.*
MM.	MM.
Bᵒⁿ DE JANZÉ.	DE MUSSET.
MARTINEAU DES CHENEZ (Auguste).	SERS.
ROUILLARD DE BEAUVAL.	BRESSON.
SÉDILLOT.	DUTAILLY.
Bᵒⁿ SIBUET.	CAVALIER.
Bᵒⁿ DE LABORDE.	BERNON.
LE TELLIER.	THÉNARD.
HÉRLELE.	DE MONTESQUIOU-FEZENSAC.
D'ARGOUT (Gaston).	DE VAINES.
GIROD (de l'Ain) (Ed.).	MAIGNE.
DUMEZ.	LAFOND.
HOCÉDÉ.	Vᵗᵉ D'HAUTERIVE.
Bᵒⁿ DUNOYER DE NOIRMONT.	

Sénatus consulte du 23 décembre 1852 portant interprétation et modification de la Constitution du 14 janvier 1852.

ART. 2. L'empereur préside, quand il le juge convenable, le Sénat et le *Conseil d'État.*

ART. 7. Les princes français sont membres du Sénat et du Conseil d'État quand ils ont atteint l'âge de dix-huit ans accomplis.

Ils ne peuvent y siéger qu'avec l'agrément de l'empereur.

Décret du 30 décembre 1852 portant nomination de M. BAROCHE à la présidence du Conseil d'État.

NAPOLÉON,

Avons décrété et décrétons ce qui suit :

ART. 1ᵉʳ. M. Baroche, vice-président de notre Conseil d'État, prendra le titre de président du Conseil d'État.

Signé : NAPOLÉON.

Décret du 30 décembre 1852 portant nomination de M. ROUHER à la vice-présidence du Conseil d'État.

NAPOLÉON,

Avons décrété et décrétons ce qui suit :

ART. 1er. M. Rouher, président de la section de législation, est nommé vice-président de notre Conseil d'État.

Il conserve la présidence de la section de législation.

Signé : NAPOLÉON.

—

1853.

Président du Conseil d'État.

M. BAROCHE.

Vice-président du Conseil d'État.

M. ROUHER, présidant la section de législation, justice et affaires étrangères.

Présidents des sections.

MM. DE PARIEU, président de la section des finances.

BONJEAN, président de la section de l'intérieur, de l'instruction publique et des cultes.

ALLARD (le Général), président de la section de la guerre et de la marine.

BOUDET, président de la section du contentieux.

VUILLEFROY, président de la section des travaux publics, de l'agriculture et du commerce.

Conseillers d'État en service ordinaire.

MM. HERMAN. . . . . Intérieur.
BARBAROUX. . . . . Guerre et marine.
CARLIER. . . . . Travaux publics.
CHARLEMAGNE. . . . . . . Finances.

VILLEMAIN.	Guerre et marine.
STOURM.	Finances.
SUIN.	Législation.
DE THORIGNY (1).	Législation.
LACAZE.	Législation.
VAÏSSE (chargé de l'administration du département du Rhône).	Travaux publics.
J. BOULAY (de la Meurthe).	Intérieur.
BOINVILLIERS.	Finances.
ARMAND LEFEBVRE.	Législation.
LE ROY DE SAINT-ARNAUD.	Finances.
CUVIER.	Intérieur.
MARCHAND.	Contentieux.
FLANDIN.	Législation.
GODELLE.	Finances.
BOULATIGNIER.	Contentieux.
FRÉMY.	Travaux publics.
FERDINAND BARROT (2).	Travaux publics.
MICHEL CHEVALIER.	Travaux publics.
DARISTE (3).	Guerre et marine.
QUENTIN BAUCHART.	Contentieux.
CONTI.	Législation.
VUITRY.	Finances.
DENJOY.	Intérieur.
TOURANGIN.	Contentieux.
DE VINCENT (le baron).	Intérieur.
PERSIL.	Législation.
DE CORMENIN (le vicomte).	Intérieur.
COCHELET (C.).	Travaux publics.
MAIGNE.	Contentieux.
DE PADOUE (le marquis).	Guerre et marine.
CORNUDET.	Travaux publics.

(1) Est retiré du conseil, ayant été nommé sénateur le 4 mars 1853.
(2) Est retiré du conseil, ayant été nommé sénateur le 4 mars 1853.
(3) Est retiré du conseil, ayant été nommé sénateur le 4 mars 1853.

DUBESSEY. . . . . Guerre et marine.
AMÉDÉE THIERRY. . . . . . Travaux publics.
MONTAUD. . . . . Guerre et marine.

Conseillers d'État en service ordinaire hors sections.

MM. GRÉTERIN, directeur général des douanes et des contributions indirectes.
PETITET, directeur de la comptabilité au ministère de
la guerre.
Baron DE SIBERT DE CORNILLON, secrétaire général du
ministère de la justice.
THAYER, directeur général de l'administration des
postes.
Le général de brigade NIEL, membre du comité du
génie.
Le général de brigade DAUMAS, directeur des affaires
de l'Algérie au ministère de la guerre.
MESTRO, directeur des colonies au ministère de la marine.
Baron BRENIER, directeur de la comptabilité au ministère des affaires étrangères.
DARRICAU, intendant militaire, directeur de l'administration au ministère de la guerre.
DE ROYER, procureur général près la Cour impériale
de Paris.
HEURTIER, directeur de l'agriculture et du commerce
au ministère de l'intérieur.
CHEVREAU, secrétaire général et directeur du personnel
au ministère de l'intérieur.

Maîtres des requêtes de première classe.

MM. GASC. . . . . Législation.
DABEAUX. . . . . Travaux publics.
LESTIBOUDOIS. . . . . Finances.

CHADENET (1). . . . .
BRÉNIER. . . . . Guerre et marine.
GOMEL. . . . . Contentieux.
CHASSÉRIAU. . . . . Guerre et marine.
LÉON DE BUSSIERRE (le baron). . Intérieur.
GASLONDE. . . . . Contentieux.
CAMUS DU MARTROY. . . . . Commis. du gouv.
CHASSAIGNE GOYON (2). . . .
DE FORCADE-LA-ROQUETTE. . . Commis. du gouv.
PASCALIS. . . . . Contentieux.
BATAILLE. . . . . Travaux publics.
PAGÈS. . . . . Intérieur.
EUGÈNE DUBOIS (le comte). . . Travaux publics.
DE LAVENAY. . . . . Commis. du gouv.
LÉON BERGER. . . . . Travaux publics.
GOUPIL. . . . . Finances.
DE BEAUMONT VASSY. . . . . Législation.
DUFAY DE LAUNAGUET. . . . . Guerre et marine.
ABBATUCCI. . . . . Intérieur.

Maîtres des requêtes de deuxième classe.

MM. DAVERNE. . . . . Contentieux.
FRANÇOIS. . . . . Législation.
REDON DE BEAUPRÉAU (le vicomte). Guerre et marine.
LOUYER-VILLERMAY. . . . . . Finances.
RICHAUD. . . . . Contentieux.
JABAN. . . . . Travaux publics.
DU BERTHIER. . . . . Finances.
PORTALIS. . . . . Législation.
D'ARGOUT (le vicomte). . . . Finances.
CHARLES DE CHASSIRON (le baron). Travaux publics.

(1) Est retiré du conseil, ayant été nommé préfet du département de Loir et Cher.
(2) Est retiré du conseil, ayant été nommé préfet du département de la Marne le 4 mars 1853.

DE BERNON.	Guerre et marine.
AUBERNON.	Contentieux.
DE MAUPAS.	Intérieur.
DE SÉGUR.	Intérieur.
CRIGNON DE MONTIGNY.	Finances.
DE MISSIESSY.	Guerre et marine.
NAPOLÉON CAMERATA (le comte) (1).	
LÉOPOLD LE HON.	Législation.
CHAMBLAIN (2).	
ERNEST BAROCHE.	Intérieur.
DU MONTOUR.	Travaux publics.
CARDON DE SANDRANS (le baron).	Contentieux.

Maître des requêtes, secrétaire général du Conseil d'État.

M. BOILAY.

Auditeurs de première classe.

MM. FOUQUIER.	Travaux publics.
HUDAULT.	Intérieur.
LEVIEZ.	Contentieux.
FARÉ.	Travaux publics.
L'HÔPITAL.	Contentieux.
MARBEAU.	Contentieux.
MESNARD.	Législation.
MOUTON-DUVERNET.	Finances.
DE GAREL.	Intérieur.
DE BOSREDON.	Intérieur.
LEMARIÉ.	Contentieux.
ROBERT (Charles).	Contentieux.
DE CASABIANCA.	Finances.
BORDET.	Finances.
DE BELBEUF (le comte).	Contentieux.

(1) Décédé.

(2) Est retiré du conseil, ayant été nommé préfet du département de l'Yonne le 4 mars 1853.

BOINVILLIERS. . . . . Travaux publics.
DE GUERNON-RANVILLE (le vicomte). Finances.
AUCOC. . . . . Intérieur.
BAUCHART. . . . . Guerre et marine.
DUFAU. . . . . Législation.

Auditeurs de deuxième classe.

MM. COTTIN. . . . . Législation.
LE ROY. . . . . Travaux publics.
LE CHANTEUR. . . . . . . Intérieur.
VIEYRA-MOLINA. . . . . . . Guerre et marine.
DES MICHELS. . . . . Finances.
DE NARCILLAC (le vicomte). . . Intérieur.
BARTHOLONY. . . . . Finances.
DE PONS-RENEPONT. . . . . Contentieux.
LEFÈVRE-PONTALIS. . . . . Finances.
DUVERGIER (Louis). . . . . Législation.
MOREAU (Adolphe). . . . . Travaux publics.
BOIVIN. . . . . Finances.
ROLLE. . . . . Intérieur.
LA CAZE (Louis). . . . . . . Intérieur.
SAMPAYO (Osborne). . . . . Législation.
TAIGNY (Edmond) . . . . Travaux publics
PAIXHANS (Jules). . . . . Guerre et marine.
BESSIÈRES (Julien). . . . . Guerre et marine.
DE RAVIGNAN (Gustave). . . Finances.
CASIMIR DELAVIGNE. . . . . Intérieur.

Cabinet de M. le Président.

M. HUDAULT, chef.

Secrétaires des sections du Conseil d'État.

MM. BELLOT, section de législation, justice et affaires étrangères.

PIERSON, section du contentieux.

DE GISLAIN, section de l'intérieur, de l'instruction publique et des cultes.

SAIN, section des travaux publics, de l'agriculture et du commerce

LOCRÉ, section de la guerre et de la marine.

DE PLANARD, section des finances.

BUREAUX.

Secrétariat général du Conseil d'État.

MM. JULES LANDRAGIN, chef.
LESAGE, sous-chef.

Enregistrement et départ.

M. RABACHE, sous-chef.

Expéditions.

M. DURAND, sous-chef.

Greffe du contentieux.

M. CAILLE, sous-chef.

Archives du Conseil.

MM. LANDRAGIN, archiviste.
PIERSON, archiviste honoraire.

Bibliothèque du Conseil.

MM. REGNAULT, bibliothécaire.
COTILLON, libraire du Conseil d'État.

ORGANISATION DU CONSEIL D'ÉTAT.

———◦◦———

CONSTITUTION DU 14 JANVIER 1852,

ET DÉCRETS ORGANIQUES.

Plus un homme est haut placé, plus il est indépendant, plus la confiance que le peuple a mise en lui est grande, plus il a besoin de conseils éclairés, consciencieux. De là la création d'un Conseil d'État, désormais véritable conseil du gouvernement, premier rouage de notre organisation nouvelle, réunion d'hommes pratiques élaborant les projets de loi dans des commissions spéciales, les discutant à huis clos, sans ostentation oratoire, en assemblée générale, et les présentant ensuite à l'acceptation du Corps législatif.

La Chambre n'étant plus en présence des ministres, et les projets de loi étant soutenus par les orateurs du Conseil d'État, le temps ne se perd pas en vaines interpellations, en accusations frivoles, en luttes passionnées, dont l'unique but était de renverser les ministres pour les remplacer.

L'empereur disait au Conseil d'État : « *Une constitution est l'œuvre du temps ; on ne saurait laisser une trop large voie aux améliorations.* »

TITRE II.

FORMES DU GOUVERNEMENT DE LA RÉPUBLIQUE.

Art. 3. Le président de la République gouverne au moyen des ministres, du *Conseil d'État*, du Sénat et du Corps législatif.

Art. 14. Les ministres, les membres du Sénat, du Corps

législatif et du *Conseil d'État*, les officiers de terre et de mer, les magistrats et les fonctionnaires publics prêtent le serment ainsi conçu :

« *Je jure obéissance à la Constitution et fidélité au Pré-*
» *sident.* »

ART. 40. Tout amendement adopté par la commission du Corps législatif chargée d'examiner un projet de loi sera renvoyé, sans discussion, au Conseil d'État par le président du Corps législatif.

Si l'amendement n'est pas adopté par le Conseil d'État, il ne pourra pas être soumis à la délibération du Corps législatif.

TITRE VI.

DU CONSEIL D'ÉTAT.

ART. 47. Le nombre des conseillers d'État en service ordinaire est de quarante à cinquante.

ART. 48. Les conseillers d'État sont nommés par le président de la République, et révocables par lui.

ART. 49. Le Conseil d'État est présidé par le président de la République, et, en son absence, par la personne qu'il désigne comme vice-président du Conseil d'État.

ART. 50. Le Conseil d'État est chargé, sous la direction du président de la République, de rédiger les projets de loi et les règlements d'administration publique, et de résoudre les difficultés qui s'élèvent en matière d'administration.

ART. 51. Il soutient, au nom du gouvernement, la discussion des projets de loi devant le Sénat et le Corps législatif.

Les conseillers d'État chargés de porter la parole au nom du gouvernement sont désignés par le président de la République.

ART. 52. Le traitement de chaque conseiller d'État est de vingt-cinq mille francs.

ART. 53. Les ministres ont rang, séance et voix délibérative au Conseil d'État.

DÉCRETS.

Décret organique sur le Conseil d'État.

Du 25 janvier 1852.

LOUIS-NAPOLÉON, PRÉSIDENT DE LA RÉPUBLIQUE,

DÉCRÈTE :

TITRE PREMIER.

FORMATION ET COMPOSITION DU CONSEIL D'ÉTAT.

ART. 1. Le Conseil d'État, sous la direction du président de la République, rédige les projets de loi et en soutient la discussion devant le Corps législatif.

Il propose les décrets qui statuent : 1° sur les affaires administratives dont l'examen lui est déféré par des dispositions législatives ou réglementaires ; 2° sur le contentieux administratif ; 3° sur les conflits d'attributions entre l'autorité administrative et l'autorité judiciaire. Il est nécessairement appelé à donner son avis sur tous les décrets portant règlement d'administration publique ou qui doivent être rendus dans la forme de ces règlements.

Il connaît des affaires de haute police administrative à l'égard des fonctionnaires dont les actes sont déférés à sa connaissance par le président de la République.

Enfin, il donne son avis sur toutes les questions qui lui sont soumises par le président de la République ou par les ministres.

Le Conseil d'État est composé :

1° D'un vice-président du Conseil d'État, nommé par le président de la République ;

2° De quarante à cinquante conseillers d'État en service ordinaire ;

3° De conseillers d'État en service ordinaire hors sections, dont le nombre ne pourra excéder celui de quinze ;

4° De conseillers d'État en service extraordinaire dont le nombre ne pourra s'élever au delà de vingt ;

5° De quarante maîtres des requêtes divisés en deux classes de vingt chacune ;

6° De quarante auditeurs divisés en deux classes de vingt chacune.

Un secrétaire général ayant titre et rang de maître des requêtes est attaché au Conseil d'État.

ART. 3. Les ministres ont rang, séance et voix délibérative au Conseil d'État.

ART. 4. Le président de la République nomme et révoque les membres du Conseil d'État.

ART. 5. Le Conseil d'État est présidé par le président de la République, où, en son absence, par le vice-président du Conseil d'État. Celui-ci préside également, lorsqu'il le juge convenable, les différentes sections administratives, et l'assemblée du Conseil d'État délibérant au contentieux.

ART. 6. Les conseillers d'État en service ordinaire et les maîtres des requêtes ne peuvent être sénateurs ni députés au Corps législatif ; leurs fonctions sont incompatibles avec toutes autres fonctions publiques salariées. Néanmoins les officiers généraux de l'armée de terre et de mer peuvent être conseillers d'État en service ordinaire. Dans ce cas, ils sont, pendant toute la durée de leurs fonctions, considérés comme étant en mission hors cadre, et ils conservent leurs droits à l'ancienneté.

ART. 7. Les conseillers d'État en service ordinaire hors section sont choisis parmi les personnes qui remplissent de hautes fonctions publiques.

Ils prennent part aux délibérations de l'assemblée générale du Conseil d'État et y ont voix délibérative.

Ils ne reçoivent, comme conseillers d'État, aucun traitement ou indemnité.

Art. 8. Le président de la République peut conférer le titre de conseiller d'État en service extraordinaire-aux conseillers d'État en service ordinaire ou hors sections qui cessent de remplir ces fonctions.

Art. 9. Les conseillers d'État en service extraordinaire assistent et ont voix délibérative à celles des assemblées générales du Conseil d'État auxquelles ils ont été convoqués par un ordre spécial du président de la République.

TITRE II.

FORMES DE PROCÉDER.

§ 1er.

Art. 10. Le Conseil d'État est divisé en six sections, savoir :

Section de législation, justice et affaires étrangères;

Section du contentieux;

Section de l'intérieur, de l'instruction publique et des cultes;

Section des travaux publics, de l'agriculture et du commerce;

Section de la guerre et de la marine;

Section des finances.

Cette division pourra être modifiée par un décret du pouvoir exécutif.

Art. 11. Chaque section est présidée par un conseiller d'État en service ordinaire nommé, par le président de la République, président de section.

Art. 12. Les délibérations du Conseil d'État sont prises en assemblée générale et à la majorité des voix, sur le rapport fait par les conseillers d'État pour les projets de loi et les affaires les plus importantes, et par les maîtres des requêtes pour les autres affaires.

Les maîtres des requêtes et les auditeurs de première classe assistent à l'assemblée générale. Néanmoins, les auditeurs de première classe ne peuvent assister qu'en vertu d'une autorisation spéciale aux assemblées générales présidées par le président de la République.

Les maîtres des requêtes ont voix consultative dans toutes les affaires, et voix délibérative dans celles dont ils font le rapport.

ART. 13. Le Conseil d'État ne peut délibérer qu'au nombre de vingt membres ayant voix délibérative, non compris les ministres.

En cas de partage, la voix du président est prépondérante.

ART. 14. Les décrets rendus après délibération de l'assemblée générale du Conseil d'État mentionnent seuls : *le Conseil d'État entendu.*

Les décrets rendus après délibération d'une ou de plusieurs sections indiquent les sections qui ont été entendues.

ART. 15. Le président de la République désigne trois conseillers d'État pour soutenir la discussion de chaque projet de loi présenté au Corps législatif ou au Sénat.

L'un de ces conseillers peut être pris parmi les conseillers en service ordinaire hors sections.

ART. 16. Seront observées, à l'égard des fonctionnaires publics dont la conduite sera déférée au Conseil d'État, les dispositions du décret du 11 juin 1806.

§ 2.

MATIÈRES CONTENTIEUSES.

ART. 17. La section du contentieux est chargée de diriger l'instruction écrite et de préparer le rapport de toutes les affaires contentieuses, ainsi que des conflits d'attributions entre l'autorité administrative et l'autorité judiciaire.

Elle est composée de six conseillers d'État, y compris le président, et du nombre de maîtres des requêtes et d'auditeurs déterminé par le règlement.

Elle ne peut délibérer si quatre, au moins, de ses membres ayant voix délibérative, ne sont présents.

Les maîtres des requêtes ont voix consultative dans toutes les affaires, et voix délibérative dans celles dont ils sont rapporteurs.

Les auditeurs ont voix consultative dans les affaires dont ils font le rapport.

ART. 18. Trois maîtres des requêtes sont désignés par le président de la République pour remplir au contentieux administratif les fonctions de commissaire du gouvernement.

ART. 19. Le rapport des affaires est fait au nom de la section, en séance publique de l'assemblée du Conseil d'État délibérant au contentieux.

Cette assemblée se compose : 1° des membres de la section; 2° de dix conseillers d'État désignés par le président de la République, et pris en nombre égal dans chacune des autres sections. Ils sont, tous les deux ans, renouvelés par moitié.

Cette assemblée est présidée par le président de la section du contentieux.

ART. 20. Après le rapport, les avocats des parties sont admis à présenter des observations orales.

Le commissaire du gouvernement donne ses conclusions dans chaque affaire.

ART. 21. Les affaires pour lesquelles il n'y a pas eu constitution d'avocat ne sont portées en séance publique que si ce renvoi est demandé par l'un des conseillers d'État de la section ou par le commissaire du gouvernement, auquel elles sont préalablement communiquées, et qui donne ses conclusions.

ART. 22. Les membres du Conseil d'État ne peuvent participer aux délibérations relatives aux recours dirigés contre la décision d'un ministre, lorsque cette décision a été préparée par une délibération de la section à laquelle ils ont pris part.

ART. 23. Le Conseil d'État ne peut délibérer au contentieux, si onze membres au moins ayant voix délibérative ne sont présents. En cas de partage, la voix du président est prépondérante.

ART. 24. La délibération n'est pas publique.

Le projet de décret est transcrit sur le procès-verbal des délibérations, qui fait mention des noms des membres présents ayant délibéré.

L'expédition du projet est signée par le président de la section du contentieux, et remise par le vice-président du Conseil d'État au président de la République.

Le décret qui intervient est contre-signé par le garde des sceaux, ministre de la justice.

Si ce décret n'est pas conforme au projet proposé par le Conseil d'État, il est inséré au *Moniteur* et au *Bulletin des lois*.

Dans tous les cas, le décret est lu en séance publique.

DISPOSITIONS GÉNÉRALES.

ART. 25. Les traitements sont fixés ainsi qu'il suit :

Le vice-président du Conseil d'État, quatre-vingt mille francs;

Les présidents de section, trente-cinq mille francs;

Les conseillers d'État, vingt-cinq mille francs;

Les maîtres des requêtes de première classe, dix mille francs;

Les maîtres des requêtes de seconde classe, six mille francs;

Les auditeurs de première classe, deux mille francs;

Le secrétaire général du Conseil d'État, dix-huit mille fr.

Les auditeurs de seconde classe ne recevront aucun traitement.

ART. 26. Un décret déterminera l'ordre intérieur des travaux du conseil, la répartition des affaires entre les sections, les affaires administratives qui doivent être portées à l'assemblée générale du Conseil d'État, et celles qui peuvent n'être soumises qu'aux sections ; la répartition et le roulement des membres du Conseil entre les sections ; enfin toutes les mesures d'exécution non prévues au présent décret.

ART. 27. La loi du 3 mars 1849 est abrogée. Toutes les dispositions des lois et règlements antérieurs, qui ne sont pas contraires au présent décret, sont maintenues.

Fait au palais des Tuileries, le 25 janvier 1852.

Signé LOUIS-NAPOLÉON.

Par le président :

Le ministre d'État, *Signé* X. DE CASABIANCA.

———

Décret portant règlement intérieur pour le Conseil d'État.

Du 30 janvier 1852.

LOUIS-NAPOLÉON, PRÉSIDENT DE LA RÉPUBLIQUE,

Sur la proposition du ministre d'État ;

Vu l'article 26 du décret du 25 de ce mois, portant qu'un décret déterminera l'ordre intérieur des travaux du Conseil d'État, la répartition des affaires entre les sections, les affaires qui doivent être portées à l'assemblée générale du Conseil d'État, et celles qui peuvent n'être soumises qu'aux sections,

Décrète :

TITRE PREMIER.

DES SECTIONS.

ART. 1. Il est tenu dans chaque section deux rôles sur lesquels sont inscrites, d'après leur ordre de date, toutes les affaires, l'un pour les affaires urgentes, l'autre pour les affaires ordinaires.

Le président de la section nomme un rapporteur pour chaque affaire; néanmoins, cette désignation peut être faite par le vice-président du Conseil d'État.

Le président de la section désigne celles des affaires qui sont réputées urgentes, soit par leur nature, soit par les circonstances spéciales.

Le président de la section du contentieux distribue également les affaires entre les trois maîtres des requêtes qui remplissent les fonctions de ministère public.

ART. 2. La date de la distribution des affaires, avec l'indication de leur nature, est inscrite sur un registre particulier, qui reste à la disposition du président de la section pendant la séance.

ART. 3. Les rapporteurs doivent présenter leurs rapports dans le délai le plus bref, et dans l'ordre déterminé par le président de la section. Les affaires portées au rôle comme urgentes sont toujours à l'ordre du jour, et, si l'instruction est terminée, le rapport doit être prêt, au plus tard, à la deuxième séance qui suit l'envoi des pièces.

Lorsqu'une affaire exige un supplément d'instruction, le rapporteur doit en entretenir la section au commencement de la première séance qui suit la remise du dossier entre ses mains; après la décision de la section, il prépare la correspondance et remet son travail au secrétaire de la section, chargé de faire expédier.

La correspondance avec les ministres est signée par le

président de section ; en matière contentieuse, ainsi que pour les conflits, les actes d'instruction et les *soit communiqué* aux parties sont signés par le président de la section du contentieux.

ART. 4. Le secrétaire de chaque section tient note sur un registre spécial des affaires délibérées à chaque séance, et de la décision prise par la section. Il y fait mention de tous les membres présents. Le secrétaire de la section du contentieux remplit également les fonctions de secrétaire à la séance publique du Conseil d'État délibérant au contentieux, conformément à l'article 19 du décret du 26 janvier.

ART. 5. Dans le cas de réunion de plusieurs sections, les lettres de convocation contiennent la notice des affaires qui doivent y être traitees. Le vice-président du Conseil d'État préside les diverses réunions de sections. En son absence, la réunion est présidée par le président de la section qu'il désigne.

ART. 6. Aucune section ne peut délibérer si trois conseillers d'État au moins ne sont présents.

En l'absence du président de la section , la présidence appartient au plus ancien, ou, à défaut d'ancienneté, au plus âgé des conseillers d'État présents.

ART. 7. Les diverses sections administratives sont chargées de l'examen des affaires afférentes aux divers départements ministériels auxquels elles correspondent.

Elles sont également chargées, sur le renvoi du président de la République, de rédiger les projets de loi qui se rapportent aux matières rentrant dans les attributions de ce département.

Le vice-président du Conseil d'État peut toujours réunir la section de legislation à telle autre section spécialement chargée de la préparation d'une loi ou d'un règlement d'administration publique.

ART. 8. En outre des affaires qui lui sont déférées, la section de législation, de justice et des affaires étrangères est chargée de l'examen des affaires relatives :

1° A l'autorisation des poursuites intentées contre les agents du gouvernement;

2° Aux prises maritimes.

Art. 9. Toutes les liquidations de pension sont revisées par la section des finances.

Cette section fait à l'assemblée générale le rapport des projets de règlements relatifs aux caisses de retraite des administrations publiques.

TITRE II.

DE L'ASSEMBLÉE GÉNÉRALE.

Art. 10. A l'assemblée générale, tout membre du Conseil d'État doit être revêtu de son costume; les conseillers d'État portent le petit uniforme.

Art. 11. En l'absence du président de la République, le vice-président du Conseil d'État dirige les débats et pose les questions à résoudre. A son défaut, l'assemblée générale est présidée par le président de section qu'il désigne pour le remplacer.

Nul ne peut prendre la parole sans l'avoir obtenue.

Les votes ont lieu par assis et levé ou par appel nominal.

Art. 12. Le procès-verbal contient les noms des conseillers d'État présents.

Les conseillers d'État et les maîtres de requêtes qui sont empêchés de se rendre à la séance doivent en prévenir d'avance le vice-président du Conseil d'État.

En cas d'urgence, les rapporteurs empêchés doivent, de l'agrément du président de la section, remettre l'affaire dont ils sont chargés à un de leurs collègues.

Art. 13. Sont portés à l'assemblée générale du Conseil d'État:

Les projets de lois et les projets de règlement d'administration publique;

Les projets de décret qui ont pour objet :

1° L'enregistrement des bulles et autres actes du saint-siége ;

2° Les recours pour abus ;

3° Les autorisations de congrégations religieuses et la vérification de leurs statuts ;

4° Les prises maritimes ;

5° Les concessions de portions du domaine de l'État, et les concessions de mines, soit en France, soit en Algérie ;

6° L'autorisation ou la création d'établissements d'utilité publique fondés par les départements, les communes ou les particuliers ;

7° L'établissement de routes départementales, des canaux et chemins de fer d'embranchement qui peuvent être autorisés par décret du pouvoir exécutif;

8° La concession de desséchements ;

9° La création de tribunaux de commerce et de conseils de prud'hommes, la création ou la prorogation des chambres temporaires dans les cours ou tribunaux ;

10° L'autorisation des poursuites intentées contre les agents du gouvernement;

11° Les naturalisations, révocations et modifications des autorisations accordées à des étrangers d'établir leur domicile en France ;

12° L'autorisation aux établissements d'utilité publique, aux établissements ecclésiastiques, aux congrégations religieuses, aux communes et départements, d'accepter les dons et legs dont la valeur excéderait cinquante mille francs ;

13° Les autorisations des sociétés anonymes, tontines, comptoirs d'escompte et autres établissements dè même nature;

14° L'établissement de ponts, avec ou sans péage ;

15° Le classement des établissements dangereux, incommodes ou insalubres; la suppression de ces établissements dans les cas prévus par le décret du 15 octobre 1810 ;

16° Les tarifs des droits d'inhumation dans les communes de plus de cinquante mille âmes;

17° Les établissements ou suppressions de tarifs d'octroi, et les modifications à ces tarifs;

18° L'établissement de droits de voirie dans les communes de plus de vingt-cinq mille âmes;

19° Les caisses de retraites des administrations publiques départementales ou communales;

20° Les diverses affaires qui, n'étant pas désignées dans le présent article, sont, après examen par une section, renvoyées à l'assemblée générale par ordre du président de la République;

21° Enfin les affaires qu'à raison de leur importance, les présidents de sections, d'office ou sur la demande de la section, croient devoir renvoyer à l'examen de ladite assemblée, ainsi que celles sur lesquelles le gouvernement demande qu'elle soit appelée à délibérer.

ART. 14. Il est dressé par le secrétaire général, pour chaque séance, un rôle des affaires qui doivent être délibérées en assemblée générale.

Ce rôle est divisé en deux parties, sous les noms de *grand ordre* et *petit ordre*.

Il mentionne le nom du rapporteur, contient la notice de chaque affaire.

Cette notice est rédigée par le rapporteur, communiquée au président de la section au nom de laquelle le rapport doit être fait, et transmise immédiatement au secrétaire général du Conseil d'État par le secrétaire de la section.

ART. 15. Le rôle du *grand ordre* comprend :

1° Les projets de lois et de règlements d'administration publique ;

2° Les affaires désignées dans les n°ˢ 1, 2, 3, 4, 5, 6, 7, 8, 9, 10, 11, 12 et 13 de l'article 13;

3° Les affaires qui, après examen fait par une section, sont renvoyées à l'assemblée générale par ordre du président de la République;

4° Les affaires comprises au n° 21 de l'article 13, lorsque le président de la section ou le gouvernement demande qu'elles soient inscrites sur le rôle du *grand ordre ;*

5° Les affaires du *petit ordre* pourront également, sur la demande du président d'une section, être portées au *grand ordre.*

Le rôle du *petit ordre* comprend toutes les autres affaires portées à l'assemblée générale.

ART. 16. Le rôle du *grand ordre* est imprimé et adressé aux conseillers d'État, aux maîtres des requêtes et aux auditeurs, deux jours au moins avant la séance.

Sont imprimés et distribués en même temps que le rôle du grand ordre, s'ils n'ont pu l'être antérieurement, les projets de lois et de règlements d'administration publique rédigés par les sections, les amendements et avis proposés par les sections, enfin les documents à l'appui desdits projets dont l'impression aura été jugée nécessaire par les sections.

Les documents non imprimés sont déposés au secrétariat général du Conseil d'État le jour où a lieu la distribution du rôle et des impressions. Ils y sont tenus à la disposition des membres du Conseil.

Il n'est dérogé aux règles qui précèdent que dans les cas d'urgence.

TITRE III.

DU CONSEIL D'ÉTAT DÉLIBÉRANT AU CONTENTIEUX.

ART. 17. Le rôle de chaque séance publique du Conseil d'État est proposé par le commissaire du gouvernement chargé de porter la parole dans la séance ; il est arrêté par le président.

Ce rôle, imprimé et contenant sur chaque affaire une notice sommaire rédigée par le rapporteur, est distribué quatre jours au moins avant la séance à tous les conseillers d'État *de service au Conseil délibérant au contentieux*, ainsi qu'aux maîtres des requêtes et auditeurs de la section du contentieux.

Il est également remis aux avocats dont les affaires doivent être appelées.

Art. 18. Les membres du Conseil d'État doivent se rendre à la séance publique à l'heure indiquée par le rôle, et en costume.

Le secrétaire tient note des conseillers d'État présents et dont les noms doivent être inscrits au bas du décret à la délibération duquel ils ont pris part.

Art. 19. Tous les rapports au contentieux sont faits par écrit.

Les questions posées par les rapports sont communiquées, sans déplacement, aux avocats des parties quatre jours avant la séance.

Sont applicables à la tenue des séances publiques du Conseil d'État les dispositions des articles 88 et suivants du Code de procédure civile.

Art. 20. Le procès-verbal des séances mentionne l'accomplissement des dispositions des articles 17, 18, 19, 20, 21, 22, 23 et 24 du décret organique du 26 janvier.

Dans le cas où ces dispositions n'ont pas été observées, le décret qui intervient peut être l'objet d'un recours en révision, lequel est introduit dans les formes de l'article 33 du règlement du 22 juillet 1806.

Art. 21. Les décrets rendus après délibération du Conseil d'État délibérant au contentieux portent :

Le Conseil d'État au contentieux entendu.....

Les décrets rendus après délibération de la section du contentieux, conformément aux dispositions de l'article 21, mentionnent que la section a été entendue.

Au commencement de chaque séance, le secrétaire lit les décrets délibérés dans les séances précédentes et approuvés par le président de la République. Ils sont déposés au secrétariat général, où les avocats et les parties sont admis à en prendre communication sans déplacement.

DISPOSITIONS GÉNÉRALES.

ART. 22. Le vice-président du Conseil d'État nomme et révoque tous les employés du Conseil d'État. Ceux qui font partie du secrétariat sont nommés sur la proposition du secrétaire général.

ART. 23. Le secrétaire général signe seul et certifie les expéditions des actes, décrets, avis du Conseil d'État délivrés aux personnes qui ont qualité pour les réclamer.

ART. 24. La bibliothèque du Conseil d'État est placée sous la direction du vice-président du Conseil d'État.

ART. 25. Sont maintenues les dispositions des décrets, ordonnances ou règlements antérieurs qui ne sont pas contraires au présent décret.

ART. 26. Le ministre d'État est chargé de l'exécution du présent décret.

Fait au palais des Tuileries, le 30 janvier 1852.

Signé **LOUIS-NAPOLÉON.**

———

Décret qui règle les rapports du Sénat et du Corps législatif avec le président de la République et le Conseil d'État, et établit les conditions organiques de leurs travaux.

Du 22 mars 1852.

LOUIS-NAPOLÉON, PRÉSIDENT DE LA RÉPUBLIQUE FRANÇAISE,

Vu l'article 4 de la Constitution;

Considérant qu'au moment où le Sénat et le Corps législatif vont entrer dans leur première session, il importe de régler leurs rapports avec le président de la République et le Conseil d'État, et d'établir, conformément à l'esprit de la Constitution, les conditions organiques de leurs travaux,

DÉCRÈTE :

TITRE PREMIER.

DU CONSEIL D'ÉTAT.

ART. 1er. Les projets de loi et de sénatus-consultes, les règlements d'administration publique préparés par les différents départements ministériels, sont soumis au président de la République, qui les remet directement ou les fait adresser par le ministre d'État au vice-président du Conseil d'État.

ART. 2. Les ordres du jour des séances du Conseil d'État sont envoyés à l'avance au ministre d'État, et le vice-président du Conseil d'État pourvoit à ce que ce ministre soit toujours avisé en temps utile de tout ce qui concerne l'examen et la discussion des projets de loi, des sénatus-consultes et des règlements d'administration publique envoyés à l'élaboration du Conseil.

ART. 3. Les projets de loi ou de sénatus-consultes, après avoir été élaborés au Conseil d'État, conformément à l'article 50 de la Constitution, sont remis au président de la République par le vice-président du Conseil d'État, qui y joint les noms des commissaires qu'il propose pour en soutenir la discussion devant le Corps législatif ou le Sénat.

ART. 4. Un décret du président de la République ordonne la présentation du projet de loi au Corps législatif ou du sénatus-consulte au Sénat, et nomme les conseillers d'État chargés d'en soutenir la discussion.

ART. 5. Ampliation de ce décret est transmise avec le projet de loi ou de sénatus-consulte au Corps législatif ou au Sénat par le ministre d'État.

TITRE II.

DU SÉNAT.

—

CHAPITRE II.

DES PROJETS DE LOI.

ART. 8. Les projets de loi adoptés par le Corps législatif et qui doivent être soumis au Sénat en exécution de l'article 25 de la Constitution, sont, avec les décrets qui nomment les conseillers d'État chargés de soutenir la discussion, transmis par le ministre d'État au président du Sénat, qui en donne lecture en séance générale.

TITRE III.

ART. 47. Les projets de loi présentés par le président de la République sont apportés et lus au Corps législatif par les conseillers d'État commis à cet effet, ou transmis, sous les ordres du président de la République, par le ministre d'État, au président du Corps législatif, qui en donne lecture en séance publique.

ART. 48. Tout amendement provenant de l'initiative d'un ou plusieurs membres est remis au président, et transmis par lui à la commission.

Toutefois, aucun amendement n'est reçu après le dépôt du rapport fait en séance publique.

ART. 49. Les auteurs de l'amendement ont le droit d'être entendus dans la commission.

ART. 50 Si l'amendement est adopté par la commission, elle en transmet la teneur au président du Corps législatif, qui le renvoie au Conseil d'État, et il est sursis au rapport de la commission jusqu'à ce que le Conseil d'État ait émis son avis.

ART. 51. Si l'avis du Conseil d'État, transmis à la commission par l'intermédiaire du président du Corps législatif, est favorable, ou qu'une nouvelle rédaction admise au Conseil d'État soit adoptée par la commission, le texte du projet de loi à discuter en séance publique sera modifié conformément à la nouvelle rédaction adoptée.

Si cet avis est défavorable, ou que la nouvelle rédaction admise au Conseil d'État ne soit pas adoptée par la commission, l'amendement sera considéré comme non avenu.

ART 52. Le rapport de la commission sur le projet de loi par elle examiné est lu en séance publique, imprimé et distribué vingt-quatre heures au moins avant la discussion

ART. 54. Si la commission est d'avis qu'il y a lieu de faire une proposition nouvelle, elle en transmet la teneur au président du Corps législatif, qui la renvoie au Conseil d'État.

Décret impérial portant règlement des rapports du Sénat et du Corps législatif avec l'empereur et le Conseil d'État, et établissant les conditions organiques de leurs travaux.

Du 31 décembre 1852.

NAPOLÉON, par la grâce de Dieu et la volonté nationale, EMPEREUR DES FRANÇAIS, à tous présents et à venir, salut :

Vu l'article 4 de la Constitution ;
Vu le sénatus-consulte organique du 25 décembre 1852 ;
Vu le décret du 22 mars 1852,
AVONS DÉCRÉTÉ et DÉCRÉTONS ce qui suit :

TITRE PREMIER.

DU CONSEIL D'ÉTAT.

ART. 1. Les projets de lois et de sénatus-consultes, les règlements d'administration publique préparés par les différents départements ministériels, sont soumis à l'empereur, qui les remet directement ou les fait adresser par le ministre d'État au président du Conseil d'État.

ART. 2. Les ordres du jour des séances du Conseil d'État sont envoyés à l'avance au ministre d'État, et le président du Conseil d'État pourvoit à ce que ce ministre soit toujours avisé en temps utile de tout ce qui concerne l'examen ou la discussion des projets de lois, des sénatus-consultes et des règlements d'administration publique envoyés à l'élaboration du Conseil.

ART. 3. Les projets de lois ou de sénatus-consultes, après avoir été élaborés au Conseil d'État, conformément à l'article 50 de la Constitution, sont remis à l'empereur par le président du Conseil d'État, qui y joint les noms des commissaires qu'il propose pour en soutenir la discussion devant le Corps législatif ou le Sénat.

ART. 4. Un décret de l'empereur ordonne la présentation du projet de loi au Corps législatif, ou du sénatus-consulte au Sénat, et nomme les conseillers d'État chargés d'en soutenir la discussion.

ART. 5. Ampliation de ce décret est transmise avec le projet de loi ou de sénatus-consulte au Corps législatif ou au Sénat par le ministre d'État.

TITRE II.

DU SÉNAT.

—

CHAPITRE IV.

ACTES DÉNONCÉS AU SÉNAT COMME INCONSTITUTIONNELS.

ART. 21. Lorsqu'un acte est déféré comme inconstitutionnel par le gouvernement au Sénat, le décret qui saisit le Sénat et qui nomme les *conseillers d'État* devant prendre part à la discussion est transmis par le ministre d'État au président du Sénat.

DU CORPS LÉGISLATIF.

—

CHAPÎTRE PREMIER.

RÉUNION DU CORPS LÉGISLATIF, FORMATION ET ORGANISATION DES BUREAUX, VÉRIFICATION DES POUVOIRS.

ART. 46. Le Corps législatif se réunit au jour indiqué par le décret de convocation.

Le gouvernement est représenté par des *conseillers d'Etat* à ce commis par des décrets spéciaux dans toute délibération du Corps législatif.

CHAPITRE II.

PRÉSENTATION, DISCUSSION, VOTE DES PROJETS DE LOIS.

ART. 51. Les projets de lois présentés par l'empereur sont apportés et lus au Corps législatif par les *conseillers d'État* commis à cet effet, ou transmis, sur les ordres de l'empereur, par le ministre d'État, au président du Corps législatif, qui en donne lecture en séance publique.

Ces projets sont imprimés, distribués et mis à l'ordre du jour des bureaux, qui les discutent et nomment, au scrutin secret et à la majorité, une commission de sept membres chargés d'en faire rapport.

Suivant la nature des projets à examiner, le Corps législatif peut décider que les commissions à nommer par les bureaux seront de quatorze membres au lieu de sept.

ART. 52. Tout amendement provenant de l'initiative d'un ou plusieurs membres est remis au président et transmis par lui à la commission.

Toutefois, aucun amendement n'est reçu après le dépôt du rapport fait en séance publique.

Art. 53. Les auteurs de l'amendement ont le droit d'être entendus dans la commission.

Art. 54. Si l'amendement est adopté par la commission, elle en transmet la teneur au président du Corps législatif, qui le renvoie au Conseil d'État, et il est sursis au rapport de la commission, jusqu'à ce que le Conseil d'État ait émis son avis.

La commission peut déléguer trois de ses membres pour faire connaître au Conseil d'État les motifs qui ont déterminé son vote.

Art. 55. Si l'avis du Conseil d'État, transmis à la commission par l'intermédiaire du président du Corps législatif, est favorable, ou qu'une nouvelle rédaction admise au Conseil d'État soit adoptée par la commission, le texte du projet de loi à discuter en séance publique sera modifié conformément à la nouvelle rédaction adoptée.

Si cet avis est défavorable ou que la nouvelle rédaction admise au Conseil d'État ne soit pas adoptée par la commission, l'amendement sera regardé comme non avenu.

CHAPITRE III.

MESSAGES ET PROCLAMATIONS ADRESSÉS AU CORPS LÉGISLATIF PAR L'EMPEREUR.

Art. 61. Les messages et proclamations que l'empereur adresse au Corps législatif sont apportés et lus en séance par les ministres ou les *conseillers d'État* commis à cet effet.

Ces messages et proclamations ne peuvent être l'objet d'aucune discussion ni d'aucun vote, à moins qu'ils ne contiennent une proposition sur laquelle il doive être voté.

ATTRIBUTIONS.

ATTENTAT DU 3 NIVOSE AN IX (1)

(24 décembre 1800).

Le Sénat conservateur avait déclaré conservatrice de la Constitution la résolution du gouvernement, du 14 nivôse an IX (4 janvier 1801) relative à l'attentat du 3 nivôse (24 décembre) et aux mesures de précaution et de haute police qu'il nécessitait.

Les consuls de la République, dans la séance du Conseil d'État du 18 nivôse an IX (8 janvier 1801),

Sur le rapport du ministre de la police, prirent l'arrêté suivant :

ART. 1er. Sont mis en surveillance spéciale, hors du territoire européen de la République, les citoyens dont les noms suivent :

ANDRÉ (Louis).
BAILLY (André-Antoine-Coure).
BARBIER (Jean-François).
BAUDRAY (Jean-Baptiste).
BESCHER.
BOISJOLLY dit CHRÉTIEN.
BONIFACE (Antoine).
BORMANS (Adrien-Antoine).
BOUIN (Mathurin).
BREBAN (Jacques).
BRISEVIN (Jean-Michel).
BROCHET.
BARLOIS (Laurent).
CARDINAUX (Pierre-Maurice).
CARRETTE (Pierre).
CEYRAT, *président aux massacres de septembre.*

CHATEAU (JOSEPH)
CHATEAUNEUF père (Joseph-Hugot).
CHATEAUNEUF fils (Philippe-Valmy-Hugot).
CHALANDON (Claude).
CHEVAL (Charles-Auguste).
CHEVALIER (Claude-Louis).
CHOUDIEU.
CHRÉTIEN (Pierre-Nicolas).
COLETTE (Claude).
COQUERELLLE.
CORDAS (Jacques).
CORCHANT (André).
COZZETTE (Pierre).
CRÉPIN (Jacques).
CROSNIER.
VILAIN DAUBIGNY.

(1) Voir l'*Histoire du Conseil d'État*, attributions, p. 148.

DAVID.

DELABARRE (Robert-Guillaume-Antoine).

DELRUE (Jean-Baptiste-Édouard-Joseph).

DAVAL (Nicolas-Joseph).

DESTREM (Hugues).

DERVILLE (Georges-Laurent).

DUCATEL (Pierre).

DUFOUR (François).

DUPONT (Guillaume-Jean).

DUSOUSSY (Joseph).

ÉON (Paul-Marie-Dominique-Bonaventure).

FIQUET (Claude-Antoine).

FLAMANT (Claude).

FONTAINE.

FOURGON (François).

FOURNIER L'AMÉRICAIN (Charles).

FRENIÈRE (BARTHELMI).

FYON (Jean-Joseph).

GABRIEL, ouvrier, septembriseur.

GASPARD (Gilles), septembriseur.

GEORGET (Jean-Baptiste).

GERBAUX (Jean-Louis).

GIRAUD.

GOSSET (Jean).

GOSSET (Louis).

GOULARD (Jean-Baptiste).

GUILLEMOT (BERTRAND).

HESSE (Charles).

HUMBLET.

JACQUOT-VILLENEUVE (Jacques-Chrysostome).

JALLABERT (Étienne).

JOLLY (René), septembriseur.

JOURDEUIL (Didier).

LACOMBE (Bertrand).

LAGÉRALDY (Jean-Pierre).

LAMBERTHÉ (Théodore).

LAPORTE (Antoine-Jean-Baptiste.

LEFEBVRE, colonel de gendarmerie.

LEFEBVRE (Pierre).

LEFRANC (Jean-Baptiste-Antoine).

LE GROS aîné, septembriseur.

LEMMERY (Louis-Julien).

LEPELLETIER (Félix).

LÉPINE (Louis-Marie-Daniel-François-Victor).

LEROY (Julien), dit ÉGLATOR.

LESUEUR (Jean-Nicolas).

LEBOIS (René-François).

LINAGE (Jean-Pierre).

LINAGE (Christophe).

LOUIS, dit BRUTUS.

MAMIN (Jean-Gratien-Alexandre-Petit).

MURLET (Michel), septembriseur.

MAIGNAN (Joseph).

MARCONNET (Ambroise)

MARSEAU (René François).

MARQUESI (de Toulon).

MARCELIN (Jean-François-Julien).

MARCHAND, orateur du Manége.

MASSARD (Guillaume-Gilles-Anne).

MENESSIER (Claude).

MÉTIVIER (Pierre).

MICHEL (Étienne).

MICHEL (Sulpice).

MILLIÈRES (François).

MONEUSC.

MOREAU (Louis).

MULOT.

NIQUILLE (Jean).

PACHOT (Charles).

PARIS (Nicolas).

PERRAULT (François).

PÉPIN-DESGROUETTES.

PRADEL (Jean-Baptiste).

PREVOST (Gabriel), septembriseur.

QUINON, septembriseur.

RICHARDET (Clément).

RICHON (Pierre).

RIVIÈRE.

ROSSIGNOL, général de l'armée révolutionnaire.

ROUSSELLE (Robert).

SAINT-AMAND, septembriseur.

SAULNIER (Jean).

SAULNOIS (Charles).

SERPOLLET, dit LYONNAIS.
SIMON (Jacques).
SOULLIER (Nicolas).
TALOT (Michel-Louis).
TAILLEFER (Jacques).
THIÉBAULT (Sébastien-Hubert).
THIRION.
TIROT (Claude).

TOULOTTE.
TRÉHANT.
VAIRAY (Jean-Martin).
VANNECK (Jean-Baptiste).
VATAR (RENÉ).
VAUVERSIN (Pierre).
VITRU (Agricole-Louis).

ART. 2. Les ministres de la marine et de la police genérale sont chargés de l'exécution du présent arrêté.

Le premier consul, *Signé :* BONAPARTE.

Par le premier consul,

Le secrétaire d'État, *Signé :* HUGUES B. MARET.

———

Sans chercher à récapituler et embrasser ici, d'un coup d'œil statistique, l'universalité des travaux du Conseil d'État de la République et de l'Empire, un de leurs traits caractéristiques était l'administration militaire, dans toutes ses branches, laquelle, au milieu de tant d'intérêts graves et complexes, préoccupait surtout le gouvernement et son chef.

Le Conseil d'État était en quelque sorte une milice législative ou une législature militante ; c'est la matière militaire, c'est le mot *armée* qui prévaut dans ses annales. Pour exemple, le projet de règlement sur les hôpitaux militaires, discuté et adopté dans la séance du 2 thermidor an VIII (21 juillet 1800), parmi ses quatre cent quatre-vingt-treize articles, prescrit aux articles 157 et suivants toutes les mesures nécessitées par les circonstances, et signale le génie de la guerre et à la fois la sollicitude prévoyante du premier consul pour les braves prodigues de leur sang et de leur vie.

« ART. 157. Le jour d'une bataille, le chirurgien en chef
» se tiendra à l'hôpital ambulant ; il attachera à chacune des
» divisions d'ambulance un nombre suffisant de chirurgiens

» qui seront munis de tous les objets nécessaires au panse-
» ment et au transport des blessés.

» Le chirurgien en chef ordonnera à l'ambulance volante
» de porter des secours partout où l'action paraîtra la plus
» vive. Les divisions de l'ambulance suivront les mouvements
» de l'armée et après avoir donné les premiers secours aux
» blessés, elles les feront évacuer sur les hôpitaux de pre-
» mière et deuxième ligne.

» Ces divisions de chirurgiens agiront toujours de manière
» à pouvoir se replier l'une sur l'autre ou à se réunir toutes
» suivant les besoins et les ordres qui seront donnés

» ART. 158. Lors du siége d'une place, le chirurgien en
» chef ordonnera pour le service de la tranchée, une divi-
» sion de chirurgiens, qui seront munis de tous les objets
» convenables. Cette division sera remplacée par une autre à
» l'heure où l'on relève la tranchée »

Après qu'une séance inaugurée par le bulletin de la journée
de Montebello ou de Marengo s'était levée aux acclamations
du Conseil d'État qui assistait de loin à nos triomphes, la
séance suivante était consacrée soit à l'organisation de la gendarmerie nationale, soit à une décision du conseil de révision.
Le Conseil d'État y fixait la dénomination de *général* réservée
aux seuls généraux en chef de division et de brigade, en dé-
signant les officiers actuellement connus sous le nom d'adjudants généraux par celui d'adjudants commandants et les
inspecteurs généraux aux revues par celui d'inspecteurs en
chef aux revues. Il réglait la discipline et déterminait l'uniforme des généraux et officiers des états-majors des armées
de la République.

Dans une autre séance, il rédigeait un projet de règlement
pour que les contributions perçues en pays étranger fussent
imputées sur le crédit du ministre de la guerre, et en présentait un autre tendant à autoriser le même ministre à disposer provisoirement de plusieurs millions sur les fonds destinés aux équipages militaires.

C'est toujours la même matière qui prédomine sur les autres affaires de l'ordre administratif depuis l'an VIII jusqu'en
1814. Le Conseil délibère successivement sur le service de
l'habillement et de l'équipement des troupes, sur l'admission
et le traitement des enfants de troupe ou militaires nés sous
les drapeaux, sur l'exécution des dispositions de la loi du
30 avril 1793, concernant les femmes à congédier des armées
et la défense faite a toute femme qui, actuellement à la suite
d'un corps ou d'une armée, n'aura pas été admise en qualité
de blanchisseuse ou vivandière, de s'approcher de l'armée
de plus de quatre lieues et sur l'ordre de rentrer dans ses
foyers pour y jouir des secours accordés par la loi du 14 messidor an VI (2 juillet 1797) (1).

Autre part, le Conseil défère à la comptabilité nationale
les comptes des receveurs et caissiers des commissions civiles
près les armées du Danube, de l'Helvétie et de l'Italie, puis
adopte un projet d'arrêté sur l'exercice de la contrainte par
corps contre les conscrits et statue sur des projets de pension
viagère à accorder à titre de récompense nationale à des
veuves de généraux.

La composition du comité central d'artillerie et du comité central du génie occupe une autre séance du Conseil
d'État, qui organise les divisions militaires, les vétérans nationaux, et punit les invalides qui vendent leurs effets. Enfin
il consacre une séance suivante à un projet de règlement sur

(1) L'exécution de cette mesure disciplinaire adoptée par le Conseil
d'État, sous l'influence et la présidence du premier consul, était peut être
une réminiscence du mot de Bonaparte, lieutenant *ad honores* en 1782, à
l'école de Brienne. La femme du concierge, pourvoyeuse des élèves en
friandises, voulait forcer la consigne qui interdisait l'entrée sans une carte
signée du principal.

« Qu'on éloigne cette femme, dit le jeune officier, puisqu'elle apporte
» ici la licence des camps (*). »

(*) Voir l'*Histoire de Napoléon*, par E. Begin.

les masses de troupes dont le nombre était fixé à neuf pour les troupes à pied et à douze pour les troupes à cheval.

Pendant que le Conseil d'État agitait ainsi toutes les questions militaires et faisait en général les affaires du dedans et du dehors avec l'habileté d'un administrateur ou d'un intendant militaire, la séance était quelquefois interrompue par l'arrivée du premier consul qui venait la présider, pour ordonner et entendre la lecture d'une dépêche diplomatique annonçant une victoire, comme il arriva dans la séance du 12 fructidor an VIII (30 août 1800), où le secrétaire d'État donna lecture de la dépêche du citoyen Alquier, ambassadeur de France en Espagne, pour annoncer la défaite de 15,000 Anglais par les troupes espagnoles entre la Corogne et le Ferrol. Quelle variété, quelle rapidité d'incidents successifs dans ce Conseil d'État, militaire, marin, législateur et diplomate !

La marine, sans avoir la même activité, n'était pas cependant négligée dans le Conseil, et parmi ses détails, l'organisation des ports et arsenaux, les dispositions en ce qui concerne les officiers du génie maritime, la fixation du bureau des dépenses des colonies, la composition du corps militaire et le nombre des officiers de vaisseaux, la prorogation des dispositions de la loi qui mettait à la disposition de la commission de marine tous les jeunes gens de seize ans et au-dessous, le martelage des bois destinés pour les constructions navales, et l'inscription des marins étrangers résidant en France et mariés avec une Française, pour les obliger à servir sur les vaisseaux de l'État, enfin toutes les ramifications du service maritime venaient s'élaborer dans le grand arsenal administratif.

Il n'est pas hors de saison en passant de comparer notre situation maritime en 1813 et en 1849, d'après la statistique qui existe à Cherbourg jusqu'à cette dernière année. En 1813, au 1er janvier, la France avait cent douze vaisseaux armés et prêts à faire voile ; en 1849, vingt-sept à flot dont dix hors d'état; en 1813, la marine avait deux cent cinquante et un administrateurs pour ses huit ports en pays étrangers et conquis, Flessingue, Anvers, Raguse, Trieste, Corfou, Gênes, Livourne et Hambourg. En 1849 elle avait quatre cent quarante-huit administrateurs pour les cinq ports qui lui restent, Toulon, Brest, Cherbourg, Rochefort et Lorient.

Séance du 2 messidor an VIII (21 juin 1800).

D'après la convocation des consuls, le Conseil d'État se réunit à une heure.

Le second et le troisième consul étaient présents.

Après que le secrétaire général du Conseil d'État eut fait lecture du procès-verbal de la séance du 28 prairial (17 juin 1800), et que le Conseil en eut approuvé la rédaction, le secrétaire général des consuls donna lecture de la pièce suivante :

BULLETIN DE L'ARMÉE DE RÉSERVE.

TORRE DI GARAFOLA, le 26 prairial an VIII (15 juin 1800).

Après la bataille de Montebello, l'armée s'est mise en marche pour passer la Scrivia. L'avant-garde, commandée par le général Gardanne, a, le 24, rencontré l'ennemi qui défendait les approches de la Bormida et les *trois* (1) ponts qu'il avait près d'Alexandrie, l'a culbuté, lui a pris 2 pièces de canon et fait 100 prisonniers.

La division du général Chabran arrivait en même temps le

(1) Voir le *Mémorial du dépôt de la guerre*, p. 279 et 318. Les relations françaises, numéros 1 et 4, disent *trois*. Il parait plausible d'en croire préférablement la relation autrichienne qui n'indique que deux *ponts*, d'autant plus que les relations 2 et 3, faites avec réflexion, se bornent à dire les *ponts* sans spécifier le nombre.

long du Pô, vis-à-vis Valence, pour empêcher l'ennemi de passer ce fleuve. Ainsi M. Mélas se trouvait cerné entre la Bormida et le Pô. La seule retraite de Gênes qui lui restait après la bataille de Montebello se trouvait interceptée. L'ennemi paraissait n'avoir encore aucun projet et très-incertain de ses mouvements.

Le 25, à la pointe du jour, l'ennemi passa la Bormida sur ces trois ponts, résolu de se faire une trouée, déboucha en face, surprit notre avant-garde, et commença, avec la plus grande vivacité, la bataille de Marengo, qui décida enfin du sort de l'Italie et de l'armée autrichienne.

Quatre fois pendant la bataille nous avons été en retraite, et quatre fois nous avons été en avant. Plus de 60 pièces de canon ont été de part et d'autre, sur différents points et à différentes heures, prises et reprises. Il y a eu plus de douze charges de cavalerie et avec différents succès.

Il était trois heures après midi. 10,000 hommes de cavalerie débordèrent notre droite dans la superbe plaine de Saint-Julien. Ils étaient soutenus par une ligne de cavalerie et beaucoup d'artillerie. Les grenadiers de la garde furent placés comme une redoute de granit au milieu de cette immense plaine. Rien ne put l'entamer : cavalerie, infanterie, artillerie, tout fut dirigé contre ce bataillon, mais en vain ; ce fut alors que vraiment l'on vit ce que peut une poignée de gens de cœur.

Par cette résistance opiniâtre, la gauche de l'ennemi se trouva contenue, et notre droite appuyée jusqu'à l'arrivée du général Monnier, qui enleva à la baïonnette le village de Castel Cariolo.

La cavalerie ennemie fit alors un mouvement rapide sur notre gauche qui déjà se trouvait ébranlée. Ce mouvement précipita sa retraite.

L'ennemi avançait sur toute la ligne, faisant feu de mitraille avec plus de 100 pièces de canon. Les routes étaient couvertes de fuyards, de blessés, de débris ; la bataille pa-

raissait perdue; on laissa avancer l'ennemi jusqu'à une portée de fusil du village de Saint-Julien, où était en bataille la
division Desaix avec 8 pièces d'artillerie légère en avant, et
deux bataillons en potence en colonne serrée sur les ailes.
Tous les fuyards se rallièrent derrière; déjà l'ennemi faisait
des fautes qui présageaient sa catastrophe. Il étendait trop ses
ailes.

La présence du premier consul ranimait le moral des troupes. « Enfants, leur disait-il, souvenez-vous que mon habi-
» tude est de coucher sur le champ de bataille. »

Aux cris de : *Vive la République! Vive le premier consul!*
Desaix aborda au pas de charge et par le centre. Dans un
instant, l'ennemi fut culbuté. Le général Kellerman, qui,
avec sa brigade de grosse cavalerie, avait toute la journée
protégé la retraite de notre gauche, exécuta une charge avec
tant de vigueur et si à propos que 6,000 grenadiers et le général Zach, chef de l'état-major général, furent faits prisonniers, et plusieurs généraux ennemis tués.

Toute l'armée suivit ce mouvement; la droite de l'ennemi
se trouva coupée. La consternation et l'épouvante se mirent
dans ses rangs.

La cavalerie autrichienne s'était portée au centre pour protéger la retraite. Le chef de brigade Bessière, à la tête des
casse-cols et des grenadiers de la garde, exécuta une charge
avec autant d'activité que de valeur, perça la ligne de cavalerie ennemie, ce qui acheva l'entière déroute de l'armée.
Nous avons pris 15 drapeaux, 40 pièces de canon et fait 6
à 8,000 prisonniers. Plus de 6,000 ennemis sont restés sur le
champ de bataille.

La 9ᵉ légère a mérité le titre d'*Incomparable;* la grosse
cavalerie et le 8ᵉ de dragons se sont couverts de gloire. Notre
perte est aussi considérable. Nous avons eu 600 hommes tués,
1,500 blessés et 900 prisonniers. Les généraux Boudet,
Champeaux et Mainoni sont blessés.

Le général en chef Berthier a eu ses habits criblés de

balles. Plusieurs de ses aides de camp ont été démontés ; mais une perte vivement sentie par l'armée, et qui le sera par toute la République, ferme notre cœur à la joie. Desaix a été frappé d'une balle au commencement de la charge de sa division : il est mort sur le coup. Il n'a eu que le temps de dire au jeune Lebrun qui était avec lui : « Allez dire au » premier consul que je meurs avec le regret de n'avoir pas » assez fait pour vivre dans la postérité. »

Dans le cours de sa vie, le général Desaix a eu quatre chevaux tués sous lui et reçu trois blessures. Il n'avait rejoint le quartier général que depuis trois jours ; il brûlait de se battre et avait dit deux ou trois fois la veille à ses aides de camp : « Voilà longtemps que je ne me bats plus en Europe. » Les boulets ne nous connaissent plus : il nous arrivera » quelque chose. » Lorsqu'on vint, au milieu du plus fort du feu, annoncer au premier consul la mort de Desaix, il ne lui échappa que ce seul mot : « Pourquoi ne m'est-il pas permis de pleurer? » Son corps a été transporté en poste à Milan pour y être embaumé (1).

La lecture de ce bulletin fut suivie de celle de la lettre du premier consul aux consuls de la République, datée de Torre de Garofola, du 27 prairial an VIII (16 juin 1800), annonçant la convention signée dans la nuit par le général Berthier et le général Mélas ; elle finit par ces mots : « J'espère que » le peuple français sera content de son armée. *Signé* Bo- » NAPARTE. »

Il fut fait ensuite lecture de cette convention, dont l'article 1er était conçu en ces termes :

(1) Conformément aux dernières volontés de l'illustre mort, ses dépouilles reposent dans la chapelle du couvent du grand Saint-Bernard, à gauche près du tronc qui reçoit les offrandes des pèlerins. J'eus le double bonheur de trouver encore réunies dans l'hospice, sous l'aile et la garde des jeunes moines hospitaliers, entre autres l'excellent M. Meilhand, les traces des deux héros, la chambre où coucha Bonaparte et le tombeau de Desaix.

« Il y aura amnistie et suspension d'hostilités entre l'armée
» de S. M. I. et celle de la République française en Italie
» jusqu'à la réponse de la cour de Vienne.

» ART. 12. MM... et les citoyens Dejean, conseiller d'État,
» et Daru, inspecteur aux revues, sont nommés commis-
» saires à l'effet de pourvoir aux détails d'exécution de la
» présente convention, soit pour la formation des inventaires,
» soit pour pourvoir aux subsistances et aux transports, soit
» pour tout autre objet. »

La lecture de cette convention fut suivie des démonstra-
tions de la satisfaction la plus vive de la part du Conseil, et
la séance fut levée aussitôt.

Le Conseil d'État, rédacteur du Code civil, l'était aussi
des adresses votées par les consuls aux grands corps de l'État
à l'occasion de nos fastes militaires.

VICTOIRE DE HOHENLINDEN.

Le 12 nivôse an IX (2 janvier 1801), il entendit retentir
dans son enceinte l'écho de la victoire de Hohenlinden et rédigea l'adresse des consuls de la République au Sénat, au
Tribunat et au Corps législatif :

« Citoyens,

» La République triomphe et ses ennemis implorent encore
» sa modération

» La victoire de Hohenlinden a retenti dans toute l'Eu-
» rope. Elle sera comptée par l'histoire au nombre des plus
» belles journées qui aient illustré la valeur française ; mais
» à peine avait-elle été comptée par nos défenseurs qui ne
» croient avoir vaincu que quand la patrie n'a plus d'en-
» nemis. L'armée du Rhin a passé l'Inn. Chaque jour a été
» un combat et chaque combat un triomphe.

» L'armée gallo-batave a vaincu à Bamberg. L'armée des

» Grisons, à travers les neiges et les glaces, a franchi le
» Splugen, pour tourner les redoutables lignes du Mincio et
» de l'Adige. L'armée d'Italie a emporté de vive force le
» passage du Mincio et bloqué Mantoue. Enfin Moreau n'est
» plus qu'à cinq journées de Vienne, maître d'un pays im-
» mense et de tous les magasins des ennemis.

» C'est là qu'a été demandé par le prince Charles et ac-
» cordé par le général en chef de l'armée du Rhin, l'armis-
» tice dont les conditions vont être mises sous vos yeux.

» M. de Cobenzel, plénipotentiaire de l'empereur à Luné-
» ville, a déclaré par une note en date du 31 décembre, qu'il
» était près d'ouvrir les négociations pour une paix séparée.
» Ainsi l'Autriche est affranchie de l'influence du gouverne-
» ment anglais.

» Le gouvernement, fidèle à ses principes et au vœu de
» l'humanité, dépose dans votre sein et proclame à la France
» et à l'Europe entière les intentions qui l'animent.

» La rive gauche du Rhin sera la limite de la République
» française. Elle ne prétend rien sur la rive droite. L'intérêt
» de l'Europe ne veut pas que l'empereur passe l'Adige.
» L'indépendance des Républiques helvétique et batave sera
» assurée et reconnue. Nos victoires n'ajoutent rien aux pré-
» tentions du peuple français, l'Autriche ne doit pas attendre
» de ses défaites ce qu'elle n'aurait pas obtenu par des vic-
» toires.

» Telles sont les intentions invariables du gouvernement,
» le bonheur de la France sera de rendre le calme à l'Alle-
» magne et à l'Italie; sa gloire, d'affranchir le continent du
» génie avide et malfaisant de l'Angleterre

» Si la bonne foi est encore trompée, nous sommes à Pra-
» gue, à Vienne et à Venise.

» Tant de dévouement et de succès appellent sur nos
» armées toute la reconnaissance de la nation

» Le gouvernement voudrait trouver de nouvelles expres-
» sions pour consacrer leurs exploits; mais il en est une qui,

» par sa simplicité, sera toujours digne des sentiments et du
» courage du soldat français.

Le premier consul,

Signé : BONAPARTE.

Par le premier consul, le secrétaire d'État,

Signé : HUGUES B. MARET.

Lecture fut donnée ensuite de l'armistice conclu entre les armées de la République française et celles de l'empereur, et suivie de la présentation de quatre projets de loi portant que les armées du Rhin, d'Italie, des Grisons et gallo-batave avaient bien mérité de la patrie.

Le Conseil les adopta en ces termes :

PREMIER PROJET.

L'armée du Rhin a bien mérité de la patrie

DEUXIÈME PROJET.

L'armée d'Italie a bien mérité de la patrie.

TROISIÈME PROJET.

L'armée des Grisons a bien mérité de la patrie.

QUATRIÈME PROJET.

L'armée gallo-batave a bien mérité de la patrie.

Les consuls ayant arrêté que ces quatre projets seraient proposés au Corps législatif, le premier consul nomma pour les présenter et en soutenir la discussion, les citoyens Regnier, Thibaudeau et Saint-Cyr.

La séance du mardi 5 janvier 1813 fut présidée par l'empereur en personne, à l'occasion du serment de fidélité à prêter au roi de Rome, héritier de l'Empire.

Ce projet, composé de trois titres et de sept sections, après avoir fixé les dispositions de la prestation du serment dans les communes, dans les chefs-lieux de sous-préfecture, dans les chefs-lieux de département et des gouvernements généraux, prescrivait la prestation du serment en présence de l'empereur, dans sa bonne ville de Paris, par les princes et princesses du sang, etc., par le Sénat, le Conseil d'État et les membres du Corps législatif, enfin par tous les hauts fonctionnaires.

Ce décret est suivi d'un document curieux, intitulé : *Recherches sur le couronnement des fils aînés des rois, héritiers du trône français, et la prestation du serment de fidélité du vivant de leur père.*

Je me bornerai à citer un extrait de ces vieilles chroniques relatif au couronnement des enfants de Charlemagne, du vivant de cet empereur, et consigné dans le procès-verbal :

« Et suprà dictum iter peragens, celebravit pascha in Româ » et ibi baptisatus est filius ejus Pippinus ab Hadriano Papâ, » qui et ipse eum de sacro fonte suscepit, et duo filii ejus » uncti sunt in reges à supradicto pontifice, Pippinus et H. Lu- » dovicus, Pippinus in Italiam, H. Ludovicus in Aquitaniam » anno 781. (ann. Francorum dicti Tiliani.)

» Karolus rex orationis causâ vadit Romam ibique filii » ejus unguntur in reges, Pippinus super Italiam, Ludovicus » super Aquitaniam. » (Sigeberti *Chronic.*, anno 781.)

Eginhard et l'auteur des *Annales dites de Saint-Bertin* rapportent le même fait presque dans les mêmes termes :

« Ibi Adrianus Pontifex baptizavit filium ejus (Caroli) Pip- » pinum, unxitque in regem. Unxit etiam et Ludovicum (de- » puis Louis le Débonnaire) fratrem ejus quibus et coronam » imposuit anno 781. » *Recueil des histor. de France*, par D. Bouquet, tome VI, page 66.

Après la discussion de ce projet, Sa Majesté chargea MM. les présidents des sections de se réunir sous la présidence du prince archichancelier pour rédiger un projet d'après les bases indiquées dans le cours de la discussion.

Le Conseil d'État entendit ensuite, toujours sous la présidence de l'empereur, le rapport d'une commission spéciale chargée d'examiner les propositions du grand juge ministre de la justice, relatives à la révision du *Recueil authentique des lois.*

Un avis sur cette question fut discuté, amendé et adopté.

Le Conseil adopta aussi un projet de décret relatif à l'augmentation des droits sur les boissons et à la perception du droit de timbre des expéditions délivrées par les préposés des droits réunis.

Suivaient un tarif des droits d'entrée et un tableau des départements de l'Empire divisés en quatre classes, et comprenant tout ensemble cent vingt-cinq départements.

L'empereur leva ensuite cette séance, qu'il avait inaugurée à l'aurore de l'année 1813, par le serment que ces cent vingt-cinq départements et plus de 35 millions de Français devaient prêter au roi de Rome.

CONSCRIPTION.—AUDITEURS.

Le comte Regnaud de Saint-Jean d'Angely, ministre d'État, donna à la fin de la séance du 29 juin 1813 lecture d'un rapport présenté par le ministre de l'intérieur relatif aux fonctionnaires administratifs compris par leur âge dans les rappels ordonnés sur les classes de la conscription.

Le ministre, dans cette question *vitale*, prenait pour exemple l'année 1808. « Un conscrit de 1808, disait-il, ayant tiré » un des derniers numéros, ne se trouve dans ladite année désigné pour faire partie d'aucun contingent. Il reste en conséquence dans le dépôt du sort. S'il est appelé à un service

» public qui exige qu'il justifie avoir satisfait à la conscrip-
» tion, sa justification s'opère, dans ce cas, par un certificat
» qui constate qu'il a tel numéro de la liste générale, non
» appelé à l'armée active. Cette formalité remplie, il entre
» dans la carrière pour laquelle elle a été exigée : c'est le
» cas dans lequel peuvent se trouver les *auditeurs*. Votre Ma-
» jesté en dispose pour les différentes parties de son service
» auxquelles ils sont jugés propres. »

Cet exposé s'appliquait à M. Dupeloux, auditeur au Conseil d'État, que l'empereur avait nommé par décret du 7
avril 1813 sous-préfet d'Aix (Bouches-du-Rhône), et qui
avait été compris par le préfet de l'Ardèche sur la liste des
conscrits de 1808 rappelés par le décret du 4 avril.

Le ministre, en conséquence, proposait à l'empereur de décider qu'un conscrit non appelé, nommé par un décret impérial magistrat ou administrateur, ne pourrait faire partie des
rappels ordonnés sur sa classe, quand sa nomination aurait
eu lieu après la seconde année qui suivrait celle où il aurait
satisfait à la conscription.

Le Conseil d'État, appelé à statuer sur cette question, émit
l'avis : « que la conscription était une dette de laquelle nul
» ne pouvait être exempt ;

» Que lorsque la classe d'une année était appelée à fournir
» son contingent, tous les individus capables devaient être
» mis en activité selon l'ordre de leur numéro, quelles que
» fussent leurs fonctions à cette époque ;

» Que lorsque le contingent demandé avait été fourni en
» entier, ceux qui n'avaient pas été désignés pour y concourir
» et étaient restés libres, étaient susceptibles d'être appelés à
» toutes les fonctions publiques ;

» Que lorsqu'ils avaient été appelés par un décret impérial
» à une fonction publique de magistrature, d'administration
» ou de diplomatie, ils ne devaient plus être demandés pour
» faire partie des contingents nouveaux appelés sur leur
» classe postérieurement à la date de leur nomination. »

Le 27 juillet 1813, le comte Boulay fit lecture d'un projet présenté par le ministre d'État, intendant du domaine extraordinaire, et relatif à la tutelle spéciale de la jeune duchesse de Frioul.

Un décret du 7 juin précédent, ayant pour objet de donner à la mémoire du grand maréchal Duroc, duc de Frioul, une preuve éclatante du souvenir que l'empereur conservait de ses services, avait transmis à sa fille le duché de Frioul, qui faisait retour au domaine extraordinaire, et assurait au mari qu'aurait la jeune duchesse, le titre de duc de Frioul.

Le nouveau décret présenté à l'adoption du Conseil, le 27 juillet suivant, exprimait encore la sollicitude toute paternelle et exclusive de l'empereur pour la fille du grand maréchal.

L'article 1er est surtout digne de remarque.

La jeune duchesse de Frioul ne pourra contracter de mariage qu'avec notre consentement sous peine d'être privée du bienfait de notre décret du 7 juin dernier.

Le comte Molé, conseiller d'État, fut nommé tuteur spécial de Hortense-Eugénie-Nièves Duroc, duchesse de Frioul.

———

Napoléon décréta en son Conseil, sur le rapport du ministre de l'intérieur, « le recrutement de quatre régiments « de *gardes d'honneur*, la sous-lieutenance leur étant as- « surée après douze mois de service, tandis que les écoles » de Saint-Cyr et de Saint-Germain ne la faisaient espérer » aux élèves qu'au bout de deux ans et d'une manière con- » ditionnelle.

» Les vélites, dont la solde n'était que les trois quarts de » celle d'un garde d'honneur, avant d'avoir le grade de sous- » lieutenant, payaient une pension de trois cents francs et » étaient simples lanciers pendant quatre ou cinq ans.

» Les gardes d'honneur devaient avoir l'élégant uniforme

» de hussards, jouissant de la solde des chasseurs à cheval
» de la garde impériale; après douze mois de service, ils
» devaient avoir le grade de sous-lieutenant.

» Les jeunes gens que la nature, la fortune ou l'éducation
» destinaient à être officiers, aimeraient à entrer au service
» en s'enrôlant dans ces régiments, à qui Sa Majesté, dans
» un sénatus-consulte, faisait espérer que si elle organisait
» des compagnies de gardes du corps, elle en choisirait un
» grand nombre parmi eux. »

Cette brillante perspective et surtout ce titre de *gardes
d'honneur*, magique talisman pour des cœurs français, fasci-
nèrent un nombreux essaim de jeunes gens, la fleur de l'Empire, que la guerre allait trop tôt moissonner.

Le Conseil, bras droit de l'empereur, sous son énergique
impulsion, faisait chaque jour de nouvelles levées de bou-
cliers.

Par deux décrets impériaux, signés de Mayence, l'empereur avait déjà nommé quartiers - maîtres trésoriers des
régiments des gardes d'honneur, quatre auditeurs au Conseil d'État,

Savoir :

Au 1er régiment, M. Dubois d'Arneville, trésorier de cohortes de la 31e division;

Au 3e régiment, M. Chassiron, trésorier aux cohortes de
la 12e division;

Au 4e régiment, M. Dampmartin, trésorier des cohortes
de la 31e division.

Au 2e régiment, M. Guillaume, trésorier des cohortes de
la 18e division;

Un autre décret impérial daté de Saint - Cloud avait aussi
appelé à des emplois non encore pourvus dans les 1er, 2e et
4e régiments de gardes d'honneur.

Dans le 1er régiment, M. de Riberolles, auditeur au Conseil d'État et trésorier des cohortes de Lyon, était nommé
quartier-maître en remplacement de M. Dubois d'Arneville.

Le Conseil, après avoir vu passer sous ses yeux tant de projets sur l'armée, se vit aussi déférer, le 24 décembre 1813, la discussion du décret impérial relatif à l'organisation de compagnies de gardes nationales pour la défense des places de guerre et la police des villes.

Le décret partait encore des Tuileries, daté du 17 décembre 1813.

Il devait s'organiser, à cet effet, des cohortes de grenadiers et de fusiliers et de cohortes mixtes, composées de compagnies de grenadiers et de fusiliers de gardes nationales et des compagnies d'artilleurs.

Cinq ministres, les ministres de l'intérieur, de la guerre, de l'administration de la guerre, de la police générale et du Trésor impérial, étaient chargés de l'exécution du décret, qui était suivi d'un tableau comprenant trente divisions militaires depuis le département de l'Aisne, jusqu'à ceux de Rome et du Trasimène.

Au milieu des préoccupations incessantes de la guerre, l'empereur vint encore présider la séance du 28 décembre 1813, et entendit le rapport et le projet de loi présentés par le comte Defermon, ministre d'État, relatifs au budget pour l'exercice 1814.

Le budget était plus que jamais le nerf de la guerre. La France devait donc être une mine d'or pour ne pas devenir un gouffre, à la fin de l'année 1813, sous la dépense énorme de 673 millions en un an pour les frais de guerre seulement et le chiffre total d'un milliard 150 millions.

DERNIÈRE SÉANCE DU CONSEIL D'ÉTAT PRÉSIDÉE PAR L'EMPEREUR

Le vendredi 31 décembre 1813, Napoléon présida le Conseil d'État pour la dernière fois.

Une question de subsistances locales à organiser dans sa

bonne ville de Paris, occupa cette grande intelligence toujours nette et ferme pour les simples détails d'administration, comme dans le dédale inextricable de la diplomatie la plus tortueuse, ou sur le terrain de la tactique et de la stratégie.

INCIDENTS SURVENUS DANS LES SÉANCES DU CONSEIL D'ÉTAT.

4 janvier 1811 (1).

Ce fut le cardinal d'Astros, archevêque de Toulouse, qui fit afficher dans les rues de Paris la bulle d'excommunication fulminée en 1809 par Pie VII contre l'empereur Napoléon. Il fallait un certain degré d'audace pour le faire à cette époque. La bulle avait été publiée à l'occasion de l'occupation par Napoléon des États du pape et de leur adjonction à l'Empire français. Le décret qui prescrivait cette mesure était parti du camp français à Schoenbrunn, le 17 de mai. L'acte d'excommunication fut suivi de l'arrestation du pape par les mains du général Radet.

Les foudres du Vatican avaient armé la main impériale de la massue d'Hercule dont le coup retentit dans le sein du Conseil d'État, au milieu de la séance du 4 janvier 1811.

L'issue de la séance judiciaire du 1er septembre 1832 emprunta une couleur assez animée à quelques observations adressées par M. le garde des sceaux à l'un des avocats aux Conseils.

Une requête au roi, signée de cet avocat et contenant certaines propositions inconstitutionnelles, donna lieu à une remontrance sévère et inaccoutumée.

Sur les conclusions du ministère public, le Conseil ayant

(1) Voir *Histoire du Conseil d'État*, attributions, p. 150.

entendu la lecture de cette requête, et unanimement improuvé
les propositions y énoncées, décida que M. le garde des
sceaux, président, rappellerait M^e *** au respect de ses
devoirs et au serment qu'il avait prêté, et lui enjoindrait
d'être plus circonspect à l'avenir.

La séance publique, suspendue et levée, se rouvrit sous la
présidence du garde des sceaux, qui après avoir donné lecture de cinq projets d'ordonnance délibérés dans la séance
du 31 août, adressa à M^e *** les paroles suivantes :

« Le Conseil d'État n'a pu voir sans surprise quelques-unes
» des propositions consignées dans une requête au roi, re-
» vêtue de votre signature.

» En exprimant dans cette requête la réserve d'un droit
» permanent, contraire à l'inviolabilité de la couronne, vous
» avez méconnu un devoir, et le caractère du serment que
» vous avez prêté.

» Le Conseil d'État vous enjoint, par mon organe, d'être
» plus circonspect à l'avenir.

» Les explications données sur vos intentions, le défaut
» de publicité du mémoire produit, n'ont pas permis au
» Conseil d'État d'être sévère. Nous sommes assurés que
» vous ne céderez désormais qu'à des inspirations plus en
» harmonie avec la sagesse de votre caractère et les devoirs
» de votre profession. »

———

Nous produisons ici deux lettres des impératrices Marie-
Louise et Joséphine au Conseil d'État à l'occasion des victoires de l'empereur.

Le 4 juin 1813, le Conseil d'État ayant été convoqué sur
l'ordre de Sa Majesté l'impératrice régente sous la présidence
de l'archichancelier de l'Empire, M. le secrétaire général fit
lecture de la lettre close dont suit la teneur :

LETTRE DE L'IMPÉRATRICE MARIE-LOUISE

au Conseil d'État,

A L'OCCASION DE LA VICTOIRE DE WURTCHEN.

AU NOM DE L'EMPEREUR,

L'IMPÉRATRICE REINE ET RÉGENTE AU CONSEIL D'ÉTAT.

Messieurs les membres du Conseil d'État, la victoire de Wurtchen en Lusace, où Sa Majesté l'empereur, notre très-cher et bien-aimé époux, commandant en personne ses armées, a battu les armées russe et prussienne, commandées par leurs souverains, malgré les retranchements dont elles s'étaient couvertes; le bonheur qu'il a eu de rétablir dans sa capitale son allié le roi de Saxe et de délivrer tout son royaume; l'Allemagne rendant au Dieu des armées des actions de grâce de l'avoir délivrée, par l'assistance qu'il a donnée à son auguste protecteur, de l'esprit de révolte et d'anarchie que l'ennemi avait cherché à répandre dans ces contrées, sont des preuves signalées de la protection divine. Nous avons, en conséquence, ordonné qu'un *Te Deum*, auquel nous assisterons, sera chanté, le dimanche 13 juin prochain, dans l'église métropolitaine de notre bonne ville de Paris, pour rendre de nouvelles grâces au Dieu des combats et lui demander de conserver la personne sacrée de Sa Majesté l'empereur et roi, notre cher époux et souverain. Nous désirons qu'aucun empêchement légitime ne s'oppose à ce que vous vous trouviez à cette solennité. Sur ce, messieurs les membres du Conseil d'État, nous prions Dieu qu'il vous ait en sa sainte garde.

Donné en notre palais de Saint-Cloud, ce 31 mai 1813.

Signé : MARIE-LOUISE.

Par l'Impératrice régente,

Le ministre d'État de la Régence,

Signé : le duc de CADORE.

Cette lettre était de l'impératrice.

———

LETTRE DE L'IMPÉRATRICE JOSÉPHINE

au Conseil d'État.

-A STRASBOURG, ce 11 brumaire.

Messieurs du Conseil d'État, je reçois avec beaucoup d'intérêt ce que vous me dites de flatteur à l'occasion des victoires de l'empereur et roi. Je connais votre attachement pour sa personne, et j'étais bien sûre de toute la part que vous prendriez à sa gloire et à ma joie. Je désire, messieurs, que vous ne soyez pas moins persuadés de toute ma sensibilité au témoignage que vous me donnez de vos sentiments pour moi.

Signé : JOSÉPHINE.

Cette lettre était de l'épouse de Napoléon.

———

CONSEIL D'ÉTAT DE 1853.

DÉCENTRALISATION.

Le Conseil d'État nouveau, calqué sur celui du Consulat et de l'Empire, a subi néanmoins une notable modification. La *centralisation*, cette puissante machine pneumatique, placée au centre de quatre-vingt-six départements et de plus de trente-sept mille communes, absorbait tous les éléments politiques et administratifs par le canal du ministère, dans un foyer commun, le Conseil d'État, et les faisait rayonner ensuite vers les points d'où ils étaient partis, pour les y ramener encore par une transmission incessante. C'est sur ce faisceau multiple, mais compacte, que s'étaient brisés impuissants tant de chocs et de révolutions. Honneur au bras de fer qui l'érigea dans des temps de péril et de crise.

Aujourd'hui qu'un bras non moins fort a raffermi la France pacifiée, l'arc a dû se détendre, et les départements, les arrondissements, les cantons et les communes ont été jugés en état de se régir, pour les affaires qui n'affectent point l'intérêt général, sans l'intervention des ministres, ni même celle du pouvoir central, sous la juridiction spéciale de leur magistrat naturel, le préfet.

Napoléon III, qui gouverne la France à une époque de pacification, par des institutions empruntées à l'Empire, mais modifiées avec intelligence, vient de les abandonner en un point important, en laissant aux départements, aux communes et aux conseils leur action immédiate, aux citoyens probes et capables, le libre usage de leur expérience et de leur patriotisme dans la gestion d'affaires d'un intérêt local.

Le décret du 25 mars 1852 a enlevé à la juridiction du chef de l'État et du ministre de l'intérieur, cent seize espèces d'affaires énumérées en quatre tableaux qui exigeaient jadis leur décision suprême, après avoir été déférées à l'examen du Conseil d'État.

Le sage principe de ce décret vient d'être pour le Conseil d'État l'occasion naturelle d'une inspection supérieure à exercer sur la juridiction des préfets, et a donné lieu au décret qui désigne des conseillers d'État à cet effet en 1853 :

NAPOLÉON III, par la grâce de Dieu et la volonté nationale, EMPEREUR DES FRANÇAIS,

A tous présents et à venir salut.

Sur la proposition de notre ministre secrétaire d'État au département de l'intérieur,

Vu le décret du 25 mars 1852, sur la décentralisation administrative ;

Considérant qu'il importe de constater l'influence exercée par l'application de notre décret du 25 mars 1852, sur la marche des différentes branches de service public dans les préfectures et de recueillir les documents qui nous permettent d'apprécier ce qu'il convient de faire pour développer, perfectionner et rectifier, s'il y a lieu, les dispositions contenues dans le décret précité ;

Avons décrété et décrétons ce qui suit :

ART. 1er. Des conseillers d'État désignés par nous, sur la proposition de notre ministre secrétaire d'État au département de l'intérieur, de l'agriculture et du commerce, seront chargés de l'inspection des préfectures, conformément aux instructions qui seront arrêtées par notre ministre de l'intérieur.

ART. 2. Sont désignés pour l'inspection des préfectures en 1853 :

MM. Carlier, Stourm, Vaïsse, J. Boulay (de la Meurthe), Fremy, Dariste, Boulatignier, conseillers d'État.

ART. 3. Notre ministre de l'intérieur, de l'agriculture et du commerce est chargé de l'exécution du présent décret.

Fait au palais des Tuileries le 2 février 1853.

Signé : NAPOLÉON.

Par l'Empereur,

Le ministre secrétaire d'État au département de l'intérieur,

Signé : DE PERSIGNY.

Les *Missi Dominici* de Charlemagne, commissaires examinateurs de la justice judiciaire, et les conseillers d'État en tournée de Napoléon Ier, si utilement employés au contrôle de la justice ordinaire dans toutes ses ramifications, sont rétablis par son digne successeur dans une mission dont l'effet sera inappréciable en étendant l'œil impartial du maître jusqu'aux extrémités de l'Empire.

L'Université a ses inspecteurs généraux; l'Armée a ses inspecteurs; la Marine a ses inspecteurs; les Finances, l'Enregistrement et les Domaines, les Forêts, les Postes, les Contributions directes et indirectes, les Ponts et Chaussées et les Mines, les Haras, les Prisons, les Établissements de bienfaisance, les Beaux-Arts, enfin la plupart des grands services publics ont leurs inspecteurs; l'Administration a reconquis ses conseillers d'État inspecteurs.

La Justice seule, qui en a le plus besoin, n'a pas les siens : et cependant quels fruits abondants et savoureux résulteraient d'une inspection active et minutieuse à exercer sur le pouvoir judiciaire! Ce n'est pas la lenteur des procédures qu'elle serait appelée à stimuler; ce n'est pas le zèle des magistrats qu'elle aurait à aiguillonner. Tout au contraire, son contrôle porterait sur l'instruction des affaires à méditer, à étudier et à mûrir, et réprimerait par un frein salutaire la fatale tendance de la justice à précipiter la solution des procès, à signaler avec attention le nombre des litiges les plus graves vidés dans le cours d'une année pour ne pas encourir le reproche de lenteur et de minutie, comme si elle mesurait ses fonctions à l'abondance et à la variété des causes. Le digne et éternel modèle de la magistrature et du barreau déplorait cette *hardiesse téméraire*, cette *intrépidité de décision* qui fait souvent *trembler les parties* et *gémir la justice. Le privilége de bien juger*, disait l'illustre d'Aguesseau, *n'est plus le fruit d'une longue étude ou l'effet d'une sérieuse méditation.* Le maître aurait encore le droit aujourd'hui de répéter et d'inculquer aux magistrats, par l'organe d'une inspection supérieure, ce précepte qui ne saurait avoir un écho trop lointain et trop sonore : *Un digne ministre de la justice trouve dans la pluralité des suffrages son instruction, sa décharge et sa sûreté... Il respecte la grandeur et la sainteté du dépôt qui lui est confié. Il craint de l'altérer par sa précipitation, de le perdre par sa négligence, de le violer par son affectation.*

Ces inconvénients et ces dangers nés à notre époque, peut-être de l'art de la statistique, les conseillers d'État en mission vont en préserver l'administration en portant l'examen d'un salutaire et lumineux contrôle sur le pouvoir décentralisé.

TRAITEMENTS ASSIGNÉS DEPUIS 1852

AUX MEMBRES DU CONSEIL D'ÉTAT.

Vice-président du Conseil d'État. (En vertu du décret du 24 janvier 1852).	80,000 fr.
(En vertu du décret du 24 octobre 1852). .	100,000
Vice-président du conseil d'État. (En vertu du décret impérial du 31 décembre 1852). . .	60,000
Présidents des sections. (En vertu du décret du 25 janvier 1852).	35,000
Conseillers d'État. (En vertu du décret du 25 janvier 1852).	25,000

Maîtres des requêtes de 1re classe. (En vertu du
décret du 25 janvier 1852). . . . .   10,000 fr.

Maîtres des requêtes de 2e classe. (En vertu du
décret du 25 janvier 1852).   6,000

Secrétaire général du Conseil d'État. (En vertu
du décret du 21 janvier 1853).   18,000

Auditeurs de 1re classe (En vertu du décret du
25 janvier 1852).   2,000

Secrétaires des sections. (Par arrêté du président, en date du 23 mars 1852).   6,000

COSTUMES [1].

Le 10 nivôse an VIII (13 décembre 1799), le secrétaire
général des consuls fit lecture d'un projet de règlement sur
le costume des consuls, des ministres, des secrétaires généraux et des conseillers d'État. Les consuls soumirent ce projet
à la discussion du Conseil.

Divers amendements furent proposés.

Les consuls renvoyèrent le projet à la section de l'intérieur.

Le règlement qui déterminait ce costume fut promulgué le
14 nivôse an VIII (le 4 janvier 1800).

Les consuls de la République voulant régler leur costume,
celui des ministres, des conseillers d'État et des secrétaires
avec l'éclat convenable au gouvernement d'une grande nation, après avoir entendu le Conseil d'État,

Arrêtent :

ART. 1er. Les consuls auront deux costumes, l'un *rouge*,
l'autre *bleu* : le premier sera destiné pour les grandes cérémonies du gouvernement ; le second sera porté dans l'exercice des fonctions ordinaires.

(1) Voir l'*Histoire du Conseil d'État*, costumes, p. 202.

ART. 2. Le costume d'hiver est réglé ainsi qu'il suit :

1° Habit à la française non croisé et à un rang de boutons, collet montant velours ponceau, broderie en or ; veste et pantalon blancs brodés en or ; écharpe en soie bleu foncé, les franges en or.

Baudrier en velours bleu foncé brodé en or.

2° Habit croisé à collet rabattu en velours bleu ; veste blanche ; culotte ou pantalon blancs ou bleus ; écharpe et baudrier ponceau, même broderie.

Sabre dans le style français.

Chapeau à trois cornes brodé en or.

Les costumes pour l'été seront dans les mêmes couleurs, mêmes broderies et établis en drap casimir.

Les consuls porteront une décoration mobile : elle consiste en une chaîne en or enrichie, reposant sur la poitrine, ornée de quatre médaillons représentant, l'un la *Justice ;* le second, la *Force de terre* et *celle de mer ;* le troisième, la *Sagesse* dans les négociations ; le quatrième, l'image de la Liberté, portant pour exergue les mots : le *Peuple français.*

ART. 3. Les ministres auront les mêmes costumes et la même arme que les consuls. La broderie sera en argent. Ils ne porteront pas de décoration mobile.

ART. 4. Les costumes des *conseillers d'État* seront les mêmes que ceux des consuls avec la broderie en soie de la couleur de l'habit, mais de plusieurs nuances.

Le chapeau brodé en noir avec bouton et gance d'acier.

Ils ne porteront pas de décoration mobile. Leur arme sera le sabre, qui ne fera partie essentielle du costume des conseillers d'État que dans les cérémonies publiques.

ART. 5. Le secrétaire d'État et le secrétaire général des consuls porteront le costume de conseillers d'État.

ART. 6. Le costume du secrétaire général du Conseil d'État sera : habit de velours noir, broderie verte et culotte de soie noire ; chapeau à cornes brodé en soie noire, bouton et ganse de soie. *Signé :* le premier consul BONAPARTE.

COSTUME DES MEMBRES DU CONSEIL D'ÉTAT

DEPUIS 1852.

—

UNIFORME.

L'uniforme se compose : d'un habit bleu barbeau, boutonnant droit sur la poitrine au moyen de neuf gros boutons dorés ;

D'un gilet de piqué blanc, boutonnant droit sur la poitrine au moyen de six petits boutons dorés ;

D'un pantalon en casimir blanc orné sur la couture d'un galon d'or, figurant un dessin de feuilles de chêne et d'olivier entrelacées ;

Et pour petite tenue d'un pantalon noir.

BRODERIE.

La broderie se compose d'une baguette ondée à l'intérieur et de feuilles de chêne et olivier entrelacées.

Président.

Le collet, les parements, l'écusson à la taille, les pattes des poches et l'entourage, la poitrine et tous les bords de l'habit seront brodés d'un bord courant d'une largeur de quatre centimètres.

La broderie de la poitrine ne dépassera pas douze centimètres.

Conseillers d'État.

La même broderie, à l'exception des bords courants de l'habit qui ne sont ornés que de la baguette ondée.

Maîtres des requêtes des 1re et 2e classes.

Broderie au collet, aux parements, à l'écusson, aux pattes des poches et baguettes sur tous les bords de l'habit. Habit petite tenue tout doublé en drap.

Auditeurs de 1re et 2e classe.

Broderie au collet, aux parements et à l'écusson.

PETITE TENUE.

Président.

L'habit brodé au collet, aux parements, pattes de poches et bord ondé.

Conseillers d'État.

Même broderie excepté le bord ondé.

Maîtres des requêtes.

Le collet et les parements brodés.

Auditeurs.

Le collet seulement brodé.

Le chapeau sera en feutre noir, orné d'une ganse brodée en or sur velours noir et d'une plume qui sera blanche pour le président et les présidents de sections, et noire pour les autres grades.

L'épée sera dorée, à poignée de nacre.

Le costume du secrétaire général sera celui du maître des requêtes.

DESCRIPTION DE LA BRODERIE.

Baguette ondée en cannetille mate, une rangée de paillettes torsadées, un guipé en cannetille mate dite frisure en dehors. La feuille de chêne moitié en passé et l'autre moitié en cannetille mate; le bout des glands en bouillon et la case en boucle de cannetille mate. La feuille d'olivier en cannetille mate, les olives en cannetille bouillon, toutes les tiges en cannetille mate et toutes les nervures des feuilles de chêne et d'olivier en paillettes.

Bouton, vingt-deux millimètres, doré mat, fond d'azur, aigle.

ARMOIRIES DES MAITRES DE L'HOTEL

ET DES CONSEILLERS D'ÉTAT.

L'*échiquier* (1), cette juridiction où l'on décidait souverainement en Normandie des différends survenus entre les particuliers, se trouve parmi les armoiries des membres de l'ancien Conseil d'État et de ceux du Conseil d'État de l'Empire.

Cette armoirie échiquetée d'or et de gueules existe dans le blason de deux maistres de l'hostel, Pierre d'Auxy, *dominus* de Fontenay, *miles consiliarius et Magister Requestarum hos-*

(1) Ce nom venait de ce que cette assemblée se réunissait dans une salle pavée de dalles blanches et noires ressemblant au damier d'un jeu d'échecs, ou plutôt, suivant Ducange, de ce que l'Échiquier ambulatoire et mobile de Normandie érigé en cour sédentaire par un édit de Louis XII, de 1499, fut composé alors de divers magistrats offrant une certaine bigarrure, savoir : 4 présidents, dont le premier et le troisième devaient être clercs et les deux autres laïques, 13 conseillers-clercs et 15 laïques, de 2 greffiers, etc.

putii, sous Charles VI en 1378, et Robert Piedefer, chevalier (*miles*), seigneur de Saint-Just et autres lieux, reçu maître des requêtes, sous Henri VI, roi d'Angleterre (1410-1418-1424).

Je trouve dans l'*Armorial général de l'Empire français*, au blason des conseillers d'État, l'échiquier avec francs-quartiers des comtes, à dextre échiqueté d'azur et d'or, et au blason des officiers des maisons des princes, tirés du Conseil d'État, l'échiquier à senestre échiqueté de gueules d'or.

Les armes de M. le comte de Sussy, conseiller d'État, portent l'échiquier avec franc-quartier à dextre, et au bas un caducée.

Les armes du comte Muraire, conseiller d'État, portent l'échiquier avec franc-quartier à dextre, et au bas, en travers, une épée.

Le comte de Ségur a aussi l'échiquier armoirié du conseiller d'État, placé en haut, à dextre.

Le comte Rœderer a quatre francs-quartiers, un miroir, le premier de comte sénateur, le second de gueules à tête de lion, le troisième d'argent au saule de sinople arraché, le quatrième d'azur, échiqueté d'or. Ce quatrième franc-quartier en échiquier n'a point de rapport avec l'*échiquier*, armoirié du conseiller d'État, toujours placé en haut ; à dextre ou à senestre, selon le rang de comte ou de baron.

Les autres conseillers d'État dont les armes contiennent l'échiquier sont les comtes Asinari de Saint-Marsan, Caffarelli, Corvetto, Frochot, Corsini, Duchâtel, Portalis, Galli, Jollivet, Regnier, Thibaudeau, etc.

NOTICES BIOGRAPHIQUES.

BERNADOTTE [1].

Un ministre plénipotentiaire français à Stockholm félicitait le roi de Suède d'avoir su implanter une dynastie sur le sol étranger. « Vous voyez ces arbres là-bas sur le roc, répondit le prince. Eh bien! ma royauté n'a pas de bases plus solides et plus profondes. Il ne faudrait qu'un ouragan pour la détruire. »

M. LE COMTE HONORÉ COLLIN DE SUSSY [2].

M. le comte Honoré Collin de Sussy, commandeur de l'ordre de Charles III d'Espagne et membre de plusieurs ordres de Portugal, de Hollande et Danemark, vient d'être enlevé avant le temps, par une maladie cruelle, à ses amis et à la France. S'il n'appartient pas personnellement au Conseil d'État et à ses annales, il a tant d'affinité avec ce corps illustre par ses aïeuls paternel et maternel, les comtes Collin de Sussy et Muraire, conseillers d'État sous l'Empire, que je réclame une page dans mon livre pour ce noble nom éteint dans la tombe, mais qui vivra pour la gloire et l'affection.

Ce digne rejeton de ces deux branches issues d'un tronc illustre, à peine parvenu à sa maturité, s'est trop tôt desséché, mais a eu encore le temps de prêter son bienfaisant om-

---

(1) Voir l'*Histoire du Conseil d'État*; p. 399.
(2) Voir Notice biogr., *Histoire du Conseil d'État*, p. 419.

brage, sa séve et sa vigueur, à beaucoup de ses semblables
Autant qu'il subsista, un seul jour s'est à peine écoulé sans
qu'il ait donné un abri tutélaire à ce qui a aimé et souffert.

La nature de M. de Sussy fut telle, qu'obliger et servir
furent pour son cœur, non-seulement un plaisir, mais un
noble besoin.

Ses vertus privées de bienfaisance et de philanthropie cou-
ronnent les talents politiques de l'ancien ministre du commerce sous l'empereur, et le caractère magistral et littéraire
du premier président de la cour de cassation.

Dans ce tableau de famille, où l'épreuve eut sa part, ce
sont les ombres qui donnent du relief aux vertus éclatantes
qu'elles font mieux ressortir.

Je craindrais d'altérer cette fleur de bonté en essayant de
la décrire. Je ne puis que revendiquer le nom du comte
Honoré de Sussy pour mon modeste livre qu'il daigna relever
et enrichir de ses curieux et intéressants autographes.

PAROLES DE SCHERSCHA (LE LION ROI XÉRXÈS DES AFGANS),
Sur la police et l'administration.

Une exacte justice et une administration vigilante sont
nécessaires. Sans une bonne police, il se forme des abus
incessants et les droits individuels sont anéantis. Elle est
comme une pluie bienfaisante qui abat la poussière de la
sédition et comme un sabre dont le moiré brillant se réflète
sur la joue du royaume et lui donne l'éclat du soleil.

Quand les gens vicieux et les fauteurs de désordres voient
briller les flammes du feu d'une bonne police, ils vont se
cacher dans leurs repaires. Au contraire, quand ils s'aper-
çoivent du moindre relâchement dans l'administration, ils
excitent partout du trouble et l'édifice de l'État en est bientôt
lézardé. Les sages ont dit : Le royaume est un arbre dont il
faut arroser la racine avec l'eau d'une habile administration
pour qu'il produise le fruit de la sécurité et de la confiance.

NOTICE

SUR LA BIBLIOTHÈQUE DU CONSEIL D'ÉTAT

CONSULAIRE ET IMPÉRIAL.

———

La création de la bibliothèque du premier Conseil d'État remonte au milieu de l'an VI. Ses éléments furent les dépôts littéraires du département de la Seine et de Versailles et formèrent d'abord la bibliothèque du Directoire exécutif.

Le citoyen François de Neufchateau en nomma M. Barbier conservateur.

Le 28 nivôse an VIII (18 janvier 1800), les consuls arrêtèrent que cette bibliothèque serait assignée au Conseil d'État et placée aux Tuileries, auprès de la salle des séances, sous la direction immédiate du citoyen Locré, secrétaire général du Conseil.

M. Barbier se vit alors élever au poste de bibliothécaire du Conseil par le suffrage le plus honorable et le plus flatteur que puisse recueillir l'homme de lettres.

On présentait à cette occasion une liste de savants et de littérateurs célèbres. Ces sortes de listes en France sont toujours et étaient surtout alors fort nombreuses. « Mais, dit le » premier consul, je ne vois pas là le nom d'un homme que » je trouve toujours à la bibliothèque, et qui de quelque » livre, de quelque renseignement que j'aie besoin, ne le » fait jamais attendre un instant ; qu'on l'appelle, c'est lui » que je nomme », et M. Barbier entra en fonctions (1).

Riche dès cette époque de 25,000 volumes et des ouvrages

(1) *Archives Belgiques*. Recueil littéraire publié à Bruxelles en 1823.

les plus importants et les plus précieux dans toutes les branches des connaissances humaines, la bibliothèque du Conseil d'État acquit plus tard des proportions dignes de ce corps illustre, sous l'impulsion de son savant et laborieux bibliothécaire qui, vers 1803, publia en deux volumes in-folio le catalogue de cette belle collection. D'après l'ordre de l'empereur Napoléon Ier, elle fut transportée en 1807, au palais de Fontainebleau, à l'exception cependant de la partie de jurisprudence et d'économie politique conservée à Paris et complétée ensuite par des livres choisis dans l'ancienne bibliothèque du Tribunat.

Il n'est pas inopportun, *operæ pretium est*, dans cette rapide esquisse de l'ancienne bibliothèque du Conseil d'État, de mettre en évidence le bibliothécaire et les témoignages d'estime et de faveur que l'homme des livres et les livres eux-mêmes recueillaient concurremment à cette brillante époque d'une double gloire dans les armes et dans les lettres.

Ces dernières, dans leur sphère obscure et peu ambitieuse, cherchent rarement et voient plus rarement encore venir au-devant d'elles la récompense qui les surprend comme à leur insu.

M. Barbier choisi spontanément pour être le bibliothécaire de l'empereur succéda à M. Ripault qui avait accompagné le général Bonaparte dans l'expédition d'Égypte et devenu plus tard bibliothécaire du premier consul et de l'empereur. « Ces » fonctions exigeaient auprès de celui-ci une présence de » presque tous les instants. Napoléon avait en effet l'habitude » qu'il conserva toujours d'être constamment tenu au cou- » rant de tout ce qui se publiait. Le nouveau bibliothécaire » convenait en tout point à son auguste patron (1). » M. Barbier reçut de Rambouillet le premier avis de sa nomination par la lettre suivante :

(1) *Souvenirs historiques.* Napoléon et Marie-Louise.

« RAMBOUILLET, ce 9 septembre 1807.

» J'ai à vous remercier, monsieur et ancien camarade, de
» l'envoi que vous m'avez fait de vos deux bons volumes (1),
» et de votre notice supplémentaire publiée en réponse à la
» critique (2). Mon remercîment est une dette déjà bien an-
» cienne. M. Menneval me donne l'occasion de m'acquitter
» en me laissant le soin de vous faire ses compliments et les
» miens sur une bonne nouvelle qu'il a à vous apprendre.

» Sa Majesté vient de vous nommer son bibliothécaire, vous
» conservant toujours à la bibliothèque du Conseil d'État,
» et ajoutant au traitement de votre place actuelle un sup-
» plément de six mille francs, en raison de vos fonctions
» nouvelles.

» Vous ne doutez pas de la part que nous prenons à la joie
» que vous donne le choix de Sa Majesté et à tout ce qui
» peut vous arriver d'heureux.

» Agréez dans cette circonstance, monsieur et ancien ca-
» marade, l'assurance des sentiments de la plus parfaite
» amitié.

» *Signé* : baron FAIN. »

Le même jour M. Barbier répondit au baron Fain une lettre
de remercîments qui contient l'expression de sa gratitude et
de sa modestie :

« Une place de bibliothécaire auprès d'un héros législa-
» teur, dit-il, ne doit pas être facile à remplir. Elle est ca-
» pable d'effrayer l'homme le plus instruit. Mais l'amitié de
» *deux personnes* (3) qui jouissent de la confiance de ce héros

---

(1) Les tomes 3 et 4 de la première édition du *Dictionnaire des ouvrages Anonymes.*

(2) Réponse à un article du *Mercure de France*, relatif au *Dictionnaire des ouvrages Anonymes.*

(3) Le baron Fain et le baron de Menneval,

» est faite pour me rassurer. Je compte sur elle et ferai tout
» pour m'en rendre digne. »

Le prince de Talleyrand, qui remplissait à cette époque
les fonctions de grand chambellan et qui avait alors dans ses
attributions tout ce qui se rattachait au service des bibliothèques de la couronne fit bientôt parvenir à M. Barbier
copie du décret suivant :

Au palais impérial de Rambouillet, le 9 septembre 1807.

NAPOLÉON, EMPEREUR DES FRANÇAIS, roi d'Italie, protecteur de la Confédération du Rhin.

Nous avons décrété et décrétons ce qui suit :

ART. 1er. La démission du sieur Ripault de la place de
notre bibliothécaire est acceptée.

ART. 2. Le sieur Barbier est nommé notre bibliothécaire.

ART. 3. Notre grand chambellan est chargé de l'exécution
du présent décret.

Signé : NAPOLÉON,

Par l'empereur,

Le ministre secrétaire d'État : HUGUES MARET.

La minute de ce décret, entièrement écrite par le maréchal Duroc, existe dans les archives de l'ancienne secrétairerie
d'État du gouvernement impérial. On remarque sur cette
pièce des suppressions, corrections et additions faites par
Napoléon (1).

Trois jours après sa nomination, M. Barbier recevait de
Rambouillet les premiers ordres qui lui furent adressés de la
part de l'empereur par l'organe du maréchal Duroc.

(1) Note de M. Barbier fils.

« RAMBOUILLET, 12 septembre 1807.

» Sa Majesté, monsieur, vous a nommé son bibliothécaire;
» elle désire que vous preniez possession de ses bibliothèques
» le plus tôt possible.

» Comme Sa Majesté se rend incessamment à son palais
» de Fontainebleau, il est plus pressant que vous preniez
» connaissance de cette bibliothèque.

» Outre la bibliothèque du cabinet de Sa Majesté, qui est
» pleine et complète, on a construit dans ce palais, pour le
» service de Sa Majesté, de ses ministres et de sa maison,
» une grande bibliothèque. Sa Majesté y a destiné les livres
» de l'ancienne bibliothèque du Conseil d'État. Elle désire
» que vous la fassiez partir et accompagner de suite. Elle
» désire aussi que vous envoyiez au même endroit les livres
» de la bibliothèque du Tribunat.

» Voyez, monsieur, à mettre le plus d'activité pour rem-
» plir promptement les intentions de Sa Majesté.

» J'ai l'honneur de vous saluer.

» Le grand maréchal du palais,

» *Signé :* DUROC. »

La nouvelle et belle bibliothèque de Fontainebleau fut
fréquentée pendant les séjours de la cour, par l'empereur,
les notabilités de l'Empire, ainsi que par divers savants français et étrangers.

Ayant terminé en 1810 le travail d'organisation et de catalogue par ordre de matières et par noms d'auteurs de
cette rare et riche collection, M. Barbier profita du séjour
de l'empereur à Fontainebleau pour le remercier en ces
termes :

Nous citons en entier sa lettre comme monument historique, littéraire et bibliographique de la bibliothèque de
Fontainebleau, l'une des sources de la bibliothèque actuelle

du Conseil d'État, qui lui ouvrirait aujourd'hui son sanctuaire avec bonheur et reconnaissance.

Sire,

J'ai osé solliciter l'honneur de remercier Votre Majesté,
du rétablissement de la bibliothèque de Fontainebleau, bibliothèque aussi remarquable par les ouvrages qui la composent que par le local qui les renferme.

Quelles idées grandes et nobles, douces et touchantes, ne
rappelle pas ce mot de bibliothèque, considérée comme la
réunion des plus beaux produits de l'esprit humain! Quels
hommages de reconnaissance la postérité n'a-t-elle pas dé-
cernés à la mémoire des souverains qui ont favorisé l'établissement des bibliothèques!

Les rois de France se sont distingués en ce genre parmi
tous les princes anciens et modernes, et c'est leur palais de
Fontainebleau qu'ils ont enrichi de préférence des ouvrages
les plus précieux.

Vers le milieu du quatorzième siècle, Charles V, surnommé
le Sage, plaça dans ce palais tous les ouvrages qui purent
se trouver de son temps, et pour y avoir une bibliothèque
vraiment digne d'un roi de France, il fit traduire en français
la *Bible*, le plus curieux de tous les livres, la *Cité de Dieu*
de saint Augustin, la *Politique d'Aristote*, l'*Histoire romaine*
de Tite-Live et plusieurs autres productions de l'antiquité.

Environ deux cents ans après, François Ier, dont le nom
sera à jamais cher aux lettres et aux arts, fit encore chercher
pour la bibliothèque de Fontainebleau dans toutes les parties
du monde les livres les plus rares et les manuscrits les plus
précieux.

Les savants qu'il avait honorés de sa confiance secon-
dèrent si bien le zèle du monarque, que l'ancien local de la
bibliothèque se trouva trop resserré pour contenir toutes les
richesses qu'ils recueillirent. François Ier en fit préparer un

beaucoup plus vaste au-dessus de la galerie qui porte son nom, et, tant qu'il exista, ce local fut considéré comme la plus belle pièce de ce magnifique palais.

Henri II ordonna qu'un exemplaire sur vélin de tous les ouvrages nouveaux serait déposé dans la bibliothèque de Fontainebleau. Mais, ô déplorable destinée des plus beaux monuments, les malheurs qui accablèrent la France, dans les siècles suivants, n'épargnèrent pas le brillant asile qui avait été ouvert aux sciences et aux lettres.

Henri IV se vit forcé de faire transporter à Paris la bibliothèque de Fontainebleau pour la mettre en sûreté contre les brigandages des factions. Il ne resta que le souvenir d'un si bel établissement.

Louis XIII et Louis XIV nommèrent des gardes d'une bibliothèque qui n'existait plus.

Le bibliothécaire nommé par Louis XIV, Abel de Sainte-Marthe le fils, supplia en vain ce prince, par un discours imprimé, de rétablir la bibliothèque de Fontainebleau; Louis XIV fut sourd à la voix de ce respectable bibliothécaire, qui rougissait de toucher les émoluments d'une place sans fonctions. En 1720, la place de la bibliothèque de Fontainebleau fut réunie à celle de bibliothécaire du roi à Paris.

On pouvait craindre, sire, de ne jamais revoir une bibliothèque dans le palais de Fontainebleau. Mais à peine Votre Majesté eut-elle préservé ce palais de la ruine dont il avait été menacé dans ces derniers temps, qu'elle donna des ordres pour l'arrangement d'un local destiné à recevoir une nombreuse bibliothèque. Elle est organisée cette bibliothèque et elle excite l'admiration de ceux qui la visitent; elle procure d'agréables jouissances aux personnes de votre maison qui viennent y passer le temps que leurs emplois leur laissent libre. Elle rappellera à la postérité la plus reculée le goût de Votre Majesté pour les lettres et les établissements littéraires, et ce qui est encore plus digne de Votre Majesté, les profondes connaissances que lui a procurées un commerce habituel avec les livres. Que ne puis-je faire connaître ici les ouvrages que Votre Majesté affectionne le plus, c'est-à-dire ceux où l'histoire retrace aux souverains les exemples qu'ils ont à suivre ou à éviter! On verrait dans ce tableau que Votre Majesté n'a étudié les grandes actions des princes que pour les surpasser toutes. Nous sommes les heureux spectateurs de ces merveilles, mais nos enfants encore plus heureux que nous en recueilleront les fruits les plus abondants.

« C'est dans la bibliothèque du palais de Fontainebleau que
» Napoléon, en 1814, pendant les neuf jours qu'il passa dans
» cette résidence, après son abdication, fit choix d'environ
»   volumes de littérature, d'histoire ancienne et mo-
» derne, d'art militaire, de géographie, de voyages, etc.
» Parmi les ouvrages qu'il emporta à l'île d'Elbe, on re-
» marque le Bulletin des lois, le Recueil des traités de paix
» par Kock et Martens, les Codes de l'Empire, le Recueil
» complet des comptes du ministre des finances et du trésor
» public, Virgile, Le Tasse, l'Arioste, l'Aide-Mémoire à
» l'usage des officiers d'artillerie, par Gassendi, ouvrage
» dont Napoléon faisait le plus grand cas et qu'il savait
» presque par cœur; les Commentaires de César, Salluste,
» Tacite, Ammien Marcellin, Xiphilin, Polybe, Thucydide,
» Suétone, Plutarque; la grande Description de l'Égypte,
» livre exécuté d'après ses ordres; le Voyage de Denon dans
» la haute et basse Égypte, pendant la campagne du général
» Bonaparte; la Collection du Moniteur, etc., etc.

» Dans les Cent jours, peu de temps après son retour à
» Paris, l'empereur, en visitant la bibliothèque du Louvre
» avec le général Bertrand, annonça à M. Barbier qu'il lui
» rapportait des livres de l'île d'Elbe. Plusieurs ouvrages
» furent en effet renvoyés à cette époque des Tuileries à la
» bibliothèque du Louvre (1). »

(1) Nous devons à l'obligeance de M. Barbier, conservateur de la Biblio-

Ainsi dans le sein du Conseil d'État, autour d'un génie réparateur, vinrent se grouper les génies des siècles passés dont les productions fécondes accélérèrent les progrès de notre régénération politique, et ce tribunal essentiellement législatif, administratif et financier puisa dans sa bibliothèque tous les documents qui servirent à relever l'édifice sur sa triple base.

Ce fut l'âge d'or de la bibliothèque du Conseil d'État, qui ayant été réunie aux bibliothèques de l'empereur, fut ainsi dotée des richesses les plus substantielles et les plus variées, et le bibliothécaire lui-même eut deux missions auprès du Conseil et de Napoléon, qui souvent associa M. Barbier à ses lectures et à ses veilles.

La Restauration transporta le Conseil d'État des Tuileries à l'hôtel de la Chancellerie et de là au palais du Louvre, et prit possession de sa bibliothèque à dater de 1814; aucun fonds n'ayant été porté au budget pour la bibliothèque du Conseil, elle fut dès lors placée dans les attributions du ministre de la maison du roi et plus tard de l'intendant général de la liste civile.

Devenue bibliothèque du roi, elle s'enrichit encore sous le bibliothécaire, M. Valéry, qui en 1822 succéda à M. Barbier.

Le roi Louis-Philippe la restitua plus tard au fils du bibliothécaire de l'empereur, et, sous la direction de ce dernier conservateur, elle s'est accrue progressivement en atteignant le chiffre de 80,000 volumes.

En 1832, le Conseil d'État ayant été transplanté à l'hôtel Molé, trouva la salle et les rayons de la bibliothèque de l'archichancelier Cambacérès sans emploi et lui assigna une destination naturelle en harmonie avec ses besoins nés de ses longues pérégrinations.

La nouvelle bibliothèque du Conseil d'État fut dotée par

thèque du Louvre, ces documents curieux sur les Bibliothèques du Conseil d'État et de Fontainebleau.

le roi de tous les doubles des bibliothèques du Louvre, de Saint-Cloud, de Compiègne et de Fontainebleau, en vertu de la décision royale contenue dans cette lettre adressée par M. le baron Fain, intendant général de la liste civile par intérim, à M. Barbier, bibliothécaire du roi au Louvre :

« Monsieur, l'intention du roi est de mettre le plus tôt » possible le Conseil d'État en possession d'une bibliothèque » dans laquelle les membres du Conseil puissent trouver les » livres nécessaires pour leurs travaux.

» J'ai l'honneur de vous prévenir que Sa Majesté, sur ma » proposition, vous a chargé, par commission spéciale, de » former cette bibliothèque qui doit se composer :

» 1° D'ouvrages de jurisprudence qui peuvent exister en » double à la bibliothèque du Louvre ;

» 2° D'ouvrages sur la même matière provenant des an- » ciennes souscriptions de la couronne ;

» 3° Des livres de droit qui se trouvent dans la bibliothèque » du Louvre et dont les doubles existent dans les biblio- » thèques des châteaux de Saint-Cloud, Fontainebleau et » Compiègne.

» Je vous prie, monsieur, de m'adresser des états séparés » des relevés que vous aurez à faire dans l'ordre que je vous » indique, en y joignant la liste des livres ou recueils qui ne » se trouvent dans aucune des bibliothèques de la Couronne, » et dont l'acquisition serait nécessaire pour compléter la » bibliothèque du Conseil d'État.

» Veuillez bien recevoir, monsieur, la nouvelle assurance de » ma considération distinguée et de mes sentiments affectueux,

» *Signé :* baron FAIN. »

Aux Tuileries, le 26 avril 1832.

M. Barbier fut donc le fondateur d'une bibliothèque spéciale pour l'usage du Conseil.

D'autre part, un bibliothécaire, M. Régnault, homme de lettres, fut préposé par un arrêté du garde des sceaux, en date du 1er janvier 1833, à la nouvelle bibliothèque du Conseil d'État, qu'elle suivit en 1840 au palais d'Orsay où elle continua lentement ses utiles et pacifiques conquêtes.

BIBLIOTHÈQUE DU CONSEIL D'ÉTAT.

EXTRAIT DES ÉTATS DE DÉPENSES COURANTES

adressés au Ministre des Finances pendant et sur l'exercice
de l'an VIII.

An VIII (1799—1800).

		fr.	c.
Pluviôse à thermidor. . . . . . . Total. .		254	80

An IX (1800—1801).

Vendémiaire à fructidor. . . . . . Total. .	3,377	65

An X (1801—1802).

Vendémiaire	1,980	80
Brumaire.	3,293	20
Frimaire.	2,632	50
Nivôse	2,646	90
Pluviôse..	4,343	21
Ventôse.	3,471	65
Germinal.	3,971	04
Floréal.	3,687	48
Prairial.	3,745	05
Messidor.	479	22
Thermidor.	3,426	15
Fructidor.	4,001	30
Complément	6,000	»

	Total. .	43,678	60

An XI (1802—1803).

Vendémiaire à fructidor. . . . . . Total. .   2,749   50

An XII (1803—1804).

Vendémiaire à fructidor. . . . . . Total. .   4,158   95

An XIII (1804—1805).

Vendémiaire à fructidor. . . . . . Total. .   3,395   90

An XIV (1805—1806).

Vendémiaire à décembre. . . . . Total. .   5,566   55

———

An VIII (1799—1800).

19 germinal au 27 thermidor, abonnement
à divers journaux.   111   »

———

État des ouvrages acquis pour la bibliothèque du Conseil d'État pendant le mois de janvier 1807, en vertu de l'autorisation de M. le secrétaire général.

Campagne des armées françaises en Prusse. .   5   »

Coup d'œil sur la Hollande.   6   »

Histoire de la rivalité de la France et de l'Espagne, par Gaillard.   20   »

Tableau des Révolutions politiques depuis le XVe siècle, par Ancillon.   20   »

Voyage de la Cochinchine, par Barrow. . . .   18   »

Manuel pour les Abeilles, par Lombard. . . .   2   »

Mythologie comparée, par l'abbé de Tressan.   6   50

A reporter.   77   50

Report.	77	50
Grammaire de Lhomond.	»	60
Voyage pittoresque et sentimental en France, par le général Brune.	2	50
Sermons de Blair, traduits par l'abbé de Tressan.	15	»
	95	60

Les dépenses pour achats de livres dans le courant du mois d'août 1806, s'étaient élevées à 229 fr. Le chiffre d'acquisition variait mensuellement entre 100, 148, etc.

La diversité des ouvrages est notable dans la bibliothèque du Conseil d'État consulaire et impérial qui achetait :

En l'an XIII (1804-1805) *les Chiens célèbres*, par Fréville, et *les Enfants célèbres*, par le même.

Et en septembre et octobre 1806, les Œuvres d'Archimède ; Les Éléments de Topographie militaire, par Hayne ; Jeanne d'Arc, recueil historique, par Chaussard, etc.

On procédait aux acquisitions d'après le grand principe de bibliothéconomie qu'il faut acheter de *tout*, principalement pour un corps délibérant auquel rien ne doit rester étranger.

Le système de faire aussi tout relier pour empêcher les livres de se maculer et de se perdre dominait dans cette belle bibliothèque, dont la riche conservation atteste la sagesse de cette mesure.

Liste d'ouvrages qu'il est urgent de faire relier :

Dictionnaire géographique de Vosgien, 10 vol. en veau.

L'Enfer du Dante, en veau.

Dictionnaire des Grands hommes, par l'Ecuy ; en veau.

Journal Bibliographique, par Roux, 6 vol., demi-reliure.

Œuvres de Palissy, etc.

Je trouve en l'an XIII (1804-1805), un état de relieur à 6 fr. par jour, dix journées 60 fr.

C'étaient surtout les ouvrages demandés par les membres du Conseil qu'on achetait de préférence. Ce sont les juges les plus compétents pour recommander les livres pratiques dont ils éprouvent les besoins et apprécient le mérite spécial.

État des ouvrages qui ont été demandés par des membres du Conseil pendant le mois de brumaire an XII (octobre 1803) et des volumes nécessaires pour compléter les ouvrages existant dans la bibliothèque.

Savoir :

De la nécessité et des moyens de défendre les hommes de mérite, par Lucet, avocat.

Mélanges littéraires de Suard, etc.

Ouvrages demandés par les sections de législation et de l'intérieur.

Remarques historiques et politiques sur le Tarif du Traité de commerce entre la France et l'Angleterre.

Du Mariage dans ses rapports avec la Religion et avec les nouvelles lois de France, par Agier.

Observations de Vedel sur les arrêts de Catillan, in-4º.

Correspondance inédite de J.-J. Rousseau, 2 vol. in-8º.

Le bibliothécaire se bornait à mettre sous les yeux du secrétaire général la liste des ouvrages demandés dont il avait pris note avec la formule suivante :

J'ai l'honneur d'inviter le secrétaire général du Conseil d'État à vouloir bien m'autoriser à acquérir les ouvrages ci-dessus désignés.

Signé : BARBIER, bibliothécaire.

Approuvé ce 30 brumaire an XII,

Signé : LOCRÉ.

Le bibliothécaire était ainsi couvert par les membres qui
savaient bien mieux décider qu'une commission difficile à se
réunir, et en général peu d'accord sur le choix des livres.

PRISTINO DUCI DESIDERATISSIMO.

Desuetos longùm versus et inutile carmen
Pendentemque lyram ter Musa resumere tentans,
Ausis ter cecidit, cœptumque aggressa reliquit.
Retrò fert oculos vanoque labore fatiscit,
Icta tuî desideriis et temporis acti.
   Aurea tunc ætas, duce te florente, vigebat
Nec reptabat humi palmam quicumque petebat.
Nempè tuis acer stimulus, Generose, fuisti,
Quo fervebat opus ; tu nobile calcar eisdem,
Quo percussus equus campo excurrebat aperto,
Haud fræni impatiens, nec clari pulveris expers.
Dux bonus et miles tunc æquis passibus ibant,
Librorum fidus Custos et Præses uterque,
Dummodò conjuncti studiis sublimibus ambo,
Laudis amore pares, si conditione remoti.
   Sit mihi, sit cunctis, quibus aurea contigit ætas,
Fas quod præteriit tecum reminiscier ævum,
Et quæ corde premens silui, nunc voce precari,
Ut tibi cruda vigens maneat viridisque senectus.

Canebat Idibus martiis 1853,

Officiorum memor A. RINALDUS,

Concilii Imperii gallici Bibliothecarius.

640

STATISTIQUE DES EMPLOYÉS DU CONSEIL D'ÉTAT,

Depuis l'an VIII jusqu'à 1853 inclusivement.

— ·◆· —

An VIII. 1 chef des bureaux.

An IX. 1 archiviste.

An X. 1 bibliothécaire.

An XI. 1 *id.*

An XII. 1 *id.*

An XIII. 18 chefs et commis.

1806. 18 *id.*

1807. 19 *id.*

1808. 17 *id.*

1809. 17 *id.*

1810. 17 *id.*

1811. 9 *id.*

1812. 11 *id.*

1813. 11 *id.*

1814-15 9 *id.*

1816. 10 secrétaires et chefs de bureaux et archiviste. 1 huissier.

1817. 9 *id.* 1 huissier.

1818. 10 *id.* 1 huissier.

1819. 9 *id.* 1 huissier.

1820. 10 *id.* 1 huissier.

1821. 10 *id.* 1 huissier.

1822. 10 *id.* 1 huissier.

1824. 10 *id.* 1 huissier.

1825. 10 *id.* 1 huissier.

1826. 10 *id.* 1 huissier.

1827. 10 *id.* 1 huissier.

1828. 10 *id.* 1 huissier.

1829. 10 *id.* 1 huissier.

1830.	10 { secrét. et chefs de bureaux et ar-chiviste. }		2 huissiers.	{ 8 huis. de la Cour de cass. exploitant près le Conseil. }
1831.	10	*id.*		2 *id.*	*id.*
1832.	10	*id.*	1 bibl.	2 *id.*	*id.*
1833.	10	*id.*	1 bibl.	2 *id.*	*id.*
1834.	11	*id.*	1 bibl.	2 *id.*	*id.*
1835.	10	*id.*	1 bibl.	2 *id.*	*id.*
1836.	9	*id.*	1 bibl.	2 *id.*	*id.*
1837.	9	*id.*	1 bibl.	2 *id.*	*id.*
1839.	10	*id.*	1 bibl.	2 *id.*	*id.*
1840.	10	*id.*	1 bibl.	2 *id.*	*id.*
1841.	10	*id.*	1 bibl.	3 *id.*	*id.*
1842.	10	*id.*	1 bibl.	3 *id.*	*id.*
1843.	10	*id.*	1 bibl.	3 *id.*	*id.*
1844.	10	*id.*	1 bibl.	3 *id.*	*id.*
1845.	10	*id.*	1 bibl.	3 *id.*	*id.*
1846.	10	*id.*	1 bibl.	3 *id.*	*id.*
1847.	10	*id.*	1 bibl.	8 *id.*	*id.*
1848. 1849. 1850. }	14 — 1 ch. de cab.	1 bibl.	4 *id.*	4 huissiers.
1851.	12 — 1 chef de cabinet.	1 archiv. honor. 1 bibl.	4 huissiers.
1852.	14 — 1 *id.*	1 *id.*	1 *id.* 6 *id.*
1853.	14 — 1 *id.*	1 *id.*	1 *id.* 6 *id.*

ERRATA.

Page 3, dernière ligne de l'Épigraphe, au lieu de *Assemblée nationale*, lisez *Assemblées nationales en France*.

Page 140, ligne 19, au lieu de *Capitules*, lisez *capitulaires*.

Page 459 et 466, Epigraphe et texte, au lieu de *præfulgebat*, lisez *profulgebat*.

Page 345, Vie de Fourcroy, au lieu de *plu*, lisez elle s'est *plue*.

Au titre de l'autographe de *Fleurieu*, au lieu du maréchal de *Castres*, lisez de *Castries*.

Page 351, dernière ligne, au lieu de *inpunément*, lisez *impunément*.

TABLE.

FIN.

PARIS. — IMPRIMÉ PAR E. THUNOT ET Cⁱᵉ, RUE RACINE, 26.

www.ingramcontent.com/pod-product-compliance
Lightning Source LLC
Chambersburg PA
CBHW070238290326
41929CB00046B/1737